高等职业教育旅游类专业系列教材

导游实务

DAOYOU SHIWU

◎主　编　张菊芳　易云霞

◎**副主编**　祁　敏　张素华　王　丹　郑　燕

重庆大学出版社

内容提要

本书是根据《国家职业教育改革实施方案》要求开发的新形态教材。它以导游岗位能力输出为导向,对接导游资格证考试标准,将职业技能要求融入教学目标,实现教材内容与职业标准相对接。本书基于导游职业工作岗位核心技能点,按照知识、能力递进的原则对教材内容进行任务化设计,共设计了 6 个项目、25 个任务。本书配套自建"鄂西生态文化导游"智慧职教 MOOC 在线学习平台,配有多个教学视频、教学动画、教学课件、测试题及题库等教学资源,为学生提供了丰富的线上学习信息化资源。本书针对导游岗位需求,融入了科学精神、服务精神、工匠精神的课程思政内容。

本书可以作为高等职业院校旅游管理专业的教材,也可以作为旅游行业岗位培训教材和全国导游资格考试的辅导用书。

图书在版编目(CIP)数据

导游实务 / 张菊芳,易云霞主编. -- 重庆:重庆
大学出版社,2025.7. --(高等职业教育旅游类专业系
列教材). -- ISBN 978-7-5689-4657-5

Ⅰ. F590.63

中国国家版本馆 CIP 数据核字第 202503JE61 号

导游实务
DAOYOU SHIWU

主 编 张菊芳 易云霞

副主编 祁 敏 张素华 王 丹 郑 燕

策划编辑:顾丽萍

责任编辑:黄菊香 版式设计:顾丽萍

责任校对:谢 芳 责任印制:张 策

*

重庆大学出版社出版发行

社址:重庆市沙坪坝区大学城西路 21 号

邮编:401331

电话:(023)88617190 88617185(中小学)

传真:(023)88617186 88617166

网址:http://www.cqup.com.cn

邮箱:fxk@cqup.com.cn(营销中心)

全国新华书店经销

重庆天旭印务有限责任公司印刷

*

开本:787mm×1092mm 1/16 印张:18.75 字数:471 千

2025 年 7 月第 1 版 2025 年 7 月第 1 次印刷

ISBN 978-7-5689-4657-5 定价:55.00 元

前　言

导游是旅游业的灵魂。作为承载文化、传播文化的使者,导游既是旅游服务和形象的重要窗口,也是中国故事的讲述者。随着旅游业的发展,导游作为旅游服务中的重要一环,对旅游体验和旅游安全等方面具有重要作用。在此背景下,本书在编写过程中进行了以下5个方面的改革和创新。

1.基于核心技能,设计教材内容。本书基于导游职业工作岗位核心技能点设计教材内容,为构建以技能培训为核心的学习模式打下基础。

2.模块任务化,引领理论突出实践。基于真实工作过程,按照知识、能力递进的原则对教材内容模块进行任务化设计,用工作任务引领理论,突出工作实践的主线。

3."岗课赛证"有机融合,架构系统化教材体系。以岗位能力输出为导向,对接全国导游资格证考试标准,将职业技能要求有机融入学习目标,实现教材内容与职业标准的有效衔接。结合区域旅游发展战略规划、学生既有知识储备及技能测评结果,遵循整体性、层次性和渐进性原则:以专业素养和情感目标为行为导向,以基本技能目标为基础,通过由浅入深的知识积累,系统设计知识、技能与素质目标。各目标均源于真实工作任务,彼此关联且重点突出,具备可评可测性,最终构建以学生发展为核心的综合性学习体系,为其考取导游资格证奠定坚实基础。

4.有机融入思政元素,落实课程思政。挖掘劳动精神的时代内涵,将科学精神、服务精神、工匠精神深度融入教材。教材中引入真实工作案例,组织模拟体验、分组实训等活动,培养学生忠诚担当的政治品格、严谨科学的专业精神、团结协作的工作作风、敬业奉献的职业操守,强化共情能力,培育"顾客至上"的服务理念,内化以"三个敬畏(敬畏岗位、敬畏职责、敬畏生命)"为内核的精神。

5.教材契合数字化、信息化新趋势。本书配套自建"鄂西生态文化导游"智慧职教 MOOC在线学习平台,配有多个教学视频、教学动画、教学课件、测试题及题库等教学资源,为学生提供了丰富的线上学习信息化资源。

本书由张菊芳(襄阳职业技术学院)、易云霞(襄阳职业技术学院)担任主编,祁敏(襄阳职业技术学院)、张素华(襄阳职业技术学院)、王丹(武双船舶职业技术学院)和郑燕(湖北康华国际旅行社有限公司)担任副主编。其中,项目一和项目六由张菊芳编写,项目三(任务五、任

务六、任务七、任务八)和项目五由易云霞编写,项目二和项目三(任务一、任务二、任务三、任务四)由祁敏编写,项目三(任务九)和项目四由张素华编写,王丹参与微课制作和题库资源建设,郑燕参与实训项目的设计与编写。

本书参考了许多相关的书籍、文献和网络资源,编者在此对这些书籍、文献等资源的作者表示衷心的感谢! 由于编者水平有限,书中不当之处,恳请广大读者批评指正!

最后,对本书的编写成员表示衷心的感谢,感谢他们为本书的编写和出版所做出的努力和贡献。同时,也感谢相关机构和人士对本书的支持和帮助,希望本书能够为旅游业的发展和人才培养做出积极的贡献。

编　者
2025 年 1 月

目　录

项目一

接团服务

【项目描述】

导游服务工作始于准备,并在接团时实施。导游过程中的接团服务包括导游准备、迎接服务和沿途导游。本项目主要训练学生在旅游接待服务过程中能熟练地做好准备工作、迎接服务和沿途讲解工作;能结合实际处理迎接服务和沿途讲解中的技术性问题。

【学习目标】

在接团服务这一项目的学习中,将以真实旅游线路为载体,学生能够结合实际初步认识导游接待的内部工作流程,能够根据工作流程进行准备,能够熟练开展导游工作。

【思政延展】

首先,分析导游服务集体协作共事的基础和原则,可以挖掘团队合作、团结一致、协作共赢等元素。其次,对导游的发展和由来等知识的梳理,可以挖掘正确的历史观及敢于创新、勇于担当等精神元素,特别是对中国导游发展史的讲解,可以帮助学生理解在经济落后、受外国侵略者欺辱和轻视的情况下,我国民族资本家的爱国情怀和责任担当的英雄气概。再次,对我国导游管理制度建设过程的知识讲述,挖掘建立科学管理制度的必要性,树立对未来建设发展的信心,激励学生将来做一名求真务实、勇于进取、不断开拓的旅游人。最后,收集、寻访中国优秀导游的感人故事和事迹,培养学生不怕困难、脚踏实地、精益求精的工匠精神;培养学生舍己为人、服务他人、服务社会的奉献精神。

任务一　导游准备

【任务引入】

导游作为一种职业,有知识、能力、素质要求,也有个人修养要求,还有岗位职责要求。全面认知导游岗位、导游职业,明确导游应该具有的道德素质、知识素质和能力素质,才能在职业素养上达到合格导游的要求。

【任务分析】

导游在迎接游客前,应在知识、职责和素养等方面具备必要的条件,并且在实施旅游接待计划的过程中体现出来。

【理性认知】

一、导游知识

（一）导游的内涵

人们常说，导游是旅游业的"灵魂"。导游服务的主体又被称为导游、导游员及导游人员，这三者含义是不同的。导游一词有多层含义：既可指导游工作、导游业务、导游服务，又可用作对导游工作人员的简称。

导游人员

什么是导游？1994年国家旅游局（2018年改为文化和旅游部）颁发的《导游员职业等级标准》中将导游明确定义为"运用专门知识和技能为旅游者组织、安排旅行和游览事项，提供向导、讲解和旅途服务的人员"。1996年6月正式实施的《导游服务质量》将导游定义为："导游人员是指持有中华人民共和国导游证书，受旅行社委派，按照接待计划，从事陪同旅行团（者）参观、游览等工作的人员。"《导游人员管理条例》规定："本条例所称导游人员，是指依照本条例的规定取得导游证，接受旅行社委派，为旅游者提供向导、讲解及其他服务的人员。"因此，应将导游服务主体称为"导游人员"。

根据《导游服务规范》（GB/T 15971—2023）的前言："本标准代替《导游服务质量》（GB/T 15971—1995）。《导游服务规范》与《导游服务质量》相比，主要变化如下：标准标题更改为'导游服务规范'，导游人员统称为'导游员'。"

《中华人民共和国职业分类大典》规定：导游是指从事旅游向导、讲解及旅途服务工作的人员，且《中华人民共和国旅游法》中也都称为导游。由于"法"大于标准和条例，称"导游"更朗朗上口。因此，导游服务主体应称为"导游"。

结合以上内容，我国导游的定义应表述为，导游是指取得导游证、接受旅行社委派，为游客提供向导、讲解及其他服务的人员。

导游的内涵可从以下4个方面进行理解。

①在现代旅游活动中，游客远离常住地来到他乡，通过食、住、行、游、购、娱等活动，追求物质与精神上的满足。他们的活动空间广阔，活动内容复杂。因此，如果没有导游的参与，那么这些都会黯然失色。所以，在国际旅游界形成了这样的共识：没有导游的旅行，是不完美的旅行，甚至是没有灵魂的旅行。

②导游的工作范围很广，既要指导游客参观游览，提供导游讲解服务；又要安排落实游客的食住行游购娱等活动，还要与游客沟通思想、交流感情、建立友谊。因此，导游为游客提供的服务是智力与操作二者兼具的综合性劳动服务。

③旅游是当今世界上最大规模的民间交往活动。在旅游活动中，导游通过自己的辛勤劳动，增进各国人民与各民族之间的相互了解，建立了友谊，客观上也带动了旅游地经济和社会发展，支持了贫困地区脱贫攻坚工作，促进了民族文化的传承和自然生态环境的保护，为旅游业快速、健康和可持续发展做出了贡献。

④导游服务的性质和任务决定了从事这项工作的人必须具备一定的资格和条件。导游应通过旅游管理部门的审查、考核，获取从业资格证书，并在工作中不断提高自己的业务水平，坚

持学习、更新知识,才可能成为一名合格的导游。

(二)导游的类型

导游由于业务范围、业务内容的不同,服务对象和使用的语言差异,其业务性质和服务方式也不尽相同,即使是同一个导游,由于从事的业务性质不同,扮演的社会角色也随之变换。并且,世界各国对导游分类方法也不相同,很难有世界公认的统一标准。

1.按业务范围划分

按业务范围,可将我国导游分为以下四种类型,其区别见表1-1。

表1-1　按业务范围划分不同导游的区别

类型	委派单位	讲解内容	陪同范围	是否
出境游领队	组团社(派出方)	旅游目的地(国)情况(行前介绍)	全程陪同	是
全程陪同导游	组团社(接待方)	沿途各站点情况	全程陪同	是
地方陪同导游	地接社	接待地及当地游览景点情况	接待地陪同	是
景点景区导游	景区	景区情况	景点陪同	否

①出境游领队:依法取得从业资格,受组团社委派,全权代表该组团社带领旅游团出境旅游,监督境外接待旅行社和导游等执行旅游计划,并为游客提供出入境等相关服务的工作人员。

②全程陪同导游:简称全陪,是指受组团旅行社委派,作为组团社的代表,在领队和地方陪同导游的配合下实施接待计划,为旅游团(者)提供全程陪同服务的工作人员。这里的组团社(或组团旅行社)是指接受旅游团(者)或海外旅行社预订,制订和下达接待计划,并可提供全程导游服务的旅行社。这里的领队是指受海外旅行社委派,全权代表该旅行社带领旅游团队从事旅游活动的工作人员。

③地方陪同导游:简称地陪,是指受接待旅行社委派,代表接待旅行社实施接待计划,为旅游团(者)提供当地旅游活动安排、讲解、翻译等服务的工作人员。这里的地方接待旅行社(或地接社)是指接受组团社的委托,按照接待计划委派地方陪同导游负责组织安排旅游团(者)在当地参观游览等活动的旅行社。

④景点景区导游:也称讲解员,是指在旅游景点景区,如博物馆、自然保护区等,为游客进行导游讲解的工作人员。

2.按劳动就业方式划分

1)旅行社专职导游

旅行社专职导游是指在一定时期内被旅行社固定聘用,以导游工作为其主要职业的导游。这类导游大多数受过中、高等教育,或受过专门训练,一般为旅行社的正式职员,专职为旅行社带团,并由旅行社支付劳动报酬、缴纳社会保险费。

2）社会导游

社会导游主体是取得导游资格证书并在相关旅游行业组织（导游协会）注册而取得导游证的导游，但也包括旅行社临时特聘的导游。社会导游有自由执业导游和兼职导游两类。

（1）自由执业导游

自由执业导游是以导游工作为主要职业，但并不受雇于固定的旅行社，而是通过签订临时劳动合同为多家旅行社服务，或者通过导游自由执业平台为散客提供导游服务的人员。自由执业导游是西方大部分国家导游队伍的主体，近年来，在我国导游队伍中也占据了主体地位，它的主要收入来源是旅行社（或游客）支付的导游服务费。

（2）兼职导游

兼职导游也称业余导游，是指不以导游工作为主要职业，而是利用业余时间从事导游工作的人员。

目前，兼职导游细分为两种：一种是通过了国家导游资格考试取得导游证，但只是兼职从事导游工作的人员。他们一般有其他职业，只是空闲时帮助旅游企业带团。另一种是没有取得导游证，但具有特定知识或语种语言能力，受聘于旅行社、临时从事导游工作的人员。兼职导游是我国导游队伍中一支不可缺少的生力军。

3. 按使用语言划分

①中文导游：能够使用普通话、地方语言或少数民族语言，从事导游业务的人员。目前，这类导游的主要服务对象是在国内旅游的中国公民和到内地旅游的港、澳、台同胞。

②外语导游：运用外语从事导游业务的人员。目前，这类导游的主要服务对象是入境旅游的外国游客和出境旅游的中国公民。

4. 按技术等级划分

1）初级导游

《中华人民共和国旅游法》明确规定，参加导游资格考试成绩合格、与旅行社订立劳动合同或者在相关旅游行业组织注册的人员，可以申请取得导游证。也就是说，具有高中、中专及以上学历者，通过文化和旅游部组织的统一考试，获得导游资格证书并进行岗前培训，与旅行社订立劳动合同或者在相关行业组织注册后，自动成为初级导游。

2）中级导游

初级导游报考同语种中级导游和初级外语导游报考中级中文（普通话）导游的，学历不限；初级中文（普通话）导游和中级中文（普通话）导游报考外语导游的，须具备大专及以上学历；初级外语导游、中级外语导游报考其他语种中级外语导游的，须具备大专及以上学历。取得导游资格证书满3年，或具有大专以上学历的取得导游证书满2年，报考前3年内实际带团不少于90个工作日，经笔试"导游知识专题""汉语言文学知识"或"外语"，合格者晋升为中级导游。

3）高级导游

取得中级导游资格满3年，具有本科以上学历或旅游类、外语类大专学历，报考前3年内以中级导游身份实际带团不少于90个工作日，经笔试"导游能力测试"和"导游综合知识"（包括对旅游政策法规的掌握和运用能力，对国内外重大事件的及时掌握和分析，以及对旅游相关知识的综合运用能力),合格者晋升为高级导游。

4)特级导游

取得高级导游资格5年以上,业绩优异,有突出贡献、有高水平的科研成果,在国内外同行和旅行商中有较大影响,经考核合格者晋升为特级导游。

取得高级导游资格满3年者,至申请评定前带团不少于90天,游客和社会反映良好,无服务质量投诉,业绩优异,有突出贡献、有高水平的科研成果,在国内外同行和旅行社中有较大影响,通过全国特级导游考核评定后晋升为特级导游。

(三)导游的职责

导游的职责是指各类导游都应履行的共同职责。各类导游由于其工作性质、工作对象、工作范围和时空条件各不相同,职责重点也有所区别。但他们的职责是共同的,就是为游客提供良好的导游讲解和旅行服务。每位导游各司其职、各负其责的共同目的都是圆满完成整个旅游团的接待任务。只有目的明确、目标一致,导游的职责分工才会服务于接待任务的大局。这样,导游集体的三位成员分工不分家,即既有协作,又有分工;既有共性,又有差异。

1. 导游的基本职责

①接受旅行社分配的导游任务,按照接待计划安排和组织游客参观、游览。

②负责向游客导游、讲解,介绍中国(地方)文化和旅游资源。

③配合和督促有关部门安排游客的交通、住宿,保护游客的人身和财产安全。

④反映游客的意见和要求,协助安排会见、座谈等活动。

⑤耐心解答游客的问询,协助处理旅途中遇到的问题。

这些规定对导游依法履行职责起到了积极作用。在我国,全陪、地陪和领队统称导游,他们的工作各有侧重,所起的作用也不尽相同,但对上文中提到的导游的基本职责都必须履行。

2. 全程陪同导游的主要职责

全程陪同导游又称全陪,从外国游客入境到出境,全陪一直陪伴着他们,在游客心目中,全陪是东道国的代表,是旅游团在华活动的主要决策人,在导游工作集体中处于中心地位,起着主导作用。全程陪同导游的主要职责有以下5个。

①实施旅游接待计划。按照旅游合同或约定实施组团旅行社的接待计划,监督各地接待单位的执行情况和接待质量。

②联络工作。负责旅游过程中同组团旅行社和各地接待旅行社的联络,做好旅行各站的衔接工作,掌握旅游活动的连贯性、一致性和多样性。

③组织协调工作。协调旅游团与地方接待旅行社及地方导游、领队与地方导游、司机等各方面接待人员之间的合作关系;协调旅游团在各地的旅游活动,听取游客的意见。

④维护安全、处理问题。维护游客旅游过程中的人身和财物安全,处理好各类突发事件;转达游客的意见和要求,力所能及地处理游客的意见、要求和投诉。

⑤宣传、调研工作。耐心解答游客的问询,介绍中国(地方)文化和旅游资源,开展市场调研、协助开发、改进旅游产品的设计和市场促销。

3. 地方陪同导游的主要职责

地方陪同导游又称地陪,是地方接待旅行社的代表,是旅游计划的具体执行者。地陪的职责重点之一是组织旅游团在当地的旅游活动并负责安排落实旅游团全体成员的吃、行、住、游、购、娱等事宜;重点之二是导游讲解,这是有别于全陪的。全陪虽然也作导游讲解,但这并不是其职责的重点。就一地而言,地陪是典型的、完全意义上的导游,其工作责任最大,处理的事务最多,工作最辛苦,所起的作用最关键。地陪的主要职责有以下 5 个。

①安排旅游活动。地陪应严格按照旅游接待计划,合理安排旅游团(游客)在当地的旅游活动。

②做好接待工作。地陪应认真落实旅游团(游客)在当地的接送服务和行、住、食、购、娱等服务;与全陪、领队密切合作,按照旅游接待协议做好当地旅游接待工作。

③导游讲解。地陪应负责旅游团(游客)在当地参观游览中的导游讲解,解答游客的问题,积极介绍和传播中国(地方)文化和旅游资源。

④维护安全。地陪应维护游客在当地旅游过程中的人身和财物安全,做好事故防范和安全提示工作。

⑤处理问题。妥善处理旅游相关服务各方面的协作关系,以及游客在当地旅游过程中发生的各类问题。

4. 景区导游的主要职责

①导游讲解。景区导游也称为讲解员,其职责重点是负责所在景区的导游讲解,解答游客的问询。

②安全提示。景区导游应提醒游客在参观游览过程中注意安全,并给予必要的协助。

③宣讲相关知识。景区导游应结合景区的景观、景物向游客宣讲环境、生态和文物保护知识。

【在线测试】

导游知识在线测试

二、导游职业素养

(一)导游应具备的基本知识

旅游的本质就是一种追求文化的活动。随着时代的发展,现代旅游活动更趋向于对文化、知识的追求,人们出游除了消遣,还想通过旅游活动增长知识、丰富阅历、获取教益,这就对导游提出了更高的要求。为了满足游客的需求,导游不仅要知识面广,还要有真才实学。只有渊博的知识作后盾,导游在讲解时

导游职业素养

才能做到内容丰富、言之有物。导游的知识体系包罗万象,主要包括以下几个方面。

1. 语言知识

语言是导游最重要的基本功,是导游服务的工具。导游如果没有扎实的语言功底,就不可能顺利地与游客进行文化交流,也就不可能完成导游工作。而过硬的语言能力和扎实的语言

功底则要以丰富的语言知识为基础。

语言知识包括外语知识和汉语（或少数民族语言）知识。涉外导游至少应掌握并熟练运用一门外语，并了解和掌握 2~3 门其他外语。导游掌握一门外语，了解一种外国文化，有助于其接受新思想、新观念，开阔眼界，为传播中外文化做出贡献。

2. 史地文化知识

史地文化知识包括历史、地理、宗教、民族、风俗民情、风物特产、文学艺术、古典建筑和园林等方面的知识。这些知识是导游讲解的素材，是导游服务的"原料"，也是导游的看家本领。导游要努力学习，力求使自己上知天文、下晓地理，对国外及国家、省市、地区的旅游景点、风土人情、历史掌故、民间传说等了如指掌，不仅要对国内外的主要名胜景区、景点有所了解，还要善于将本地的风景名胜与历史典故、文学名著、名人逸事等有机地联系在一起。总之，对史地文化知识的综合理解并将其融会贯通、灵活运用，对导游来说具有特别重要的意义，这是一名合格导游的必备条件。

3. 政策法规知识

政策法规是导游工作的指针。导游应该牢记我国现行的方针政策，掌握有关的法律法规知识，了解外国游客在中国的法律地位及他们的权利和义务。只有这样，导游才能正确地处理问题，做到有理、有利、有节，导游自己也可少犯错误或不犯错误。

4. 心理学知识

导游的工作对象主要是形形色色的游客，还要与各旅游服务部门的工作人员打交道，导游工作集体三成员（全陪、地陪和领队）之间的相处有时也很复杂。导游是做人的工作，而且往往是与人短暂相处，因而有必要掌握心理学知识。导游要随时了解游客的心理活动，有的放矢地做好导游讲解和旅途生活服务工作，有针对性地提供心理服务，从而使游客在心理上得到满足，在精神上获得享受。

5. 美学知识

旅游活动是一项综合性的审美活动。导游不仅要向游客传播知识，也要传递美的信息，让游客获得美的享受。一名合格的导游要懂得美，知道美在何处，并善于用生动形象的语言向不同审美观的游客介绍美，还要用美学知识指导自己的仪容、仪态，因为导游代表着国家（地区），其本身就是游客的审美对象。

6. 政治、经济、社会知识

由于游客来自不同国家（地区）的不同社会阶层，他们中一些人往往对旅游目的地的某些政治、经济和社会问题比较关注，喜欢询问一些相关的问题，有的游客还常常把本国本地的社会问题同旅游目的地的社会问题进行比较。另外，在旅游过程中，游客随时可见或听到旅游目的地的某些社会现象，引发他们对某些社会问题的思考，要求导游给予相应的解释。所以，导游应掌握相关的政治、经济、社会知识，了解旅游目的地的风土民情、婚丧嫁娶习俗、宗教信仰和禁忌习俗等，以便更好地做好导游服务工作。

7. 国际知识

涉外导游还应掌握必要的国际知识，要了解国际形势和各时期国际上的热点问题，以及我国的外交政策和对有关国际问题的态度；要熟悉旅游客源国或旅游接待国的概况，了解其历史、地理、文化、民族、风土人情、宗教信仰、民俗禁忌等。了解和熟悉这些情况不仅有助于导游有的放矢地提供导游服务,而且可以加强与游客的沟通。

8. 旅行知识

导游带领游客在目的地旅游,在提供导游服务的同时,还应随时随地帮助游客解决旅行中的种种问题。因此,导游掌握必要的旅行知识,对旅游活动的顺利进行就显得十分重要。旅行知识有交通知识、通信知识、货币保险知识、卫生防病知识、旅游业知识等,必要的旅行知识往往能起到少出差错、事半功倍的作用。

(二)导游应具备的素养

要真正做好导游服务工作,真正成为游客和自己工作单位所喜欢的导游,导游必须当好"八大员",即国情讲解员、导游翻译员、旅游协调员、生活服务员、安全保卫员、情况调查员、座谈报告员和经济统计员。具体来说,一名合格的导游应该具备以下素质。

1. 良好的思想品德

在任何时代、任何国家,人的道德品质总是处于最重要的地位。中国导游的思想品德应主要表现在以下几个方面。

①热爱社会主义祖国。在海外游客的心目中,导游是国家形象的代表,海外游客正是通过导游的思想品德和言行举止来观察、了解中国的。中国灿烂的文化、壮丽的河山,中国人民的伟大创造和社会主义事业的辉煌成就是导游讲解的内容。

②优秀的道德品质。社会主义道德的本质是集体主义和全心全意为人民服务的精神。从接待游客的角度来说,旅行社和各接待单位实际上组成了一个大的接待集体,导游则是这个集体的一员。因此,导游在接待工作中应从这个大集体的利益出发、从旅游业的发展出发,依靠集体的力量和支持,关心集体的生存和发展。导游要发扬全心全意为人民服务的精神,并将这一精神与"宾客至上"的旅游服务宗旨紧密结合起来,热情地为国内外游客服务。

③践行社会主义核心价值观。党的十八大报告明确提出"三个倡导",即"倡导富强、民主、文明、和谐;倡导自由、平等、公正、法治;倡导爱国、敬业、诚信、友善,积极培育社会主义核心价值观",这是对社会主义核心价值观基本内容的精辟概括,即概括了国家的价值目标、社会的价值取向和公民的价值准则。

党的二十大报告再次明确:广泛践行社会主义核心价值观。社会主义核心价值观是凝聚人心、汇聚民力的强大力量。

"富强、民主、文明、和谐"是我国社会主义现代化国家的建设目标,也是从价值目标层面对社会主义核心价值观基本理念的凝练,在社会主义核心价值观中居于最高层次,对其他层次的价值理念具有统领作用。

"自由、平等、公正、法治",是对美好社会的生动表述,也是从社会层面对社会主义核心价值观基本理念的凝练。它反映了中国特色社会主义的基本属性,是我们党矢志不渝、长期实践的核心价值理念。

"爱国、敬业、诚信、友善",是公民基本道德规范,是从个人行为层面对社会主义核心价值观基本理念的凝练。它覆盖社会道德生活的各个领域,是公民必须恪守的基本道德准则,也是评价公民道德行为选择的基本价值标准。

④较强的敬业精神。导游工作是一项传播文化、增进友谊的服务性工作。导游在为八方来客提供旅游服务时,不但可以结交众多的朋友,而且能增长见识、开阔视野、丰富知识。导游应树立远大理想,将个人的抱负与事业的成功紧密结合起来,立足本职工作,热爱本职工作,尽职敬业,刻苦钻研,不断进取,全身心地投入工作,热忱地为游客提供优质的导游服务。

⑤高尚的情操。高尚的情操是导游的必备修养之一。导游要不断学习,提高思想觉悟,努力使个人的功利追求与国家利益结合起来;要提高判断是非、识别善恶、分清荣辱的能力;培养自我控制的能力,自觉抵制形形色色的精神污染,力争做到"财贿不足以动其心,爵禄不足以移其志",始终保持高尚的情操。

⑥遵纪守法。遵纪守法是每个公民的义务,作为旅行社代表的导游尤其应树立高度的法纪观念,自觉遵守国家的法律、法令,遵守旅游行业的规章,严格执行导游服务质量标准,严守国家机密和商业秘密,维护国家和旅行社的利益。提供涉外导游服务的导游,还应牢记"内外有别"的原则,在工作中多请示汇报,切忌自作主张,更不能违法乱纪。

2.较强的独立工作能力

导游工作是一项难度较大、复杂而艰巨的工作,导游的能力直接影响对客服务效率和服务效果。导游接受任务后,要独立组织游客参观游览,要独立做出决定、独立处理问题。导游的工作对象形形色色,旅游活动丰富多彩,出现的问题和性质各不相同。因此,导游工作时不能墨守成规;相反,必须根据不同的时空条件采取相应的措施,予以处理。较强的独立工作能力和创新精神,对导游具有重要意义。导游的独立工作能力主要表现在以下4个方面。

①独立执行政策和宣传讲解的能力。导游必须具备高度的政策观念和法治观念,要以我国的有关政策和法律、法规指导自己的工作和言行;要积极主动地宣传社会主义中国,讲解我国现行的方针政策,介绍我国人民的伟大创造和社会主义建设的伟大成就;回答游客的种种询问,帮助游客尽可能全面、正确地认识中国。

②较强的独立组织协调能力。导游接受任务后要根据旅游合同安排旅游活动并严格执行旅游接待计划,带领全团游客游览好、生活好。这就要求导游具有较强的组织、协调能力,还要求导游在安排旅游活动时有较强的针对性并留有余地,在组织各项活动时讲究方式并及时掌握变化的客观情况,灵活地采取相应的有效措施。

③善于和各种人打交道的能力。导游的工作对象甚为广泛,善于和各种人打交道是导游最重要的素质之一。与层次不同、品质各异、性格相左的中外人士打交道,要求导游必须掌握并能熟练运用一定的公共关系学知识,具备灵活性、理解能力和适应不断变化着的环境的能力,随机应变地处理问题,协调好各方面的关系。导游具有相当的公关能力,就会在待人接物时更自然、得体,能动性和自主性必然会更高,有利于提高导游服务质量。

④独立处理问题和事故的能力。冷静分析、果断决定、正确处理意外事故是导游最重要的能力之一。旅游活动中出现意外事故在所难免,能否妥善地处理意外事故是对导游的严峻考验。临危不惧、遇事不乱、处理果断、办事利索、积极主动、随机应变是导游处理意外事故时应具备的能力特质。

3.较熟练的导游服务技能

导游服务技能可分为操作技能和智力技能。导游服务所需要的主要技能是智力技能,包括导游与同事协作共事,与游客成为伙伴,使游客旅游生活愉快的带团技能;根据旅游接待计划和实际情况,巧妙、合理地安排参观游览活动的技能;选择最佳的游览点、线路来组织活动,当好导演的技能;触景生情、随机应变,进行生动精彩的导游讲解的技能;灵活回答游客的询问,帮助游客了解旅游目的地的宣讲技能;沉着、果断地处理意外事故的应急技能;合情、合理、合法地处理各种问题和旅游投诉的技能等。

语言、知识、服务技能构成了导游服务的三要素,缺一不可,只有三者的和谐结合才是高质量的导游服务。导游的服务技能与其工作能力和掌握的知识有很大的关系,需要在实践中培养和发展。导游要在掌握丰富知识的基础上,努力学习导游方法、技巧,并不断总结、提炼,形成适合自己特长的导游方法、技巧及自己独有的导游风格。

4. 积极的进取精神

导游职业是个充分竞争、充满挑战的职业。一方面,在国际化和全球化发展大背景下,中国的海外游客客源地和目的地越来越多,截至 2020 年年底,我国正式开展组团业务的出境旅游目的地国(地区)达到 130 个,旅游国际交往日趋密切,要求导游掌握的国际旅游知识成倍增加。与此同时,国内旅游发展方兴未艾,老景区改造频繁,新景区层出不穷,旅游方式不断变换,导游知识必须不断更新。另一方面,我国导游管理体制正在发生巨大变化,导游职业社会化的趋势不可逆转,导游面临的竞争和压力越来越大。加上游客越来越成熟,游客旅游的视野可能比导游更开阔,掌握的旅游攻略可能比导游更详尽,通过手机查询到的景点资讯可能让导游的讲解相形见绌。因此,导游应有居安思危、优胜劣汰的思想准备,要树立强烈的竞争意识,将压力变为动力,不断开拓进取、完善自我,才能更好地胜任本职工作。

5. 健康的身心

导游工作是一项脑力劳动和体力劳动高度结合的工作,工作繁杂、量大面广、流动性强、体力消耗大,而且工作对象复杂,诱惑性大。因此,导游必须是一个身心健康的人,否则很难胜任导游工作。导游的身心健康包括以下 4 个方面。

①身体健康。导游从事的工作要求其能走路,会爬山,能连续不间断地工作。全程导游、地方导游和旅游团队领队要陪同旅游团周游各地,不断变化的气候和各地的水土、饮食对其都是严峻的考验。

②心态平和。导游的精神要始终愉快、饱满,在游客面前应显示出良好的精神状态,进入"导游"角色要快,并且能始终保持而不受任何外来因素的影响。面对游客,导游应笑口常开,绝不能把丝毫不悦的情绪带到导游工作中。特别是现在,游客的自我保护意识越来越强,有时对导游的工作理解不足,导游要能受得起委屈,要学会调整自己的心态。

③头脑冷静。在旅游过程中,导游应始终保持清醒的头脑,处事沉着、冷静、有条不紊;处理各方面关系时要机智、灵活、友好协作;处理突发事件及游客的挑剔、投诉时要干脆利落,要合情、合理、合法。

④思想健康。导游应具有高尚的情操和超强的自控能力,能够抵制形形色色的诱惑,清除各种腐朽思想的污染。

【在线测试】

导游职业素养在线测试

三、导游服务

（一）导游服务的内涵及类型

1.导游服务的内涵

导游服务是导游代表被委派的旅游企业,接待或陪同游客旅行、游览,按照组团合同或约定的内容和标准向游客提供的旅游接待服务。

导游服务的内涵,具体来说应包括以下几层含义。

导游服务

①导游服务的主体是具有导游资格的导游,而且导游必须是旅游企业(包括线上和线下旅游企业或景区景点)委派的。未受旅游企业委派的导游,不得私自接待游客。

②导游服务的主要内容是游客的接待,一般来说,多数导游是在陪同游客旅行、游览的过程中向其提供导游服务的,但是也有些导游是在旅行社设在不同地点的柜台前接待游客,向游客提供旅游咨询,帮助游客联系和安排各项旅游事宜,他们同样提供的是接待服务。不同的是,前者是在出游中提供接待服务,后者是在出游前提供接待服务。

③导游向游客提供接待服务,对团体游客必须按组团合同的规定和导游服务质量标准实施,对于散客必须按事前约定的内容和标准实施。导游不得擅自增加或减少甚至取消旅游项目,也不得降低导游服务质量标准。

因此,导游服务是整个旅游过程中的服务灵魂,导游在旅游过程中的服务艺术、服务技能、服务效果和组织能力对游客综合旅游感受会形成最直接的影响。不仅如此,导游服务工作的优劣,还会直接影响整个旅游行业的信誉,对旅游经济的发展产生直接或间接的影响。

2.导游服务的类型

导游服务的类型分为两大类,即图文声像导游和实地口语导游。

1）图文声像导游

图文声像导游,也称物化导游,包括以下几个方面。

①图册类:导游图、交通图、旅游指南、景点介绍册页、画册、旅游产品目录等。

②纪念品类:有关旅游产品、专项旅游活动的宣传品、广告、招贴、旅游纪念品等。

③声像类:有关国情(城市)介绍、景点介绍的录像带、录音带、电影片、幻灯片和光盘等。

旅游业发达的国家对图文声像导游极为重视,各大中城市、旅游景点及机场、火车站、码头等处都设有摆放着各种印制精美的旅游宣传资料的旅游服务中心或旅游问讯处,游客可以随意翻阅、自由索取这些旅游宣传资料;工作人员热情、耐心地解答有关旅游活动的各种问题并向游客提供有参考价值的建议。大部分旅游公司通过定期向公众放映有关旅游目的国(地)的电影或录像,还通过举办展览会等手段影响潜在的游客。组团旅行社通常在旅游团集合后、

出发前,在领队向团员介绍目的地的风俗民情及旅游注意事项的同时,都要为游客放映有关旅游目的地的电影、录像或幻灯片,发放《旅游指南》等资料,帮助游客对即将前往游览参观的目的地有基本的了解。此外,许多博物馆、教堂和重要的旅游景点装有先进的声像设施,方便游客参观游览并帮助游客较为深刻、全面地理解重要景观蕴含的深奥寓意和艺术价值,从而获得更多美的享受。

④自助式语音导览器。自助式语音导览器具有多种语言可供选择,可通过红外无线连接,采用图、文、声、像全方位多媒体技术对展览内容进行翔实的介绍,使展览得到更大程度的扩展和延伸。

⑤智慧旅游。导游通过融合通信与信息平台,利用云计算、物联网和互联网技术,借助全球卫星定位系统,使用便携式移动终端上网设备,主动感知旅游相关信息,实现导游服务。简单地说,就是游客与网络实时互动,让游程安排进入触摸时代。例如,使用百度、高德地图等导航软件,可以方便地实现向导服务;利用景区开发的第三方应用程序(App),可以实现景区游线规划、景点讲解、安全提示、旅游商品销售等目的。智慧旅游无疑是物化导游重要的表现形式。

近年来,不少企业抓住“非接触经济”的风口,积极拥抱移动互联网,利用5G、VR等技术,开辟线上展厅、线上博物馆、网络直播间等,打造了一系列“云游”产品。

2)实地口语导游

实地口语导游,也称为讲解导游,包括导游在游客旅行、游览途中所作的介绍、交谈和问题解答等导游活动,以及在参观游览途中所作的介绍和讲解。

随着时代的发展、科学技术的进步,导游服务方式越来越多样化、高科技化。图文声像导游方式将会进一步发挥形象生动、便于携带和保存的优势,会进一步加强在导游服务中的作用。然而,同实地口语导游相比,图文声像导游仍处于从属地位,只能起着减轻导游负担、辅助实地口语导游的作用。实地口语导游不仅不会被图文声像导游所替代,而且将永远在导游服务中处于主导地位,原因体现在以下几方面。

(1)导游服务的对象是有思想和目的的游客

由于社会背景和旅游动机的不同,不同的游客出游的想法和目的也不尽相同,有的人会直接表达出来,有的人比较含蓄,还有的人可能缄默不语。单纯依靠图文声像千篇一律的固定模式介绍旅游景点,是不可能满足不同社会背景和不同出游目的的游客的需求的。导游可以通过实地口语导游掌握游客对旅游景点的喜好程度,在与游客接触和交谈中,了解不同游客的想法和出游目的,然后根据游客的不同需求,在对参观游览的景物进行必要介绍的同时,有针对性、有重点地进行讲解,这是图文声像导游难以企及的。

(2)现场导游情况复杂多变

现场导游情况复杂多变,在导游对参观游览的景物进行介绍和讲解时,有的游客会专心致志地听,有的则满不在乎,还有的会借题发挥,提出各种稀奇古怪的问题。这些情况都需要导游在讲解过程中沉着应对、妥善处理。在不降低导游服务质量的前提下,一方面,导游要满足那些确实想了解参观游览地景物知识的游客的需求;另一方面,要想方设法激发对参观游览地不感兴趣的游客的旅游兴趣,还要对提出古怪问题的游客作必要的解释,以活跃整个旅游气氛。此类复杂情况现代科技导游手段也难以应对，只有高水平的导游才能得心应手地应对这种复杂多变的情况。

（3）旅游是一种人际交往和情感交流关系

旅游是客源地的人们到旅游目的地的一种社会文化活动，通过对目的地社会文化的了解接触目的地的居民，实现不同国度、地域、民族之间的人际交往，建立友谊。导游是游客首先接触而且接触时间最长的目的地的居民，导游的仪容仪表、言谈举止和导游讲解方式都会给游客留下深刻的印象。通过导游的介绍和讲解，游客不仅可以了解目的地的文化，增长知识、陶冶情操，而且通过接触目的地的居民，特别是与游客相处时间较长的导游，会自然而然地产生一种情感交流，即不同国度、地域、民族之间的相互了解和友谊。这种游客与导游之间建立起的正常的人与人之间的情感关系是提高导游服务质量的重要保证，这同样是高科技导游方式难以做到的。

（二）导游服务范围

导游服务范围是指导游向游客提供服务的领域，即导游业务工作的内容。导游服务工作繁重纷杂，服务范围很广，包括食、住、行、游、购、娱，出入境迎送，上、下站联络，邮电通信，医疗等（图1-1）。归纳起来，导游服务大体可分为三大类：导游讲解服务、旅行生活服务和市内交通服务。

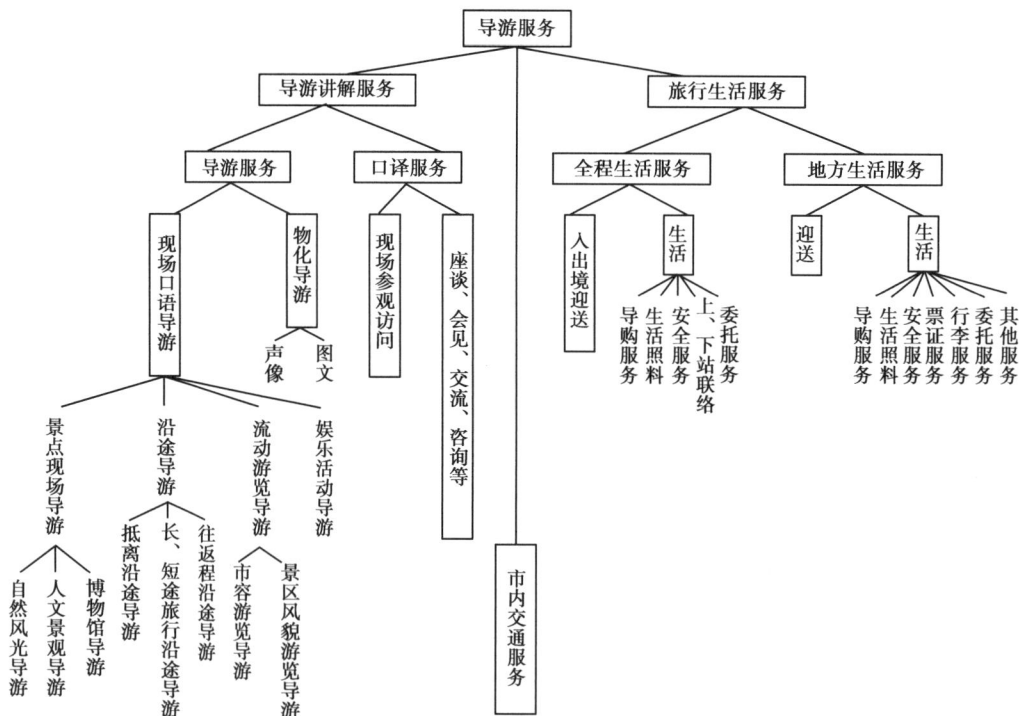

图1-1　导游服务示意图

1.导游讲解服务

导游讲解服务包括游客在目的地旅行期间的沿途讲解服务、参观游览现场的导游讲解及座谈、访问和某些参观点的口译服务。

2. 旅行生活服务

旅行生活服务包括游客入出境迎送、旅途生活照料、邮电通信、安全服务及上、下站联络等。

3. 市内交通服务

市内交通服务是指导游同时兼任驾驶员为游客在市内和市郊旅行游览时提供的开车服务。这种服务在西方旅游发达国家比较普遍,目前我国还处于萌芽状态。但随着导游职业模式多元化,导游在履行合法手续并经旅游企业或游客同意后,将逐渐为小型团队提供的市内及周边交通服务纳入导游服务的范畴。

4. 导游讲解服务、旅行生活服务与旅游接待服务的关系

导游向游客提供的导游讲解服务和旅行生活服务是旅游接待服务的重要组成部分。

1)导游讲解服务有助于传播文化、增进了解和陶情怡性

导游的介绍、讲解或翻译,可以帮助游客认识一个国家(或地区)和其民族的历史文化、传统风俗、生活方式和现代文明,进而了解他们的精神面貌、价值观念和道德水准,使游客对游览地的社会文化和精神风貌有切身体验,获得在旅游目的地的一次难忘的经历和美好的回忆。高质量的导游讲解服务有助于加深游客对游览地的了解和对自然景观、人文景观的认识,从而使游客增长知识,获得更多的旅游乐趣和精神享受,还可以在某种程度上弥补生活服务中的某些不足,消除因生活服务的不尽如人意而造成的不愉快。

2)旅行生活服务是目的地旅游接待工作不可缺少的环节

在现代旅游中,游客以实现享受需求为其出游的主要目的之一。因此,认真做好游客的旅行生活服务显得十分重要。在这方面,导游是做好游客旅行生活服务的重要环节。首先,导游除了处理迎送游客、帮助游客住店离店、安排行李运送、注意保护游客安全等日常事务,还负责与饭店、餐馆、商店等提供旅游接待服务的相关部门进行必要的协调、沟通,使游客在旅游期间的生活顺利、愉快。其次,导游提供令人满意的旅行生活服务,可使游客对导游产生信赖感,逐渐消除初见时的隔膜。同时,导游提供热情周到的旅行生活服务,可使游客的旅游生活丰富多彩,游客精神轻松愉快、游兴浓厚。游客和导游的关系融洽,有利于游客集中精力倾听导游的讲解,从而使导游讲解服务达到良好的效果。

(三)导游服务的性质、特点和作用

1. 导游服务的性质

导游服务的性质因国家和地区的不同,其政治属性也不同。国外导游由于长期受资本主义社会环境的影响、资本主义思想的熏陶,在向游客提供导游服务时,往往会自觉或不自觉地传播资本主义人生观、价值观和伦理道德,使导游服务有形或无形地带有资本主义色彩。

中国的导游服务工作在本质上有别于资本主义导游服务。我国的导游服务工作是一项为社会主义建设和国内外民间交往服务的旅游服务工作。它以游客为服务对象,以协调旅游活动、导游讲解、帮助游客了解中国为主要服务职责,以沟通语言和文化为主要服务形式,以增进相互了解和友谊为主要工作目的,以"热情友好、服务周到"为服务座右铭。

总之,导游服务的政治属性在世界各国或地区都是存在的,区别是在不同的社会制度下,政治性质不同。此外,世界各国的导游服务还具有以下共同属性。

1) 社会性

旅游活动是一种社会现象,在促进社会物质文明和精神文明建设中起着十分重要的作用。在旅游活动中,导游处于旅游接待工作的中心,接待着四海宾朋、八方游客,推动世界上这一规模最大的社会活动,因此导游所从事的工作本身就具有社会性。并且导游工作又是一种社会职业,对大多数导游来说,它是一种谋生的手段。

2) 文化性

语言和生存环境等方面的不同,游客同旅游目的地之间往往存在很大的文化差异,导致交流和欣赏的障碍。为了加强旅游美感和愉悦程度,游客迫切需要导游的引导和服务,需要导游跨越不同的文化范畴,弥合文化差异。导游服务的文化性主要体现在以下两个方面。

① 导游服务是传播文化的重要渠道。导游的讲解、翻译与游客的日常交谈,一言一行都在影响着游客,都在扩大着一个国家(或地区)及其民族的传统文化和现代文明的影响。导游为来自世界各国、各民族的游客服务,通过引导和生动、精彩的讲解给游客以知识、乐趣和美的享受。同时,导游也对各国、各民族的传统文化和现代文明进行兼收并蓄,有意无意地传播着异国(或异地)文化。

② 导游服务是审美和求知的媒介。游客要通过旅游去认识过去不曾接触或不曾了解过的事物,以期得到求知欲望的满足。导游讲解服务能循循善诱地指导游客以最佳的方式或最合适的角度去欣赏某一名胜古迹、历史故事、神话传说,能妙趣横生地向游客介绍当地的风俗习惯、典故趣谈、风味特产等,使游客获得自然美和艺术美的享受,并且在潜移默化中增长知识。由此可见,导游服务起着沟通和传播精神文明、为人类创造精神财富的作用,直接或间接地起着传播一个国家(或地区)及其民族的传统文化和现代文化的作用。

3) 服务性

导游服务,顾名思义是一种服务工作。导游服务与第三产业的其他服务一样,属于非生产劳动,是一种通过提供一定的劳务活动、一定的服务产品,创造特定的使用价值的劳动。与一般服务工作不同的是,导游服务不是一般的简单服务,它围绕游客展开,通过翻译、讲解、安排生活、组织活动等形式,工作内容涉及旅途中的交通、住宿、饮食、娱乐、购物、票证、货币和其他各方面的生活需求等,为游客提供全方位、全过程的服务。导游除了具有丰富的专业知识,还应具备一定的社会活动能力、应变能力及独立处理问题的工作能力。因此,导游服务是一种复杂的、高智能的服务,是高级的服务。导游服务的代表性体现在以下两方面。

① 导游服务可以提高旅途生活质量。旅游是人类的一种高级休闲形式,是在旅游动机的主导下进行的、有目的的享受性、休闲性、娱乐性、提高性的活动,其基本特点之一就是异地性。游客身处陌生的环境,如果没有导游服务,就会不知所措,只好盲目游览、疲于奔命,不但不能达到精神休息的目的,还会因为过分疲劳破坏旅游的心情。游客要自己安排食、住、行,势必会分散游览观光的精力,也会影响旅游观光的顺利进行。有了导游的服务,游客就可获得事半功倍的旅游效果。即使旅游经验丰富而不需要导游的人也往往离不开物化的导游(即旅游指南和各种旅游地的指示)。

② 导游服务可以满足游客的心理需求。人类总是渴求一种归属感。游客身处异地,满目陌生,期望有人对当地情况非常了解和熟悉,可以对其在精神上进行抚慰,生活上尽心关照。

热情的导游能消除游客在旅游中出现的拘谨心理和寂寞感,提升安全感。同时,旅游生活中常有因对当地风俗不了解或因语言不通而造成误会的情况发生,有时甚至因不熟悉当地情况,冒犯当地居民的风俗习惯而发生不愉快的事情,使人极为扫兴。因此,帮助游客避免上述现象发生的任务,就责无旁贷地落在了导游的肩上。

4)经济性

导游服务是导游通过向游客提供服务而创造特殊使用价值的劳动。在商品经济条件下,这种劳动通过交换而具有交换价值,在市场上表现为价格。

旅游业是国民经济的重要组成部分,是具有独立特色的经济部门,是无烟的朝阳产业。导游的工作对象是游客,通过协调、组织、迎送、翻译、讲解、代理等形式为游客服务。其目的在于引导游客、便利游客、满足游客的相应旅游需求,实现旅游企业的经济目标,获取相应的个人经济收入,体现个人的人生和社会价值。因此,导游工作一般具有经济性。导游服务的经济性主要表现在以下4个方面。

(1)优质服务、直接创收

旅行社是现代旅游业的龙头行业。旅行社的产品开发能力、促销能力、接待能力如何,对整个旅游业的发展意义重大。旅行社组合的旅游产品在形式上是通过签订旅游合同销售出去的,它的销售是多次性的,贯穿旅游全过程,通过提供综合性服务来实现,而导游服务在其中起着举足轻重的作用。产品的设计是为了接待,宣传和销售的效果需要通过接待来实现。会计业务的顺利进行依赖于接待工作的顺利完成,依赖于导游的协调和回款。导游直接为游客服务,为游客提供语言翻译服务、导游讲解服务、旅行生活服务及各种代办服务,收取服务费和手续费。旅行社的产品最终是通过导游工作生产和提供出来的。因此,导游服务是旅行社产品的最终生产者和提供者,直接为国家建设创收外汇、回笼货币、积累资金。

(2)扩大客源、间接创收

游客是旅游业生存和发展的先决条件,没有游客,发展旅游业无从谈起,导游也就没有了服务对象。所以,世界许多国家和地区政府为促进旅游业的发展,不惜投入大量资金和人力在国内外进行大规模的广告宣传和促销活动以招徕游客。

然而,与广告宣传相比,另一种更有效的宣传方式则是游客的"口头宣传"(word of mouth),即游客在旅游目的地参观访问之后,回去向其亲朋好友讲述他在旅游地所受到的接待、旅游经历和体验。这种"口头宣传"不仅向游客周围的人传播了旅游目的地的旅游信息,扩大了旅游目的地和旅行社的知名度,而且在一定程度上会对其他游客今后的旅游流向产生影响。因为游客的切身体验比任何广告宣传更可靠,更令人信服,所以导游向游客提供优质的导游服务,在招徕回头客、扩大客源,以及间接创收方面都起着不可忽视的作用。

(3)因势利导,促销商品

商品和旅游纪念品的开发、生产和促销是发展旅游业的重要组成部分。各国、各地对此都非常重视,并将其视为争夺游客的魅力因素和增加旅游收入的重要手段。据统计,在国际旅游总消费中,用于购物的消费约占50%,在新加坡、中国香港等国家和地区,销售商品和纪念品的收入甚至超过了上述比例,在促销商品过程中,导游的作用举足轻重。

（4）加深了解，促进经济交流

到中国旅游的海外人士及在国内游客中，不乏有人希望借旅游之机与各地的同行接触，相互交流信息；或想通过参观访问，了解合作的可能性及投资环境。因此，导游在与游客交往过程中要做一个有心人，设法了解他们的愿望，并不失时机地向旅行社报告，在有关领导的指示下积极牵线搭桥，促进中外及地区间的科技、经济交流与合作，为国家和本地的现代化建设做出应有的贡献。

5）涉外性

发展入境旅游是我国旅游业的长期方针，也是一项战略任务。根据《中华人民共和国旅游法》，我国合法设立的旅行社均可从事入境旅游接待业务，理论上都具有涉外性。自改革开放以来，随着我国综合国力的提升和人民生活水平的不断提高，我国公民出境旅游发展势头也很强劲。对于入境旅游，导游为海外游客提供导游服务；而对于出境旅游，导游为中国公民提供出境陪同服务，两者都具有明显的涉外性。游客的跨国界旅行为增进各国人民之间的了解和友谊、促进世界和平做出了积极贡献。

导游服务的涉外性要求我国导游在入境旅游接待和出境旅游陪同中，积极宣传社会主义中国，充分发挥民间大使的作用。与此同时，导游还要对海外有关情况进行调查研究，特别要了解旅游客源国游客的需求及其变化，了解外国旅游企业的运作和经营管理模式。这有助于导游有针对性地提供导游服务，提高导游服务质量；也有助于提高我国旅游产品的开发、设计水平，更具针对性地开展旅游宣传、招徕与促销活动。

2. 导游服务的特点

导游服务是旅游服务中具有代表性的工作，处在旅游接待的前沿。随着时代的发展，导游工作的特点也会随之发生变化，但目前，其特点归纳起来有以下几点。

1）独立性强

导游服务工作独当一面。在游客整个旅游活动过程中，往往只有导游与游客朝夕相处，时刻满足游客食、住、行、游、购、娱等方面的需求，独立地提供各项服务，特别在回答游客政策性很强的问题或处理突发性事故时，常常要当机立断、独立决策，事后才能向领导和有关方面汇报。导游的讲解也是比较独特的，因为在同一景点，导游要根据不同游客的不同特性、不同时机进行有针对性的导游讲解，以满足游客的精神享受。这是每位导游都必须努力完成的任务，其他人无法替代。

2）脑力与体力高度结合

导游服务是一项脑力劳动与体力劳动高度结合的服务性工作。由于旅游活动涉及面广，这就要求导游具有丰富而广博的知识，如此才能使导游服务工作做到尽善尽美、精益求精。一方面，除了掌握导游服务规范，导游还必须具有一定的政治、经济、历史、地理、天文、宗教、民俗、建筑、心理学、美学等方面的基本知识，必须了解我国当前的大政方针和旅游业的发展状况，以及有关的政策法规，掌握旅游目的地主要游览点、旅游线路的基本知识。同时，导游还要了解客源国（或地区）的政治倾向、社会经济、风土民情、宗教信仰、禁忌等。导游在进行景观讲解、解答游客的问题时，都需要运用所掌握的知识和智慧来应对，这是一种艰苦而复杂的脑力劳动。另一方面，导游的工作量也相当大，除了在旅行游览过程中进行介绍、讲解，还要随时随地满足游客的要求,帮助其解决问题,事无巨细,不分分内与分外。尤其是旅游旺季时,导游往往会连轴转,整日、整月陪同游客,无论严寒酷暑长期在外作业,体力消耗大,又常常无法正常休息。因此,要求导游必须具备高度的事业心和良好的身体素质。

3) 客观要求复杂多变

导游服务工作具有一定的规程,如接站、送站、旅途服务和各方面关系的接洽、协调等,按照一定的程序进行工作,具有相对的规范性和便利性。但导游服务中面对更多的是不确定性和未知性,客观要求复杂多变。即使是预定的日程和规程范围内,具体的情况可能千差万别,意外的情况也可能随时出现,游览中各种矛盾可能集中显现。因此,导游必须具备应对各种可能和偶然情况的能力。归纳起来,导游服务的复杂性主要有以下4个方面。

(1) 服务对象复杂

导游服务的对象是游客,他们来自五湖四海,不同国籍、肤色的游客都有,职业、性别、年龄、宗教信仰和受教育的情况各异,性格、习惯、爱好等各不相同。导游面对的就是这样一个复杂的群体,而且每一次接待的游客都不相同,这就更增加了服务对象的复杂性。

(2) 游客需求多种多样

导游除按接待计划安排和落实旅游过程中和行、游、住、食、购、娱基本活动外,还有责任满足或帮助游客随时随地提出的各种个别要求,以及解决或处理旅游中随时出现的问题和情况,如会见亲友、传递信件、转递物品、游客患病、游客走失、游客财物被窃与证件丢失等。而且由于对象不同、时间场合不同、客观条件不同,同样的要求或问题也会出现不同的情况,需要导游审时度势,判断准确并妥善处理。

(3) 人际关系复杂

导游的工作是与人打交道的工作,他们既要维护旅行社的利益,又代表着游客的利益,在安排和组织游客活动时还要与饭店、餐馆、旅游点、商店、娱乐、交通等部门和单位的人员接洽、交涉,人际关系复杂。导游还要处理和协调导游中全陪、地陪与外方领队的关系,争取各方面的支持和配合。虽然导游面对的这方方面面的关系是建立在共同目标基础之上的合作关系,然而每一种关系的背后都有各自的利益,落实到具体人员身上,情况就更复杂。因此,导游需要具备"十八般武艺"面对纷繁复杂的人际关系。

(4) 直面"精神污染"

导游常年直接接触各方游客,直接面对各种各样的意识形态、政治经济、文化观点、价值观念和生活方式,有时还会面对金钱、色情、利益、地位的不断诱惑,耳濡目染,直接面对"精神污染"的机会多于常人。常言道"近朱者赤,近墨者黑",导游如果缺乏高度的自觉性和抵抗力,往往容易受其影响。因此,身处这种环境中的导游需要有较高的政治思想水平、坚强的意志和高度的政治警惕性,始终保持清醒头脑,防微杜渐,自觉抵制"精神污染"。

4) 跨文化性

导游服务是传播文化的重要渠道,起着沟通和传播文明、为人类创造精神财富的作用。游客来自不同的国家和地区、不同的民族、不同的文化背景。导游必须在各种文化的差异中,甚至在各民族、各地区文化的碰撞中工作,应尽可能多地了解中外文化的差异,圆满完成文化传播的任务。

3. 导游服务的地位与作用

旅行社在现代旅游业的三大要素中处于核心地位,而在旅行社接待工作中处于第一线的关键角色则是导游。因而,世界各国的旅游专家把导游服务视为现代旅游业的代表工种,并给予高度的评价。日本旅游专家土井厚认为"任何行业都有代表性的业务,在旅游业中,就是导游服务"。国际旅游界人士说:"没有导游的旅行,是不完美的旅行,甚至是没有灵魂的旅行。"并将导游服务冠以"旅游业的灵魂""旅行社的支柱""旅行游览活动的导演"及"旅游接待服务的四大要素之一"等美称。虽然赞词各异,但都说明导游服务在旅游接待工作中具有不可或缺的作用。

1)导游服务的地位

(1)导游服务在旅游服务中具有主导地位

对游客而言,导游是旅行社的代表,也是旅游产品的提供人。旅行社对客服务的各项业务,如产品设计、线路组合、市场促销、车(船、机)票预订,最终都通过导游服务传递给游客。因此,旅行社各部门的工作都是围绕导游服务这条主线展开的,都是导游服务的幕后支持者。

(2)导游服务是旅游服务水平和质量的体现

导游服务是直接面对游客的服务,游客对导游服务的质量也最敏感,因此,导游服务的质量代表着旅游服务的质量。一般来说,如果导游服务质量好,可以弥补其他旅游服务质量的不足;如果导游服务水平低,则容易引起游客的不满。

(3)导游服务是旅游竞争的焦点

旅游竞争重要的方式之一就是导游服务质量的竞争。优质的导游服务能使游客增长知识,使旅游活动更富有魅力、更充满情趣。拥有一流的导游队伍无疑是旅行社扩大知名度、争取更多客源的法宝,也是旅行社最大的一笔财富。

(4)导游服务是旅游产品改进的主要途径

导游工作在旅游第一线,熟悉旅游产品链中每一个环节的服务质量,了解游客的消费心理,可以及时将有关信息反馈给旅行社,有利于旅行社改进服务方式,提高产品的针对性,推出更具竞争力的旅游产品。

2)导游服务的作用

(1)纽带作用

导游服务是旅游接待服务的核心和纽带。导游在旅游服务各环节中对沟通上下、联结内外、协调左右关系方面起着举足轻重的作用。

首先,是承上启下的作用。导游是国家方针政策的宣传者,代表旅行社执行并完成旅游计划,同时,游客的意见、要求、建议乃至投诉,其他旅游服务部门在接待中出现的问题及他们的建议和要求,一般也通过导游向旅行社反馈,直至上达国家最高旅游管理部门。

其次,是连接内外的作用。导游既代表接待方旅行社的利益,又肩负着维护旅游者合法权益的责任;导游既有责任向游客介绍中国,又要多与游客接触,进行调查研究,了解外国和了解游客。

最后,是协调左右的作用。导游是旅行社与饭店、餐馆、游览点、交通部门、商店、娱乐场所等企业之间的第一联络员,在各旅游企业之间起着重要的协调作用。各旅游企业的相互协作是导游服务中生活服务部分得以顺利进行的重要保障,对提高旅游质量至关重要。而导游处在各项旅游服务协调的中心位置,所负责任重大。

（2）标志作用

导游服务质量是旅游服务质量高低的最敏感的标志。导游服务质量包括导游讲解质量、为游客提供生活服务的质量及各项旅游活动安排落实的质量。导游与游客朝夕相处,游客对导游的服务接触最直接、感受最深切,对其服务质量的反应最敏感。一般来说,如果导游服务质量高,令游客感到满意,游客会认为该旅游产品物有所值,而且在满载而归后,以其切身体验向亲朋好友进行义务宣传,从而扩大了旅游产品的销路。同时,优质的导游服务还可以弥补其他旅游服务质量的某些不足。因此,游客旅游活动的成败更多取决于导游服务质量。导游服务质量的好坏不仅关系到整个旅游服务质量的高低,而且关系着国家或地区旅游业的声誉。

（3）反馈作用

在旅游消费过程中,游客会根据自己的需要对旅游产品的型号、规格、质量、标准等做出反应。导游由于处在接待游客的第一线,同游客交往和接触的时间最长,最了解游客的意见和需求。导游可充分利用这种有利条件,根据自己的接待实践,综合游客的意见,反馈到旅行社有关部门,促使旅游产品的设计、包装和质量得到不断改进和完善,更好地满足游客的需要。

应当指出,旅游服务是一项综合性服务,导游服务只是其中一个重要环节,没有其他各项旅游服务的配合,也无法做好导游服务,旅游产品的价值就不可能充分实现。

（4）扩散作用

优质的导游服务能对旅游目的地的旅游产品和旅行社形象起到扩散或传播作用。旅游产品质量主要由旅游资源质量、旅游服务质量、旅游活动组织安排质量和旅游环境质量构成。它们都与导游服务质量密切相关。因为旅游资源的特色需要导游的讲解才能被认同,"景色美不美,全靠导游一张嘴",所以各种旅游服务质量和活动安排都离不开导游的业务水平和其对工作的投入。

游客往往通过导游带领游客进行旅游活动的情况来判断旅游产品的使用价值。如果导游服务质量高,游客感到满意,便会认同旅游产品、旅行社和导游,而且会以其切身体验向亲朋好友进行义务宣传,进而扩大旅游产品的销路。如果导游服务质量不高,则会导致游客抱怨和不满,间接影响周围的人,从而阻碍旅游产品的销路。

导游服务质量的高低,均会对旅游产品的销售起到扩散作用。不同的是,质量高时起到正面作用,质量低时则起到反面作用。

【在线测试】

导游服务在线测试

四、导游礼仪

（一）导游的仪容、仪表、礼仪

1. 导游的仪容礼仪

仪容仪表是人的外在表现。仪容即人的容貌，是个人礼仪的重要组成部分。导游在完善自我仪容礼仪时，应注意以下几点要求。

一是仪容的修饰要考虑时间和场合。同样的仪容修饰在不同的时间和场合有着截然不同的效果。二是在公众场合不能当众进行仪容修饰。众目睽睽之下修饰仪容既不尊重自己，也有碍他人，是极为失礼的。三是完善自身的仪容需内外兼修。

导游的仪容礼仪主要包括面部化妆礼仪、头发的护养礼仪和香水的使用礼仪等方面。

1）面部化妆礼仪

化妆既是一门艺术，又是一种技巧，它不是单纯地涂脂抹粉，更不是把自己打扮得花枝招展，而是塑造一个淡雅清秀、健康自然、鲜明和谐、富有个性的形象。

（1）正确认识自己

大多数人的面容都不是十全十美的，都有这样或那样不尽如人意的地方。化妆的目的是在扬长避短的原则下，寻找并突出自己面部最富魅力的部位，掩盖或削弱有缺陷的地方，这样才能起到化妆的效果。

（2）以自然修整为准

生活中的美容化妆，以修整统一、和谐自然为准则。恰到好处的化妆，给人以文明、整洁、雅致的印象。浓妆艳抹、矫揉造作，过分地修饰、夸张，都是不可取的。

（3）妆容与环境相适应

化妆的浓淡要视时间、场合而定。在日光下、工作时间和工作场合只适合化淡妆。晚上，参加舞会、宴会等社交活动时，可穿着艳丽、典雅的服装，在灯光照耀下妆色可浓些，可使用发亮的化妆品。导游带团时，不要化浓妆。在秀丽的湖光山色中，自然的就是最美的。

（4）化妆禁忌

①不要当众化妆。

②不要非议他人的妆容。

③不要借用他人的化妆品。

④男士的化妆要体现男子汉的气概，应根据自己的年龄和脸型，稍微修整眉形和发型，也应该保持皮肤的清洁，合理使用护肤品。

2）头发的养护礼仪

头发也是构成仪容礼仪的要素之一，直接影响别人对你的印象。整洁干净的头发是社交礼仪中最基本的要求。任何一个人都可能通过发型准确地判断出一个人的职业、身份、受教育程度及卫生习惯，更可能感受到他（她）身心是否健康及对待生活和事业的态度。

3）香水的使用礼仪

正确使用香水，需注意以下禁忌。

导游礼仪

（1）忌用量过多

应适量使用香水，一般情况下，1 米范围内能够闻到淡淡的幽香较为合适，若在约 3 米的范围内仍可闻到香味，香水就过量了。

（2）忌使用部位不当

香水中的香精和酒精在紫外线的作用下会刺激皮肤，易出现色素沉淀。香水要涂抹在光线照不到的部位，如腋下、耳后、手臂内侧等。香水不要涂抹在手背、额头等暴露部位，较为妥当的是在衣领、衣角、手帕上搽一点，任其自然挥发。

（3）忌不洁使用

要使香水发挥应有的作用，务必先洗澡，驱除不洁气味。用香水掩盖异味是不正确的。

（4）忌不同香水混合使用

不同品牌、不同系列、不同香型的香水不能混合使用，以免掩盖不同香水的香气特点，产生副作用。

（5）忌吃辛辣刺激的食物

忌吃葱、蒜、辣椒等。因为食用这类食物后容易产生口腔异味，从而影响香水的使用效果。

2. 仪表服饰礼仪

仪表可以表现人的精神状态和文明程度，也体现着对他人的尊重。衣着得体、修饰恰当、风度优雅可以给人以朝气蓬勃、值得信赖、热情好客的感觉。

1）着装的基本原则

（1）TPO 原则

TPO 原则是人们着装的总原则。在英语中是 Time（时间）、Place（地点）、Occasion（场合）三个单词的首字母。它是指人们在着装时，要注意时间、地点、场合并与之相适应。

①与时间相适应。在西方，不同的时间里有不同的着装要求。例如，男士在白天不能穿小礼服和晚礼服，在夜晚不能穿晨礼服；女士在日落前则不能穿过于裸露的礼服。

②与地点相适应。这是指根据不同国家、不同地区所处的地理位置和自然条件的要求着装。例如，在气候炎热的地方，服装以浅色或冷色调为主；在寒冷的地区，服装则以深色或暖色调为主。

③与场合相适应。这里的场合主要是指上班、社交、休闲三大场合。上班要穿得整洁、大方、美观，不可过分妖艳。社交装要穿得时髦、时尚又不失高雅。在出席婚礼、宴会等重要场合时，女士既可以穿西装和中式服装，也可以穿旗袍和晚礼服；男士可以着中山装，也可以着正规西装，但必须系领带。休闲装要穿得宽松、舒适、随意。棉质的衬衣、T 恤、牛仔装是郊外游玩的首选，穿上它们可以使人显得轻松和惬意。

（2）配色原则

一般来说，黑、白、灰是服装搭配时最常用的三种颜色，它们最适合与其他颜色的服装搭配并取得很好的效果。因此，这三种颜色也被称作"安全色"。除此之外，服装色彩的搭配要遵循上深下浅或上浅下深的原则，可采取同类型配色或衬托配色的方式，如绿色配黄色、浅蓝配粉红、深蓝配红色等。

不同颜色的服装穿在不同的人身上也会产生不同的效果，如深色的衣服，特别是黑色、深蓝色、深咖啡色等给人以收缩感,瘦人穿着显得更加瘦小,而胖人穿着则会显得苗条;反之,浅色的衣服给人以扩张感,适宜瘦人穿着。

2)着装的基本要求

(1)要与年龄相协调

不同年龄的人有不同的审美观和不同的穿着要求。年龄大的人喜欢着深色保守款以显成熟稳重,年龄小的人喜欢着亮色时尚款以显青春活泼。

(2)要与体形相协调

服饰要因人而异、扬长避短。瘦者穿浅色、横条纹、大花图案的衣服可以显得圆润丰满;胖者穿深色、竖条纹的衣服则可显得苗条清秀。肤色较深的人穿浅色服装会显得时尚健美,肤色较白的人穿深色服装更能显得皮肤细腻白嫩。

(3)要与职业相协调

导游是旅游地的形象大使,不宜染头发、穿奇装异服,否则会使游客感觉缺乏亲和力,应该选择适合户外工作特点、大方得体的服饰。

(4)要与环境相协调

在喜庆场合不能穿得太古板,在悲伤场合不能穿得太花哨,在庄重场合不能穿得太随意,在休闲场合不能穿得太隆重。高跟鞋和西服套裙搭配显得高雅大方,适合在参加宴会时穿着,但不适于登高探险、郊外野营。

3)正装的着装规范

在某些正式场合导游需要着正装出席,男士对着西装、女士对着套裙的规范都需要掌握。

(1)男士西装的着装规范

①要拆除衣袖上的商标。在正式穿西服之前,一定要将商标拆除。故意将商标露在外面显示其西服的品牌和档次,这是十分不妥的。

②要熨烫平整。正式穿着西装前要进行熨烫,穿着后及时挂起,以保证下次穿着时平整挺括。

③要系好纽扣。穿西服时,上衣、背心与裤子的纽扣都有一定的系法。通常,单排两粒扣式的西服上衣,讲究"扣上不扣下",即只扣上边那粒纽扣,或全部不扣。单排三粒扣式的西服上衣,要么只扣中间那粒纽扣,要么扣上面那两粒纽扣。而双排扣的西服上衣必须扣上所有纽扣,以示庄重。穿西服背心,不论是单独穿着,还是与西服上衣配套,都要认真地扣上纽扣。在一般情况下,背心只能与单排扣西服上衣配套。背心也分为单排扣式和双排扣式两种。根据着装惯例,单排扣式西服背心的最下面那粒纽扣应当不扣,而双排扣式西服背心的纽扣则必须统统扣上。

④不卷不挽。在公众场合,任何情况下都不要将西服上衣的衣袖挽上去,也不能随意卷起西裤的裤管,这样会给人粗俗之感。

⑤慎穿毛衫。男士要将一套西服穿得有"型"有"款",除了衬衫与背心,在西服上衣之内,最好不要再穿其他任何衣物。在气候寒冷的地区,只能加一件薄型"V"领羊毛衫或羊绒衫。这样既不会显得过于花哨,也不会妨碍打领带。不要穿色彩、图案十分复杂的羊毛衫或羊绒衫,也不要穿扣式的开领羊毛衫或羊绒衫,否则会使西服变形走样,给人以臃肿感。

⑥巧妙搭配。西服的标准穿法是衬衫内不再穿其他衣物。不穿衬衫,而以 T 恤直接与西服搭配的穿法,在正式场合是不允许的。

⑦少装东西。为使西服穿着时在外观上保持笔挺、不走样,应在西服的口袋里少装或不装东西。西服不同的口袋发挥着各不相同的作用。上衣左侧的外胸袋除可以插入一块用以装饰的真丝手帕外,不应再放其他任何东西,尤其不应放钢笔、挂眼镜。内侧的胸袋可以用来放钢笔、钱夹或名片夹,但不要放过大过厚的东西或叮当作响的钥匙串等物。外侧下方的两只口袋,原则上不放任何东西。在西服背心上,口袋大多只起到装饰作用。西服口袋除可以放置怀表外,不宜再放别的东西。在西服裤子上,两个侧面的口袋只能放纸巾、钥匙包或钱包。其后侧的两个口袋,一般不放任何东西。

⑧与鞋袜搭配。与西服配套的鞋子只能是皮鞋,其颜色宜选用深色和单色。黑色皮鞋可以和任何颜色的西装配套。男士在穿西服、皮鞋时搭配的袜子,以深色和单色为宜,并且最好是黑色的。

男士在穿着正装衬衫时还要注意以下几点。

①衣扣要系上。穿西装时,衬衫的所有纽扣都要一一系好。穿西装不打领带时,必须解开衬衫的领扣。

②袖长要适度。穿西装时,衬衫的袖子最好露出西服袖口 2 厘米左右。

③下摆要放好。穿长袖衬衫时,不论是否穿外衣,都要将下摆均匀掖进裤腰内。

④大小要合身。除休闲衬衫外,衬衫既不宜过于短小紧身,也不应过分宽松肥大。

（2）女士套裙的穿法

①套裙的上衣可以短至腰部,裙子可长达小腿中部。一般情况下,上衣不宜过短,裙子也不宜过长。上衣的袖长不超过着装者手腕,裙子不盖过脚踝。

②穿着到位。在穿着套裙时要将上衣领子完全翻好,衣袋的盖子要盖住衣袋;不允许将上衣披在身上或搭在身上,裙子要穿着端正,上下对齐。女士在正式场合穿套裙时,上衣的衣扣必须全部系上,不允许将其全部或部分解开,更不允许当着别人的面随便将上衣脱下。

③考虑场合。女士在各种正式的商务交往中,一般以穿着套裙为宜。在出席宴会、舞会、音乐会时,可酌情选择适合参加这类活动的礼服或时装。

④协调妆饰。女性导游在工作岗位上要突出的是工作能力和敬业精神,而非性别特征和靓丽容颜,应当只化淡妆,恰到好处即可。佩饰以少为宜,要符合自己的职业和身份。女导游不允许佩戴过度张扬自己“女人味”的耳环、手镯、脚链等首饰。

⑤女士在选择与套裙相配的鞋袜时,要注意鞋袜应大小适宜、完好无损,鞋袜不可当众脱下,不允许穿两只不同的袜子,不可将袜口暴露在外。

（二）导游的言谈举止礼仪

1.导游的言谈礼仪

1）交谈礼仪

导游的言谈交流在工作中是很重要的组成部分,掌握交谈中的一些基本规则和技艺,是拉近与游客距离的“良方”。

（1）基本规则

①委婉含蓄,表达巧妙。例如,在外交场合,通常以"遗憾"代替"不满",以"无可奉告"代替"拒绝回答";在社交场合,以"去洗手间"代替"厕所在哪儿",这些都是委婉含蓄的表达方式。

②善于倾听,给别人说话的机会。这样才能在听取别人谈话的同时,还要尊重对方意见。获得对方的好感。倾听时要集中注意力,要主动反馈,要尊重对方的意见。

③坦率诚恳,切忌过分客气。欧美人习惯率直地表达自己的意见,只要言语不唐突,直抒己见反而更易获得好感。日本人交谈时比较含蓄,而且会不时地迎合对方。

④大方自然。交谈时,要自信、大方、自然,不能扭捏腼腆或心不在焉。

⑤照顾全局。多人交谈时,要照顾大家,要与多数人谈话,不要冷落任何人。

⑥诙谐幽默,避开矛盾的锋芒。幽默风趣的话语不仅令人愉快,还能化解出各种原因引起的紧张情绪和尴尬气氛。

（2）忌谈话题

①非特殊场合不要涉及疾病、死亡等不愉快的话题。

②回避对方的隐私。一般不询问女士的年龄和婚姻情况;对普通人,不直接询问履历、工资收入、家庭财产、衣饰价格等私人的问题。

③对方不愿回答的问题不要刨根问底,对方反感的问题一旦提出则应表示歉意或立即转移话题。

④不要批评长辈和身份高的人,不要讥笑讽刺他人,对宗教问题也应持慎重态度。

⑤不能用词尖酸刻薄、恶语伤人。

⑥不能用傲慢失礼的话伤害对方的自尊心。

⑦和外国游客交谈时不得泄露国家机密。

（3）控制音调

与人交谈时要注意控制音调,尤其是讲话时尖厉声音容易引起旁人的反感。一个音量适宜、清晰可辨的声音更能吸引人们的注意力。

2）礼貌用语

"谢谢您""对不起""请"这些礼貌用语,如使用恰当,对融洽人际关系会起到意想不到的作用。

无论别人给予你的帮助是多么微不足道,都应该诚恳地说声"谢谢"。对他人的帮助要答谢,可以用"没什么""别客气""我很乐意帮忙""应该的"来答谢。

道歉时最重要的是有诚意,切忌道歉时先辩解,像推脱责任;同时要注意及时道歉,犹豫不决会失去道歉的良机。在涉外场合需要请人帮忙时,说句"对不起,您能帮我一下吗",则能体现一个人的谦和及修养。

几乎在任何需要麻烦他人时,"请"都是必须挂在嘴边的礼貌语,如"请问""请原谅""请留步""请用餐""请指教""请稍候""请关照"等。频繁使用"请"字,会使话语变得委婉而有礼貌,是比较自然地放低自己的位置而将对方的位置抬高的最好办法。

3）交谈的最佳距离和角度

在社交场合,要注意保持交谈的最佳距离和角度。不同的国家对此有不同的习惯。西欧一些国家认为,两个人交谈的最佳距离为1米,但意大利人经常保持0.3~0.4米。从卫生角度考虑,交谈的最佳距离为1.3米,这样就不会因交谈感染由飞沫传染的疾病。此外,交谈时最好有一定的角度,两个人可在对方的侧面斜站,形成30°为最佳,避免面对面。这个距离和角度,既无疏远之感,又文明卫生。

2. 导游的举止礼仪

1）站、坐、走姿礼仪

（1）站姿礼仪

导游的站姿要给人一种谦恭有礼的感觉。其基本要领是头正目平,面带微笑、肩平挺胸、立腰收腹、两臂自然下垂、两膝并拢或分开与肩同宽。

导游站立时不能两手叉腰或手插在裤兜里,更不能有怪异的动作,如抽肩、缩胸、乱摇头、捋胡子、舔嘴唇、拧领带、不停地摆手等。导游站着与人交谈时,两臂可随谈话内容做适度的手势,但动作幅度不宜过大。在正式场合,不宜将手插在裤袋里或交叉在胸前,更不宜下意识地做小动作。这不但显得拘谨,给人缺乏自信和经验之感,而且有失庄重。

导游站立时应注意:向人问候或作介绍时,不论握手还是鞠躬,重心应在中间,膝盖要挺直。总之,站姿应自然、轻松、优美,不论是何种姿势,改变的只是脚的位置和角度,而身体要保持端正挺拔。

（2）坐姿礼仪

导游的坐姿要给游客一种温文尔雅的感觉。坐姿的基本要领是上体自然挺直,两腿自然弯曲,双脚平落地上,臀部坐在椅子中央。男性导游一般可张开双腿,以显其自信、豁达;女性导游一般两膝并拢,以显示其庄重、矜持。

（3）走姿礼仪

导游的走姿要给游客一种轻盈稳健的感觉。其基本要领是在行走时,上身自然挺直,立腰收腹,肩部放松,两臂自然前后摆动,身体重心随着步伐前移,脚步要从容轻快、干净利落,目光要平稳,可用眼睛的余光(必要时可转身扭头)观察游客是否跟上。行走时,不要把手插在裤袋里。

导游在一些场合中,行姿也有特殊要求,如与人告辞时,不宜扭头便走,示人以后背。为了表示对在场其他人的敬意,导游在离去时,可采用后退法。其标准做法是目视他人,双脚轻擦地面,向后小步幅地退三四步,然后先转身后扭头,轻轻地离去。又如,在楼道、走廊等道路狭窄之处需要为他人让行时,应采用侧行步,即面向对方,双肩一前一后,侧身慢行。这样做,是为了对人表示"礼让三先",也是意在避免与人争抢道路,发生身体碰撞或将自己的背部正对着对方。

2）鞠躬礼仪和蹲姿礼仪

（1）鞠躬礼仪

鞠躬礼分为两种:一种是三鞠躬,敬礼之前,应脱帽或摘下围巾,身体肃立,目光平视,身体上部向前下弯约90°,然后恢复原样,如此连续三次;另一种是深鞠一躬(15°~90°),几乎适用于一切社交和商务活动场合,这也是导游最常用的鞠躬方式。为了表达对别人的尊重,都可以行鞠躬礼。行鞠躬礼时,应立正站好,保持身体端正,面对受礼者,两三步距离,以腰部为轴,整个腰部及肩部向前倾15°~90°。

（2）蹲姿礼仪

蹲姿是人的身体在低处取物、拾物时呈现的姿势。蹲姿需彰显优雅。导游在工作中,当从低处取物、捡拾落在地上的物品或整理自己的鞋袜,或工作过程中需要在低处进行整理时,动作要美观、姿势要优雅。

①蹲姿三个步骤。

直腰下蹲。首先要讲究方位,当需要捡拾低处或地面的物品时,可走到物品的左侧;当面对他人下蹲时,要侧身相向;当需要整理鞋袜或在低处整理物品时可面朝前方,两脚一前一后,一般情况是左脚在前、右脚在后,目视物品,直腰下蹲。

弯腰拾物。直腰下蹲后,方可弯腰捡低处或地面上的物品,以及整理鞋袜或在低处工作。

直腰站起。取物或工作完毕后,先直起腰部,使头部、上身、腰部在一条直线上,再稳稳站起。

②蹲姿的种类。

a.高低式蹲姿。这是一种常用的蹲姿,下蹲时右脚在前、左脚稍后,两腿靠紧向下蹲;右脚全脚着地,小腿基本垂直于地面,左脚脚跟提起,脚掌着地;左膝低于右膝,左膝内侧靠于右小腿内侧,形成右膝高、左膝低的姿态,臀部向下,基本上以左腿支撑身体。

b.单膝点地式蹲姿。这是一种非正式蹲姿,多适用于下蹲时间较长或为了用力方便时。下蹲后,右膝点地,臀部坐在脚跟上,以脚尖着地。另一条腿全脚掌着地,小腿垂直于地面,双膝同时向外,双腿尽力靠拢。这种姿势适用于男子。

交叉式蹲姿。这是一种优美典雅的蹲姿。如集体合影前排人员需要蹲下时女士可采用交叉式蹲姿,下蹲时右脚在前、左脚在后,右小腿垂直于地面,全脚掌着地。左膝由后面伸向右侧,左脚跟抬起,脚掌着地。两腿靠紧,合力支撑身体;臀部向下,上身稍前倾。

③蹲姿禁忌。

a.弯腰撅臀。这是常见的一种蹲姿,这种姿势对其后面的人来说是失礼、不敬的行为,尤其是女导游穿裙装时不可采用这种蹲姿。

b.平行下蹲。两腿展开平行,即使是直腰下蹲,姿态也不优雅。这种蹲姿被称为"蹲厕式",不仅姿势不雅,也是对他人的无礼。

c.下蹲过快、过近。下蹲的速度过快,会令人产生突兀惊讶之感;下蹲的距离过近,容易造成彼此"迎头相撞"。

d.蹲歇。蹲在地上或椅子上休息是严格禁止的,更是服务行业的大忌。

（三）导游的人际交往礼仪

1.导游日常交往中的礼仪

1）日常交往的礼仪原则

（1）信守时间

根据国际礼仪,信守时间,遵守约会,是取信于人的一个基本要求。参加活动总是姗姗来迟是极失礼的。

导游要遵守时间,要做到以下几点:一是在有关时间的问题上,不可以含含糊糊、模棱两可;二是一旦与游客约定时间,就应千方百计予以遵守,不能随便变动或取消;三是对约定的时间,只有准时到场才得体,早到与迟到,都是不正确的做法;四是万一失约,务必尽早通报约会对象,解释缘由,并向对方致歉,绝不能对此得过且过或索性避而不谈,若无其事。

(2)不妨碍他人

在公共场合中,应遵守不妨碍他人的原则。其基本含义是要求人们在公共场所里进行活动时,务必讲究公德,善解人意,约束自己,切勿因为自己的言行举止不够妥当,而影响或妨碍了其他人,或使其他人感到别扭、不安或不快。在公共场合中,不可以忘乎所以、为所欲为;不可以高谈阔论、大声喧哗;指点、议论对方,甚至不邀而至地主动加入对方的谈话,这些都会给他人造成影响。

(3)女士优先

女士优先原则的本意,是要求每一位成年男子在社交场合里,都要尽自己所能尊重女士、体谅女士、帮助女士、照顾女士、保护女士,并且随时随地、义不容辞地挺身而出,替女士排忧解难。

在现实生活中,女士优先的原则是通过一系列的具体做法贯彻和体现的。例如,在女士面前,男士不应说脏话、开无聊玩笑。

(4)不得纠正

在相互交往中,导游应遵守不得纠正原则。"不得纠正"是要求导游在同外国友人打交道的过程中,只要对方的所作所为不危及生命安全、不违背伦理道德、不触犯法律、不损害我方的国格人格,原则上导游就可以对之悉听尊便,而不必予以干涉与纠正。遵守"不得纠正"的原则,是尊重外国友人的一个重要体现。

(5)尊重个人隐私

在言谈话语中,应遵守尊重个人隐私原则。中国人一向看重的是"关心他人比关心自己更重要"。然而凡事皆有分寸,关心亦应有度。要是过于关心他人,让人感到的不是温暖,而是厌烦。在涉外交往中,导游尤其要牢记这一点:过分关心别人,其实也是对对方的一种伤害。导游在与外国游客打交道时,不要无话找话,信口打探游客的个人情况。尤其是当发现游客不愿回答时,就应当适可而止。尊重个人隐私,这条原则是导游必须遵守的。

(6)以右为尊

在位置排列中,应遵守以右为尊的原则。在涉外交往中,一旦涉及位置的排列,原则上讲究右尊左卑、右高左低。也就是说,右侧位置在礼仪上总要比左侧位置尊贵。关于前后的位置排列,情况要复杂一些。不过从大体上来说,基本上讲究前尊后卑,前排的位置要较后排的位置尊贵。

(7)保护环境

在涉外活动中,遵守保护环境的原则是非常重要的,它与文明程度的高低联系息息相关。要遵守这项原则,不仅要具有保护环境的意识,而且要在日常生活中严格要求自己。如不在他人面前吸烟、不随手乱丢弃物品、不采摘花卉、爱护动物等。

2）日常工作中的礼仪要求

（1）遵守时间

守时是日常工作中最重要的礼节。导游必须及时把每天的活动时间安排清楚地告诉每个游客，并随时提醒游客。导游按照规定时间提前到达出发地点，如有特殊情况，必须耐心向游客解释以获得游客谅解。

（2）尊重游客

导游注意服务严谨、态度和蔼，尊重老人和女士，对儿童多加关照。导游对残疾游客进行特殊服务时，是表现出热情、体贴，而不是怜悯。导游对重点游客接待服务要有分寸、不卑不亢。导游对旅游团领队要尊重，做到有事商量，主动听取意见，以礼待人，力求协调，通力合作。

（3）注意细节

导游清点人数时，不宜用手指点；车子发动时，要提示游客坐稳；行车时导游一般可致欢迎词，包括自我介绍，并祝愿各位在旅游活动期间愉快；游客到酒店时，导游提醒游客携带好随身物品；导游讲话时音调柔和清晰，音量适中，手势简练，举止大方；在参观游览时，导游要注意游客的兴趣进行选择性讲解；欢迎游客时要致欢迎词，欢送游客时要致欢送词；受游客邀请品尝风味小吃时，切忌主宾颠倒，要注重进餐时的礼仪等。

2. 导游人际沟通的礼仪

1）称呼礼仪

称呼礼仪是指人们在人际沟通时所采用的称谓语。

（1）生活中的称呼

①敬称。对于有身份者、年长者，可以称呼"先生"，还可以冠以姓氏，如"李先生""张先生"；对文艺界、教育界人士，均可称为"老师"，也可加上姓氏，如"崔老师"；对德高望重的年长者，可称为"老"，将姓氏冠以"老"之前，如"李老"。

②称呼姓名。平辈的朋友、熟人，彼此均可用姓名相称。为了表示亲切，可免称其名，对年长者，称"老刘"；对年幼者，可称"小王"。

（2）工作中的称呼

导游在工作中称呼游客应庄重、正式、规范。

①称呼职务。称呼职务是一种常见的称呼方法，可分为三种情况：一是仅称呼职务，如"经理""主任""院长"等；二是在职务之前加上姓氏，如"李书记""赵处长"等；三是在职务之前加上姓名，这仅适用于极其正式的场合，如"王××总经理"等。

②称呼职称。称呼具有专业技术职称者，尤其是具有高级、中级职称者，可以在工作中直接以其职称相称，仅称呼职称，如"教授""律师""医生"等。职称前加上姓氏，如"欧阳编辑""王调研员"；也可以简化称呼，如可将"孙工程师"简称为"孙工"。职称前加上姓名，适用于十分正式的场合，如"张××教授""汪××主编"等。

③称呼学衔。称呼游客的学衔，可增加被称呼者的权威性，可以仅称呼学衔，如"博士"；可以在学衔前加上姓氏，如"蒋博士"，或者在学衔前加上姓名，如"张××博士"。还可以将学衔具体化，说明其所属学科再加上姓名，如"物理学博士张××""人类学博士张××"等。这种称呼最正式。

④称呼职业。直接称呼职业,如称呼教师为"老师"、称呼教练员为"教练"、称呼警察为"××警察"等。

⑤称呼姓名。称呼姓名仅限于同事和熟人,可以直呼姓名,也可以只呼其姓,不称其名,但在其前面加上"老""大""小",如"老马""小黄",还可以只称其名,不呼其姓。它通常限于同性之间,尤其是上司称呼下级、长辈称呼晚辈时。

2)握手礼仪

握手是交际双方互伸右手彼此相握以传递信息的手势语,包含初次见面时表示欢迎、告别时表示欢送,对成功者表示祝贺、对失败者表示理解、对信心不足者表示鼓励、对支持者表示感谢等多种语义。

(1)握手要领

与人握手时,上身应稍微前倾,立正,面带微笑,目视对方。

(2)握手顺序

男女之间,男士要等女士先伸手,如女士不伸手且无握手之意,男士可点头或鞠躬致意;宾主之间主人应先向客人伸手,以表示欢迎;长辈与晚辈之间,晚辈要等长辈先伸手;上下级之间,下级要等上级先伸手以示尊重。

(3)握手时间

握手时间的长短可根据握手双方的关系亲密程度灵活掌握。初次见面一般握手不应超过3秒,老朋友或关系亲近的人则可以边握手边问候。

(4)握手力度

握手力度以不握疼对方的手为最大限度。在一般情况下,握手不必用力,握一下即可。男士与女士握手不能握得太紧,西方男士一般只握一下女士的手指部分,但老朋友可例外。

导游在与游客初次见面时,可以与游客握手表示欢迎,但只握一下即可,不必用力。对年龄较大或身份较高的游客应身体稍前倾或向前跨出一小步双手握住对方的手以示尊重和欢迎。在机场或车站送行,与游客告别时,导游和游客之间已建立起深厚的友谊,握手时可适当紧握对方的手并微笑着说些祝愿的话语。对于给予过导游大力支持和充分理解的游客更可加大力度,延长握手时间,或双手紧握并说些祝福感谢的话语以体现相互之间的深厚情谊。

(5)握手禁忌

忌多人同时握手;忌交叉同时与两个人握手;忌精力不集中,握手时看着第三者或环视四周;男士握手忌戴手套;忌将左手放在裤袋里;忌紧握对方的手,摇来摇去,长时间不放。此外,边握手边拍对方肩头,握手时低头哈腰或与他人打招呼,也是社交场合较为忌讳的。

3)介绍礼仪

导游在服务过程中,正确地利用介绍礼仪,不仅可以扩大社交范围,而且有助于进行必要的自我展示、自我宣传。

(1)自我介绍

导游在作自我介绍时,应根据社交礼仪和具体规范,注意自我介绍的时机、内容和分寸等。

①自我介绍时机。在下述时机,如有可能,导游有必要进行适当的自我介绍。

本人希望结识他人时,导游可主动进行自我介绍;他人希望结识本人时可作自我介绍;本人认为有必要让他人了解或认识本人时,可作简短的自我介绍。

②自我介绍的内容。导游在作自我介绍时,应兼顾实际需要,切不可"千人一面",一般有以下几种方式。

应酬式:适用于某些公共场合和一般性的社交场合,如旅行途中、宴会中,例如:"您好!我的名字叫张××。""我是刘××。"

工作式:主要适用于工作中。工作式的自我介绍内容应包括本人姓名、供职的单位及其部门、担任的职务或从事的具体工作三项。例如:"您好!我叫张×,是××××公司人事经理。""我叫吴××,××学校招生就业处老师。"

交流式:一般适用于社交活动,它是一种希望对方认识自己、了解自己、与自己建立联系的自我介绍,可以包括介绍者的姓名、工作、籍贯、学历、兴趣及与某些熟人的关系等。例如:"我叫苏××,现在是××旅游公司产品总监,我和您先生是大学同学。"

礼仪式:适用于讲座、报告、演出、庆典、仪式等正规隆重的场合。通过自我介绍表达对交往对象的友好、敬意。自我介绍可包含姓名、单位、职务,但还应多加入一些适宜的谦辞、敬语,以示自己礼待交往对象。例如:"各位来宾大家好!我叫陈××,是××公司的总经理。我代表本公司热烈欢迎大家光临我们的产品发布仪式,谢谢大家的支持。"

问答式:一般适用于应试、应聘和公务交往。例如:"您好!不知道应该怎么称呼?""经理好!我叫唐××。""请介绍一下你的基本情况。""我……"

③自我介绍的分寸。导游在作自我介绍时,态度要自然、友善、亲切、随和、落落大方。在进行自我介绍时,一定要敢于正视对方的双眼。另外,注意自我介绍的时间。自我介绍时要力求简洁,所用时间越短越好,以半分钟左右为佳,如无特殊情况介绍时间最好不要长于1分钟。自我介绍还应选择在对方有空时、对方情绪好时、对方干扰少时且有此要求时进行为好。

(2)他人介绍

他人介绍,又称第三者介绍,是经第三者为彼此不相识的双方引荐、介绍的一种介绍方式。

①他人介绍的顺序。为他人介绍时,须遵守"尊者优先了解情况"的规则,大致有以下几种情况。先介绍年幼者,后介绍年长者;先介绍晚辈,后介绍长辈;先介绍男士,后介绍女士;先介绍家人,后介绍同事、朋友;先介绍主人,后介绍来宾;先介绍职位、身份低者;后介绍职位、身份高者。

集体介绍是他人介绍的一种特殊形式。导游在进行集体介绍时,首先强调地位、身份;当双方地位、身份大致相似时,则遵循"少数服从多数"的原则,即先介绍人数少的一方,后介绍人数较多的一方;在为人数较多的一方作介绍时,可笼统介绍,也可依照礼规,由尊而卑,依次进行。

②他人介绍的内容。为他人作介绍时,介绍者对介绍内容应多斟酌。根据实际需要不同,通常有以下形式可供借鉴。

a. 标准式:适用于正式场合,一般以双方的姓名、单位、职务等为主。例如:"我给两位介绍一下,这位是××公司李主任,这位是××集团邓总经理。"

b. 简介式:内容往往只有双方姓名,甚至只有姓。例如:"我来介绍一下,这位是老郭,这位是小秦,你们彼此认识一下吧。"

c.强调式:适用于各种交际场合,其内容除被介绍者的姓名外,往往还可以强调其中某位被介绍者与介绍者之间的特殊关系,以便引起另一位被介绍者的重视。

d.引荐式:适用于普通的社交场合,作这种介绍时,介绍者要将被介绍者双方集中到一起,而不需要表达任何具有实质性的内容。

e.推荐式:适用于比较正规的场合,多是介绍者有备而来,有意要将某人推荐给某人,因此在内容方面,通常会对前者的优点加以重点介绍。

f.礼仪式:适用于正式场合,是一种最正规的他人介绍。其内容略同于标准式,但语气、表达、称呼上都更礼貌、谦虚。

③他人介绍的应对。在对他人进行介绍时,介绍者与被介绍者都要注意自己的表述、态度与反应。例如,"很高兴认识你""认识你非常荣幸""幸会,幸会!"介绍者为被介绍者作介绍之前,不仅要尽量征求被介绍者双方的意见,而且在开始介绍时还应再打一下招呼,切勿开口即讲,显得突如其来,让被介绍者措手不及。

4)电话礼仪

导游在服务中使用电话时,应自觉维护自己的"电话形象",通过正确使用电话礼仪,"闻声如见其人",给对方留下良好的印象。

(1)时间适宜

一般工作电话应尽量打到对方单位,最好避开临近下班时间,如果确有必要打对方手机,应注意避开吃饭或睡觉时间。白天一般宜在上午 8 点以后,节假日应在上午 9 点以后,晚上应在 22 点以前。如无特殊情况,不宜在中午休息时间和就餐时间打电话。给海外人士打电话,要先了解时差,不要不分昼夜,骚扰他人。通话时长应有所控制,以短为佳,宁短勿长。在电话礼仪里,有一条"3 分钟原则",即每次通话时长以 3 分钟为宜。

(2)内容简洁

通话内容力求简洁,表述清楚。可参照"5W+How"原则,即 Who 何人(姓名),When 何时(日期),Where 何地(场所),What 何事(内容),Why 何因(理由),How 怎么做(方法)。

(3)体现文明

首先,要及时接听电话。一般要求铃响三声必须接电话,接通电话后,应立即说"您好",然后通报自己的单位名称,还可以加上自己的姓名。如果铃响三声后才接电话,应首先表示歉意:"您好,对不起,让您久等了。"其次,问候介绍。接通电话后要先自报家门,再问对方是谁,然后说你要找的人。比如:"您好! 我是×××,请问您是×××吗? 请您帮我找一下×××。"再次,微笑接听电话,重视通话时的吐字、声调,体现出主动和热情。最后,通话结束体现礼仪规范。一般来说,打电话的人会主动结束电话,等对方先挂断,然后再轻轻放下话筒。切忌没有致结束语就挂机或挂机动作突然、用力过大,使对方产生误解。如果对方是长辈或身份较高者,无论是谁打出电话都应等对方先挂电话。

电话礼仪还需注意一些细节,如在上司面前、在重要场合、在游客面前不随意接打电话。随着手机的普及,无论是社交场合还是工作场合,手机礼仪越来越受到关注。在公众场合,不可旁若无人地使用手机。在会议和洽谈时,最好的方式是将手机调为静音,或者关机。

【在线测试】

导游礼仪在线测试

五、导游器材

导游外出带团时,由于导游工作的特点,在个人的装备方面有许多讲究,下面列出了地陪在 3 ~ 7 天服务过程中需要携带的东西,分为必须携带品和建议携带品。

（一）机械类

1. 必须携带品

①手机。导游在带团过程中,没有手机就无法上团。导游要提前与餐厅、商店等地方联系,以确定团队前往时人流量的大小。因为旅行社、司机、游客都要找导游,所以导游上团手机必须带着。导游应尽量将手机固定在腰上的手机套里,不要放在衣兜里,以防止其滑出而丢失。

②手表。导游是个时间观念很强的职业,在带领游客参观游览时要看升降旗、要为游客约定集合时间,还要推算路程时间、测算在旅游商店停留时间等,这些都需要看时间。

2. 建议携带品

①扩音器。导游为了照顾外围的游客,带规模较大的旅游团队时最好有扩音器。

②计算器。导游在工作过程中需要计算的地方较多,如果计算错误,就会造成损失。鉴于有些手机中有计算器,计算器可作为建议品。

③刮胡刀。刮胡子是男性导游每天早上必做的事情,如果是女士,刮胡刀则可以省略。

④雨伞。导游最好带晴雨两用的折叠伞,便于携带,在山顶上要提醒客人不打伞。因山顶风大,夏季时可能有雷雨,不宜打伞,特别不宜撑金属柄雨伞,易遭雷击。下雨时可穿轻便塑料雨衣。

（二）食品类

1. 必须携带品

口香糖:导游要备用一包口香糖,因为在旅游餐厅吃饭很难避开葱姜蒜、韭菜等,如果导游口中有这些气味进行讲解,对游客是一种不尊重,在饭后嚼一片口香糖,这种情况就可以得以改善。

2. 建议携带品

①巧克力:导游的工作量较大,经常早晨 7 点开始一直要工作到晚上 8 点以后,工作时间长,有时候午餐时间稍早、晚餐时间又稍晚。身体不佳的导游可以随身携带一两块巧克力以补充必要的热量,夏天要注意巧克力不能融化,可带压缩饼干等食品。

②茶叶:导游在工作过程中,要注意多补充水分,否则在炎炎夏日下很容易出现脱水、晕厥等现象。实践证明,喝茶水要比喝白开水效果更好。重点推荐绿茶,绿茶对咽喉可以起到保护

作用。而在宾馆和餐厅都有可以续热水的地方,还省了一笔饮料的开销。

(三)衣服类

1.必须携带品

日常衣物包括了日常带团各个时段所需要的衣物,如外套、大衣、风衣、羽绒服、休闲装等,而在不同地区、不同时段需要穿的衣服,各地的地陪会更清楚自己那里的情况。

导游服装要讲究舒适、方便、保暖、透气,可根据个人体质和旅游区气候,酌情携带。夏、秋季时,一般可带两套内外衣,方便换洗,保持个人清洁即可。我国夏季南北地区温差不大,喜欢游泳可带游泳衣裤。我国冬季南北温差较大,到南方旅游不必带太多衣服,但到北方及山地旅游则要增带御寒衣服。女导游不宜穿短裙,因导游工作时需要爬上走下,短裙不便于行动;导游在夏天最好穿带袖的上衣,最好在面部和手上涂一些防晒油,以防皮肤被晒伤。导游最好穿一件抵三件,保暖透气+舒适轻巧+防风挡雨,即所谓"实用性+功能设计"的服装。这类服装集实用价值与多功能设计于一身,一件可抵几件,刮风时可以挡风,下雨时可以遮雨,天冷时可以保暖。

旅游鞋袜是否合适,对导游工作有直接的影响。旅游鞋要选择具有柔软、防滑、结实、高帮特点的。旅游鞋材质柔软可以使其走路轻快,防止腿脚扭伤。防滑的鞋底对导游也很重要,在险要地段和雨雪地行走时可规避危险。结实的鞋子才能适应长途旅游的需要。高帮鞋不易进杂物,还可避免鞋口磨脚、掉脚等麻烦。袜子以线袜为宜,不仅具有较好的吸汗作用,还可调整脚与鞋的间隙,减少摩擦。导游不可穿皮鞋和拖鞋带团。登山以穿布鞋、胶底鞋、旅游鞋为宜,切忌穿高跟皮鞋、塑料凉鞋。

2.建议携带品

①正装:主要包括西装、皮鞋、衬衫等,导游在接待一些高标准游客时最好穿正装,尤其在接机时,这样会让游客感觉你很专业,同样在景点时,如果周围的导游都穿休闲装,而你则穿西装,游客会非常自豪地跟着你的。但导游穿正装时要注意配色和一些惯例,而且导游的行为举止也要和衣服相吻合。

导游的着装应与场合、地点、情境及季节相协调,着装整洁、大方、得体。导游在工作时应穿制服,或穿比较正式的服装并佩戴导游标志。导游穿制服和西装时,要将衬衣下摆塞入裤内,袖口不能卷起。除手表外,导游一般不佩戴耳环、手链、脚链、项链、别针等饰物。在一些特殊场合如运动场或登山时,导游衣着可以随便一些,但仍需注意整洁。夏季,男士不能穿圆领汗衫、短裤,女士不能袒胸露背、不穿超短裙。进入室内,应摘下帽子、手套、墨镜,脱下大衣。由于经常在室外工作,导游的衣服要勤换洗,特别应注意衣服领口和袖口的干净。

②遮阳帽:在阳光照射强烈的地区是必备的。鉴于旅行社都给游客发放同一种颜色的帽子,导游的帽子就要更突出一点,以便游客能够很容易找到。

③太阳镜:第一个功能和遮阳帽是一样的;第二个功能就是保护眼睛。另外,在风沙较大的地区导游最好配备风镜;在攀登雪山或长时间在冰雪地区活动时,导游最好配备雪镜。

④手套:在比较寒冷的地区带团所必需的,因为导游要无时无刻举着导游旗,戴上手套可防止手被冻坏。

⑤拖鞋:导游在酒店住宿时,使用自己的拖鞋可以减少因为穿别人使用过的拖鞋而患脚气病的可能性。

(四)洗护品类

1.必须携带品

①防晒霜:不分男女,携带防晒霜,随时涂抹防晒霜能有效抵御紫外线,有益于皮肤健康,在阳光照射比较强烈的地区建议使用SPF30+的,而一般的地区SPF15+即可。

②清洁用品:包括洗发水、浴液、香皂、梳子、毛巾等。

2.建议携带品

①化妆品:女导游的必需品。女导游最好不要化浓妆,化淡妆即可。

②卫生用品:除消毒纸巾外,其他主要是针对女导游的。

③隐形眼镜及药水:针对使用隐形眼镜的导游。

④防蚊水:如果住宿的是档次较低的宾馆或招待所时,携带防蚊水是很有必要的。

(五)随身携带类

1.必须携带品

①小包:可以随手拿着,也可以是背包,但导游毕竟要随时从包里取东西,如行程计划、名片、通信录等,所以用手包更方便。女导游选择面要广些,男导游只有皮质的手包可以选择。这里推荐使用的是透明的塑料包,在塑料包里可放如行程计划、通信录、名片夹、笔等物品,钱最好不要放塑料包。因为这种包具有一目了然的优点。当然,腰包也不错,要注意腰包的颜色和款式是否与衣服相协调。个人随身携带的包尽量选用腰包,腰包不要太大,但是内部的间隔区间要多,以便导游分门别类存放不同的单据和团款。

②通信录:导游联系面很广,包括多个旅行社、餐厅、商店、旅游景点、酒店、司机、游客、各地假日办或全国假日办的电话和查询的几百个电话,通信录还可以记下地址、邮箱等其他信息。另外,通信录丢失的概率要比手机的丢失低得多,所以它也是手机存储电话的良好备份。

③小本:尺寸像普通的照片大小,包装普通即可,不需要皮质外皮。导游借助小本可以随时记录一些电话或事件,也可以随时撕下来当作便条使用,例如给别人留电话、客人签字的证明、收到钱的收条、借出钱的借条等。

④笔:随时能用,最好选中性笔或签字笔。

⑤旗杆:可伸缩的、结实耐用的导游旗杆,可循环使用。

⑥导游旗:导游旗应尽量固定在旗杆上,可以用一根小绳把导游旗的上下两端固定在旗杆上。

⑦润喉片:由于导游职业的特殊性,润喉片应作为导游必备的物品之一,起到润喉和保护嗓子的作用。

2.建议携带品

①名片夹:在名片夹内放自己的名片和带团过程中收到的名片,回家后将收到的名片都转到大名片册中。

②瑞士军刀。

③手机充电器。

④打火机:无论游客是否吸烟,当游客要吸烟时导游用打火机帮着点烟会被视为机智灵活。

⑤水杯:导游要尽量选用保温效果好、密封性能强的水杯,以方便携带热水。

⑥出团计划书:以便核对计划行程、安排旅游活动、监督接待计划的执行。

【在线测试】

导游器材在线测试

六、导游相关知识

(一)入出境知识

1. 入出境应持有的证件

世界上每个主权国家(地区),对入出境旅客均实行严格的检查制度。只有具备合法身份的人员,才能出入国境。外国人、华侨及中国公民入出中国国境均须在指定的口岸向边防检查站(由公安、海关、卫生检疫三方组成)交验有效证件,填写入出境卡,经边防检查站查验核准加盖验讫章后方可入、出境。

有效证件是指各国政府为其公民颁发的出国证件。其种类很多,不同类型的人员使用的有效证件名称也不同。

1)护照

护照是一国主管机关发给本国公民或在国外居留的证件,证明其国籍和身份。

按照颁发对象和用途的不同,世界各国护照一般分为三种:外交护照、公务护照和普通护照。此外,有的国家为团体出国人员(旅游团、体育代表队、文艺团体等)发给团体护照。

(1)外交护照

外交护照发给政府高级官员、国会议员、外交和领事官员、负有特殊外交使命的人员、政府代表团成员等。在外国享受外交礼仪,在各类护照中,持有外交护照的人员受到尊敬和礼遇程度最高。

(2)公务护照

公务护照发给政府一般官员,驻外使领馆工作人员及因公派往国外执行文化、经济等任务的人员。签发机构为外事部门。

(3)普通护照

普通护照发给前往国外的普通公民、国外侨民等。

自2012年5月15日起,公安机关统一签发电子普通护照,在传统本式普通护照中嵌入电子芯片,芯片中存储执照人的个人基本资料、面相、指纹等特征。电子护照的有效期与普通护照相同。

2007年1月1日起施行的《中华人民共和国护照法》规定,普通护照的有效期为:护照持有人未满 16 周岁的为 5 年,16 周岁以上的为 10 年。出国旅游的团队护照有效期为 1 年。

自 2020 年 2 月 1 日起,中国驻外使领馆对海外中国公民提供护照换发和补发的便利,换发时本人需提供原护照、国籍状况声明书、照片和申请表,补发时还需提供遗失或损毁情况说明;对中国公民在国外发生护照遗失、被盗或损毁申请补发的,只要时间允许,能等待新护照的制作和邮寄,可以为其补发。

2)签证

(1)签证的种类与办理

签证是一国主权机关在外国公民所持有的护照或其他有效出入证件上签注、盖印,表示准其出入本国国境或者过境的手续。在中国,华侨回国探亲、旅游无须办理签证。

我国签证分为外交签证、礼遇签证、公务签证、普通签证四类;还可分为入境签证、入出境签证、出入境签证和过境签证。此外,还有移民签证、非移民签证、另纸签证、口岸签证和 ADS (Approved Destination Status)签证。其中,另纸签证是签证在护照以外的一张纸上,它同签在护照内的签注具有相同作用,但必须和护照同时使用;口岸签证是指在前往国的入境口岸办理的签证;ADS 签证是指仅限于在被批准的旅游目的地国家一地旅游的签证,它在旅游目的地国家境内既不可转签,也不可延期,持此种签证的人必须团进团出。

旅游签证属于普通签证,在中国为 L 字签证(发给来中国旅游、探亲或其他私人事务入境的人员及因人才引进等非外交公务事由入境的外国人)。签证上规定持证者在中国停留的起止日期。10 人以上的旅游团可发放团体签证。团体签证一式三份,签发机关留一份,来华旅游团两份:一份用于入境;另一份供出境使用。签证的有效期限不等,获签证者必须在有效期内进入中国境内,超过期限签证即不再有效。持 L 字签证的外国人须从中国指定的口岸入境,向边防检查机关缴验有效护照和中国的签证,填写入境卡,经边防检查机关查验核准加盖入境验讫章,入境后,不得在中国从事就业、宗教宣传、非法采访活动。希望进入中国境内的外国人必须持有效护照(必要时提供有关证明)向中国的外交代表机关、领事机关或外交部授权的其他驻外机关申请办理签证。

在特定情况下,确实来不及到上述机关办理签证手续者,可向公安部授权的口岸签证机关申请办理签证。中国公安部授权的口岸签证机关最早设立的口岸有:北京、上海、天津、大连、福州、厦门、西安、桂林、杭州、昆明、广州(白云机场)、深圳(罗湖、蛇口)、珠海(拱北)、重庆、海口、三亚、济南、青岛、烟台、威海、成都和南京。

目前,世界上不少国家开通了电子签证,这样办理签证可以足不出户,直接在智能手机上操作即可,而且签证进度、何时出签,也可在手机端实时显示。目前可申请电子签证的国家有澳大利亚、日本、新西兰、柬埔寨、韩国(针对旅游团游客)、新加坡、阿联酋、斯里兰卡、印度、马来西亚、土耳其、缅甸、肯尼亚、瓦努阿图、科特迪瓦、卡塔尔、索马里、塞内加尔、摩尔多瓦、格鲁吉亚、阿塞拜疆、赞比亚、巴林、卢旺达、吉布提、马达加斯加等。随着技术的进步,开放电子签证的国家会越来越多。

(2)免办签证的几种情况

①国家间签订了互免签证协议。截至 2023 年 2 月,有 74 个国家和地区对持普通护照的中国公民实行免签或落地签证政策,其中与中国互免签证的国家和地区有 18 个,单方面对中

国公民免签的国家和地区有 17 个,可办理落地签证的国家和地区有 40 个(表 1-2)。

表 1-2　对我国持普通护照公民实行免签或者落地签的国家和地区(截至 2023 年 2 月)

政策类型	国家(地区)
互免普通护照签证(18 个)	圣马力诺、塞舌尔、毛里求斯、巴哈马、斐济、格林纳达、汤加、厄瓜多尔、阿联酋、巴巴多斯、塞尔维亚、白俄罗斯、波黑、卡塔尔、亚美尼亚、苏里南、马尔代夫、多米尼克
对持普通护照的中国公民单方面免签(17 个)	印度尼西亚、乌兹别克斯坦、韩国(济州岛等地)、阿曼、阿尔巴尼亚、摩洛哥、法属留尼汪、突尼斯、安提瓜和巴布达、海地、南佐治亚和南桑威奇群岛(英国海外领地)、圣基茨和尼维斯、特克斯和凯科斯群岛(英国海外领地)、牙买加、美属北马里亚纳群岛(塞班岛等)、萨摩亚、法属波利尼西亚
单方面允许符合条件的普通护照的中国公民抵达入境口岸时办理落地签证(40 个)	亚洲(19 个):阿塞拜疆、巴林、东帝汶、印度尼西亚、老挝、黎巴嫩、马尔代夫、缅甸、尼泊尔、斯里兰卡、泰国、土库曼斯坦、文莱、伊朗、马来西亚、约旦、越南、柬埔寨、孟加拉国 非洲(16 个):埃及、多哥、佛得角、加蓬、科摩罗、科特迪瓦、卢旺达、马达加斯加、马拉维、毛里塔尼亚、圣多美和普林西比、坦桑尼亚、乌干达、贝宁、津巴布韦、圣赫勒拿(英国海外领地) 美洲(1 个):圭亚那 大洋洲(4 个):帕劳、图瓦卢、瓦努阿图、巴布亚新几内亚

注:阿塞拜疆、俄罗斯、白俄罗斯、格鲁吉亚、摩尔多瓦、土库曼斯坦对团体旅游实行互免签证。部分国家对持有普通护照的中国公民进行旅游观光、商务访问等实行免签。印度尼西亚同时实行免签和落地签政策。免签入境并不等于可无限期在协定国停留或居住,根据协定要求,持有关护照免签入境后,一般有停留期限,具体可咨询目的地国家驻华使馆。落地签并非直接持护照到达目的地即可获得签证。值得注意的是,无论哪个国家,都要求游客持有往返机票或是前往第三国的机票和正确的旅行证件才能办理落地签。

②过境免签。过去我国对持有联程客票,搭乘国际航班的航空器、船舶列车,从中国过境前往第三国或地区的游客,准许在部分城市的机场停留超过 24 小时,但不得离开该口岸。从 2013 年开始,为了吸引更多外籍人士来我国旅游和消费,国务院陆续批准北京、上海、广州、成都、重庆、沈阳、大连、西安等十余个城市口岸,对美国、英国、法国、德国、意大利、韩国、新加坡 51 个国家公民实行 72 小时过境免签政策,即上述国家的游客若持有第三国签证和 72 小时内确定日期、座位前往第三国(地区)的联程机票,可以在不持有中国签证的情况下,从这些城市口岸入境和出境,并在该城市行政区划内停留 72 小时。从 2018 年起,北京、天津、石家庄、秦皇岛、上海、杭州、南京、沈阳、大连、青岛、成都、厦门、昆明、武汉、广州、深圳、揭阳、重庆、西安、宁波 20 个城市 27 个口岸对 53 个国家的人员实行了 144 小时过境免签。需要注意的是,过境免签政策只针对在口岸城市直接入境的外国人,已经在中国其他城市入境的外国游客是不能享受此政策的。

③持与中国建交国家的普通护照已在香港、澳门地区的外国人,经在香港、澳门地区合法注册的旅行社组团进入广东珠江三角洲地区(指广州、深圳、珠海、佛山、东莞、中山、江门、肇庆、惠州市所辖行政区)旅游,且停留不超过 6 天。

④经国务院批准,自 2018 年 5 月 1 日起,海南省对 59 国人员的入境旅游实施免签政策,其停留时间不超过 30 天。

⑤新加坡、文莱、日本三国持普通护照的公民,前来中国旅游、经商、探亲访友或过境不超过 15 天者,从中国对外国人开放口岸入境时可以签入境。

⑥东盟 10 国的旅游团可免办签证在桂林市行政区停留不超过 6 日。

3)港澳居民来往内地通行证

港澳居民来往内地通行证是港澳同胞来往于中国香港、中国澳门与内地之间的证件,由广东省公安厅签发,于 1999 年 1 月 15 日启用。它的前身是港澳同胞回乡证,新版港澳居民来往内地通行证于 2013 年 1 月 2 日启用,签发机关为"公安部出入境管理局",仍由公安部委托广东省公安厅审批,委托香港中旅集团、澳门中国旅行社分别受理香港、澳门居民的申请。年满 18 周岁的公民为 10 年有效,未满 18 周岁的公民为 5 年有效。

4)台湾居民来往大陆通行证

台湾居民来往大陆通行证简称"台胞证",是我国政府发给台湾同胞来往大陆观光、商务、探视的身份证明书。目前,台湾同胞前往大陆时,仍需持"中华民国"护照出关,到大陆边检时,再以台胞证入境。台湾同胞来往大陆通行证分为 5 年有效和 3 个月一次有效两种。台湾同胞在台湾地区、港澳地区和大陆均可申领台胞证。2015 年 9 月 21 日起,在大陆的台湾同胞可向县级以上公安机关出入境管理部门申请补发、换发 5 年有效电子台胞证,包括持一次有效台胞证入境的台湾同胞。台湾同胞来往大陆不需要办理签证。仍然有效的台胞证可以继续使用,持证人凭有效台胞证也可申请换发电子台胞证。

5)往来港澳通行证

往来港澳通行证全称为"中华人民共和国往来港澳通行证",是内地居民往来港澳地区的唯一合法的旅游证件,由居民所在地公安局出入境管理部门颁发。该证的有效期是未满 16 周岁的居民为 5 年,成年人为 10 年。自 2009 年 4 月 1 日开始,深圳居民可办理一年内多次往返港澳的通行证件;自 2018 年 9 月 1 日开始,内地居民可在全国范围内任一公安机关出入境管理机构申请办理"往来港澳通行证"。

6)大陆居民往来台湾通行证

大陆居民往来台湾通行证是大陆居民往来台湾地区唯一合法的旅行证件,由中华人民共和国政府授权的公安机关出入境管理部门签发。此外,赴台旅游还须在户口所在地公安局出入境管理处办理"入台观光证"。公民赴台旅游时一定要手持双证,否则会遭到遣返。

2. 常规入出境手续

办理入出境手续是比较复杂的一项工作,这也是对导游工作能力的一种检验。导游领队要带领旅游团队经过海关检查、卫生检疫检查、边防出入境检查、登机安全检查等关口。此外,导游还要办理登机手续、行李托运、提取行李、转机等手续。导游要对各项手续十分熟悉,以便能够带领旅游团队顺利完成出境的所有复杂工作。

入出境手续

1）海关检查

根据《中华人民共和国海关法》和《中华人民共和国海关对进出境旅客行李物品监管办法》的规定，入出境旅客行李物品必须通过设有海关的地点入出境，并接受海关监管。

海关检查一般询问是否有需要申报的物品，或让旅客出示携带物品出入境申报单，必要时海关有权开箱检查所携带物品。

旅客行李申报单需在出境前填写，一式两份，详细列明带出旅途自用的手表、照相机等物品的数量、牌名、规格、新旧程度。海关在入境游客申报单上加上△记号的必须复带出境。

各国对入出境物品的管理有各自不同的具体规定。一般烟、酒等物品按限额放行。文物、武器、毒品、动植物等为违禁品，非经特许不得入出国境。对海关加封的行李物品，不要擅自拆开或损毁海关施加的封志。

海关通道分为"红色通道"和"绿色通道"两种。不明海关规定或不知如何选择通道的旅客，应选择红色通道通关。

（1）红色通道

红色通道也称"应税通道"。旅游团到达出境地点，首先办理海关手续，如有物品申报，要认真填写《中华人民共和国海关进/出境旅客行李物品申报单》，走红色通道，办理海关手续，经海关查验后放行。申报单应妥善保管、不得涂改，不得遗失。

（2）绿色通道

绿色通道也称"免税通道"或"无申报通道"。携带无须向海关申报物品的游客和持有外交签证或礼遇签证的人员，以及海关给予免签礼遇的人员，可选择"绿色通道"通关，但需向海关出示本人证件和按规定填写申报单据。

2）卫生检疫

为了防止传染病由国外传入或由国内传出，保护人身健康，根据国际惯例及习惯法，各国都制定了国境卫生检疫法。要求入境者如实填写健康申明卡，来自疫区的人员还必须出示有效的有关疾病预防接种证明（俗称"黄皮书"），无证者卫生检疫机关可对其施以 6 日的强制留验。如遇传染病患者隐瞒不报，按逃避检疫论处，可禁止入境或责令其提前离境。

3）边防检查

我国入出境检查由公安部负责。边防检查是指对出入国境人员的护照、证件、签证、入出境登记卡、入出境人员携带的行李物品和财物、交通运输工具及其运载的货物等的检查和监护，以及对入出国境上下交通运输工具人员的管理和违反规章行为的处理等。

边防检查是为了保卫国家的主权和安全，而对出入国境的人员等进行的检查。边防检查的内容包括护照检查、证件检查、签证检查、入出境登记卡检查、行李物品检查、交通运输工具检查等。因私出国人员到达出境口岸时，首先要填写一张《出境登记卡》并将自己的护照、签证等一并交给边防检查人员，由边防检查人员进行逐项检查；边防检查人员对持照人的证件进行核查（包括护照是否真实有效，签证是否真实有效等）后在护照上加盖验讫章（该章包括出境口岸的名称、编号、"出境边防检查"字样和年月日等），并将出境登记卡留存于边防检查站；上述手续完毕后，将护照当面交给持照人。

4）安全检查

安全检查是入出境人员必须履行的检查手续，是保障旅客人身安全的重要预防措施。安全检查事关旅客人身安全，所有旅客都必须无一例外地经过检查后，才能允许登机，也就是说，安全检查不存在任何特殊的免检对象。所有外交人员、政府官员和普通旅客，不分男女、国籍和等级，都必须经过安全检查。

安全检查的内容主要是检查旅客及其行李物品中是否携带枪支、弹药、易爆、腐蚀、有毒放射性等危险物品，以确保航空器及乘客的安全。安全检查必须在旅客登机前进行，拒绝检查者不准登机，损失自负。中国海关和边防站，为保证游客生命和财产安全，禁止携带武器、凶器、爆炸物品。采用通过安全门使用磁性探测检查、红外线透视、搜身、开箱检查等，对游客进行安全检查。安全检查的环节主要有托运行李物品检查、旅客证件检查、手提行李物品检查和旅客身体检查。

根据 2017 年 1 月 1 日实施的《中国民用航空安全检查规则》，携带贵重物品、植入心脏起搏器或身患残疾等情况的旅客可要求在非公开场所进行安检。该规则还规定，旅客若有"对民航安检工作现场及民航安检工作进行拍照、摄像，经民航安检机构警示拒不改正的""故意散播虚假非法干扰信息的""在行李物品中隐匿携带民航禁止运输、限制运输物品的"等行为，将会被移交公安机关处理。旅客若逃避安全检查，有殴打辱骂民航安检员或其他妨碍民航安检工作正常开展，扰乱民航安检工作现场秩序的行为，也将移交公安机关处理。

3. 海关对入出境游客所携带物品的规定

1）部分限制入出境物品

（1）烟酒

我国对入出境旅客所携带烟酒规定见表 1-3。

表 1-3　我国对入出境旅客所携带烟酒的具体数量

旅客类别	免税烟草制品限量	免税 12 度以上酒精饮料限量
来往港澳地区的旅客（包括港澳旅客和内地因私前往港澳地区探亲和旅游等旅客）	香烟 200 支或雪茄 50 支或烟丝 250 克	酒 1 瓶（不超过 0.75 升）
当天往返或短期内多次来往港澳地区的旅客	香烟 40 支或雪茄 5 支或烟丝 40 克	不准免税带入
其他进境旅客	香烟 400 支或雪茄 100 支或烟丝 500 克	酒 2 瓶（不超过 1.5 升）

注：不满 16 周岁者，禁止携带烟酒。

（2）旅行自用物品

非居民旅客及持有前往国家或地区再入境签证的居民游客携带旅行自用物品照相机、便携式收录音机、小型摄影机、手提式摄录机、手提式文字处理机各一件。超出范围的或单价超过 5 000 元人民币的物品，须向海关如实申报，并办理有关手续。经海关放行的旅行自用物品，游客应在回程时复带出境。游客在海外购买的音像制品（如录音带、录像带、唱片、电影片、VCD 光盘等)和印刷品(如书报、刊物、图画等)也必须申报和交验。若藏匿不报,海关将按规定处理。

(3)金银

根据《中华人民共和国金银管理条例》(2011 年修订),入境旅客携带金银入境,数量不受限制,但必须向入境地海关申报,由海关登记。携带或者复带金银出境,海关凭中国人民银行出具的证明或原入境时申报单登记的数量查验放行,不能提供证明的或超过原入境时申报登记数量的,不许出境。

携带在中华人民共和国境内购买的金银饰品(包括镶嵌饰品、工艺品、器皿等)出境,海关凭国内经营金银制品的单位开具的特种发货票(由中国人民银行统一印制,各地分行分发)查验放行,无凭据的,不许出境。

居住在中华人民共和国境内的中国人、外国侨民和无国籍人出境定居,每人携带金银的限额为:黄金饰品 31.25 克,白银饰品 312.50 克,银质器皿 625 克,经海关查验符合规定限额的放行。

(4)外汇

游客携带外币、旅行支票、信用证等入境,数量不受限制。游客携带超过 5 000 美元或等值其他外币入境,必须向海关如实申报。携带出境时,海关凭本次入境申报的数额核发。出境人员携出金额在等值 5 000 美元以内(含 5 000 美元)的,海关予以放行。携出金额在等值 5 000 美元以上至 10 000 美元(含 10 000 美元)的,应向银行申领《携带证》,出境时,海关凭加盖银行印章的《携带证》查验放行。携出金额在等值 10 000 美元以上的,应向存款或购汇银行所在地国家外汇管理局各分支局申领《携带证》,海关凭加盖外汇局印章的《携带证》查验放行。

(5)人民币

游客携带人民币现钞进出境,限额 2 万元,超出限额的禁止出境。

(6)文物、字画

文物是指遗存在社会上或埋藏在地下的历史文化遗物。字画也称书画,是书法和绘画的合称。中国政府禁止出境珍贵文物及其他禁止出境的文物。珍贵文物是指国家馆藏、二、三级文物。其他禁止出境的文物,包括有损国家、民族利益,或者有可能引起不良社会影响的文物,不论年限,一律禁止出境。

1949 年以前(含 1949 年)生产、制作的具有一定历史、艺术、科学价值的文物,原则上禁止出境;其中,1911 年以前(含 1911 年)生产、制作的文物一律禁止出境。1966 年以前(含 1966 年)生产、制作的有代表性的少数民族文物禁止出境。一般文物是指具有一定历史、艺术、科学价值的普通文物,即可以在文物商店出售的文物。

游客携带文物入境,如需复带文物出境,请向海关详细报明。游客携带出境的文物(含已故现代著名书画家的作品),须经中国文化和旅游行政管理部门鉴定。携运文物出境时,必须向海关详细申报。对在境内文物商店购买的文物,海关凭中国文化和旅游行政管理部门指定的文化行政管理部门加盖的鉴定标志及文物外销发货票,或开具的许可出口证明查验放行。对在境内通过其他途径得到的文物,海关凭中国文化行政管理部门加盖的鉴定标志及开具的出口许可证明查验放行;未经鉴定的文物,不允许携带出境。携带文物出境不据实向海关申报,属走私行为,海关将按规定处理。

（7）中药材、中成药

旅客携带中药材、中成药出境,前往港澳地区,限值人民币150元;前往国外,限值人民币300元。个人邮寄中药材、中成药出境,寄往港澳地区,限值人民币100元;寄往国外,限值人民币200元。入境游客出境时携带用外汇购买的、数量合理的自用中药材、中成药,海关凭盖有国家外汇管理局统一制发的"外汇购买专用章"的发货票放行。麝香、犀牛角、蟾酥、虎骨、牛黄等及超出上述规定限值的中药材、中成药不准出境。

旅客携运进出境的行李物品有下列情形之一的,海关暂不予放行:旅客不能当场缴纳进境物品税款的;进出境的物品属于许可证件管理的范围,但旅客不能当场提交的;进出境物品超出自用合理数量,按规定应当办理货物报关手续或其他海关手续,其尚未办妥的;对进出境物品的属性、内容存疑,需要由有关主管部门进行认定、鉴定、核验的;按规定暂不予放行的其他行李物品。

2）禁止入出境物品

（1）禁止入境物品

①各种武器、仿真武器、弹药及爆炸物品;

②伪造的货币及伪造的有价证券;

③对中国政治、经济、文化、道德有害的印刷品、胶卷、照片、唱片、影片、录音带、录像带、激光视盘、计算机存储介质及其物品;

④各种烈性毒药;

⑤鸦片、吗啡、海洛因、大麻及其他能使人成瘾的麻醉品、精神药物;

⑥带有危险性病菌、害虫及其他有害生物的动物、植物及其产品;

⑦有碍人畜健康的、来自疫区的及其他能传播疾病的食品、药物或其他物品。

（2）禁止出境物品

①列入禁止入境范围的所有物品;

②内容涉及国家秘密的手稿、印刷品、胶卷、照片、唱片、影片、录音带、录像带、激光视盘、计算机存储介质及其物品;

③珍贵文物及其他禁止出境的文物;

④濒危的和珍贵的动物、植物（均含标本）及其种子和繁殖材料。

【案例】

一外国旅客在免费托运的行李中带了10多条香烟和两盘黄色录像带,在C城海关交验有效证件并提取托运行李后,试图从绿色通道通关时,被海关人员截住。检查其行李后,海关人员问他为什么走绿色通道,他说他不认识中文,看见有人从那里走他也就跟着走了,还说他要在中国工作两个多月,所以多带了香烟,录像带是消遣时自己看的。海关人员还是让旅客补交了税,并没收了录像带。请问:

（1）海关人员这样做符合政策吗?

海关人员的做法符合政策:

①带有应税物品的旅客不能经绿色通道通关;

②海外旅客来中国旅行只可免税携带香烟 400 支,超出部分都应纳税;

③中国政府严禁有害的声像制品入出境,旅客携带黄色录像带也在严禁之列。

(2)旅客说他不识中文,走错了海关通道,这是一个理由吗?

旅客说他不识中文,所以走错了海关通道,这不是理由,因为海关通道除文字外,还有明显的标志:红色通道以红色正方形为标志,而绿色通道则以绿色正八角形为标志,经常旅行的人是应该知道的。

(3)什么人才能经绿色通道通关?

能经绿色通道通关的旅客包括:

①持有中国主管部门给予外交、礼遇签证护照的外籍人士;

②海关给予免检礼遇的人员;

③不明海关规定或不知如何选择通道的旅客,应选择红色通道通关;经绿色通道通关的旅客,仍需向海关出示本人证件和按规定填写的申报单据。

【在线测试】

入出境知识在线测试

(二)旅行社产品知识

1)旅行社产品的概念

旅行社产品又称旅游服务产品,由实物和服务构成,是旅行社向游客销售的旅游项目,其特征是服务成为产品构成的主体,其具体展示有线路、活动和食宿。

2)旅行社产品的类型

(1)按产品组成状况分

按产品组成状况,旅行社产品可分为整体旅游产品和单项旅游产品。

①整体旅游产品,又称综合性旅游产品,它是旅行社根据市场需求为游客编排组合的内容、项目各异的旅游线路,其具体表现为各种形式的包价旅游。

②单项旅游产品,是旅游服务的供方向旅客提供的单一服务项目,如饭店客房、航班座位、机场接待等。

(2)按旅行社产品形态分

按旅行社产品形态,旅行社产品可分为团体包价旅游、散客包价旅游、半包价旅游、小包价旅游、零包价旅游、组合旅游和单项服务。

旅行社产品

①团体包价旅游:是由 10 名以上游客组成,采取一次性预付旅费的方式,有组织地按预定的行程计划进行的旅游形式。团体包价旅游的服务项目通常包括:饭店客房;早餐、正餐和饮料;市内游览用车;导游服务;交通集散地接送服务;每人 20 千克的行李服务;游览点门票;文娱活动入场券;城市间交通。

②散客包价旅游:是指9名以下游客采取一次性预付旅费的方式,有组织地按预定行程计划进行的旅游形式,其包价服务项目与团体包价旅游相同。

③半包价旅游:是在全包价旅游的基础上扣除行程中每日午、晚餐费用的一种旅游包价形式。旅行社设计半包价旅游的主要目的是降低产品的直接价格,提高产品的竞争力。同时,它也便于游客能够自由地品尝地方风味,团体旅游和散客旅游均可采用此种包价形式。

④小包价旅游:又可称为选择性旅游,它由非选择部分和可选择部分构成。非选择部分包括住房及早餐、机场(车站、码头)至饭店的接送和城市间的交通费用,其费用由游客在旅游前预付;可选择部分包括导游服务,午、晚餐,参观游览,欣赏文艺节目,品尝风味等。

⑤零包价旅游:是一种独特的旅游包价形式,参加这种旅游包价形式的游客必须随团前往和离开旅游目的地,但在旅游目的地的活动则是完全自由的,如同散客,参加这种旅游形式的游客可以获得团体机票价格的优惠,并可由旅行社统一代办旅游签证。

⑥组合旅游:组合旅游产生于20世纪80年代,参加组合旅游的游客从不同的地方分别前往目的地,在旅游目的地组成旅游团,按当地旅行社事先的安排进行旅游活动。

⑦单项服务:是旅行社根据游客的具体要求而提供的按单项计价的服务。其常规性的服务项目主要有导游服务、交通集散地接送服务、代办交通票据和文娱票据、代订饭店客店、代客联系参观游览项目、代办签证、代办旅游保险。

【在线测试】

旅行社产品知识在线测试

(三)交通知识

1)航空客运知识

(1)航班

①飞行形式。

民航运输主要有三种形式,即班期飞行、加班飞行和包机飞行。

班期飞行是按照班期时刻表和规定的航线,定机型、定日期、定时刻的飞行;加班飞行是根据临时需要在班期飞行以外增加的飞行;包机飞行是按照包机单位的要求,在现有航线上或以外进行的专用飞行。

航班分为定期航班和不定期航班,前者是指飞机定期自始发站起飞,按照规定的航线经过经停站至终点站,或直接到达终点站的飞行。在国际航线上飞行的航班称为国际航班,在国内航线上飞行的航班称为国内航班。航班又分为去程航班和回程航班。

②航班编号。

航班编号由航空公司的二字英文代码和阿拉伯数字组成,如中国国际航空公司、中国东方航空公司、中国南方航空公司的英文代码分别是 CA、MU 和 CZ。

国内航班编号由航空公司的英文代码和4个阿拉伯数字组成。第一个数字表示执行该航班任务的航空公司的数字代码,第二个数字表示该航班终点站所属的管理局或航空公司所在地的数字代码,第三和第四个数字表示该航班的具体编号,其中,第四个数字为单数的表示去程航班,双数的表示回程航班。如 CZ3117 是南方航空公司自武汉至北京的飞机,CZ3254 是南方航空公司自深圳返武汉的飞机。

我国国际航班编号由执行该航班任务的航空公司的英文代码和三位阿拉伯数字组成,其中,第一个数字是航空公司的数字代码。例如,中国国际航空公司的数字代码为9,中国南方航空公司的数字代码是3,中国东方航空公司的数字代码是5等。后两位是航班号,单数是去程,双数是回程。CA919 是指中国国际航空公司自北京飞往东京的航班,CA977 是指中国国际航空公司自北京飞往东京新加坡的航班。

③共享代码。

共享代码是指一家航空公司的航班号(即代码)可以用在另一家航空公司的航班上。这对航空公司而言,不仅可以在不投入成本的情况下完善航线网络、扩大市场份额,而且突破了某些相对封闭的航空市场的壁垒。游客则可以享受到更加便捷、丰富的服务,比如,众多的航班和时刻选择、一体化的转机服务、优惠的环球票价、共享的休息厅、游客计划等。正因为代码共享优化了航空公司的资源,并使游客受益匪浅,所以,20世纪70年代代码共享在美国国内市场诞生后,如今已成为全球航空运输业内最流行的合作方式。目前,开通中国航线的外国航空公司有50余家。这些外国航空公司与我国几大主要航空公司都分别签署有相互的代码共享协议。代码共享方式使中国的航空公司得以直接吸取国外先进航空公司在经营和管理上的经验,尽快融入日益全球化、自由化的航空运输业。

④机舱等级。

飞机安排座位时是分舱位的,而不同的舱位对应的机票折扣不同,价格不同,得到的服务也不一样。国内客票的舱位等级主要分为头等舱(舱位代码为 F)、公务舱(舱位代码为 C)、经济舱(舱位代码为 Y)。经济舱又分不同的座位等级(舱位代码为 B、K、H、L、M、Q、X、E 不等,这种代码每个航空公司的标识都不相同,价格也不一样),折扣舱依次往下排列,低舱位享受的服务和高舱位的不同,最明显的就是能否提前预订机上座位、餐食服务、是否允许退票等。国际客票的舱位等级主要分为头等舱(舱位代码为 FA)、公务舱(舱位代码为 CDJ)、经济舱(舱位代码为 Y)。经济舱下属的座位等级和国内的差不多,也会有不退票的规定。

(2)机票

①电子机票。

2006年10月16日,国际上开始实行电子机票,我国从2008年6月1日起停止发售纸质机票。电子机票可在民航售票处或联网计算机上完成订座、出票、作废、退换、改转签等操作。游客购买机票必须凭本人有效身份证,客票只限票上所列姓名的游客本人使用,不得转让。在线购买成功后,会得到一个电子票号或出票记录传真,在机场游客凭有效证件到值机柜台换取乘机凭证。正常票价的客票有效期为一年。特价机票的有效期以承运人的规定为准。

②机票分类。

a. 机票可分为普通机票和特别机票。

普通机票,主要分头等票(First Class Ticket)、商务票(Business Class Ticket)及经济票

（Economy Class Ticket）三种，有效期为一年，可换乘其他航空公司的航班，票价较高，但灵活方便，没有太多时间上的限制，适合途中可能改变线路、时间的旅客。

特别机票又可分为旅游机票、团体机票、包机机票、学生机票、优惠机票等，价格较为优惠，但限制较多。

b.机票可根据购买对象分为成人票、儿童票、婴儿票等。成人票是指年满12周岁的人士应购买的机票。儿童票是指年满2周岁但不满12周岁的儿童所购买的机票，票面价值是成人适用的正常票价的50%左右，提供座位。婴儿票是指不满2周岁的婴儿应购买的机票，票面价值是成人适用的正常票价的10%左右，不提供座位（如需要单独占用座位时，应购买儿童票）。一个成人旅客若携带婴儿超过一名时，超出的人数应购买儿童票。购买儿童票和婴儿票时，应出示有效的出生证明。

c.机票可按是否订妥座位分为定期机票（OK票）和不定期机票（OPEN票）。定期机票是指已订妥座位的机票，不定期机票是指未订妥座位的机票，须订妥座位后方可使用，机票有效期为一年。定期机票自旅客开始旅行之次日零时起算；不定期机票自填开客票之次日零时起算。

d.机票按航线分为联程机票和来回程机票。联程机票是指一条航线（如从甲地飞往乙地）上分为几个航段，而每个航段的航班甚至执行航班的航空司都可能不同，因而中间需要"中转"的机票。一般来说，购买联程机票的航班虽然比直飞航班所需时间较长，但价格比直飞航班便宜。因此，对旅行者来说，如果时间允许，购买联程机票是比较经济实惠的。来回程机票是指同一条航线往返飞行的机票。

购买了联程机票或来回程机票的旅客订妥座位后，如在该联程或回程地点停留72小时以上，须在该联程或回程航班飞机离站前两天中午12时以前，办理座位再证实手续，否则，原定座位不予保留。如旅客到达联程或回程地点的时间离航班飞机离站时间不超过72小时，则无须办理座位再证实手续。

③退票。

按照民航局2018年发布的《关于改进民航票务服务工作的通知》（以下简称《通知》），明确规定航空公司要合理确定客票退改签收费标准，退票费不得高于客票的实际销售价格。要制定机票改签收费"阶梯费率"，即根据不同票价水平和时间节点等，设定合理的梯次收费标准，不能简单规定特价机票一律不得退改签。

航空公司的退票手续费与机票折扣和办理退票时间密切相关，机票折扣越低，手续费越高，办理退票时间越早于航班起飞时间，退票手续费相对越低。

（3）乘机

①国内航班乘机流程。

游客可通过机场柜台或机场"电子客票自助值机"服务，办理登机手续。国内航班乘机流程：抵达机场确认航站楼—确认航空公司办票柜台—在规定的时限内凭本人有效身份证件在值机柜台领取登机牌、托运行李—凭相关身份证件、登机牌、携带随身物品通过安检—根据登机牌标示的登机口到相应候机区休息候机—登机。无托运行李游客只需至自助值机柜—通过读卡机读取证件信息—进入自助值机系统—根据系统提示完成换发登机牌手续—取得登机牌—前往安检。航空公司值机柜台停止办理乘机手续的时间:国内航班一般为航班离站时间前 30 分钟,国际航班为 40 分钟。

目前,国内所有机场已开通"民航临时乘机证明",乘客若忘记携带身份证,可打开国家政务服务平台小程序,在首页点击"民航临时乘机证明",60 秒内即可获得电子防伪二维码,凭防伪二维码办理值机手续和接受安全检查。

②行李。

a. 随身携带物品。每位游客携带物品重量以 5 千克为限。持头等舱客票的游客,每人可随身携带两件物品;持公务舱或经济舱客票的游客,每人只能随身携带一件物品。每件随身携带物品的体积均不得超过 20 厘米×40 厘米×55 厘米。超过上述重量、件数或体积限制的随身携带物品,应作为托运行李托运。

b. 托运行李。旅客的托运行李须持有效客票才能交运,每件重量不能超过 50 千克,体积不能超过 40 厘米×60 厘米×100 厘米。超过规定的行李,须事先征得承运人的同意才能托运。旅客的托运行李,每千克价值超过 50 元时,可办理行李声明价值。声明价值不能超过行李本身的实际价值。每一位旅客的行李声明价值最高限额为人民币 8 000 元。

c. 免费行李额。

每位游客的免费行李额:持成人票或儿童票的头等舱游客为 40 千克,公务舱游客为 20 千克。持婴儿票的游客无免费行李额。同行游客的免费行李额可合并计算。构成国际运输的国内航段,每位游客的免费行李额按适用的国际航线免费行李额计算。

d. 超重行李。

游客的超重行李在其所乘飞机载量允许的情况下,应与旅客同机运送。游客应对超重行李付超重行李费,超重行李费率以每千克按经济舱票价的 1.5% 计算,金额以元为单位。

e. 不准作为行李运输的物品。

游客不得在交运行李或随身携带物品内夹带易燃、易爆、腐蚀、有毒、放射性物品、可聚合物质、磁性物质及其他危险物品,不得携带武器、利器和凶器。

f. 不准在交运行李内夹带的物品。

游客不得在交运行李内夹带重要文件和资料、外交信贷、证券、货币、汇票、贵重物品、易碎易腐物品,手机、手提电脑、数码相机、充电宝及含锂电池的其他物品。

g. 不准随身携带但可作为行李托运的物品。

可用于危害航空安全的菜刀、大剪刀、大水果刀、剃刀等生活用刀;手术刀、屠宰刀、雕刻刀等专用刀具;文艺单位表演用的刀、矛、剑、戟等;斧、凿、锤、锥,加重或有尖头的手杖、铁头登山杖和其他可用来危害航空安全的锐器、钝器。

h. 行李赔偿。

根据《中国民用航空旅客、行李国内运输规则》规定,托运行李被损坏或丢失,赔偿金额应低于 100 元人民币/千克(2.2 磅)(或等值外币)。如行李价值不足 100 元人民币/千克(2.2 磅)(或等值外币),则根据行李的实际价值赔偿。重要文件和资料、货币、贵重物品、易碎易腐物品等不能夹入行李托运,如果托运行李内夹带上述物品发生遗失或损坏,航空公司按一般托运行李承担责任,即每千克托运行李赔偿金额不超过 100 元。国际航线根据《蒙特利尔公约》,托运行李的赔偿是 1 131 元特别提款权每公斤,人身伤亡赔偿是 113 000 元特别提款权。

旅客对行李的损坏、遗失或延误必须在下列期限内向中国民航书面提出索赔要求,否则就不能向中国民航提出诉讼。

一是行李损坏。游客应在发现行李损坏时,立即向中国民航提出索赔要求,最迟不得超过从收到行李之日起 7 天以内提出。

二是行李遗失。最迟不得超过从行李应当交付收件人之日起 21 天以内提出。

三是行李延误。最迟不得超过从行李交付收件人之日起 21 天以内提出。

③误机与延误。

a. 旅客误机。

旅客误机后最迟应在该航班离站后的次日中午 12 时(含)以前,到乘机机场的承运人乘机登记处、承运人售票处或承运人地面服务代理人售票处办理误机确认。误机确认后,旅客如要求改乘后续航班,可在上述地点或原购票地点办理变更手续,承运人应在航班有可利用座位的条件下予以办理,免收误机费。但是,如所购误机的机票是折价票,旅客须向承运人补交票差。

旅客若未办理误机确认,如果要求继续旅行,应交付客票价 20% 的误机费。旅客误机变更后,如果要求再次改变航班、日期,应交付客票价 50% 的变更手续费。旅客误机或误机变更后,如果要求改变承运人,按自愿退票的规定办理,应交付客票价 50% 的误机费。旅客误机或误机变更后,如果要求退票,也按自愿退票规定办理,应交付客票价 50% 的误机费。

b. 航班延误或取消。

由机务维护、航班调配、商务、机组等承运人自身原因,造成航班在始发地出港延误或者取消;国内航班在经停地延误或者取消;国内航班发生备降三种情况造成航班出港延误,无论何种原因,承运人或地面服务代理人应向旅客提供餐食或住宿服务。天气、突发事件、空中交通管制、安检及旅客等非承运人原因,造成航班在始发地延误或取消,承运人可协助旅客安排餐食和住宿,费用由旅客自理。

④旅客保险与伤害赔偿。

a. 旅客保险。旅客可以自行决定向保险公司投保国内航空运输旅客人身意外伤害保险。此项保险金额的给付,不免除或减少承运人应当承担的赔偿限额。

b. 旅客身体伤害赔偿。在国内航空运输中,承运人对每名旅客身体伤害的最高赔偿限额,根据 2006 年国务院发布的《国内航空运输承运人赔偿责任限额规定》,应在下列责任限额内按照实际损害情况承担赔偿责任:

- 对每名旅客的责任赔偿限额为人民币 40 万元;
- 对每名旅客随身携带物品的赔偿限额为人民币 3 000 元;
- 对旅客托运的行李和对运输的货物的赔偿责任限额为每千克人民币 100 元。

2)铁路客运知识

(1)旅客列车的种类

我国列车分为国内旅客列车和国际旅客列车(如北京至莫斯科的国际列车)。特别是我国高速铁路飞速发展,通车里程已居世界第一,已建成"四纵四横"为重点的高速铁路网。"四纵"即北京—上海、北京—香港、北京—哈尔滨和杭州—深圳,"四横"即青岛—太原、徐州—兰州、南京—成都和杭州—昆明。火车已成为舒适、便捷、安全的旅游交通工具。

按车次前冠有的字母分为：车次前冠有字母"G"的列车为高铁列车。车次前冠有字母"C"的列车为城际动车组列车；车次前冠有字母"D"的列车为动车组。车次前冠有字母"Z"的列车为直达特快列车；车次前冠有字母"T"的列车为特快旅客列车；车次前冠有字母"K"的列车为快速旅客列车；车次前无字母的为普通旅客列车。此外，下列列车一般在节假日、春秋旅游季节开行：车次前冠以字母"L"的列车为临客普快列车。车次前冠以字母"Y"的列车为郊游临客快速列车；车次前冠以字母"JY"的列车为郊游旅客列车。

按照铁道部门的有关规定，乘坐列车均采用实名制购票（儿童除外）和实名查验。

（2）车票

①车票种类。火车票包括客票和附加票两部分。客票分为软座、硬座。附加票分为加快票、卧铺票、空调票。附加票是客票的补充，除儿童外，不能单独使用。为了优待儿童、学生和伤残军人，还发售半价票。

②儿童票。按照《铁路旅客运输规程》，儿童票的销售标准实行"双轨制"：a. 实行车票实名制的列车，年满 6 周岁且未满 14 周岁的儿童应当购买儿童优惠票；年满 14 周岁的儿童应当购买全价票。每一名持票成年人旅客可以免费携带一名未满 6 周岁且不单独占用席位的儿童乘车；超过一名时，超过人数应购买儿童优惠票。b. 未实行车票实名制身高 1.2 米且不足 1.5 米的儿童应购买儿童优惠票；身高达到 1.5 米的儿童应购买全价票。每一名持票成年人旅客可以免费携带一名身高未达到 1.2 米且不单独占用席位的儿童乘车；超过一名时，超过人数应购买儿童优惠票。

③购票。自 2012 年 1 月 1 日（乘车日期）起，全国所有旅客列车实行车票实名制，旅客须凭本人有效身份证件购买车票。同一乘车日期、同一车次，一张有效身份证件只能购买一张实名制车票。自 2021 年 12 月 1 日起，无论是在线上还是线下购买，购票前均须完成乘车人本人的手机预留及信息采集核验。旅客可在车站售票处及各售票网点购票，也可以通过中国铁路客户服务中心网站进行网络订票或通过电话订票。此外，还可以在手机端登录"铁路 12306"App 或"铁路 12306"小程序进行订票，订票时需要输入身份证号并按操作进行核验，1 个12306 账号最多可以同时购买 5 张车票，但不要求是同一个车次的。当前，除二代身份证外，台湾同胞居住证、港澳居民居住证、外国人永久居留身份证等证件也可以通过上述方法购票。同时，旅客还可以在各地购买带有席位号的异地票、联程票和往返票。购票前或购票后无法出示有效身份证件原件的，可到车站办理"乘坐旅客列车临时身份证明"，但需提供自己的姓名和身份证号码。

根据《铁路旅客车票实名制管理办法》，自 2023 年 1 月 1 日起，旅客购买车票，办理补票、取票、改签、退票时均应提供乘车人真实有效的身份证件或身份证件信息。对殴打、冲闯、堵塞实名查验通道、相关场地，破坏、损毁、占用相关设施设备系统等扰乱车票实名制管理工作秩序、妨碍车票实名制管理人员正常工作行为，铁路运输企业要予以制止，对涉嫌违反治安管理或者犯罪的行为，要及时报告公安机关。

④退票。旅客开始旅行后一般不能退票。在 12306 网站（或 App、小程序）购票后，若没有换成纸质车票，且不晚于开车前 30 分钟的，可在 12306 网站（或 App、小程序）办理退票。若已

换取纸质车票或在开车前 30 分钟之内的,须携带购票时所使用的乘车人有效身份证件原件到车站售票窗口办理。根据梯次退票政策,在车票预售期为 15 天时,开车前 8 天(含 8 天)以上退票的,不收退票费;开车前 48 小时以上的按票价 5% 计;开车前 24 小时以上、不足 48 小时的按票价 10% 计;不足 24 小时的按票价 20% 计。开车前 48 小时、8 天期间内,改签或变更到站至距开车 8 天以上的其他列车,又在距开车 8 天前退票的,仍核收 5% 的退票费。旅客办理退票、申请退款后,铁路运输企业应在 7 个工作日内办理完成退款手续(不含金融机构处理时间和旅客自身原因导致的时间延误)。

⑤改签。按照铁路部门发布的火车票退改签规定,无论是网上订票还是窗口订票,1 张票只能改签 1 次。开车前 48 小时(不含)以上,可改签预售期内的其他列车。开车前 48 小时以内,可改签开车前的其他列车,也可以改签开车后至票面乘车日期当日 24:00 内的其他列车,但不办理票面日期次日及以后的改签。开车后如果未能上车,可以改签开车后至票面乘车当日 24:00 内的其他列车,但不办理票面日期次日及以后的改签。上述改签,均可以通过 12306网站(或 App、小程序)或任一车站售票窗口办理。改签变更项目包括乘车日期、车次、席(铺)位,但不包括发站和到站(同城车站除外)。另外,如果已使用现金购票,或已换取纸质车票(报销凭证),则需到铁路售票窗口办理,如纸质车票(报销凭证)遗失,则无法办理车票改签。

按团体旅客(20 人以上乘车日期、车次、到站、座别相同的有组织旅客可作为团体旅客)办理的车票,改签、退票时,应不晚于开车前 48 小时。

(3)乘车

①持有效身份证件乘车。从 2020 年 6 月 20 日起,全国火车票正式启动"电子化",实现电子客票乘车,告别纸质车票。无论旅客是在 12306 网站上还是"铁路 12306"App 上,抑或是售票窗口,或者自动售票机上买票,车站窗口都不再出具纸质车票。乘车时,只需在闸机入口刷二代身份证即可进出站。如果需要报销凭证,可以在乘车之日起 31 天内,凭购票所用的身份证原件,在车站自动售(取)票机、售票窗口换取纸质行程单。

②免费携带行李的质量及尺寸。每名旅客免费携带品的质量和体积分别是:儿童(含免票儿童)10 千克,外交人员 35 千克,其他旅客 20 千克。每件物品外部尺寸长、宽、高之和不超过 160 厘米,杆状物品不超过 200 厘米,但乘坐动车组列车不超过 130 厘米,质量不超过 20 千克,超过 20 千克应办理托运。残疾人代步所用的折叠式轮椅不计入上述范围。

③限量携带的物品。限量携带的物品包括:a. 包装密封完好、标志清晰且酒精体积百分含量大于或等于 24%、小于或等于 70% 的酒类饮品累计不超过 3 000 毫升。b. 香水、花露水、喷雾、凝胶等含易燃成分的非自喷压力容器日用品,单体容器容积不超过 100 毫升,每种限带 1件。c. 指甲油、去光剂累计不超过 50 毫升。d. 冷烫精、染发剂、摩丝、发胶、杀虫剂、空气清新剂等自喷压力容器,单体容器容积不超过 150 毫升。每种限带 1 件,累计不超过 600 毫升。e. 安全火柴不超过 2 小盒,普通打火机不超过 2 个。f. 标志清晰的充电宝、锂电池,单块额定能量不超过 1 小时,含有锂电池的电动轮椅除外。g. 法律、行政法规、规章规定的其他限制携带、运输的物品。

④禁止托运和随身携带的物品。禁止托运和随身携带的物品包括:枪支、子弹类(含主要零部件);爆炸物品类;管制器具;易燃易爆物品;毒害品;腐蚀性物品;放射性物品;感染性物

质;其他危害列车运行安全的物品;法律、行政法规、规章规定的其他禁止携带、运输的物品。

⑤禁止随身携带但可以托运的物品。

● 锐器:菜刀、水果刀、剪刀、美工刀、雕刻刀、裁纸刀等日用刀具(刀刃长度超过 60 毫米);手术刀、刨刀、铣刀等专业刀具;刀、矛、戟等器械。

● 钝器:棍棒、球棒、桌球杆、曲棍球杆等。

● 工具农具:钻机、凿、锥、锯、斧头、焊枪、射钉枪、锤、冰镐、耙、铁锹、镢头、锄头、农用叉、镰刀、铡刀等。

● 其他:反曲弓、复合弓等非机械弓箭类器材,消防灭火枪、飞镖弹弓,不超过 50 毫升的防身喷剂等。

● 持有检疫证明、装于专门容器内的小型活动物,铁路运输企业应当向旅客说明运输过程中通风、温度条件。但持工作证明的导盲犬和作为食品且经封闭箱体包装的鱼、虾、蟹、贝、软体类水产动物可以随身携带。

⑥注意事项。

2023 年 1 月 1 日起施行《铁路旅客运输规程》规定,若发现变造、伪造车票或证件乘车、霸座或其他扰乱秩序的行为,铁路运输企业应及时报告公安机关。

该规程还规定,有下列情形之一的,铁路运输企业可以拒绝运输:

● 有本规程第二十七条第一款规定的情形之一,拒不支付补票款、加收票款的;

● 不接受安全检查的;

● 购买实名制车票但不接受身份信息核验,或者车票所记载信息与所持身份证件或者真实身份不符的;

● 按照《中华人民共和国传染病防治法》等传染病防治的法律、行政法规和国家有关规定,应当实施隔离管理的;

● 扰乱车站、列车秩序,严重精神障碍和醉酒等有可能危及列车安全或者其他旅客以及铁路运输企业工作人员人身安全的;

● 国家规定的其他情况。

⑦乘火车赴香港的要求。

乘火车赴香港须提前办好赴香港特别行政区的证件,并持该证件与有效车票提前 90 分钟到出入境联检大厅办理验关手续。

⑧乘火车赴西藏的要求。

乘火车赴西藏须先行阅读火车站公布的"高原旅行提示",然后认真填写"旅客健康登记卡"。上车时,须同时出示车票和填写完整的"旅客健康登记卡"。

外国人、台湾同胞购买赴藏火车票,须出示经旅行社办理的入藏函或西藏自治区外事办公室或文化和旅游部门、商务厅的批准函(电),或者出示中国大陆司局级接待单位出具的、已征得自治区上述部门同意的证明信函。

3)水路客运知识

(1)水路旅行常识

水运交通服务是指旅游企业为满足游客在各种水域中旅行游览的需求,向内河航运、沿海航运和国际航海等水上客运部门或企业购买的交通服务,水运交通服务提供的交通工具包括普通客轮、豪华客轮、客货混装轮船和气垫船等。每种轮船分别设有各种不同舱位,供不同类型的乘客选用。

水运交通服务主要分为4种,即远程定期班轮服务、海上短程轮渡服务、游船服务和内河客轮服务。

（2）船票

船票分全价票和半价票。儿童身高超过1.2米但不超过1.5米者,购买半价票;超过1.5米者,购买全价票。每一个成人旅客可免费携带身高不超过1.2米的儿童一人,超过的,应为超过的人数购买半价票。革命伤残军人凭革命伤残军人证可购买半价票。乘同一船名、航次、起讫港10人以上的团体可凭介绍信购买或预订团体票。《水路旅客运输实名制管理规定》中规定,自2018年1月10日,水路旅客运输实行实名制管理。乘船人遗失船票的,经核实其身份信息后,水路旅客运输经营者或者其委托的船票销售单位应免费为其补办船票。

（3）退票

旅客在乘船港可办理退票。其中,内河航线应在客船开船以前办理,沿海航线应在客船规定开船时间2小时前办理,团体票应在客船规定开船时间24小时以前办理。退票时应支付退票费。

（4）行李

①随身携带行李。

每位旅客可免费携带总质量20千克(免费儿童减半),总体积0.3立方米的行李。每件自带行李质量不得超过20千克,体积不得超过0.2立方米,长度不得超过1.5米(杆形物品不超过2米)。残疾旅客乘船可免费携带随身自用的非机动残疾人专用车辆。旅客可携带下列物品乘船:气体打火机5个,安全火柴20小盒,不超过20毫升的指甲油,100毫升以内的香水,300毫升以内的空气清新剂。

②禁止携带和托运的物品。

除另有规定外,下列物品不准旅客携带上船:违禁品或易燃、易爆、有毒、有腐蚀性、有放射性及有可能危及船上人安全的物品;各种有臭味、恶腥味的物品;灵柩、尸体、尸骨。

（5）航空、铁路、水运托运行李对比(表1-4)

表1-4　航空、铁路、水运托运行李对比

项目	航空客运	铁路客运	水路客运
质量	头等舱:40千克,公务舱:30千克,经济舱:20千克,婴儿票:10千克,随身携带物品质量不得超过5千克	儿童携带物品质量为10千克,外交人员为35千克,其他旅客为20千克	随身携带物品:沿海和长江客轮,成人不超过20千克,半价或儿童不超过15千克。 内河客轮:成人不超过20千克,儿童不超过10千克
体积或长度	随身携带物品的体积不得超过20厘米×40厘米×55厘米	物品外部尺寸长、宽、高之和不超过160厘米	随身携带的物品每件物品体积不得超过0.2立方米,长度不能超过1.5米,杆状物品不超过2米

【在线测试】

交通知识在线测试

（四）货币保险知识

1.货币知识

1）外汇知识

（1）外汇概念

外汇,是指以外币表示的用于国际结算的一种支付手段和资产,包括外币现钞(纸币、铸币)、外币有价证券(债券、股票等)、外币支付凭证或支付工具(票据、银行存款凭证、银行卡等)、特别提款权及其他外币资金。

货币、保险常识

（2）货币兑换

海外游客来华时携带的外汇和票据金额没有限制,但数额大时必须在入境时据实申报;在中国境内,海外游客可持外汇到中国银行各兑换点(机场、饭店或商店)兑换成人民币。在中国境内能兑换的外币主要有美元(USD)、欧元(EUR)、英镑(GBP)、日元(JPY)、澳大利亚元(AUD)、加拿大元(CAD)、瑞士法郎(CHF)、丹麦克朗(DKK)、挪威克朗(NOK)、瑞典克朗(SEK)、新加坡元(SGD)、新西兰元(NZD)、菲律宾比索(PHP)、泰国铢(THB)、韩元(KRW)、俄罗斯卢布(RUB)及港币(HKD)、澳门元(MOP)、新台币(TWD)等。兑换外币后,游客应妥善保管银行出具的外汇兑换证明(俗称"水单"),该证明有效期为6个月,游客若在半年内离开中国,而兑换的人民币没有花完,可持护照和水单将其兑换成外币,但不得超过水单上注明的金额。

（3）人民币加入SDR

2015年12月1日,国际货币基金组织(IMF)宣布把人民币纳入SDR,权重定为10.92%。2022年5月,该组织将人民币的权重提至12.28%。SDR是特别提款权(Special Drawing Right)的英文首字母,SDR是国际货币基金组织创造的国际储备资产,目前由美元、英镑、欧元和日元组成。中国加入SDR意味着人民币真正跻身于全球主要货币之列。人民币作为结算货币将得到更广泛的使用,也将推动人民币成为可兑换、可自由使用的货币。

2）信用卡知识

信用卡是银行和其他专门机构为提供消费信用而发给客户在指定地点按照给予的消费信用额度支取现金购买货物或支付劳务费用的信用凭证。实际上是一种分期付款的消费者信贷。信用卡是一种电子智能卡,卡上印有发卡行名称、持卡者姓名、卡号、有效日期和防伪标记等内容。

信用卡的种类有很多,通常可以按照以下标准划分:按发卡机构,信用卡可分为银行卡和非银行卡;按持卡人的资信程度,信用卡可分为普通卡、金卡、白金卡和无限卡;按清偿方式,信用卡可分为贷记卡和借记卡;按流通范围,信用卡可分为国际卡和地区卡。中国银行的外汇长城万事达卡是国际卡,而人民币万事达信用卡和中国工商银行的牡丹卡都是地区卡。

我国目前主要受理的外币信用卡有:维萨卡(Visa Card),总部设在美国旧金山;万事达卡(Master Card),总部设在美国纽约;运通卡(American Express),由美国运通公司及其世界各地的分公司发行;大莱卡(Dinners Card)。该卡是世界上发行最早的信用卡,由大莱卡国际有限公司统一管理;JCB卡(Japan Credit Bureau Card),1981年由日本最大的JCB信用卡公司发行;百万卡(Million Card)由日本东海银行发行;发达卡(Federal Card)由中国香港南洋商业银行发行。维萨卡、万事达卡、银联卡(China Union Pay)在全球范围构建了一个刷卡消费的联盟,国内银行与它们合作以后,国内银行发行的信用卡就能在它们的联盟范围内刷卡消费,在部分国家地区甚至可以持银联卡直接消费。消费者可以在申请信用卡时,选择申请维萨信用卡或万事达信用卡。

3)离境退税

2011年1月1日,海南省作为试点正式实施境外旅客购物离境退税政策。2014年8月,国务院公布的《关于促进旅游业改革发展的若干意见》提出,扩大旅游购物消费,研究完善境外旅客购物离境退税政策,并将实施范围扩大至全国符合条件的地区。2015年,国家税务总局发布了《境外旅客购物离境退税管理办法(试行)》。该办法规定:

(1)退税对象

在我国连续居住不超过183天的外国人和港澳台同胞。

(2)退税物品

服装、鞋帽、化妆品、钟表、首饰、电器、医疗保健及美容器材、厨卫用具、家具、空调、电冰箱、洗衣设备、电视机、摄影(像)设备、计算机、自行车、文具、体育用品等,共21个大类324种。但不包括中华人民共和国禁止、限制进出境物品表所列的禁止、限制出境的物品,如食品、饮料、水果、烟、酒、汽车、摩托车等。

(3)退税条件

①同一境外旅客同一日在同一退税商店购买的退税物品金额达到500元人民币,并且按规定取得退税申请单(凭购买退税物品的增值税普通发票向退税商店索取)等退税凭证。

②在离境口岸办理离境手续,离境前退税物品尚未启用或消费。

③离境日距退税物品购买日不超过90天。

④所购退税物品由境外旅客本人随身携带或托运出境。

⑤所购退税物品经海关验核并在退税申请单上签章。

⑥在指定的退税代理机构办理退税。

(4)退税率

退税率为11%,但退税机构要收取2%的手续费,旅客应得退税金额为商品价格的9%。如旅客购买了500元退税物品,可获得退税金额为:500元×(11%−2%)=45元。

(5)退税币种

退税币种为人民币。退税金额超过1 000元人民币的,退税代理机构将以银行转账方式退税。退税金额未超过10 000元人民币的,退税代理机构可采用现金退税或银行转账方式退税,由境外旅客自行选择。

（6）退税流程

①托运行李包括退税物品。离境退税商店购买商品—索取离境退税申请单—航空公司乘机手续办理—海关退税物品验核并托运行李—联检手续—退税机构退税。

②随身携带退税物品。离境退税商店购买商品—索取离境退税申请单—航空公司乘机手续办理—联检手续—海关退税物品验核—退税机构退税。

（7）享有退税政策的省市

截至2019年，被批准实施境外旅客购物离境退税政策的省区市增加至26个，包括甘肃、湖南、海南、北京、上海、天津、辽宁、安徽、福建、四川、江苏、陕西、云南、黑龙江、山东、广东、新疆、河南、宁夏、重庆、河北、广西、江西、厦门、青岛、深圳。

4）离岛免税

自2011年4月起，海南实行"离岛免税"购物政策，规定凡年满16周岁，乘飞机、火车、轮船离岛（不包括离境）旅客实行限次、限值、限量、限品种免进口税购物，离岛免税的税种包括关税、进口环节增值税和消费税。

离岛免税商品目前有45种，包括化妆品、箱包、手表、天然蜂蜜、茶、平板电脑、手机、电子游戏机、酒类和穿戴设备等消费品。离岛免税额度目前为每人每年10万元人民币。

2020年7月6日，海关总署发布新修订的《中华人民共和国海关对海南离岛旅客免税购物监管办法》，文件规定，离岛旅客有下列情形之一的，由海关依照相关法律法规处理，且自海关做出处理决定之日起，3年内不得享受离岛免税购物政策，并可依照有关规定纳入相关信用记录：以牟利为目的为他人购买免税品或将所购免税品在国内市场再次销售的；购买或提取免税品时提供虚假身份证件或旅行证件、使用不符合规定的身份证件或旅行证件，或者提供虚假离岛信息的；其他违反海关规定的。

2023年3月，海关总署、财政部、国家税务总局联合发布公告，明确自2023年4月1日起，离岛旅客凭有效身份证件或旅行证件和离岛信息在海南离岛免税商店（不含网上销售窗口）购买免税品时，除在机场、火车站、码头指定区域提货及可选择邮寄送达或岛内居民返岛提取方式外，可对单价超过5万元（含）的免税品选择"担保即提"提货方式，可对单价不超过2万元（不含）且在公告附件清单内的免税品，包括化妆品、香水、太阳眼镜、服装服饰等15个商品品种，按照每人每类免税品限购数量的要求，选择"即购即提"方式提货。上述两种方式购买的离岛免税品应一次性携带离岛，不得再次销售。离岛时间不得超过30天（含）；若超过30天又无法说明正当理由的，三年内不得购买离岛免税品。对构成走私行为或违反海关监管规定行为的，由海关依照有关规定予以处理，构成犯罪的，依法追究其刑事责任。

2.保险知识

1）旅游保险的概念与特点

（1）旅游保险的概念

旅游保险是保险业中的一项业务。旅游保险是指投保人（游客或旅游经营者）根据合同的约定，向保险人（保险公司）缴纳一定数额的保险费，保险人对合同约定的在旅游活动中可能发生的事故因其发生所造成的财产损失承担赔偿保险金责任，或当被保险人在旅游活动中疾病、伤残、死亡时承担赔偿保险金责任的商业保险行为。投保人与保险人之间的旅游保险关系需要以契约或合同的形式加以确定才能生效,具有法律的效力。

（2）旅游保险的特点

与其他保险合同相比,旅游保险具有短期性、强制保险与自愿保险相结合、财产保险与人身保险相结合等特点。

2）旅游保险的种类

（1）旅行社责任保险

旅行社责任保险是指旅行社根据保险合同的约定,向保险公司支付保险费,保险公司对旅行社在从事旅游业务经营活动中致使游客人身、财产遭受损害应由旅行社承担的责任,转由承保的保险公司负责赔偿保险金的行为。旅行社责任保险属强制保险。

保险期限:旅行社责任保险的保险期限为一年。

旅行社不承担赔偿责任的情形:

①游客参加旅游活动,应当保证自身身体条件能够完成旅游活动。因此,在旅游过程中,游客由自身疾病引起的各种损失或损害,旅行社不承担任何赔偿责任。但是在签约时游客已经声明且为旅行社接受的需要旅行社照顾的情形,旅行社及其工作人员没有尽到应尽的照顾义务的,仍然应当承担赔偿责任。

②游客参加旅行社组织的旅游活动,应服从导游或领队的安排,在旅行过程中注意保护自身和随行的未成年人的安全,妥善保管随身携带的行李、物品。由游客个人过错导致的人身伤亡和财物损失,以及由此产生的各种费用支出,旅行社不承担赔偿责任。

③游客自行终止旅行社安排的旅游行程后,或者没有参加约定的旅游活动而自行活动时,发生的人身、财物损害,旅行社不承担赔偿责任。

（2）旅游意外伤害保险

旅游意外伤害保险,是为防止旅游过程中一旦发生意外事故造成损失而向保险公司购买的保险。旅行社在组织游客旅游时,可以提示游客购买旅游意外伤害保险,经游客同意,旅行社可代为购买,但保险费用由游客承担,旅游意外伤害保险属自愿保险,其投保人和受益人均为游客。旅游意外伤害保险由组团社负责一次性办理,接待旅行社不再重复投保。

保险期限:

①旅行社组织的入境旅游,旅游意外保险期限从游客入境后参加旅行社安排的旅游行程时开始,直至该旅游行程结束办理完出境手续时止。

②旅行社组织的国内旅游、出境旅游,旅游意外保险期限从游客在约定的时间登上由旅行社安排的交通工具开始,直至该次旅行结束离开旅行社安排的交通工具为止。

不承担赔偿责任的情况:

①游客自行终止旅行社安排的旅游行程,其保险期限至其终止旅游行程的时间为止。

②游客在中止双方约定的旅游行程后自行旅行的,不在旅游意外保险之列。

旅游意外保险的保障范围:人身意外保障、个人财物保障、医疗费用保障及个人法律责任保障。

按照《中华人民共和国保险法》规定,除人寿保险以外的其他保险的被保险人或受益人,向保险人请求赔偿或者给付保险金的诉讼时效期限为两年,自其知道或者应当知道保险事故发生之日起计算。

（3）交通意外伤害保险

交通意外伤害保险也称为交通工具意外伤害保险。它是以被保险人的身体为保险标的，以被保险人作为乘客在乘坐客运大众交通工具期间因遭受意外伤害事故，导致身故、残疾、医疗费用支出等为给付保险金条件的保险，主要包括火车、飞机、轮船、汽车等交通工具。

①航空旅客意外伤害保险。航空旅客意外伤害保险简称为航意险，属自愿投保的个人意外伤害保险。此种保险游客可自愿购买一份或多份。其保险期限自游客持保险合同约定航班的有效机票到达机场通过安全检查时起，至游客抵达目的港走出所乘航班的舱门时止（不包括舷梯与廊桥）。在此期间，若飞机中途停留或绕道飞行中，只要被保险人一直跟机行动，其遭受的意外伤害均在保险责任范围内。当被保险人进入舱门后，出于民航原因，飞机延误起飞又让旅客离开飞机，在此期间被保险人遭受的伤害，保险公司也应负责。

②铁路意外伤害保险。2013年，国务院废止了《铁路旅客意外伤害强制保险条例》，铁路意外伤害保险由原来强制性捆绑式销售改变为由乘客自愿购买。2015年11月1日起，铁路部门为境内乘车旅客提供最新的铁路旅客人身意外伤害保险，简称乘意险。铁路乘意险将保险责任扩展到旅客自持有效乘车凭证实名制验证或检票进站时起，至旅客到达所持乘车凭证载明的到站检票出站时止，即由"车上"扩展到"车上和站内"。成年旅客购买乘意险为3元，最高保障30万元意外身故、伤残保险金和3万元意外医疗费用；未成年人购买乘意险为1元，最高保障10万元意外身故、伤残保险金和1万元意外医疗费用。

3）旅游保险报案与索赔

（1）及时报案

游客发生意外事故后，应及时向投保的保险公司报案。

（2）收集证据，并妥善保存

导游应提醒当事人收集医院诊断证明、化验单据、意外事故证明等证据。

（3）转院须取得保险公司同意

游客因意外住院后，如需要转回本地医院继续治疗，应事先征得保险公司同意，并要求救治医院出具书面转院报告。

（五）卫生保健知识

1. 骨折

1）症状与体征

骨折是指骨头或骨头的结构完全或部分断裂。一般骨折，伤者的软组织（皮下组织、肌肉、韧带等）损伤疼痛剧烈，受伤部位肿胀瘀血明显。四肢骨折，可见受伤部位变形，活动明显受阻。若是开放性骨折，折断的骨骼会暴露在伤口处，而闭合性骨折，则皮肤表面无伤口。

2）处理常识

（1）判断骨折

首先，要考虑伤者受伤的原因，如果是车祸伤、高处坠落伤等，那么一般骨折的可能性很大。其次，要看伤者的情况，如伤肢出现肿痛明显，则骨折的可能性很大，如骨折端已外露，肯定已骨折。最后，在判断不清是否有骨折的情况下，应按骨折处理。

（2）止血

如出血量较大，应用手将出血处的上端压在邻近的骨突或骨干上，或用清洁的纱布、布片压迫止血，再以宽布带缠绕固定，要适当用力但又不能过紧。不能用电线、铁丝等直径细的物品止血。如有止血带，可用止血带止血，如无止血带可用布带。上肢出血时，止血带应放在上臂的中上段，不可放在上肢的 1/3 处或肘窝处，以防损伤神经。下肢止血时，止血带宜放在大腿中段，不可放在大腿下 1/3 处、膝部或腿上段。上止血带时，要放置衬垫。上肢上止血带的时间不超过 1 小时，下肢不超过 1.5 小时。

（3）包扎

骨折伴有伤口的伤者，应立即封闭伤口。最好用清洁、干净的布片、衣物覆盖伤口，再用布带包扎；包扎时，不宜过紧也不宜过松，过紧会导致伤肢缺血性坏死，过松则起不到包扎效果，也起不到压迫止血的作用。如有骨折端外露，注意不要将骨折端放回原处，应继续保持外露，以免引起深度感染。

（4）上夹板

尽可能保持伤肢固定位置，不要任意牵拉或搬运伤者。固定的器材最好用夹板，如无夹板可就地取材用树枝、书本等固定。在没有合适器材的情况下，可利用自身固定，如上肢可固定在躯体上，下肢可利用对侧固定，手指可与邻指固定。

（5）搬运伤员

单纯的颜面骨折、上肢骨折，在做好临时固定后可搀扶伤员离开现场。膝关节以下的下肢骨折，可背运伤者离开现场。颈椎骨折，可一人双手托住枕部、下颌部，维持颈部伤后位置，另两人分别托起伤者腰背部、臀部及下肢移动。胸腰椎骨折，则需要一人托住伤者头颈部，另两人分别于同侧托住伤者胸腰段及臀部，另一人托住伤者双下肢，维持脊柱伤后位置移动。髋部及大腿骨折，需要一人双手托住伤者腰及臀部，伤者用双臂抱住救护者的肩背部，另一人双手托住伤者的双下肢移动。伤者在车上宜平卧，如遇昏迷伤者，应将其头偏向一侧，以免呕吐物吸入气管，造成窒息。

2. 蛇咬伤和毒虫蜇伤

1）被毒蛇咬伤的处理常识

在旅游途中如果不幸有游客被毒蛇咬伤，导游应该马上进行紧急处理，处理得越快越早，效果就越好。

①导游要让伤者冷静下来，伤者千万不能走动。游客被毒蛇咬伤后，如果跑动或有其他剧烈动作，则血液循环加快，蛇毒扩散吸收也同时加快。

②为伤者包扎伤口。导游应马上用绳、布带或其他植物纤维在伤口上方超过一个关节处结扎。动作必须快捷，不能扎得过紧，阻断静脉回流即可，而且每隔 15 分钟要放松一次，以免组织坏死。然后用手挤压伤口周围，挤出毒液，待伤口经过清洗、排毒，再经过内服外用有效药物半小时后，方可解除包扎。

③帮助伤者冲洗伤口。用清水冲洗伤口的毒液，以减少吸附。有条件的可用高锰酸钾溶液冲洗伤口，这样效果会更好。

④扩大伤口排毒。用小刀按毒牙痕的方向切纵横各 1 厘米的十字形口,切开至皮下即可,再设法将毒素吸出或挤出,直到流血或吸出的血为鲜红色为止,或者局部皮肤由发绀变成正常为止。在不切开伤口的前提下,可努力破坏蛇毒,使其失去毒性。

⑤用凉水浸祛毒素。帮助伤者将伤口置于流动的水或井水中,同时清洗伤口。

⑥导游进行初步处理后,应及时送伤者去医院治疗。

2)被毒虫蜇伤的处理常识

(1)蝎子蜇伤

蝎子伤人会引起伤者局部或全身的中毒反应,还会出现剧痛、恶心、呕吐、烦躁、腹痛、发热、气喘,伤重者可能出现胃出血,甚至昏迷,儿童可能因中毒死亡。蝎子伤人的急救方法与毒蛇咬伤的处理方法大致相同。不同之处是由于蝎子毒是酸性毒液,冲洗伤口时应该用碱性肥皂水反复冲洗,这样可以中和毒液,然后再把红汞涂在伤口上。如果游客中毒严重,导游应立即送其去医院抢救。

(2)蜈蚣刺伤

游客在野外、山地旅游或露天扎营过夜时,有可能被蜈蚣刺伤,刺伤后一般会出现红肿热痛现象,伤者可发生淋巴管炎和淋巴结炎。严重中毒者会发热、恶心、呕吐、眩晕、昏迷。一般来说,出现这种情况对成人来说无生命危险,但儿童可能会中毒死亡。蜈蚣毒液同蝎毒一样是酸性毒液,可用肥皂水或石灰水冲洗中和,然后伤者口服蛇药片,如果被蜈蚣刺伤,就可用牛鼻上的汗水涂擦伤口,或剪下一撮伤者的头发烧着后烟熏伤口,均有不错的疗效。

(3)毒蜘蛛咬伤

毒蜘蛛的毒性很大,被毒蜘蛛咬伤后可能会导致伤者肿痛、头昏、呕吐、虚脱甚至死亡。毒蜘蛛咬伤的急救方法与毒蛇咬伤的急救方法相同。

(4)蜂蜇伤

被蜂蜇伤以后,有的伤者几天后自愈,有的则会出现生命危险。被黄蜂蜇伤后,导游应帮助伤者轻轻挑出蜂刺,注意千万不能挤压伤口,以免毒液扩散。因为黄蜂、马蜂、胡蜂的毒为碱性毒,所以可以用醋清洗伤口。被其他蜂,如蜜蜂等蜇伤后,导游要帮助游客先将伤口内的刺挤出,再用肥皂水清洗。

3. 安全常识

1)高原旅游安全知识

高原一般是指地势在海拔 2 700 米左右高度的地区,到达这一高度时,气压低、空气干燥、含氧量少,人体会产生高原反应。

(1)症状与体征

高原反应即急性高原病,是人到达一定海拔后,身体为适应因海拔而造成的气压低、含氧量少、空气干燥等的变化而产生的自然生理反应。海拔一般达到 2 700 米左右时,人就会有高原反应。在进入高原后,游客如果出现了下列症状,应考虑已经发生高原反应:

①头部剧烈疼痛、心慌、气短、胸闷、食欲不振、恶心、呕吐、口唇指甲发绀;

②意识恍惚,认知能力骤降。主要表现为计算困难,可在未进入高原之前做一道简单的加法题,记录所用时间,在出现症状时,重复做同样的计算题,如果所用时间比原先长,就说明已

经发生高原反应；

③出现幻觉，感到温暖，常常无目标地跟随在他人后面行走。

（2）处理常识

①在高原上动作要慢，尤其是刚到达时要特别注意，不可疾速行走，更不能跑步或奔跑，也不能做体力劳动。

②不可暴饮暴食，以免加重消化器官负担，不要饮酒和吸烟，多食蔬菜和水果等富含维生素的食品，适量饮水，注意保暖，少洗或不洗澡以避免受凉感冒和消耗体力。

③进入高原后要不断少量喝水，以预防血栓。一般每天需补充4 000毫升液体。因湿度较低，嘴唇容易干裂，除了喝水，还可以外用润唇膏改善症状。

④学会腹式呼吸，即在行走或攀登时将双手置于臀部，使手臂、锁骨、肩胛骨及腰部以上躯干的肌肉做辅助呼吸，以增加呼吸系统的活动能力。

⑤尽量避免裸露皮肤，可以戴上防紫外线的遮阳镜和撑遮阳伞，在可能暴露的皮肤上涂上防晒霜。

⑥高原反应容易导致失眠，可以适当服用助眠药物保证睡眠，以及时消除疲劳，保证旅游顺利进行。

⑦提前服用抗高原反应药，如红景天、高原康、高原安等，反应强烈时，也可以通过吸氧来缓解。

2）沙漠旅游安全知识

①行前导游应了解当地有关情况，如气候、植被、河流、村庄、道路等，规划好旅游线路，在确保安全的情况下制订出可行的旅游方案。

②导游告知游客在出发前穿上防风沙衣服和戴上纱巾，脸上搽上防晒霜，戴太阳镜和遮阳帽，穿上轻便透气的高帮运动鞋，以防风沙。

③导游告知游客在沙漠旅游中不要走散，一旦走散后迷失了方向，不要慌张，也不要乱走，应在原地等待救援。

④若在沙漠旅游中遇到沙暴，导游要带领游客避开正面风向，千万不要到沙丘背风坡躲避，否则有被沙暴掩埋的危险。

3）冰雪旅游安全知识

①在滑雪前，导游应告知游客佩戴好头盔、护臀、护腕和护膝，穿好滑雪服。滑雪服最好选用套头式的，上衣要宽松，便于滑行动作；衣物颜色最好与雪面白色有较大反差，以便他人辨认和避免相撞；戴好合适的全封闭护目镜，避免阳光反射及滑行中冷风对眼睛的刺激；戴好头盔、护臀、护腕和护膝。

②在滑雪前，导游还应告知游客做好必要的防护措施，如检查滑雪板和滑雪杖有无折裂，固定器连接是否牢固，选用油性和具有防紫外线作用的防护用品，对易冻伤的手脚、耳朵做好保护措施等。

③进入滑雪场后，导游应叮嘱游客严格遵守滑雪场的有关安全管理规定，向滑雪场工作人员了解雪道的高度、坡度、长度和宽度及周边情况，告知游客根据自己的滑雪水平选择相应的滑道，注意循序渐进，量力而行，要按教练和雪场工作人员的安排和指挥去做，不要擅自到技术

要求高的雪区滑雪;注意索道开放时是否有人看守,若无人看守,切勿乘坐。

④导游告知游客在滑雪过程中,要注意与他人保持一定的距离,不要打闹,以免发生碰撞;滑雪人数较多时,应调节好速度,切勿过快过猛。

⑤若需在雪道上行走或停留时,应避免停留在雪道中间或视线易受阻的地方,应选择停留在雪道的两侧边缘。

4)漂流安全知识

①在上船之前,导游应告知游客不要携带现金和贵重物品,仔细阅读漂流须知,听从工作人员安排,穿好救生衣,根据需要戴好安全帽。

②导游告知游客在水上漂流时不要做危险动作,不要打闹,不要主动抓水上的漂浮物和岸边的草木石头,不要自作主张随便下船。

③导游告知游客在漂流时一旦落水,千万不要惊慌失措,因为救生衣的浮力足以将人托浮在水面上,静心等待工作人员和其他游客前来救援。

5)温泉旅游安全知识

(1)不适宜泡温泉的情形

①癌症、白血病患者不宜泡温泉,因为其身体虚弱,以免加重病情。

②皮肤有伤口、溃烂或真菌感染如香港脚、湿疹患者,都不适合泡温泉,以免引起伤口恶化。过敏性皮肤疾病患者也不适合浸泡在高温的泉水中,以免加速皮肤水分蒸发、破坏皮肤保护层而引发荨麻疹。

③女性生理期时或生理期前后,怀孕初期和末期,最好不要泡温泉。

④睡眠不足、熬夜之后、营养不良、大病初愈等身体疲惫状态下,不适合泡温泉,以免因为突然接触高温引起脑部缺血或休克。

(2)泡温泉的注意事项

①高血压和心脑血管疾病患者,在规则服药或经医生允许的前提下,可以泡温泉,但以每次不超过20分钟为宜。注意:入水前,先用温泉水缓慢地擦拭身体,待适应后再进入,以免影响血管正常收缩;出水时,缓慢起身,以防因血管扩张、血压下降导致头昏眼花而跌倒,诱发脑卒中或心肌梗死。

②糖尿病患者在血糖控制较好、体征较稳定的情况下,可以泡温泉。如果血糖不稳定,在温泉中容易出汗,造成脱水,引起血糖变化。此外,大多数糖尿病患者都伴有周围神经病变,手掌、脚掌感觉异常,温度敏感度较差,容易因长久浸泡造成烫伤而不治。

③空腹或太饱时不宜泡温泉,以免出现头晕、呕吐、消化不良、疲倦等症状。

④入水时,应从低温到高温,逐次浸泡,每次15~20分钟即可。

⑤泡温泉的时间应根据泉水温度来定,温度较高时,不可长久浸泡,以免出现胸闷、口渴、头晕等症状。

⑥泡温泉时,应多喝水,随时补充流失的水分。

⑦泡温泉时,脸上的毛孔因会释放大量自由基而损伤皮肤,最好敷上面膜或用冷毛巾敷面,同时闭上双眼,冥想,配合缓慢的深呼吸,真正舒缓身心压力。

⑧泡温泉时,如果感觉身体不适,应马上离开,不可勉强继续。

（3）泡温泉后的注意事项

①泡完温泉后，一般不再用清水冲洗，但如果是浸泡较强酸性或硫化氢含量高的温泉，则最好冲洗，以免刺激皮肤，造成皮肤过敏。

②泡温泉后要注意保暖，迅速擦干全身，特别是腋下、胯部、肚脐周围和四肢皮肤的褶皱处，及时涂抹滋润乳液，锁住皮肤水分。

③泡温泉后，人体水分大量蒸发，应多喝水补充。

【在线测试】

卫生保健知识在线测试

（六）时差与度量衡知识

1.时差知识

1）国际标准时间

英国格林尼治天文台每天所报的时间，被称为国际标准时间，即"格林尼治时间"。

2）地方时间

人们在日常生活中所用的时间，是以太阳通过天体子午线的时刻——"中午"作为标准来划分的。每个地点根据太阳和子午线的相对位置确定的本地时间，称"地方时"。

调整时差

地球每24小时自转一周（360°），每小时自转15°。自1884年起，国际上将全球划分为24个时区，每个时区的范围为15个经度，即经度相隔15°，时间差1小时。以经过格林尼治天文台的0°经线为标准线，从西经7.5°到东经7.5°为中区（称为0时区）。然后从中区的边界线分别向东、西每隔15°各划一个时区，东、西各有12个时区，而东、西12区都是半时区，合称为12区。各时区都以该区的中央经线的"地方时"为该区共同的标准时间。

3）北京时间

我国以位于东八区的北京时间作为全国标准时间。

4）时差换算

时差换算公式：甲乙两地的时区差＝两地时区数相加减（甲乙两地同在东时区或同在西时区用"－"，甲乙两地一个在东时区另一个在西时区时用"＋"）。

如北京在东8区，伦敦在0时区，则8－0－8，即相隔8个时区，时差为8小时。北京12时，伦敦为12－8＝4时。

如北京在东8区，悉尼在东10区，则10－8＝2时，即相隔2个时区，时差为2小时。北京12时，悉尼12＋2＝14时。

如北京在东8区，纽约在西5区，则8＋5＝13时，即相隔13个时区，时差为13小时。北京12时，纽约12－13＝－1（前日23时）。

时刻换算公式：甲地时刻＝乙地时刻±甲乙两地的时区差（甲在乙东则"＋"，甲在西则"－"）。

表 1-5 是北京 12 时与世界主要城市的当地时间与时差情况。

表 1-5　北京与世界主要城市时差表

单位：小时

城市名称	时差数	城市名称	时差数
香港、马尼拉	0	赫尔辛基、布加勒斯特、开罗、开普敦、索非亚	-6
首尔、东京	+1		
悉尼、堪培拉	+3	斯德哥尔摩、柏林、巴黎日内瓦、华沙、布达佩斯	-7
惠灵顿	+4		
新加坡、雅加达	-0.5	罗马、维也纳、雅温得	
河内、金边、曼谷	-1	伦敦、阿尔及尔、达喀尔	-8
仰光	-1.5	纽约、华盛顿、渥太华、哈瓦那、巴拿马城	-13
达卡	-2		
新德里、科伦坡、孟买	-2.5	里约热内卢	-11
卡拉奇	-3	芝加哥、墨西哥城	-14
迪拜	-4	洛杉矶、温哥华	-16
德黑兰	-4.5	安克雷奇	-17
莫斯科、巴格达、内罗毕	-5	夏威夷（檀香山）	-18

注：北京零点时与世界主要城市相比。"+"表示比北京时间早，"-"表示比北京时间晚。各地时间均为标准时间。

2. 度量衡换算

世界上的度量衡有公制和英美制，中国还有市制。虽然它们之间的换算比较复杂，但是导游在工作中会经常遇到此类换算问题，故而要了解常用的度量衡换算。

1）长度换算

1 千米（公里）= 2 市里 = 0.621 英里

1 米 = 1 公尺 = 3 市尺 = 3.28 英尺 = 1.093 6 码

1 海里（nmi）= 3.704 0 市里 = 1.15 英里

1 市里 = 0.5 公里 = 0.310 7 英里

1 英里（mi）= 1 760 码 = 5 280 英尺 = 1.609 3 公里 = 3.218 7 市里

1 市尺 = 0.333 3 米 = 1.093 6 英尺 = 10 市寸

1 英尺 = 0.304 8 米 = 0.914 4 市尺 = 12 英寸

1 码（yd）= 3 英尺 = 0.914 4 米 = 2.743 2 市尺

2）面积换算

1 平方千米 = 1 000 000 平方米 = 0.368 1 平方英里 = 100 公顷

1 平方英里 = 640 英亩 = 2.590 0 平方千米

1 公顷（hm^2）= 10 000 平方米 = 100 公亩 = 15 市亩 = 2.471 1 英亩

3）容积换算

1 升（L）＝ 1 公斤＝ 1 立升＝ 1 市升＝ 1.759 8 品脱（英）＝ 0.220 0 加仑（英）

1 加仑（英）＝ 4 夸脱＝ 4.546 1 升

1 市斗＝ 10 市升＝ 10 升

4）重量换算

1 吨（t）＝ 1 000 千克＝ 0.984 2 英吨＝ 1.102 3 美吨

1 千克（kg）＝ 2 市斤＝ 2.204 6 磅（常衡）

1 磅（lb）＝ 16 盎司＝ 0.453 6 千克＝ 0.907 2 市升

1 盎司（oz）＝ 16 打兰＝ 28.349 5 克＝ 0.567 0 市两

1 克拉（宝石）＝ 0.2 克

【在线测试】

时差与度量衡知识在线测试

七、领取接待计划

（一）熟悉接待计划

领取接待计划

导游须在上团前三天领取接待计划。导游服务应在接到旅行社分配的任务，领取了盖有旅行社印章的接待计划后立即开始。

接待计划既是组团社根据同客源地旅行社签订的旅游合同（或协议）制订的旅游团在旅游线路上各地方的活动安排，又是组团旅行社委托各地方接待社组织落实旅游团活动的契约性文件，还是导游了解该团基本情况和安排活动日程的主要依据。

1. 旅游团基本信息

导游在接到旅游团接待计划后，应认真阅读接待计划和有关资料，详细、准确地了解旅游团（者）的服务项目和要求，重要事宜要做记录。

地陪在接受任务后，通过阅读分析，应弄清、掌握旅游团的以下情况：

1）组团社信息

组团社名称（计划签发单位）、联络人姓名、电话号码、客源地组团社名称、团号、旅游团的结算方式、旅游团的等级（如豪华团、标准团、经济团等）和全陪姓名。

2）旅游团队信息

旅游团的团名、团号（境外组团社/国内组团社）、电脑序号、领队、人数（含儿童）、用车、住房、餐标（是否含酒水）、旅游团种类（全包价、半包价、小包价）等情况。在食、住、行、游等方面是否有特殊要求，有无特殊要求的游客（如残疾游客、高龄游客）等。

2. 旅游团成员基本情况

客源地、全陪姓名、游客姓名、性别、职业、年龄（是否有老人和儿童）、国籍、宗教信仰、民族等。

3.旅游团抵离本地情况

抵离时间、所乘交通工具类型、航班(车次、船次)和使用的交通港(机场、车站、码头)名称。

4.旅游团交通票据的情况

下一站的交通票据是否已按计划订妥,有无变更及更改后的情况;有无返程票(若有,是否落实)。

5.特殊要求和注意事项

①旅游团的服务接待特殊要求:如住房、用车、游览、餐食等方面的特殊要求,该团的特殊情况和注意事项。

②增收费用项目情况:额外游览项目(如游江、游湖等)、行李车费用等。

③特殊游客情况:如团内有无2周岁以下婴儿或12周岁以下儿童,有无持老年证、学生证和残疾证的游客,是否需要提供残疾人服务等。旅行社旅游任务派遣书如表1-6所示。

表1-6　旅行社旅游任务派遣书

旅行社名称			(盖章)		电话	
团号			游客类别	□国际 □国内	游客人数	
导游姓名		专兼职		导游证号		
目的地				团队性质	□地接 □出游	
任务时间			年　月　日至　年　月　日		天　夜	
乘坐交通情况	抵达		交通工具:航(车、船)次:　月　日　时			
	离开		交通工具:航(车、船)次:　月　日　时			
	接送站		接:车型　座数　司机　送:车型　座数　司机			
	城市间					
住宿饭店					住宿天数	
游览景点						
进餐地点						
购物地点						
其他安排						
计调部负责人			(签名)		计调部 电话	
完成情况及 有关说明						

案例：某长线旅游团接待计划

×××团接待计划(2020)××联字第号

分(支)社：

由我公司组织的××××××团一行×人,将于×月×日至×月×日访问(所访问城市按先后顺序排列),请协助接待。

请提供××等综合服务。综合服务费和城市间交通费向我社结算。出境机票由×××自理,请代为确认。

(各地游览,住房及特殊要求写在此)

(该团无全陪,请上下站加强联系)。

全程陪同：×××请××分社为全陪订购×月×日返×地机票×张。

联系人：电话：

×××旅游公司(加盖公章)

年月日

附：日程、名单

抄：本公司××部、财务部、计调部、总经理、办公室、各地公安局和安全局。

（二）落实接待事宜

1. 核对日程安排表

导游应根据接待计划安排的日程(电子行程单),认真核对接待社编制的旅游团在当地活动日程表中所列日期、出发时间、游览项目、就餐地点、风味餐品尝、购物、晚间活动、自由活动和会见等项目。如发现有出人,应立即与本社有关人员联系核实,以免实施时出现麻烦。

2. 落实旅游车辆

①导游应在接团前与司机商定接头时间和地点(通常提前半小时到达见面地点)。

②导游提醒司机检查车辆空调、车载电视、音响和话筒等设备,保证设备的正常使用。

③接待大型旅游团时,地陪应在车上贴上醒目的编号和标记,以便游客识别。

④如果地接社接待的旅游团在合同中要求提供行李车,导游应与行李车司机联系,告知旅游团抵达的时间、地点和下榻的饭店。

3. 落实住房

①导游应熟悉该团所住饭店的名称、位置、概况、服务设施和服务项目,如市中心的距离、附近有何购物娱乐场所、交通状况等。

②导游在接团前要与旅行社计调人员核实该团客人所住房间的数量、房型、用房时间是否与旅游接待计划相符,核实房费内是否含早餐等,并与酒店销售部或总台核实。若接待重点旅游团,导游可亲自到客人下榻的饭店向饭店接待人员了解其团队排房情况,告知旅游团的抵达时间和旅游车牌号,并主动介绍该团的特点,配合饭店做好接待工作。

4. 落实用餐

导游应提前与有关餐厅联系,确认该团日程表上安排的每一次用餐的情况,其中包括日期、团号、用餐人数、餐饮标准、特殊要求和饮食禁忌等。

5. 落实行李运送

旅行社是否配备行李车是根据旅游团的人数多少而定的,导游应了解本社的具体规定。如该团是配有行李车的旅游团,地陪应了解落实为该团提供行李服务的车辆和人员,提前与之联络,告知旅游团抵达的时间、地点、入住饭店。

6. 了解不熟悉景点的情况

①对新的旅游景点或不熟悉的参观游览点,导游应事先了解其位置、行车线路、开放时间、最佳游览路线、厕所位置等。必要时,导游可先踩点,以保证游览活动顺利进行。

②导游提前核实景点门票优惠政策、景点内收费项目、景点内演出或表演的场次和时间等。

7. 核实旅游团(者)离开当地的出票情况

导游应主动与计调部门联系、核实旅游团(者)离开当地的交通工具出票情况,并核实航班(车次、船次)确定的出发时间,以便在接待中安排好旅游团(者)离开饭店前往机场(车站、码头)及托运行李出客房的时间。

8. 落实其他计划内项目的安排情况

如果组团社发来的接待计划包括该旅游团(者)的会见、宴请、品尝风味餐等活动,导游应在接团前与计调部门联系、请其落实相关的会见、宴请、风味餐的单位、人员等事宜。

9. 与全陪联系

地陪提前与全陪取得联系,了解该团有无变化情况,对当地的安排有何要求。地陪告知全陪行程中景点对游客的优惠政策及需要携带的相关证件。若接待的入境旅游团是首站抵达,地陪应与全陪联系,约定见面时间和地点、一起提前赴机场(车站、码头)迎接旅游团。

10. 掌握有关联系电话号码

电话号码包括接待社各部门、行李员、全陪导游、旅游车租车公司(旅行社车队)、就餐餐厅、下榻饭店、游览的景区等的联系电话,以及机场(车站、码头)、下站旅行社等的联系电话。

【在线测试】

领取接待计划在线测试

【实训任务】

实训内容：领取接待计划及落实接待事宜

一、实训准备

1. 提前下发接待计划。
2. 学生分组，认真按照接待计划做好服务准备。
3. 情境模拟准备：游客、地陪、全陪、领队、酒店接待员、行李员等。
4. 物质准备：话筒、导游旗、导游证等。

二、实训地点

旅行社或校内实训室。

三、实训材料

场景模拟、相关资料。

四、实训内容与步骤

1. 与车队负责人联系，确认旅游车辆的车型、车号和司机姓名。
2. 接大型旅游团时，要在车上贴编号或醒目的标记。
3. 呼叫司机，确定与其会合的地点，告知日程和具体时间。
4. 呼叫有关餐厅工作人员，核实旅游团的住房数、级别、是否含早餐等。
5. 呼叫有关工作人员落实行李运输的安排情况。
6. 教师/导游点评。

任务二　迎接服务

【任务引入】

迎接服务是导游在游客面前首次亮相,导游应提供准时、热情、友好的迎接服务,给游客留下良好的第一印象。

【任务分析】

"良好的开始是成功的一半。"导游在迎接服务时,第一次亮相、出口、出手,要做好充分的准备,给予团队及时、友好、热情、周到的接待。

【理性认知】

一、接站服务

接站服务是指地陪提前半小时去机场、车站、码头迎接旅游团前后所提供的各项服务。接站服务在地陪服务程序中至关重要,因为这是地陪和游客的第一次直接接触。游客每到一地总有一种新期待,接站服务是地陪的首次亮相,要给游客留下热情、干练的第一印象。地陪这一阶段的工作直接影响着以后接待工作的质量。

接站服务

（一）接站前的业务准备

接团当天,地陪应提前到达旅行社,全面检查准备工作的落实情况。

1. 落实旅游团所乘交通工具抵达的准确时间

接团当天,地陪应及早与旅游团全陪或领队联系,了解旅游团所乘交通工具的运行情况,尤其是在天气恶劣的情况下,应随时掌握旅游团的动向,了解其抵达的准确时间。此外,地陪还可以通过"航旅纵横""飞常准""12306"等 App 自助查询,或向机场、车站、码头问讯处问清旅游团所乘交通工具到达的准确时间。

2. 与司机商定出发时间

得知该团所乘的交通工具到达的准确时间以后,地陪应与旅游车司机联系,与其商定出发时间,确保提前半小时抵达接站地点,并告知司机旅游团活动日程和具体时间。到达接站地点后,地陪与司机商定旅游车具体的停车位置。

3. 与行李员联系

若为旅游团配备了行李车,地陪应提前与行李员联系,告知旅游团的名称、人数和行李运送地点。

4. 再次核实该团所乘交通工具抵达的准确时间

地陪提前半小时抵达接站地点后,应再次通过 App、问询处或航班(车次)抵达显示牌确认航班(车次)抵达的准确时间。如获悉所接航班(车次)晚点,但推迟时间不长,地陪可留在接站地点继续等候旅游团,如推迟时间较长,应立即将情况报告接待社有关部门,听从安排。

5.持接站牌迎候旅游团

旅游团所乘交通工具抵达后,地陪应在旅游团出站前,通过电话、微信或短信联系旅游团,并持接站牌站立在出口醒目的位置,面带微笑,热情迎候旅游团。接站牌上要写清团名、团号、领队或全陪姓名,接小型旅游团或无领队、无全陪的旅游团要写上游客的姓名。地陪也可以从交团社的社旗或游客的人数及其他标志,如所戴的旅游帽、携带的旅行包或上前委婉询问,去主动认找旅游团。

(二)旅游团抵达后的服务

1.认找旅游团

游客出站时,地陪应尽快认找所接旅游团。认找的方法是:地陪站在明显的位置举起接站牌或导游旗,以便领队、全陪(或游客)前来联系。与此同时,地陪应通过手机与全陪或领队联系,了解游客出站情况。此外,地陪还可根据游客的民族特征、衣着、组团社的徽记、人数等分析判断或上前委婉询问,问清该团团名、领队、全陪的姓名及游客人数,以防错接。

2.认真核实人数

接到应接的旅游团后,地陪要向领队(或游客)作自我介绍,并与领队和全陪核实实到人数。如与计划的人数不符,地陪要及时通知旅行社,以便安排住宿、餐饮上的变更。如所接旅游团无领队和全陪,地陪应与旅游团成员核对团名、人数及团员姓名。

3.集中检查行李

若旅游团是乘飞机抵达,地陪应协助该团游客将行李集中到指定的位置,提醒他们检查各自行李物品的件数及是否有所损坏。

4.集合登车清人数

地陪应提醒游客带齐手提行李和随身物品,引导游客前往登车处。游客上车时,地陪应恭候在车门旁,协助或搀扶游客上车就座。待游客坐稳后,地陪再检查游客放在行李架上的物品是否放稳,礼貌地清点人数,游客到齐坐稳后请司机开车。地陪在旅游车上开始工作前,要将手机调至静音或振动功能,无紧急事情不要在旅游车上打电话。

为了保证安全,地陪应坐在导游专座上。2016年4月,国家旅游局和交通运输部联合下发了《关于进一步规范导游专座等有关事宜的通知》,规定旅游客运车辆须设置"导游专座",导游专座应设置在旅游客运车辆前乘客门侧第一排乘客座椅靠通道侧位置;旅游客运企业在旅游服务过程中,应配备印有"导游专座"字样的座套以提示游客不要占据该座位;旅行社制订团队旅游计划时,应根据车辆座位数和团队人数,统筹考虑,游客与导游总人数不得超过车辆核定乘员数。导游途中讲解时,应提醒司机放慢车速并保持匀速前进状态。当旅游车高速行驶时,禁止导游在车内站立讲解。

【在线测试】

接站服务在线测试

【实训任务】

实训内容：接站服务

一、实训准备

 1. 学生分组，认真做好接站服务准备工作。

 2. 情境模拟准备：游客、司机、地陪、行李员等。

 3. 物质准备：话筒、导游旗、导游证、接站牌等。

二、实训地点

 车站或校内实训室。

三、实训材料

 接站牌、组团社徽记、导游旗。

四、实训内容与步骤

 1. 实训准备

 学生分组扮演不同类型的团队与导游。

 2. 实训开始

 (1)接站牌的制作

 ①要写清团名团号、领队或全陪姓名。

 ②接小型旅游团或无领队、全陪的旅游团时要写上游客的姓名。

 (2)持接站牌等候：地陪持接站牌站立在出站口(教室门口)醒目的位置,热情迎候旅游团,便于领队、全陪或游客前来联系。

 (3)主动认找

 由学生分组扮演几组不同团号的游客,团队资料由受测学生随机抽取;受测学生通过游客的衣着、组团社徽记等分析、判断并上前委婉询问,主动认找;问清团队的团号、组团社名称、领队及全陪或游客的姓名等。

 (4)教师点评

二、重点游客的接待

 游客来自不同的国家和地区,他们在年龄、职业、宗教信仰、社会地位等方面存在较大的差异,有些游客非同一般,特点尤为突出,导游必须给予特别重视和关照,因此这类游客被称为特殊游客或重点游客。虽然他们都是以普通游客的身份而来的,但接待方法有别于普通游客。

重点游客
的接待

出于增长见识、健身益智的目的,越来越多的游客喜欢携带子女一同到目的地旅游,其中不乏一些少年儿童。地陪应在做好旅游团中成年游客旅游工作的同时,根据儿童的生理和心理特点,做好专门的接待工作。

(1)保证儿童的安全

儿童游客,尤其是2~6岁的儿童,活泼好动,地陪因此要特别注意他们的安全。地陪可酌情讲些有趣的童话和小故事吸引他们,既活跃了气氛,又使他们不到处乱跑,保证了其安全。

(2)掌握"四不宜"原则

对有儿童的旅游团,地陪应遵循"四不宜"的原则:

①不宜为讨好儿童而给其买食物、玩具;

②不宜在旅游活动中突出儿童,而冷落其他游客;

③即使家长同意也不宜单独将儿童带出活动;

④儿童生病,应及时建议家长请医生诊治,而不宜建议其给儿童服药,更不能提供药品给儿童服用。

(3)对儿童多给予关照

地陪对儿童的饮食起居要特别关心,多给予一些关照。如天气变化时,要及时提醒家长给孩子增减衣服;如果天气干燥,还要提醒家长多给孩子喝水等;用餐前,考虑到儿童的个子小,且外国儿童不会使用中餐用具,地陪应先给餐厅打电话,请餐厅准备好儿童用椅和刀、叉、勺等一些儿童必备用具,以减少用餐时的不便。

(4)注意儿童的接待价格标准

根据儿童不同的年龄有不同的收费标准和规定,如机(车、船)票、住房、用餐等,地陪应特别注意。

三、高龄游客的接待

在我国入境旅游和国内旅游市场,老年游客均占较大的比例。而在这些老年游客中还有年龄在80岁以上的高龄游客。尊敬老人是中华民族的传统美德,因此,地陪应通过谦恭尊敬的态度、体贴入微的关怀及不辞辛苦的服务做好高龄游客的接待工作。

(一)妥善安排日程

地陪应根据高龄游客的生理特点和身体情况,妥善安排好日程。

首先,日程安排不要太紧,活动量不宜过大,项目不宜过多,在不减少项目的情况下,尽量选择便捷路线和有代表性的景观,少而精,以细看、慢讲为宜。其次,应适当增加休息时间。参观游览时可在上、下午各安排一次中间休息,在晚餐和看节目之前,应安排回饭店休息一会儿,晚间活动后不要回饭店太晚。最后,带高龄游客团不能用激将法和诱导法,以免游客体力消耗大,发生危险。

(二)做好提醒工作

高龄游客由于年龄大,记忆力减退,地陪应每天重复讲解第二天的活动日程并提醒注意事项,如预报天气情况、提醒增减衣服、带好雨具、穿上旅游鞋等。进入游客多的景点时,地陪要反复提醒游客提高警惕,带好随身物品。

接待外国高龄游客时,由于他们对人民币不熟悉,加上年纪大、视力差,使用人民币较为困难。为了使用方便或不被人蒙骗,地陪应提醒其准备适量的小面值人民币。

此外,由于饮食习惯和生理原因,带高龄游客团队,地陪还应适当增加去厕所的次数。

(三)注意放慢速度

大多数高龄游客腿脚不太灵活,有时甚至力不从心。地陪在带团游览时,一定要注意放慢行走速度,照顾走得慢或落在后面的高龄游客,选台阶少、较平坦的地方走,以防摔倒碰伤;在向高龄游客讲解时,地陪也应适当放慢速度、加大音量,吐字要清楚,必要时还要重复讲解。

(四)耐心解答问题

老年游客在旅游过程中喜欢提问题,好刨根问底,再加上年纪大,记忆力不好,一个问题经常重复问几遍。遇到这种情况,地陪不应表示反感,要耐心、不厌其烦地给予解答。

(五)预防游客走失

每到一个景点,地陪要不怕麻烦、反复多次地告诉高龄游客旅游路线及旅游车停车的地点,尤其是上下车地点不同的景点,一定要提醒高龄游客记住停车地点;另外,还要提前嘱咐高龄游客,一旦发现找不到团队,千万不要着急,不要到处乱走,要在原地等待地陪到来。

(六)尊重西方传统

许多西方老年游客,在旅游活动中不愿过多地受地陪的特别照顾,认为是对他们的侮辱,以证明他们是无用之人。因此,对此类游客,地陪应尊重西方传统,注意照顾方式。

四、残障游客的接待

在外国旅游团队中,有时会有截瘫、视力障碍、听力障碍等残障游客,他们克服了许多常人难以想象的困难到中国旅游。残障游客的自尊心和独立性特别强,虽然他们需要关照,但又不愿给别人增添麻烦。因此,在接待残障游客时,地陪要特别注意方法,既要热情周到,尽可能地为他们提供方便,又要不给他们造成压力或伤害他们的自尊心,真正做到让其乘兴而来、满意而归。

(一)适时、恰当的关心照顾

接到残障游客后,地陪首先应适时地询问他们需要什么帮助,但不宜问候过多,如果过多当众关心照顾,反而会使他们反感;如果残障游客不主动介绍,不要打听其残障的原因,以免引起其不快;在工作中要时刻关注残障游客,注意他们的行踪,并给予恰当的照顾。尤其是在安排活动时,要多考虑残障游客的生理条件和特殊需要,如选择路线时尽量不走或少走台阶、提前告诉他们洗手间的位置、通知餐厅安排在一层餐厅就餐等。

(二)具体、周到的导游服务

对不同类型的残障游客,地陪服务应具有针对性。

接待听力障碍游客要安排他们在车上前排就座,因为他们需要通过导游讲解时的口形来了解讲解内容。为了让他们获得更多的信息,地陪还应有意面向他们放慢讲解的速度。

对截瘫游客,地陪应根据接待计划分析游客是否需要轮椅,如需要应提前做好准备。地陪接团时,要与计调或有关部门联系,最好派有行李箱的车,以便放轮椅或其他物品。

对有视力障碍的游客,地陪应安排他们在前排就座,能用手触的地方、物品可以尽量让他们触摸。地陪讲解时可主动站在他们身边,讲解内容要力求细致生动,口语表达更加准确、清晰,讲解速度也应适当放慢。

【案例】

地陪王小姐在陪同一对老年夫妇游览黄鹤楼时工作认真负责,在两个半小时内向游客详细讲解了胜像宝塔、黄鹤楼主楼、搁笔亭、和鹅池。老人提出了一些有关黄鹤楼的问题,王小姐说:"时间很紧,现在先游览,回饭店我一定详细回答你的问题,"游客建议她休息,她都婉言谢绝了。虽然很累,但她很高兴,认为出色地完成了导游讲解任务。然而,出乎意料的是那对老年夫妇不仅不表扬她,反而写信给领导批评了她。她很委屈,但领导了解情况后说老年游客批评得对。

(1)为什么说老年游客批评得对?

老年夫妇批评得有道理:

①很显然,王小姐不了解老年游客的兴趣爱好、体力和心情,让他们做了一次疲劳的游览;

②老人表面上劝王小姐休息,实际上是他们累了,很想休息一会儿,可惜王小姐不理解;

③王小姐不应该不在现场回答他们关于黄鹤楼的问题,也不能让老人在短时间内看那么多的东西。

(2)应该怎样接待老年散客?

接待老年散客的正确做法是:

①对游览线路,导游要提出建议,做好顾问,但由游客选择,不能勉强游客接受你的安排;

②对老年散客,一定要注意劳逸结合,他们提出要休息,就找地方休息,有时还要建议他们休息,绝不能强拉他们去游览;

③对景点作必要介绍后,导游讲解应以对话、讨论形式为佳;

④一般情况下,要在现场回答游客提出的与景点相关的问题。

【在线测试】

重点游客的接待在线测试

五、致欢迎词

(一)欢迎词含义

欢迎词是导游代表旅行社及本人向旅游团表达欢迎之意的致辞,它的内容应该视旅游团的性质及其成员的文化水平、职业、年龄等情况有所不同。

（二）欢迎词内容

欢迎词内容应视旅游团的性质及其成员的文化水平、职业、年龄及居住地区等情况而有所不同。一般应在游客放好物品、各自归位、静等片刻后,地陪再开始讲解。因为游客新到一地,对周围环境有新奇感,左顾右盼,精神不易集中,讲解效果不好。因此,地陪要掌握时机,待游客情绪稳定后,再讲解。欢迎词要求有激情、有特点、有新意、有吸引力,一会儿就把游客吸引到自己身上来,给游客留下深刻印象。欢迎词一般应包括如下内容:

致欢迎词

——问候语:各位来宾、各位朋友,大家好;

——欢迎语:代表所在旅行社、本人及司机欢迎游客光临本地;

——介绍语:介绍自己的姓名及所属单位,介绍司机;

——希望语:表达提供服务的诚挚愿望;

——祝愿语:预祝旅游愉快顺利。

（三）欢迎词的类型

1. 规范式的欢迎词

规范式的欢迎词比较中规中矩、浅显直白,既没有华丽的词汇修饰,又没有风趣幽默的语言。

【示例】

各位朋友:

大家好!大家辛苦了!首先让我代表××旅行社,尤其是宜昌人民欢迎各位来观光游览,我姓刘,是××旅行社的导游,大家叫我"刘导"好了,我希望能像我的名字一样能为大家提供"流畅"的服务;这位是司机周师傅,今明两天就由周师傅和我为大家提供服务,我们感到非常荣幸!大家在宜昌可以把两颗心交给我们,一颗心——"放心",交给周师傅,他的驾驶技术相当娴熟,大家尽可能放心坐他的车;一颗心——"开心",就交给"刘导"我好了!一路上大家有什么问题、有什么要求尽量提出,我们将尽力满足;最后希望大家在宜昌玩得开心!吃得满意!住得舒适!谢谢各位!

2. 聊天式的欢迎词

聊天式的欢迎词,感情真挚,亲切自然,声音高低适中,语气快慢恰当,就像拉家常一样,娓娓道来,给人以亲切自然的感觉。

【示例】

来自广州的朋友们,大家好!我先了解一下,大家是一个单位的吗?（回答:是的）哦,这就好,那么大家早就认识了。下面,我们也认识一下,我姓王,大名曾海,是阳光旅行社专门为各位提供导游服务的导游。再了解一下,在座的各位哪一位是领导?哦,您是领导,不过在襄阳期间大家应该听我的,我暂时是老大。开个玩笑,下面为各位介绍一位真正的老大,就是这位司机师傅张师傅,他掌管着我们全团人的方向,这位老大在旅游圈中可谓德高望重,很有威信。有了张师傅,大家尽管放心,保证大家玩得开心、愉快。

3.调侃式的欢迎词

调侃式的欢迎词风趣幽默,亦庄亦谐,玩笑无伤大雅,自嘲不失小节,言者妙语连珠,听者心领神会。

【示例】

各位团友,大家早上好!

欢迎来到风景美丽、气候宜人的中国历史文化名城——襄阳。我是来自襄阳市教育国际旅行社的导游,我叫×××。请大家务必记住我这张长得不算美,但总算对得起观众的脸吧!俗话说:跟着导游走,吃喝啥都有,问啥啥都会,走着还不累。介绍完自己之后,隆重给大家介绍一位重要人物,他就是我们风流倜傥、英俊潇洒的司机张师傅。大家别看张师傅长相一般,但他开车技术非常好,在旅途中,各位有啥事,别客气啊!直接来找我和张师傅,我们很乐意为各位效劳。最后希望各位在美丽襄阳古城玩得开心、愉快!

4.抒情式的欢迎词

抒情式的欢迎词,语言凝练,感情饱满,既有哲理的启示,又有激情的感染,引用名言警句自如、使用修辞方法得当。

【示例】

各位朋友,欢迎您到恩施来。这里物华天宝,钟灵毓秀,素有"鄂西林海""天然植物园""华中药库""烟草王国""世界硒都"的美誉。八百里清江尽皆画廊,神农溪山水如诗如锦,梭步垭石林妙若盆景,坪坝营万亩古杜鹃争奇斗艳,腾龙洞"卧龙吞江"堪称世界奇观。美丽的自然风貌,独特的民俗风情,悠久的历史文化,给恩施披上了神秘之纱。它独特的文化气息将令您度过一个远离喧嚣和烦躁的阳光假期。

5.安慰式的欢迎词

这类欢迎词一般用以转移游客的注意力,调节游客的游兴。要求导游的欢迎词能说理自然、循循善诱。

【示例】

(导游小张前往机场接一个旅游团,谁知旅游团刚登上旅游车就下起了大雨,这使许多游客感到十分扫兴,因此情绪低落。这时小张开始致欢迎词。)

各位朋友,大家好,欢迎来到首都——北京,我是你们的导游小张,今天我将竭诚为您提供导游讲解服务。刚上车后我发现几位朋友情绪低落,是不是看到天上下雨感觉旅游不方便呢?其实在古代,皇帝出游,沿途的百姓都要端着盆往路上洒水,以消旅尘。但现在我们不用麻烦别人,老天为我们泼了水,空气变得更加清新,刚刚来到北京,我们就受到了皇家礼遇,我们是多么幸运呀!(这时游客脸上露出了笑容。)

以上是欢迎词的5种主要形式,导游工作过程中应该根据导游的个性特征、游客对象有针对性地进行欢迎词的创作。

【实训任务】

实训内容：模拟欢迎词

一、实训准备

1.学生根据教师提供的所接待游客的团型、特征等案例材料创作欢迎词,要求欢迎词包含其基本内容,又有新意,符合自己的个性特征。

2.学生牢记所创作的导游词。

二、实训地点

校车或校内实训室。

三、实训材料

所接团型案例材料、话筒、导游旗、导游证等道具。

四、实训内容与步骤

1.每名学生按自己所创作的欢迎词进行现场模拟讲解,方法、道具自选。

2.学生小组长点评。

3.教师总结点评。

【在线测试】

致欢迎词在线测试

任务三　沿途导游

【任务引入】

沿途导游既可以满足游客初到一地的好奇心和求知欲,也是展示导游气质、学识、语言的大好时机,作为导游,要做好首次沿途导游讲解的准备、做好旅行沿途娱乐素材的准备,让游客享受到热情、欢快、全新沿途导游体验。

【任务分析】

导游在提供沿途导游服务时,要熟悉沿途导游的讲解内容、组织形式、注意事项,收集沿途娱乐素材,能灵活运用各种方法活跃途中气氛。

【理性认知】

一、首次沿途导游

【湖北襄阳沿途导游讲解视频】

游客初到一地感到好奇、新鲜,什么都想问,什么都想知道,地陪应把握时机,选择游客最感兴趣、最急于了解的事物进行介绍,以满足游客的好奇心和求知欲。因此,地陪必须做好首次沿途导游,首次沿途导游是体现导游知识、导游技能和工作能力的大好机会,精彩成功的首次沿途导游会使游客产生信任感和满足感,从而在游客心中树立起导游的良好第一印象。

(一)介绍旅游地概况

地陪应在行车途中向游客介绍本地(本市)的概况,包括地理位置、行政区划、气候、人口、主要物产、居民生活、文化传统、土特产品、历史沿革等。

(二)风光风情介绍

地陪应在行车途中对道路两边的人、物、景做好风光风情导游,以满足游客初到一地的求知欲。对风光风情的讲解要简明扼要,语言节奏要明快清晰,景物取舍要恰当,要见人说人、见物说物,与游客的观赏同步。地陪可适当采用类比的方法使游客听后有亲切感和对比感。为此,地陪要反应灵敏,把握好时机。

(三)介绍下榻的饭店

在旅游车到达饭店之前,地陪还应向游客介绍他们下榻饭店的基本情况,包括饭店的名称、位置、与机场(车站、码头)的距离、星级、规模、主要设施设备与使用及入住手续和注意事项等(如途中行车距离短,这部分内容也可在游客进入饭店后介绍)。

二、宣布当日或次日的活动安排

在首次沿途导游后,地陪应尽快与领队、全陪商量当日或次日活动安排,包括叫早时间、早餐时间和地点、集合时间和地点、旅行线路等,商定后地陪应向游客宣布当日或次日的活动安排,并提醒游客做好必要的参观游览准备。地陪在与领队或全陪核对商定节目安排之后,应及时向本团游客介绍当日或次日的活动安排,讲清集合时间、地点并请游客记住车牌号码。

三、宣布集合时间、地点和停车地点

旅游车驶进下榻饭店后,地陪应在游客下车前向其讲清下次集合的时间、地点(一般在饭店大堂)和停车地点,让其记住旅游车的颜色、车型和车牌号,并提醒游客将手提行李和随身物品带下车,告知司机第二天早餐和旅游团出发的时间。

四、旅行沿途娱乐导游

通常,一个团队在旅行过程中都有 2~3 小时车程,那么这 2~3 小时讲什么呢? 有些导游可以做专题讲座,可一般导游不具备这样的水平,加之游客也不一定爱听,有些游客旅游就是希望放松心情,获得愉悦感。

导游在车上组织娱乐活动,一般需要游客参与,如请游客唱歌、讲笑话、朗诵古诗、讲故事等。但游客总扭扭捏捏不愿参与,导游邀请也不上来,结果冷场。遇到这种游客,就未必请他们上来,导游一个人可以唱"独角戏"。要唱独角戏,必须有丰富的表演资料。如果导游的表演不出色,就无法激发游客的兴趣。导游一定要有自己的拿手好戏,有一两个就足以让游客对你刮目相看。一旦激发游客的兴致,游客就愿意表演自己的绝活,车上的气氛就好了。

除了唱歌,还有讲笑话、脑筋急转弯、绕口令等,这些形式更容易调动游客的积极性。对于不喜欢唱歌的游客,导游不如说些谜语,让游客参与,气氛便营造出来了。进行这样一系列的活动,再加上导游的精彩讲解,游客就会满意。

另外,讲故事也是不错的选择。故事好背,若讲一个简单的"三家分晋"的故事就能讲一个多小时,游客听得高兴,何乐而不为呢。

导游一定要根据游客类型来选择沿途娱乐节目,比如年龄大的游客,切不可唱流行歌曲,因为他们大多没听过,不知道你在唱什么,表演效果不好;面对中年人要学习一些具有年代感的歌。

【案例】

车上活动示范〔学生团〕

我们的旅程有两个多小时,刚才我将行程和景点为大家作了介绍,接下来组织一些活动,首先由我来给大家出一些节目,也欢迎大家踊跃参与,我有礼物送给大家哟。

同学们都喜欢玩,这让我想起有这么一个笑话:"一个学生把硬币抛向空中,正面朝上就看电影,背面朝上就打台球,如果硬币立起来就去学习。"你们是不是这样啊?

这样的学习态度让我想起一个考试的故事:一位监考老师正纳闷地盯着一位学生掷骰子,奇怪的是,该学生做每一道题都掷好几次骰子。老师便问该学生为什么呢? 学生无奈地回答说:"老师说过每道题都要验算的。"

讲到考试,我又想起一个笑话:医学院某班进行口试,教授问一位学生,某种药每次口服量是多少? 学生回答:5 克。一分钟后,这位学生发现自己答错了,应为 5 毫克,便急忙站起来说:教授,允许我纠正吗? 教授看了一下表,然后说:不必了,由于你服用过量药物,你已经在30 秒之前不幸死了。

另一个关于外语的笑话是这样的:一只老鼠被猫逼进了死胡同,老鼠被逼之下学了狗叫,于是"汪汪"叫了两声,猫被突如其来的狗叫声吓得昏了过去。解脱了的老鼠回到家立刻召开了一个家庭会议,讲述自己"英雄事迹"。最后,它深有感触地说:孩子们,学习一门外语多重要啊!

说到这儿,导游可以让学生也说说自己拿手的笑话,如果学生不太能说,就来几个脑筋急转弯。

【在线测试】

沿途导游在线测试

【实训任务】

实训内容:旅行沿途娱乐活动

一、实训准备

旅行沿途娱乐活动技能训练内容。

二、实训材料

旅行沿途娱乐活动素材、话筒、导游旗、导游证等道具。

三、实训内容与步骤

1. 唱歌:要求学生至少能唱 5 首山西民歌、1 首欢迎歌曲、1 首祝福歌曲。
2. 讲故事:要求学生至少能讲 3 个历史故事、3 个趣味故事。
3. 说笑话:要求学生至少能说 20 个笑话。
4. 猜谜语:要求学生能准备至少 10 个谜语。
5. 脑筋急转弯:要求学生能准备至少 20 个脑筋急转弯。
6. 做游戏:要求学生能组织至少 2 个适合车厢活动的互动游戏。
7. 说相声:要求学生能用单口相声形式进行自我介绍。
8. 戏曲:要求学生能唱地方戏曲片段或著名戏曲片段。

四、作业建议

建议学生组织小型才艺表演会展示才艺。

【思考与练习】

1. 导游应具备什么样的知识结构?
2. 简述导游的基本职责。
3. 导游接团前的准备工作有哪些?
4. 沿途讲解要注意什么?
5. 沿途娱乐导游一般会采用哪些形式?
6. 城市历史、文化知识主要概述哪些内容?

项目 二

导游技能

【项目描述】

旅游团抵达游览景点后,导游的主要工作是带领本团游客沿着游览线路对所见景物进行精彩的导游讲解。本项目主要训练学生掌握导游语言技能、导游讲解技能、导游带团技能,能在自然景观和人文景观实地导游讲解;讲解内容因人而异,繁简适度;讲解语言清晰、生动、优美,富有表达力;导游讲解能使游客增长知识,得到美的享受。

【学习目标】

通过了解导游语言的内涵,导游讲解要求,导游带团原则,掌握语言运用及导游讲解的基本方法,学生具有较强的语言表达和沟通能力,善于观察游客行为、分析游客心理的能力,拥有良好的协作管理能力,能正确处理导游带团过程中的各种难题。

【思政延展】

本项目课程思政旨在提升导游的职业操守、文化自信、沟通能力、服务意识和社会责任。导游语言技能通过:带领学生感受祖国语言文字的魅力,帮助学生建立文化自觉和文化自信,引导学生在导游工作中积极传播优秀中华文化,展示优秀中华文化的独特魅力,促进文化交流与融合;导游讲解技能:通过沟通能力的强化,培养学生的服务意识,在沟通时保持耐心和细心的品质,以真诚的态度与游客建立良好的关系;导游带团技能:通过培养学生的团队协作和管理能力,培养学生带团过程中的社会责任感,导游肩负着推动旅游业健康发展的社会责任,鼓励导游在工作中发挥积极作用,参与公益活动和志愿服务,推动旅游业可持续发展。

任务一　导游人员的语言技能

【任务引入】

将课前准备的优秀导游接待旅游团过程的视频直接展示给学生,通过案例引导学生思考:导游语言有哪些基本要求,导游口头语言表达的技巧有哪些,导游的态势语有哪些等。

【任务分析】

导游在为游客提供景点讲解服务时,应通过准确的口头语言及态势,在游客观景、赏景的过程中提供周到的讲解服务。

【理性认知】

语言,是人类沟通信息、交流思想感情、促进相互了解的重要手段,是人们进行交际活动的重要工具。对导游而言,语言是必备的基本功,导游服务效果的好坏在很大程度上取决于导游掌握和运用语言的能力。导游通过语言表达,

导游人员的
语言技能

可使祖国的大好河山更加生动形象,使祖国各地的民俗风情更加绚丽多姿,使沉睡了千百年的文物古迹"死而复生",使令人费解的自然奇观有了科学答案,使造型奇巧的传统工艺品栩栩如生,使风味独特的名点佳肴内涵丰富,从而使游客感到旅游生活妙趣横生,留下经久难忘的深刻印象。所以,导游应该练好导游语言这一基本功,并使语言水平不断提高。

（一）导游语言基本要求

语言是人类表达和交流思想感情的重要手段,也是人类主要的交际工具。对导游来说,导游语言是导游与游客之间沟通交流的重要工具。

（1）导游语言的概念

狭义的导游语言是指导游与游客交流思想感情、指导游览、进行讲解、传播文化时使用的一种具有丰富表达力、生动形象的口头语言。

广义的导游语言是指导游在导游服务过程中必须熟练掌握和运用的所有含有一定意义并能引起互动的一种符号。导游语言不仅包括口头语言,还包括态势语言、书面语言和副语言。

（2）导游语言的作用

导游语言在导游工作过程中起着举足轻重的作用,既是导游进行导游工作时所凭借的手段,也是导游与游客进行沟通的纽带,还是游客获得更高层次感受、体验的媒介。导游语言主要有以下3个方面的作用。

①传播知识。导游的社会角色是"小百科全书",要让游客在游览中增长见识、开阔视野,必须讲求导游语言的知识含量。

②沟通思想。导游在工作中,要随时关注游客动向,为困难者提供帮助,对年老体弱者给予关心,游客发生意外时要及时稳住他们的情绪等,这些都是沟通思想的表现。

③交流感情。导游过程并不只是导游讲景点,更是导游与游客之间的思想沟通和情感交流。导游要以满腔的热情投入工作,最终会得到游客的称赞。

（3）导游语言的传播

导游语言传播通畅的先决条件是导游与导游对象必须有"共同领域"。

所谓"共同领域",是导游与导游对象具有相同或相似的经验范围,包括共同的语言、相近的知识面、实践经验等。只有存在一定范围的共同领域,才能实现一定程度的沟通。共同领域越大,传播交流的途径越宽广、通畅,传播的效果就越好。导游要与游客建立共同领域,首先必须熟练掌握客源国的语言,还应具备客源国的政治、经济、历史、文化、风土人情等多方面的知识。

此外,导游语言的传播还受到文化的影响。导游语言的跨文化传播指不同文化背景的人们的信息传递与交流。导游语言的传播分为同一文化的传播（国内旅游导游）和跨文化的传播。在与国外不同文化背景的游客相处中的跨文化传播文化价值观起决定性作用。文化价值观决定了人们对事物的态度、看法,决定了人们评价事物的标准。不同民族的人,由于文化价值观念的不同,在相似情境中往往表现出不同的反应行为,对待同一事物甚至表现出相反的态度。因此,导游对不同文化的差异性应予以充分重视,并具备起码的常识。

（4）关于中西方文化差异对比

①年龄。西方人当面不问年龄，希望越年轻越好。中国人认为越老越好，越应该受到尊重；社交中也习惯拔高对方的辈分以示尊重。

②自我观念。欧美人处处强调"自我形象""自主自觉""自我意识""自我实现"。中国人强调"自我否定"，以谦虚、谨慎为美德。

③表达对他人的关心。欧美人不喜欢别人打听他们的隐私，希望相对自由自主。中国人总是"嘘寒问暖"，对他人"无微不至"的关怀。

④对赞美的态度。欧美人当面赞美女性。中国人当面说某女子漂亮、妩媚则认为举止轻浮。例如：发福，欧美人认为你是在提醒他节食；中国人把胖看成福气。欧美人对赞美总是乐于接受"谢谢"，而中国人对于赞美总是谦虚一番或贬低自己或归功于集体。

⑤思维习惯。中国人习惯由大到小，由远及近，由粗到细，表达含蓄；欧美人习惯由小到大，由近及远，由细到粗，表现直接、开放。

在旅游活动中，游客来到异国他乡，进入一个异质文化区，必然与异质文化发生碰撞。在游客眼中的一切都是陌生而新奇的，有些甚至是不能理解的。而这部分游客的旅游动机就是为了猎奇、探索，借以开阔眼界、增长见识。这就要求导游既要通晓本国的历史文化，也要通晓客源国的文化，恰到好处地进行文化传播与引导，促进彼此间的理解与交流。

【相关链接】
导游语言的文化差异

例1　美国游客："你的英语真棒！"

导游："不，不！我的英语还很差，差得远呢。"

例2　导游："这山又陡又险，您年纪大了登不上去，就在这里歇会儿吧。"

例3　一位法语导游带领一群法国游客去品味地方风味餐，其中有一道菜叫"糖醋活鲤鱼"。这位导游非常热情地向游客介绍这道菜的具体做法：快速将鲤鱼去鳞、破肚，提着鱼头将鱼身放进油锅将鱼炸熟、浇汁、盛盘、上菜。导游的语言表达可谓绘声绘色、声情并茂，可法国游客并不领情，等鱼上桌后，看到这条可怜的鲤鱼嘴巴还在一张一合时，全体游客发出了强烈的感叹，遗憾的是这感叹不是赞美厨师的手艺，而是对这种残忍的、非"兽道"（相对于"人道"而言）的做法表示愤怒并集体"罢宴"！

例4　一位导游在去兵马俑的路上给一群美国人作专题介绍，只见他高举右手，伸出拇指和食指，做成"8"的手势，对美国人说"秦始皇兵马俑堪称世界第八大奇迹……"此时他从美国人的眼神中读出"疑惑"和"不解"，于是他也感到"疑惑"和"不解"：是美国人不认同这"世界第八大奇迹"的提法，还是他这句话有什么语法错误？后来，一位会讲汉语的美国领队给他解开了这个谜：原来美国人不明白他做的这个手势的含义，按照美国人的理解，这是"手枪""枪毙"的意思。外国人做手势表示"8"，通常是右手伸出一个巴掌（表示"5"），左手再伸出3个手指头（拇指、食指、中指）。

案例分析:

例1的美国游客听了,并不以为你的谦虚是一种美德,反而会感到不悦:我称赞你,你怎么连句"谢谢"都没有?

例2的导游说的话对中国人来说是一种"关心",但在西方人听来,却是一种瞧不起人的语气。你难道就知道我登不上去吗?越是登不上去,我越要去试试!因为这句"关心"话,与他们强调个性、强调自我实现的观念是相悖的。如果采用一种激励或鼓励的语言表达方式,效果会好得多。

例3的导游是不了解法国人的精神内核,导致"言与愿违"。在法国大革命中,法国资产阶级首先喊出"自由、平等、博爱"的口号,几百年来浸润着法国人的心灵,"人道主义"的精神已发展深入骨髓的理念。这位导游不明就里,造成导游交际的失败。

例4的导游为了帮助游客理解口头语言的内容、加深印象,在口头表达的同时,使用肢体语言加以辅助;但是,他忽略了一个事实:同一个手势在不同的国家所表示的语义是不完全一致的。

导游语言运用不当,不仅不能增强导游讲解的表现力,还有可能带来负面影响。因此,导游在"涉外活动"中,必须谨慎。

（资料来源:道客巴巴,有修改）

（二）导游语言的基本要求

（1）导游语言的准确性

①严肃认真的科学态度。

②熟悉所讲、所谈的事物和内容。

③遣词造句准确,词语组合、搭配恰当。

【相关链接】

导游语言的准确性

导游的口语质量如何,在很大程度上取决于其遣词用语的准确性。讲解的词语必须以事实为依据,准确地反映客观事实,做到就实论虚,入情入理,切忌空洞无物,或言过其实的词语。如把二百年历史的"古迹"夸张为五百年的历史,动不动就是"世界上""全中国最美的""最高的""最大的""独一无二的""甲天下的"等,这类没有依据的信口开河会使稍有见识的游客产生反感。这就要求导游对讲解要有严肃认真的态度,要斟词酌句,要注意词语的组合、搭配。只有恰当的措辞、合理的搭配,才能准确地表达意思。从纷繁的词汇海洋中选取恰当的词语来准确地叙事、状物、表情、达意,是件不容易的事。马克思常常花很多时间力求找到需要的字句,一丝不苟,"有时到了咬文嚼字的程度"（《忆马克思》）。斯大林说,列宁也非常重视"文字上的修饰",因此他的"每一句话都是一颗子弹"（《斯大林全集》）。伟人力求词不虚发、表意准确的精神,是我们运用语言的榜样。

（资料来源:百度文库,有修改）

（2）导游语言的逻辑性

导游的思维要符合逻辑规律,语言要保持连贯性;语言表达要有层次感。

主要的逻辑方法如下：

①比较法：就是两种或两种以上同类事物辨别其异同或高下的方法。

②分析法与综合法：

a. 分析法：把一件事物、一种现象或一个概念分成较简单的组成部分，然后找出这些部分的本质属性和彼此之间的关系。

b. 综合法：把分析的对象或现象的各个部分、各种属性联合成一个统一的整体。

③抽象法：又称概括法，是从许多事物中舍弃个别的、非本质的属性，抽出共同的、本质的属性的方法。

④演绎法与归纳法：

a. 演绎法：由一般原理推出关于特殊情况下的结论（从一般到特殊）。

b. 归纳法：由一系列具体的事实概括出一般原理（从特殊到一般）。

（3）导游语言的生动性

导游作为一种职业，是为游客提供向导服务的。导游用语言描绘自然、人文等景观，从而满足游客求知、求乐、审美等要求。从某种意义上说，导游语言是一门艺术，在准确、清晰的基础上，还要善于用生动的语言渲染气氛、增强效果，激发游客的兴趣，调动游客的积极性。增强导游语言生动性主要有以下几种手法。

①比喻：用与甲事物有相似之点的乙事物来描述或说明甲事物。

②比拟：把物拟作人或把甲事物拟作乙事物的修辞手法。

注意：比拟的手法在描述景物或讲解故事传说时常用，而在介绍景点和回答问题时一般不用。

③夸张：可以强调景物的特征、表现导游的情感、激起游客的共鸣。

运用夸张手法应注意两点：一是要以客观实际为基础，使夸张具有真实感；二是要鲜明生动，能激起游客的共鸣。

④映衬：利用客观事物之间相类或相反的关系，以次要形象映照衬托主要形象的写作技法。映衬有正衬和反衬两种形式。

⑤引用：指写文章时，有意引用现成语、诗句、格言、典故等，以表达自己的思想感情，说明自己对新问题、新道理的见解，这种修辞手法叫引用。

【相关链接】

导游语言的生动性

有位导游在带游客去苏州城外时，这样讲解道："苏州城内园林美，城外青山更有趣。那一座座山头活脱脱像一只只猛兽，灵岩山像伏地的大象；天平山像金钱豹；金山像卧龙；虎丘山犹如蹲伏地的猛虎；狮子山的模样活似回头望着虎丘的狮子，那是苏州一景，名叫'狮子回望看虎丘'。"

另一位导游在带游客去苏州城外时，是这样讲的："那是灵岩山；那是天平山；那是金山；那是虎丘山；那就是狮子山。"

从上述两例可看到，前者运用生动形象的比喻，把苏州城外的青山讲得活灵活现，用词造句富有文学色彩,具有较强的表现力。后者简单抽象,仅向游客传递了一个信息,既枯燥乏味,又无法使人产生美感。

(资料来源:乐途旅游网,有修改)

(三)幽默的导游语言

幽默在导游中的作用是十分奇妙的,可以化平淡为有趣、化沉闷为笑声、化干戈为玉帛、化腐朽为神奇。具体作用有如下四点。

1. 融洽关系

在导游活动中,导游的幽默不在于理智,而在于情绪传递。真正的幽默源于内心。导游与游客大都是初次接触,比较生疏。为了融洽关系,让游客产生信赖感和亲近感,导游应主动地与游客交谈,但有时讲了一大堆客气话,仍消除不了游客"敬而远之"的陌生感。而有时几句幽默风趣的话,却能达到良好的效果。例如:一位导游在与游客初次见面时,自我介绍说:"初次为大家服务,我感到十分荣幸,我姓马,'老马识途'的马。今天,各位到我们这儿旅游,请放心好了,有我一马当先,什么事情都会马到成功! ……"游客都乐了,初次见面的拘谨感一扫而光,主客关系一下变得融洽起来。

2. 调节情绪

在导游过程中,导游如果把幽默作为一种兴奋剂,那么游客低落、冷淡、不安的情绪就能得到有效的调节。例如:一架客机失事后的第二天,一批游客将飞往那架飞机失事的所在地,游客们都有恐惧、不安的情绪。候机时,大家都沉默寡言。这时,导游微笑着对大家说:"请各位放心。我是大家的'护身符',今天陪大家一同前往,保证一切顺利。请允许我在此向大家透露一个信息,我做了十多年导游,坐过几十次飞机,还没有一次'从天而降'的经历。"游客一听都笑了。可见,幽默又机智的宽慰,比生硬、笨拙的劝说要有效得多,瞬间就使游客增添了精神力量。

在导游过程中,导游的幽默还能增添游兴。如一位导游在陪同一批美国游客游长江三峡、在介绍神女峰时幽默地说:"瞧,那就是神女峰。神女一般来说是羞于见外国人的,尤其是美国人。今天,她被各位朋友真诚的向往和纯洁的友谊所感动,特意现身与大家见面。上帝保佑,你们真幸运啊!"这样的幽默语言会令游客心情愉快。

3. 摆脱困境

在导游过程中,导游难免会遇到一些使人窘迫、尴尬的场景。如果随机应变、恰到好处地说出幽默的语言,就会摆脱困境,获得欢乐。例如:一个旅行团队要回国了,在道别时,他们请陪同的导游讲话,导游表示只讲两句,可一下讲了十多分钟。一位游客半开玩笑地说:"先生,你说只讲两句,怎么讲了这么多?"一时,宾主都颇尴尬。但这时,导游反应很快,他笑着说:"开头一句,结尾一句,中间忽略不计,一共不是两句吗?"幽默、机智的"滑头"话,摆脱了尴尬的窘境。

4. 寓教于乐

获得知识,受到教益,这是游客较普遍的旅游愿望。在导游过程中,导游用幽默的语言进行讲解,则能起到寓教于乐的作用。例如:一位导游在对一批日本游客讲游长城的注意事项时说:"长城地势险要,要防止摔倒。希望不要在城墙上做奔跑式的跳跃运动。另外,也不是头也不回一股脑儿地往前走,一直走下去可就是丝绸之路了。有人走了两年才走到头,特别辛苦。"游客听了都哈哈大笑。如果这位导游板着脸,严肃认真地宣布:第一要如何,第二是如何,游客也许会置若罔闻,很难听得进去。幽默则使游客乐于倾听,也易于接受。总之,幽默在某种程度上讲是一种力量。当幽默运用适当时,它就能给人以知识、信心和启发,使人乐观向上。

正确使用幽默语言既需要一定的天赋,也离不开训练和指导,讲笑话的基本技巧要注意三点:一是把握时机,二是夸张模仿,三是优雅敏捷。而且使用幽默语言存在以下禁忌。

①勿取笑他人。自嘲,把"笑"的对象引向自己是稳妥的方式;但绝不可取笑他人,尤其是心理或生理上有缺陷的人。

②适合适宜。一是导游不要在游客心情不佳时使用缺乏同情心的幽默语言,会被误认为幸灾乐祸、火上浇油。二是使用幽默语言要顾及游客的文化层次。

③避免重复,提前演练或自己先"笑"。

④禁止黄色、黑色的幽默。

(资料来源:摘自导游讲解语言技能——幽默在导游中的作用,有修改)

(四)导游口头语言表达技巧

在导游服务中,口头语言是使用频率最高的一种语言形式。

1.口头语言的基本形式

口头语言是导游工作中最普遍、最常见的一种有声语言表达体式,可分为独白体和对话体两种。

(1)独白体

独白体是一种语言的单向传递体式,即导游说、游客听的一种方式,如导游讲解、欢迎词、欢送词等。

独白体的特点:一是目的性强。运用独白体讲话,直接面对游客,因此,导游的讲解有明确的目的;或传播知识,或介绍说明,或联络感情,不能自言自语,无病呻吟;二是对象明确;三是表达充分、完整。

总之,运用独白体,导游可以进行充分的准备,从容不迫地和有意识地精心组织语言,能达到较好的效果。

(2)对话体

对话体是导游与游客间的语言的双向传递体式,即导游与一个或数个游客的交谈,可以是问答,也可以是商讨,如散客导游讲解、游客的提问及解答、与旅游团主要成员商谈旅游行程安排等。

对话体的特点:

一是对环境依赖性强。依赖性主要表现在:谈话双方对话题有一定共识;或者游客兴致高、情绪好、有谈兴,只有这样导游才能与游客进行信息交流与沟通。

二是信息反馈及时。导游在讲解过程中,可以边说边听边观察游客的反应,能够迅速地判断出游客对话题是否感兴趣,对信息能否理解,这样导游就能够根据信息反馈作出及时的反应,或继续交谈,或调整语言、转换话题等。

三是具有临场性。易受对方影响,要求导游具有高度的机敏能力和高超的语言表达能力。

【相关链接】

导游语言的临场性

一个旅游团冬季来北京观光,恰巧遇上了鹅毛大雪,游客着装、行车、步行、登山等都受到一定的影响,有的游客对在北京的行程安全比较担忧。这时,导游一定要把握住游客的这种心理状态,不失时机地加以安慰。导游在行进的大巴上就可以不失时机地这样寒暄:"亲爱的朋友们,早上好。我想大家一定是真的好! 因为北京此时正呈现出难得一见的北国风光、千里冰封、万里雪飘的壮观景象。今天是我们可以去体验毛泽东主席诗句意境的日子。我们就是这么幸运,上天给我们送来漫天的雪花,那么就让我们快乐地去当一次踏雪登长城的好汉吧!"导游的寒暄讲的是天气,但又将美好的雪景与游客的行程巧妙地结合起来,从而使游客减少了对天气变化所带来的不便的担心,情绪甚至慢慢高涨起来。这种寒暄完全是从观照游客的心理感受的角度出发的,自然也就容易被游客接受。总之,无论是哪种寒暄,导游都要掌握好分寸,恰到好处。从交际心理学的角度看,恰当的寒暄能使双方产生一种认同心理,使一方被另一方的情绪感染,体现着人们在交际中的"亲和需求"。这种需求在融洽的气氛的推动下逐渐升华,从而顺利地达到交际目的。

(资料来源:百度文库,有修改)

2. 口头语言表达的要领

(1)音量大小适度

导游在讲解时声音大小要适度,以游客听清为准,避免声音过大或过小:声音太大,造成噪声,令人讨厌,大声说外行话更让人反感;声音太小,让人听起来费劲,会给人"说话没底气、缺乏信心"的印象。

(2)语调高低有序

导游说话时抑扬顿挫、有起伏变化。游客在欣赏景物变化性的同时,耳朵也不喜欢听同一种连续的声调。如果导游讲解时语调平平、缺乏生气,难以给游客留下深刻的印象。

语调一般分为升调、降调和直调。

升调:多用于表示兴奋、激动、惊叹、疑问等感情状态。

降调:多用于表示肯定、赞许、期待、同情等感情状态。

直调:多用于表示庄严、稳重、平静、冷漠等感情状态。

(3)语速快慢相宜

导游讲解太快,像"连珠炮",游客精神必然高度紧张,易产生疲劳;导游讲解太慢,听者不耐烦,不能给人流畅的美感。讲解中语速的变化应以讲解的内容及游客的接受能力、年龄层次为依据;对众所周知的事情,讲解进入高潮时,可适当加快语速;想引起游客注意的事情需特别强调;庄重严肃、不易听明白的、易招致误解的内容可适当放慢语速;数字、人名、地名、人物对话易放慢速度;对老年游客的讲解应放慢一些。在导游讲解中,较为理想的语速应控制在 200 字/分钟。

（4）停顿长短合理

语言表达里停顿,主要是由生理原因和语言表情达意的需要来决定的。从导游语言表达方面来看,停顿主要是表情达意的需要。导游与游客之间的交际主要是以口耳为渠道进行的面对面交际,要让游客听懂并基本接受讲解内容,就必须给游客一定的时间,这个时间就是停顿。语言表达中的停顿是语言有效表达的重要因素之一,没有停顿,就没有节奏;没有节奏,就难以表达各种必要的情感。因此,导游在导游过程中不会运用语言表达的停顿,就会影响导游讲解工作。讲究口头表达中的停顿,可以丰富表达内容,增加语流波澜,使表达富有情趣和新意。常用的停顿主要有语义停顿、暗示省略停顿、等待反应停顿、强调语气停顿等。

3. 口语表达的艺术技巧

①准确恰当:如"最好的""最美的""最大的""最高的""最古老""最新鲜""第一""第二"等,切忌无中生有、凭空捏造,必须实事求是。如北京故宫是世界上最大的宫殿建筑群;长城是世界上最伟大的古代人类建筑工程;洛阳白马寺是中国最早的佛教寺庙;黄河是世界上含沙量最高的河流等。

②清楚圆润:吐字发音要正确清晰。

③通俗易懂:口语化,用短句不用长句等。

④优雅文明:切忌用粗言俗语或使用游客忌讳的词语。

⑤生动形象:口语表达要力求与神态表情和手势动作和谐一致。

（五）导游态势语言运用技巧

1. 定义

导游态势语言又叫作"人体语""动作语""体态语"或"行为语",它是用表情、动作或体态来交流思想的辅助工具,是一种伴随语言。

2. 态势语言的重要性

①态势语言与有声语言一样重要,对塑造导游的自我形象有很大作用。

②态势语言能有效地配合有声语言传递信息,能起到补充和强化有声语言的作用。

③导游必须充分注意态势语言所具有的鲜明的民族性和时代性。

如 OK 手势:在中国表示"零";在日本表示"金钱";在西方表示友好;但在巴西、阿拉伯、希腊,属于粗俗下流的动作。

3. 态势语言的分类

（1）体式语

由手势、身体各躯干的动作及各种身姿传达出的信息,包括人的动作、姿势、体态等。

手势活动的范围,主要有 3 个区域。

①肩部以上的上区。手势在这一区域内多表示信心、希望、喜悦、祝贺、赞美等内容与情感。

②肩部至腹部的中区。手势在这一区域内多表示叙述、说明等内容及传递平和、安定等感情。

③腹部下区。手势在这一区域内多表示憎恨、不悦、蔑视、厌弃等消极内容与感情。

首语中多数民族以摇头表反对、否定、不同意;点头表示肯定、同意、赞成;但保加利亚、尼泊尔、泰国、印度奉行"点头不算摇头算"的原则。

（2）表情语

表情语是由人的面部表情，即由脸色变化、肌肉伸展及眼、眉、鼻、嘴的各种运动所传递出的信息。"信息的总效果=7%言辞+38%语调+55%面部表情。"[1]可见表情语的重要性。表情语包括面部表情、目光和微笑。在导游讲解过程中，一方面，导游通过自己的表情激发游客的游兴；另一方面，还要通过观察游客的表情来实现交际互动。导游活动中，目光语以正视和环视为宜。导游的微笑更加重要，其能够给游客留下良好的第一印象，也可以传达出对游客的尊重之意，从而与游客沟通感情，营造融洽的交际气氛，有时，还是打破某种僵局的有效手段。另外，导游的微笑应尽可能真诚，真诚的微笑是一个人心理健康的标志，是性格成熟的表征，能发出真诚微笑的人总是会给人以乐意帮助别人、愿意分担他人忧伤、减轻他人痛苦，也愿意与人分享快乐的感觉。善于微笑的人也总是会给人以安全感。

【相关链接】

导游中态势语的应用

①大家朝我指的方向看，那五个彼此相连的晶光闪亮的池子便是五大连池的五个池子。来五大连池的游人站在高高的山地，沐浴着习习来风，俯瞰远山近水，都忍不住诗情勃发，文思泉涌。（黑河市旅游局《黑龙江五大连池》）

②请大家顺着我的手指的方向看，横亘在大王峰北侧的这座山峰就是慢亭峰。登慢亭峰的道路有两条，一是由大王峰经真洞旁上去，一是由换骨岩右侧直上。……（修明《福建武夷山》）

在上述两例中，导游提醒游客朝自己所指的方向看，用的是指示手势。可以说在导游讲解过程中，这样的指示手势会经常使用。需要注意的是，导游在使用指示手势时，最好是整个手掌平展，手心朝上或朝向侧面伸出去，不要只伸出一根食指，这样的手势既平和又得体，导游在导游过程中要注意运用。

（资料来源：韩荔华·使用导游语言技巧［M］.北京：旅游教育出版社，2022. 有修改.）

4. 导游态势语言运用技巧

1）首语

首语是通过人的头部活动来表达语义和传递信息的一种态势语言，包括点头和摇头。一般来说，世界上大多数国家和地区都以点头表示肯定，以摇头表示否定。但实际上，首语有更多的具体含义，如点头可以表示肯定、同意、承认、认可、满意、理解、顺从、感谢、应允、赞同、致意等。另外，因民族习惯的差异，首语在有些国家和地区还有不同的含义，如印度、泰国等地某些少数民族奉行的是点头不算摇头算的原则，即同意对方意见用摇头来表示，不同意则用点头表示。

---

① 魏星.实用导游语言艺术［M］.北京：中国旅游出版社，1993.

2）面部表情语

表情语是指通过人的眉、眼、耳、鼻、口及面部肌肉运动来表达情感和传递信息的一种态势语言。导游的面部表情要给游客一种平滑、松弛、自然的感觉，要尽量使自己的目光显得自然、诚挚，额头平滑不起皱纹，面部两侧笑肌略有收缩，下唇方肌和口轮肌处于自然放松的状态，嘴唇微闭。这样，才能使游客产生亲切感。

微笑是一种富有特殊魅力的面部表情，导游的微笑要给游客一种明朗、甜美的感受，微笑时要使自己的眼轮肌放松，面部两侧笑肌收缩，口轮肌放松，嘴角含笑，嘴唇似闭非闭，以露出半牙为宜，这样才能使游客感到和蔼亲切。

3）目光语

目光语是通过人与人之间的视线接触来传递信息的一种态势语言。艺术大师达·芬奇说："眼睛是心灵的窗户"，意思是透过人的眼睛，可以看到他的心理情感。目光主要由瞳孔变化、目光接触的长度及向度三个方面构成。瞳孔变化，是指目光接触瞳孔的放大或缩小，一般来说，当一个人处在愉悦状态时，瞳孔就自然放大，目光有神；反之，当一个人处在沮丧状态时，则瞳孔自然缩小，目光暗淡。目光接触的长度，是指目光接触时间的长短。导游一般连续注视游客的时间应在 1~2 秒，以免引起游客的厌恶和误解。目光接触的向度是指视线接触的方向。一般来说，人的视线向上接触（即仰视）表示"期待""盼望"或"傲慢"等含义；视线向下接触（即俯视）则表示"爱护""宽容"或"轻视"等含义；视线平行接触（即正视）表示"理性""平等"等含义。导游常用的目光语应是"正视"，让游客从中感到自信、坦诚、亲切和友好。

导游讲解是导游与游客之间的一种面对面的交流。游客往往可以通过视觉交流从导游的一个微笑、一种眼神、一个动作、一种手势中加强对讲解内容的认识和理解。在导游讲解时，运用目光的方法很多，常用的方法主要有以下 5 个。

（1）目光的联结

导游在讲解时，要用热情且诚挚的目光看着游客。正如德国导游专家哈拉尔德·巴特尔所说的：导游的目光应该是开诚布公的、对人表示关切的、是一种可以看出谅解和诚意的目光。那种一直低头、望向毫不相干处，或翻着眼睛只顾自己滔滔不绝的导游是无法与游客建立联结的。因此，导游应注意与游客目光的联结，切忌目光呆滞（无表情）、眼帘低垂（心不在焉）、目光向上（傲慢）、视而不见（轻视）和目光专注而无反应（轻佻）等不正确的目光联结方式。

（2）目光的移动

导游在讲解某一景物时，首先要用目光把游客的注意力吸引过去，然后再及时收回目光，继续投向游客。这种方法可使游客集中注意力，并使讲解内容与具体景物和谐统一，给游客留下深刻的印象。

（3）目光的分配

导游在讲解时，应注意自己的目光要统摄全部听讲解的游客，既可把视线落点放在最后边两端游客的头部，也可不时环顾周围的游客，但切忌只用目光注视面前的部分游客，使其他的游客感到自己被冷落，产生遗弃感。

（4）目光与讲解的统一

导游在讲解传说故事和逸闻趣事时,讲解内容中常常会出现甲、乙两人对话的场景,需要加以区别。导游应在说甲的话时,把视线略微移向一方,在说乙的话时,把视线略微移向另一方,这样可使游客产生一种逼真的临场感,犹如身临其境一般。

4）服饰语

服饰语是通过服装和饰品来传递信息的一种态势语言。一个人的服饰既是所在国家、地区和民族风俗与生活习惯的反映,也是个人气质、兴趣爱好、文化修养和精神面貌的外在表现。服饰语的构成要素很多,如颜色、款式、质地等,其中颜色是最重要的要素,不同的颜色给人的印象和感觉也不一样,深色给人深沉、庄重之感;浅色让人感觉清爽、舒展;蓝色使人感到恬静;白色让人感到纯洁。

导游的服饰要注意和谐得体。加拿大导游专家帕特里克·克伦认为,衣着装扮得体比浓妆艳抹更能展现一个人趣味的高雅和风度的含蓄。导游的衣着装饰要与自己的身材、气质、身份和职业相吻合,要与所在的社会文化环境相协调,这样才能给人以美感。如着装不能过分华丽,饰物也不宜过多,以免给游客以炫耀、轻浮之感。在带团旅游时,男导游不应穿无领汗衫、短裤和赤脚穿凉鞋;女导游不宜戴耳环、手镯等。

5）姿态语

姿态语是通过端坐、站立、行走的姿态来传递信息的一种态势语言。姿态语可分为坐姿、立姿和走姿三种。

（1）坐姿

导游的坐姿要给游客一种温文尔雅的感觉。其基本要领是:上体自然挺直,两腿自然弯曲,双脚平落地上,臀部坐在椅子中央。男导游一般可张开双腿,以显其自信、豁达;女导游一般两膝并拢,以显示其庄重、矜持。导游切忌前俯后仰、摇腿跷脚或跷起二郎腿。

（2）立姿

导游的立姿要给游客一种谦恭有礼的感觉。其基本要领是:头正目平,面带微笑,肩平挺胸,立腰收腹,两臂自然下垂,两膝并拢或分开与肩平。不要两手叉腰或将手插在裤兜里,更不要有怪异的动作,如抽肩、缩胸、乱摇头、擤鼻子、捐胡子、舔嘴唇、拧领带、不停地摆手等。

（3）走姿

导游的走姿要给游客一种轻盈稳健的感觉。其基本要领是行走时,上身自然挺直,立腰收腹,肩部放松,两臂自然前后摆动,身体的重心随着步伐前移。脚步要从容轻快、干净利落,目光要平稳,可用眼睛的余光(必要时可转身扭头)观察游客是否跟上,行走时,不要将手插在裤袋里。

导游在讲解时多采用站姿。导游若在旅游车内讲解,应注意面对游客,可适当倚靠司机身后的护栏杆,也可用一只手扶着椅背或护栏杆;若在景点站立讲解,双脚应稍微分开(两脚距离不超过肩宽),将身体重心放在双脚上,上身挺直双臂自然下垂,双手相握置于身前以示“谦恭”,或双手置于身后以示“轻松”。如果导游站立时躬背、缩胸,就会给游客留下不好的印象。

6）手势语

手势语是通过手的挥动及手指动作来传递信息的一种态势语言，包括握手、手指语、讲解时的手势等。

（1）握手

握手是交际双方互伸右手相握以传递信息的手势语，包含初次见面时的欢迎、告别时的欢送、对成功者的祝贺、对失败者的理解、对信心不足者的鼓励、对支持者的感谢等语义。

①握手要领。

握手时，上身应稍微前倾，保持立正姿态，面带微笑、目视对方；需摘帽、脱手套，女士和身份高者可例外；切勿将左手插在裤袋里，不要边握手边拍对方肩头，不要边握手边看别人或跟他人打招呼，更不要低头哈腰；无特殊原因不要用左手握手；多人同时握手时要避免交叉握手。

②握手顺序。

男女之间，男士要等女士先伸手后才能握手，如女士不伸手且无握手之意，男士可点头或鞠躬致意；宾主场合主人应先向客人伸手，以表示欢迎；长辈与晚辈之间，晚辈要等长辈先伸手；上下级之间，下级要等上级先伸手以示尊重。

③握手时间。

握手时间的长短可根据握手双方的关系和亲密程度灵活掌握。初次见面握手时一般不应超过三秒，老朋友或关系亲近的人则可以边握手边问候。

④握手力度。

握手力度以不握疼对方的手为宜，在一般情况下，握一下即可。男士与女士握手不能握得太紧，西方人往往只握一下女士的手指部分，但老朋友可例外。

与游客初次见面时，导游可以通过握手表示欢迎，但只握一下即可，不必用力。对年龄较大或身份较高的游客，应身体稍微前倾或向前跨出一小步，用双手握住对方的手以示尊重和欢迎。在机场或车站与游客告别时，导游和游客之间已建立起较深厚的友谊，可适当紧握对方的手，同时微笑着说些祝福的话语。对于给予过导游大力支持和充分理解的海外游客及友好人士，可加大握手力度，延长握手时间，或双手紧握并说些祝福感谢的话，以传递相互之间的深厚情谊。

（2）手指语

手指语是一种较为复杂的伴随性语言，通过手指的各种动作来传递不同的信息。由于文化传统和生活习俗的差异，在不同的国家、不同的民族中，手指动作的语义也有较大区别，导游在开展接待工作中，要根据游客所在国和民族的特点选用恰当的手指语，以免引起误会和尴尬。如竖起大拇指，世界上国家包括中国在内的许多国家都表示"好"，用来称赞对方高明、了不起、干得好，但在有些国家还有另外的意思，如在韩国表示"首领""部长""队长"或"自己的父亲"；在日本表示"最高""男人"或"您的父亲"；美国、墨西哥、澳大利亚等国，则表示"祈祷幸运"；希腊用其表示"让对方滚开"；在法国、英国、新西兰等国，人们做此手势是请求"搭车"。伸出食指，新加坡表示"最重要"；缅甸表示"拜托""请求"；美国表示"让对方稍等"；而在澳大利亚则是"请再来一杯啤酒"的意思。伸出中指，墨西哥表示"不满"；在法国表示"下流的行为"；在澳大利亚表示"侮辱"；在美国和新加坡则是"被激怒和极度的不愉快"的意思。伸出小指,在韩国表示"女朋友""妻子";在菲律宾表示"小个子";在日本表示"恋人""女人";在印度和缅甸表示"要去厕所";在美国和尼日利亚则是"打赌"的意思。伸出食指往下弯曲,在中国表示数字"九";在墨西哥表示"钱";在日本表示"偷窃";在东南亚一带则是"死亡"的意思。用拇指与食指尖形成一个圆圈并手心向前,这是美国人爱用的"OK"手势;在中国表示数字"零";在日本则表示"金钱";而希腊人、巴西人和阿拉伯人用这个手势表示"诅咒"。伸出食指和中指构成英语"Victory"(胜利)的第一个字母"V",西方人常用此手势预祝或庆贺胜利,但应注意把手心对着观众,如把手背对着观众做这一手势,则被视为下流的动作。

导游服务中,导游要特别注意不能用手指点游客,这在西方国家是很不礼貌的行为,如导游在清点人数时用食指点数,就会引起游客的反感。

(3)讲解时的手势

导游讲解时的手势,不仅能强调、解释讲解的内容,还能生动地表达口头语言无法传递的内容,使导游的讲解生动而形象。导游讲解中的手势有以下三种。

①情意手势。

情意手势是用来传递导游讲解情感的一种手势。如在讲到"我们湖北的社会主义现代化建设一定会取得成功"时,导游用握拳的手有力地挥动一下,既可渲染气氛,也有助于情感的抒发。

②指示手势。

指示手势是用来指示具体对象的一种手势。如导游讲到黄鹤楼一楼楹联"爽气西来,云雾扫开天地撼;大江东去,波涛洗尽古今愁"时,可用指示手势来一字一字地加以说明。

③象形手势。

象形手势是用来模拟物体或景物形状的一种手势。如当讲到"有这么大的鱼"时,可用两手的食指比一比;当讲到"五公斤重的西瓜"时,可用手比成一个球状;当讲到"四川有座峨眉山,离天只有三尺三;湖北有座黄鹤楼,半截插在云里头"时,也可用手的模拟动作来形容。

导游讲解时,在什么情况下用何手势,都取决于讲解内容。运用手势需注意:要简洁易懂、协调合拍、富有变化、节制使用,还要避免使用游客忌讳的手势。

(六)导游交际语言常用技巧

1. 称谓的语言技巧

(1)称呼语的类型

①交际关系型。交际关系型的称谓语主要是强调导游与游客在导游交际中的角色关系。如"各位游客""诸位游客""各位团友""各位来宾""各位嘉宾"等,这类称谓语角色定位准确,宾主关系明确,既公事公办,又大方平和,特别是"游客"的称呼是导游词中使用频率比较高的一种称谓形式。

②套用尊称型。套用尊称是在各种场合都比较适用,对各个阶层、各种身份也都比较适宜的社交通称。如"女士们、先生们""各位女士、各位先生"等,这类称谓语尊称意味浓厚,适应范围广泛,回旋余地较大,在导游词中也常常使用。

③亲密关系型。多用于比较密切的人际关系之间的称谓语。如"各位朋友""朋友们"等等,这类称谓语热情友好、亲和力强,注重强化平等亲密的交际关系,易于消除游客的陌生感,

在导游词中也比较常用。

（2）称呼语运用原则

①得体原则。得体，就是要根据不同游客的身份、不同导游交际场合的特定氛围进行恰当的称谓。称谓可以视游客的具体情况加以灵活变化。如果游客是中学生团体，可以直接称呼"同学们"；如果是教师旅游团，就可以称呼"老师们"；还有"教授们""警官同志们""亲爱的同乡们"（与导游是同乡）等。另外，还可以根据特定的导游交际场合使用恰如其分的称谓。如果是导游对全体游客的场合，称呼可以正式一些，可以使用上述各种称谓语；如果导游与游客熟悉以后，在一对一或一对少的场合或在交际气氛十分活跃时，就可以使用比较随便、随和一点的称谓语。

②尊重原则。不论对什么文化背景、什么类型的游客，不论在正式场合还是在非正式场合，不论导游所使用的称谓语是比较正式的还是比较随便的，都必须充分体现对游客足够的尊重，如果把握不好分寸，就会导致交际的失败。

③通用原则。一般情况下，导游交际中的称谓语要注意多使用适应范围比较广泛、适应对象比较灵活的称谓语，这类称谓语弹性较大，游刃有余，使导游交际具有更大的回旋余地。如果遇到一些比较特殊的游客，比如对那些不太喜欢在对他们的称谓中涉及其年龄、性别甚至职业的游客，导游就更要使用一些具有中性特征的称谓语，如"游客们""朋友们""各位嘉宾"等。

2. 交谈的语言技巧

聊天是交谈的主要形式，也是人们交往中最基本、最常见的行为，导游在与游客聊天时，主要是从对方感兴趣的或对方关心的话题切入。

3. 劝服的语言技巧

（1）诱导式劝服

诱导式劝服是指循循善诱，通过有意识、有步骤的引导，澄清事实，讲清利弊得失，使游客逐渐信服。

诱导式劝服的方式：一是态度要诚恳，游客感到导游是站在游客的立场上帮助他们考虑问题；二是要善于引导，巧妙地使用语言分析利弊得失，使游客感到上策不行取其次也是不错的选择。

（2）迂回式劝服

迂回式劝服是指不对游客进行正面、直接的说服，而采用间接或旁敲侧击的方式进行劝说，即通常所说的"兜圈子"。

（3）暗示式劝服

暗示式劝服是指导游不明确表示自己的意思，而采用含蓄的语言或示意的举动使人领悟的劝说。

劝服的注意事项：

①全面了解信息，越透彻越能指点迷津；

②讲明道理，以理服人；

③态度和顺，谦虚；

④不同对象采用不同的表达方式。

4. 提醒语言技巧

提醒主要是带有间接批评性质的说服方式。导游直接批评游客会显得不礼貌,而间接的提醒则会取得良好的说服效果。常用的提醒语言技巧有敬语式提醒、协商式提醒和幽默式提醒三种方法。

运用提醒时注意:

①一切为了游客的安全考虑;

②要幽默、委婉,不采用命令式。

5. 拒绝的语言技巧

(1)柔和式拒绝

导游采用温和的语言进行推托式的拒绝。在拒绝前先表示同情、理解甚至同意,而后再巧妙拒绝,使拒绝之辞委婉而含蓄。例如,在故宫博物院,一批美国游客纷纷向导游提出摄像拍照的请求,导游诚恳地说:"从感情上讲,我非常愿意帮助大家,但在严格的规章制度面前,我又实在无能为力。"虽然是拒绝,但游客在心理上还是容易接受的。

(2)迂回式拒绝

导游对游客的发问或要求不正面发表意见,而是绕开问题从侧面予以回应或拒绝。对一些碍于情面不适合当面拒绝的要求,不必马上说"不",可以采取转移话题、答非所问、寻找借口等方式,暂时转移对方的关注焦点,从而达到间接拒绝的目的。

(3)引申式拒绝

导游根据游客话语中的某些词语加以引申,而产生新意的回绝方式。

(4)诱导式拒绝

导游针对游客提出的问题进行逐层剖析,引导游客对自己的问题进行自我否定的回应方式。

使用拒绝语言的注意事项:

①对游客的额外要求,不要一味拒绝;

②拒绝语言基本心理准则——不使游客产生紧张感。

【相关链接】

导游拒绝游客的语言技巧

一、某旅行团按预定的日程和线路观光游览,有位游客因为去过某个景点,途中要求导游更改旅行线路。按照规定,旅行线路事先已经定好,中途是不能随意改变的。面对这位游客的要求,导游小张采用的就是直接拒绝法。他说:"您去过这个景点,想换个新景点游览的心情我非常理解,可旅游线路是事先规定好的,我也无权更改,您的这个愿望我这次无法帮您实现,真的很抱歉!"

这位导游在直接拒绝游客时,没有使用一个"不"字,可拒绝的意思表达得十分清楚,道理也在拒绝中表明了。加上导游在拒绝时始终微笑,语调柔和亲切,游客也就不再提更改线路了。

二、小李幼师毕业后，凭借自己的努力取得了"国导"任职资格，就职于某地康辉旅行社。她是一位能歌善舞的漂亮女孩，又会讲一口纯正的普通话，在带团的过程中凭借她过硬的业务知识和周到的服务赢得旅客的赞赏，在旅行社成为一名业务骨干。有一次，在带团行车过程中，为了提升游客的兴致，小李像往常一样给游客唱歌，歌声悦耳动听，赢得游客阵阵掌声。带团结束后，一位老板模样的游客笑眯眯地对小李说："李小姐，你的歌声太美了，在临别之前，我希望你再为我唱一首，好吗？"小李说："谢谢您的夸奖，既然您这么爱听我的歌，在离别前，我就用歌声来表达各位朋友对我工作的支持。"小李唱毕，这位老板模样的游客从口袋里掏出几张百元钞票走到她面前，说："小姐，谢谢你为我唱歌！这几百元钱就算我给你的小费吧。"小李说："先生，我的歌声是献给包括您在内的在场所有朋友的，导游是不收小费的！您的心意我领了，谢谢！朋友们，能为你们服务我感到非常高兴，我们有幸这次相逢，相信将来有缘再次相会，最后祝大家一路顺风！谢谢。"老板模样的游客收起钱后微笑地说："李小姐，我去过很多地方，你是我见到的导游中最出色的一个！下次再到贵地，一定还请你做我的导游。"

小李先从侧面否定了游客的话意，然后又作了委婉拒绝的补充，让游客明白导游的工作性质是为游客服务的。小李在谢绝游客时，态度和蔼可亲，语言委婉温和得体，这次谢绝使小李在游客中的形象更完美了。

三、一个商人旅行团参观玉石加工厂，看着眼前玉色莹洁、玉质细腻、雕琢精致的工艺品赞叹不已、爱不释手。其中一位游客不断地向车间工人打听研磨玉石的方法，可是谁都不愿告诉他。最后这位游客只好询问导游，导游神秘地环视四周，再故作肯定地对这位游客小声说："不要说我不知道，这个车间的所有工人都不知道。"那位游客先是一愣，很快领悟导游的言外之意，"是啊，这是商业机密。"他嘴里小声说了句什么，就不再打听了。

四、导游带团时有时会碰到个别行为不端者，他们借旅游之名，在外寻花问柳、寻求刺激。有时这类游客会向导游提出要求，希望导游帮助他实现那些不合情、不合理、不合法的愿望，这时候导游可以用暗示法，消除游客的杂念，使游客主动放弃提出的要求，以达到拒绝的目的。

五、当游客向导游提出某种要求，而导游不能答应又无法讲明原因时，为了不使游客难堪，用微笑、摇头、摆手这种态势语拒绝是较好的选择。

（资料来源：百度文库，有修改）

6. 道歉的语言技巧

道歉主要有微笑式道歉、迂回式道歉、自责式道歉三种类型。

微笑式道歉：不管是什么原因造成的，导游都应妥善处置，善于运用微笑，微笑能传递无声信息；运用微笑并不是奴颜婢膝，而是一个人涵养的外在体现。

迂回式道歉：当导游不便直接、公开向游客道歉时，采用其他的方式求得游客的谅解。例如，旅游团因下榻宾馆早餐问题对导游表示不满，还提出换住其他宾馆的要求，导游与宾馆相关人员商量后，增加了早餐种类，得到了游客的谅解。

自责式道歉：旅游供给服务存在缺陷，导游需主动担责、勇于自责，以此缓和游客的不满情绪。

运用道歉语言时的注意事项:道歉必须诚恳;道歉必须及时,即知错必改,而弥补是道歉的行动表现;道歉要把握分寸,不要因为游客的某些不快就道歉,也不要无休止地道歉。

【相关链接】

迂回道歉

在导游工作中,导游难免会因一些小事导致旅行团队中个别游客不满。如果导游出于某种原因又不便公开道歉,这时就可采用迂回道歉的方法。比如,导游对甲女士关照过多,却忽略了乙女士,并引起了乙女士的不悦。察觉后,便要"特别"关照乙女士,如下车时扶她一把、提醒她一句,都能使她明白你的体态语言中蕴含的歉意,从而达到使她冰释前嫌的目的。

(资料来源:百度文库,有修改)

【在线测试】

导游语言技能在线测试

【实训任务】

实训内容:导游语言技能

一、实训准备

1. 准备导游语言实训话题。
2. 学生分组。

二、实训地点

导游模拟实训室、校园、景区。

三、实训内容与步骤

1. 教师任选一个学生上台交谈示范,然后引导学生进行分析点评。
2. 设计模拟场景和模拟对象,组织学生分组练习。学生按抽到的交际话题与扮演游客的学生进行交谈。

(1)见面寒暄语运用

要求:见面时要得体地与游客寒暄,语言简单且不失礼节。

场景设计:早晨在景区门口迎接第一批游客。

（2）劝说语言运用

要求：当游客情绪比较消极或过于激动时，导游需采用适当的劝说技巧使游客情绪有所转变。劝说应注意以理服人，语气婉转，态度真诚，要充分尊重对方。

场景设计：当游客来到景区参观时，恰好下起了雨，游客心情沮丧。你将如何使用劝说语言扭转游客情绪？

（3）答问语言运用

游客在游览过程中，出于不同动机可能会提出各种各样的问题，导游应根据具体情况恰当地回答。

场景设计：

①游客需咨询景区开放时间、活动项目及设施设备等方面的问题时。

②游客就我国的政治、经济、政策等问题进行提问时。

（4）安慰语言运用

要求：当游客在景区发生意外或遇到麻烦时，导游不仅要妥善处理，而且要及时进行安慰，尽力使游客的痛苦和烦恼降到最低。导游安慰游客时，要求针对游客的具体情况恰当地运用安慰语言。

场景设计：可设定游客钱包丢失、玩伴走失、生病、摔伤等。

（5）道歉语言运用

要求：各种主客观原因可能会造成导游工作出现失误，令游客不满。导游道歉时要巧妙地说明情况、诚恳致歉，使负面影响降至最低，但不应将不是自己承担的过错都揽下。

3.教师最后将这次实训结果进行点评和总结。

任务二　导游讲解技能

【任务引入】

将课前准备的景点讲解视频直接展示给学生，通过案例引导学生思考：讲解时该怎么站位、怎么拿话筒、怎么运用多种导游讲解方法等。

【任务分析】

导游在为游客提供讲解服务时，应根据导游讲解的基本原则，针对游客的不同需求，应用多种讲解方法，为游客提供满意的讲解服务。

【理性认知】

一、导游讲解的原则

导游在讲解时总会想尽一切办法使自己的讲解有特色，并能符合游客的需要，然而各种方法和技巧都有着内在的基本规律,即导游在讲解时必须遵循以下四个原则。

（一）客观性原则

客观性原则是指独立于人的意识之外,又能为人的意识所反映的客观存在。它包括自然界的万事万物和人类社会的各种事物和因素,既有有形的,也有无形的。例如,如何客观地评价鄂西生态文化旅游圈的旅游资源状况? 如何客观地评价湖北省的旅游资源状况?

（二）针对性原则

针对性原则就是从对象的实际情况出发,因人而异,有的放矢。

（三）计划性原则

计划性原则是指导游讲解的科学性和目的性。计划性要求导游在特定的工作对象和时空条件下,需发挥主观能动性,科学地安排游客的旅游日程,有计划、有目的地运用科学的导游方法和技巧进行导游讲解。计划性讲解主要包含两个方面的内容。

1.讲解内容的计划性

例如,导游在讲解襄阳古隆中风景区的武侯祠时,可就我国各地的武侯祠的不同,对古隆中景区的武侯祠进行计划性讲解。

如武侯祠是纪念中国古代三国时期蜀汉丞相诸葛亮的祠庙。诸葛亮生前曾被封为"武乡侯"（乡侯为汉时爵位,自下而上分别是亭侯、乡侯、县侯、关羽授封寿亭侯）,死后又被蜀汉后主刘禅追谥为"忠武侯",因此历史上尊称其祠庙为"武侯祠"。

目前,我国有多处武侯祠,如襄阳古隆中武侯祠、勉县武侯祠、成都武侯祠、南阳武侯祠、重庆奉节白帝城武侯祠、云南保山武侯祠、甘肃礼县祁山武侯祠等。

各地武侯祠都有自己的特色,如何有计划地安排古隆中武侯祠的讲解内容?

【相关链接】

古隆中导游词

绕过牌坊拾级而上便是武侯祠了,现存武侯祠建于明末清初,共分四层,一层高于一层。正殿中供有诸葛亮的塑像,它是全国唯一的仿真铜像,诸葛亮身披八卦衣、手握羽毛扇,尽显运筹帷幄、决胜千里之外的风采。传说,诸葛亮的八卦衣是因他勤奋好学,由师母赏赐的。话说当年诸葛亮在水镜先生门下读书的时候,水镜先生以鸡叫作为上下课的信号,鸡叫一遍就上课,鸡叫二遍就下课。诸葛亮为此很苦恼,想多学习一会儿都不行。有一天诸葛亮想到了一个好办法,把鸡喂得饱饱的,这样鸡就不叫了,于是诸葛亮有了更多的学习时间。日子久了,水镜先生知道此事非常生气,就撕毁了诸葛亮的书本,还扬言要把诸葛亮赶下山,多亏师母求情,诸葛亮才能留下继续学习,可是书本没有了,怎么办呢? 于是师母就送了这件八卦衣给诸葛亮。八卦衣内兵法遍布,诸葛亮可以时时查阅学习。至于诸葛亮的羽毛扇? 传说是诸葛亮与其妻黄月英的定情信物。每片羽毛上都有黄月英细心雕刻的细小兵法,诸葛亮日夜扇不离手,足见他与妻子的情意之深。诸葛亮在此后战争中妙计频出,想必也有这两件宝物的功劳。

（资料来源:百度文库,有修改）

【相关链接】

武当山金顶

天柱峰海拔有 1 612 米,素有"一柱擎天"之称。站在这里,可以清楚地看到"七十二峰朝大顶"的壮观景象。而天柱峰之巅的这座金碧辉煌的建筑就是金殿了。金殿是我国最大的钢铸鎏金大殿,建于永乐十四年。整个金殿没用一颗钉子,全是铸好各个部件后运上山搭建而成,组合得非常严密,看上去浑然一体。大家看,这边的长明灯相传是从来不灭的,那么山顶空旷多风,为什么它不会被风吹灭呢?据说是有了藻井上的这颗"避风仙珠"的缘故。相传这颗仙珠能镇住山风,使风不能吹进殿内,从而保证了神灯长明。其实神灯长明真正的原因是殿门的各个铸件都极为严密精确,可以改变风吹来的方向。由此可见,我国古代劳动人民智慧和建筑技艺十分精湛。

(资料来源:百度文库,有修改)

2.游览路线的计划性

导游在接团前应根据接待计划、旅游团的线路安排及游客的组成等因素,制订接待的讲解计划。计划应包括景物的特色、重点,观赏途径、要点,以及时间的安排及顺序等。

例如,旅游景点众多,如何有计划地安排游览路线?

如颐和园一日游

东宫门入园:

(1)1 小时路线方案

东宫门—仁寿殿—德和园—玉澜堂—宜芸馆—乐寿堂—邀月门—游览结束。

(2)1.5 小时路线方案

东宫门—仁寿殿—德和园—玉澜堂—宜芸馆—乐寿堂—邀月门—长廊—昆明湖畔—排云门—游览结束。

(3)2 小时路线方案

东宫门—仁寿殿—德和园—玉澜堂—宜芸馆—乐寿堂—邀月门—长廊—昆明湖畔—排云殿—佛香阁—苏州街桥—游览结束。

(4)一日路线方案

东宫门入园—仁寿殿—德和园—谐趣园—万寿山—澹宁堂—苏州街—四大部洲—香岩宗印之阁—智慧海—佛香阁—排云殿—长廊—石舫—西堤—耕织图景区—绣漪桥—廓如亭—十七孔桥—南湖岛—乘船游览昆明湖—排云殿码头—长廊—乐寿堂—宜芸馆—玉澜堂—知春亭—文昌院—游览结束。

北宫门入园:

(1)2 小时路线方案

北宫门—苏州街—石舫—长廊—排云殿—佛香阁—乐寿堂—德和园—文昌院—仁寿殿—东宫门。

（2）2.5 小时路线方案

北宫门—苏州街—澹宁堂—谐趣园—仁寿殿—德和园—玉澜堂、宜芸馆—文昌院—乐寿堂—长廊—排云殿—佛香阁—石舫—耕织图景区—如意门。

（3）3 小时路线方案

北宫门—苏州街—四大部洲—佛香阁—排云殿—长廊—石舫—乘船至南湖岛—十七孔桥—铜牛—昆明湖东堤—文昌院—玉澜堂、宜芸馆—乐寿堂—德和园—仁寿殿—东宫门。

（四）灵活性原则

灵活性原则是指导游的讲解要因人、因时、因地而异。导游讲解的内容可深可浅、可长可短、可断可续，一切需依具体的情况而定，切忌千篇一律、墨守成规；导游讲解贵在灵活、妙在变化的原因是游客的审美情趣各不相同，各旅游景点的美学特征也千差万别。大自然又变化万千、阴晴不定，游览时的气氛、游客的情绪也在随时变化。即使游览同一景点，导游应根据季节的变化，时间、对象的不同，采用切合实际的讲解方式。

例如，雨中游览武当山时，导游的不同讲解产生不同的效果。如果导游说"下雨天，什么景色也看不清"时，就会大大影响游客的心境；如果导游换一种导游词，如"淅淅沥沥的雨声犹如美妙的音乐，珍珠般的雨珠在我们脚下溅起一朵朵美丽的浪花，若隐若现的群山虚无缥缈，我们犹如在人间仙境中游览"，那么效果就会很不错。

二、导游讲解的艺术

（一）讲解站位

导游在讲解时，站位是十分讲究的。一方面是指导游面对游客的站位，另一方面是指导游带领游客面对景点的站位。这两种站位，都应力求使讲解达到更好的效果。

例如，面对游客，如何选择站位？面对而立，半圆形，侧立，避免使游客站在导游背后；站在游客背后。面对景点，如何选择站位？最佳位置：距离、角度，远离人群，远离通道。

例如，导游讲解古代建筑物时，讲解站位应选在距大殿对面 5 米处，比直接站在大殿屋檐下效果要好得多。同时，讲解站位还应该考虑避开交通要道、大门口等游人流动密度大的地方，以免受干扰。

（二）编故事

编故事的能力是导游讲解技能中非常重要的一项内容，导游在带团时不可能不讲故事，但故事讲得是否能吸引游客，关键在于导游编故事的技巧。导游要善于运用设置悬念的手法，注意其内在的逻辑关系，编故事还要注意不要采用可能会引起游客误会甚至反感的情节。

（三）点到为止

导游讲解时要善于把握尺度，没有必要在景点讲解中事无巨细、面面俱到。有些问题只需点到为止，要给游客留下更充分的二次创作的空间。此种方法的优点在于节省讲解时间，给游客更多进一步观察及留影时间。

（四）巧妙切入

导游在游览途中做专题讲解时，应使每一个话题的开启顺理成章，需巧妙地切入话题。关键要注意自然切入。例如，利用沿途景物切入，以路边的庄稼为切入点，展开讲解，向游客介绍当地的农作物，再进一步引申到当地的饮食风俗。这样，很自然、轻松地就切入饮食风俗的专题。同时，利用路牌切入，看到"西河头地道战遗址"的广告牌，可以切入战争、电影、歌曲等话题。

三、常用的导游讲解的方法

（一）分段讲解法

导游讲解方法（上）

分段讲解法，就是将一处大景点分为前后衔接的若干部分进行讲解。

例如：游览襄阳古隆中时，导游可先向游客介绍古隆中的历史及特色，再进行分段讲解，以石牌坊、小虹桥、抱膝亭、六角井为一单元，为古隆中景点讲解的前奏；以诸葛草庐、武侯祠、三顾堂为一单元，作为中隆中的重点讲解区；以娘娘殿为一单元，作为独立的专题性讲解区……游客边游边听，因讲解层次分明、内容丰富，定会心旷神怡，得到美的享受。

（二）突出重点法

突出重点法，就是在导游讲解时避免面面俱到，进而突出某一方面的讲解方法。

1. 突出景点中具有代表性的景观

如对古隆中的讲解，重点放在石牌坊、武侯祠、三顾堂和诸葛草庐。如果把这些标志性景观讲解好了、透彻了，就可使游客对古隆中的整体文化底蕴有基本的了解。

2. 突出景点的特征及与众不同之处

如对古隆中武侯祠的讲解，就应面对不同的景点，采用突出其自身特点的讲解方法，以使游客感到虽然都是武侯祠，但确实是各有千秋。

3. 突出游客感兴趣的内容

不同游客对同一景点的观赏有不同的感受，同一游客在不同心境下、不同时段观赏，感受也不相同。

导游讲解具有很强的引导性，却绝不是漫无边际、风马牛不相及的引导。

导游讲解应因人而异，不可僵化，不能以不变应万变，需针对游客不同的兴趣，组织不同的讲解内容，运用不同的导游方法。

注意研究游客的职业和文化层次，重点讲解旅游团内大多数成员感兴趣的内容。

把握游客的心理变化和表情特点，及时调节讲解的重点，满足游客的需求。

①对消遣性游客，导游可侧重讲其中发生的典故。如黄鹤楼，导游除一般介绍黄鹤楼的概况外，还可以结合黄鹤楼的典故来讲。

【相关链接】

黄鹤楼名字的来历

黄鹤楼名字的由来,有因仙得名和因山得名两种说法。

很久以前,有位姓辛的人在黄鹄山头卖酒度日。有一天,有位衣衫褴褛的老道蹒跚而来,向他讨酒喝。辛氏的生意虽然本小利微,但是他为人忠厚善良,乐善好施,看见老道可怜,就慷慨地答应了。酒足饭饱以后,老道非常感谢辛氏。以后老道每日必来,而辛氏则有求必应,不知不觉一年过去了。有一天,老道又来到酒店,辛氏一见,急忙准备酒菜款待老道,老道拦住说:今天我不喝酒,我是来向你告别的;又说每日饮酒,无以为谢,就给你的酒店画一幅画作纪念吧。说完,老道拾起地上的橘子皮,在墙上画起来,不一会儿就画好了一只鹤,由于橘子皮是黄色的,因此这只鹤也是黄色的。画完以后,老道对辛氏说:只要你拍手相招,黄鹤便会从画里下来,为酒客跳舞助兴。辛氏一听,非常高兴,看老道画好的鹤,栩栩如生,非常漂亮。他转身要向老道表示谢意,感谢老道为他的酒店画了一幅好画,可是老道已不知去向。第二天酒店来了客人,他想起了老道的话,拍手一试,黄鹤竟然真的一跃而下,引颈高鸣,翩翩起舞,舞毕又跳回到墙上。客人看着非常有趣。消息传开后,吸引了武汉三镇的老百姓和远近的游人,都来店中看黄鹤起舞,从此辛氏的酒店生意兴隆,他也因此发了财。十年后的一天,老道又出现在酒店,问辛氏道:"不知十年来你所赚的钱,是否还清了我的酒债?"辛氏急忙说:"非常感谢,我现在很富有。"老道一听哈哈大笑,并取下身上所带的铁笛,对着墙上的黄鹤吹了一首奇妙的曲子,黄鹤闻声而下,随着笛声唱歌跳舞。一曲吹完,老道跨上黄鹤飞走了,从此以后老道再也没有回来。辛氏为了纪念老道和他的黄鹤,于是拿出多年的积蓄,在酒店旁盖了一座高楼,起名黄鹤楼。千百年来,这个故事在我国广为传播,成为黄鹤楼因仙得名最有影响的传说。

但是经过考证,黄鹤楼因山得名的真实性是最大的。黄鹤楼所在的蛇山,是由东西排列而首尾相连的七座山组成,从西而东依次有黄鹄山、殷家山等,全长两千多米,好像一条伏蛇,所以有蛇山这个名字。黄鹤楼建在黄鹄山山顶,古汉语中,鹄和鹤两个字是通用的,所以又叫黄鹤山,黄鹤山上的楼阁,当然就取名为黄鹤楼。

(资料来源:百度知道,有修改)

②对专家,应侧重讲解景点的价值、地位、作用和文学性等,如在讲解古隆中石牌坊时,重点讲解诸葛亮的古训"淡泊明志,宁静致远",杜甫的诗句"三顾频烦天下计,两朝开济老臣心""伯仲之间见伊吕,指挥若定失萧曹"和"三代下一人"。

4.突出之最

例如,北京故宫是世界上规模最大的宫殿建筑群,长城是世界上最伟大的古代人类建筑工程之一,应县木塔是中国和世界上现存最高、年代最久的木塔;运城关帝庙是中国最正宗的、最大的关帝庙等;襄樊护城河是全国最宽的人工护城河。如果"之最"算不上,第二、第三也是值得一提的。如五台山显通寺是中国第二个佛教寺庙,云冈石窟为中国四大石窟之一……这样的导游讲解突出了景点的价值,定会激发游客的游兴,给他们留下深刻的印象。

（三）触景生情法

①定义：触景生情法是见物生情、借题发挥的一种导游方法。第二个含义是导游讲解的内容要与所见景物和谐统一，使其情景交融。

②注意：触景生情法要运用得当，讲解要自然生动，不牵强附会、不生拉硬扯；发挥要得体，不可出格，不能为了追求幽默感和生动性而放弃准确性。

【相关链接】

触景生情在长城讲解中的应用

（游客登上长城，举目远眺，对长城的雄伟壮观叹为观止时，导游抒发情感）古代人民修建长城时，劳动工具十分简陋，没有现代化的机械设备，全凭肩挑手扛。正是凭借劳动人民的勇敢、勤劳、智慧，万里长城才得以建成，并延续使用了2 000多年，保障了中原农耕文明的发展，促进了中华民族的繁荣昌盛。有这样的劳动人民，中华民族一定能在建设自己国家的事业中创造出新的奇迹。

（资料来源：百度知道，有修改）

（四）制造悬念法

导游在导游讲解时提出令人感兴趣的话题，但故意引而不发，激起游客急于知道答案的欲望，这种方法即为制造悬念法，俗称"吊胃口""卖关子"。

例如，在古隆中武侯祠游览时，导游可以请游客回忆影视作品中诸葛亮的着装，然后问游客，为什么诸葛亮通常都是身披八卦衣、手握羽扇呢？我们先游武侯祠，等游完武侯祠答案自然就知道了。于是这个悬念就一直牵动着游客的思绪，引起游客的兴趣。待游客游览完娘娘殿后，导游再适时揭开谜底，讲述诸葛亮的妻子黄月英的传说，使游客恍然大悟。这样巧妙安排、环环相扣，一般情况下会使人听得津津有味。

（五）要素法

要素法就是导游在讲解时向游客讲清楚所参观景点的欣赏要点，使游客对欣赏对象有全面、正确的了解。一般情况下导游要讲清七大要素。

①历史背景：即景点产生年代（朝代）的政治、经济、文化等历史背景。

②景点功能：即景点产生的原因，是纪念人物，是祭祀天地（北京天地坛），还是军事防御（襄阳古城墙、襄阳护城河、长城、平遥古城）等。

③景点特色：要讲清楚该景观的特点，与别的景点的不同之处，如建筑物的布局、结构、彩绘，铸造品的工艺、用材等。

④景点地位：即景点、文物在世界上、全国、全省或社会地位，是什么等级的文物或保护单位。

⑤景点价值：即景点的文物价值、历史价值、社会价值（经济价值、旅游价值等）、欣赏价值等。

⑥名人评价：即历史名人、世界名人、国家领导人参观后对该景点的评价，用"名人效应"来增强讲解的效果。

⑦有始有终：即要有开场白、注意事项、结束语等，讲解完整。

（六）问答法

问答法就是在导游讲解时，导游向游客提问题或启发游客主动提问题的导游方法，通过导游与游客之间的提问和回答来交流互动。

导游讲解方法（下）

1. 自问自答法

导游自己提出问题，并作适当停顿，让游客猜想，但并不期待他们回答，只是为了吸引游客的注意力，促使游客思考，激起兴趣，然后作简洁明了的回答或生动形象的介绍，还可借题发挥，给游客留下深刻的印象。

例如，女士们、先生们，我们现在已经来到了长城脚下，稍后我们便去爬长城。现在请允许我向大家提三个问题：一是中国的长城是何时开始修建的？二是中国的长城到底有多长？三是为什么中国的长城在世界上享有盛名？（略作停顿）看来大家对这三个问题都有所了解，但还不全面，现在就由我来给大家做详细的介绍吧。

2. 我问客答法

导游提出问题，要求游客思考，积极作答，导游在游客的答案中引申讲解。其关键在于导游要善于提问，要从实际出发，适当运用。导游的问题要提得恰当，不至于游客一无所知、一头雾水，也要估计到可能出现的不同答案，能事先准备对不同答案做出评价。导游要诱导游客回答，调动其积极性，但不要强迫他们回答，以免使游客感到尴尬或产生心理压力。游客的回答不论对错，导游都不应打断，更不能取笑，而要给予鼓励和引导。最后由导游引申讲解，并带出更多、更广的话题。

例如：（讲解园林中的木雕图案）导游提问："大家现在看到的蝙蝠、桃子和灵芝图案有什么寓意呢？"（稍作停顿，等待游客的回答，但时间不宜过长）导游接着评价游客的答案并引申讲解："大家说得很对。蝙蝠因为谐音，在传统文化中象征着福；桃子和灵芝也是吉祥的象征，分别代表着寿和如意，三者合而为一就是福寿如意！在这里，我也祝大家福寿如意！"

3. 客问我答法

导游要善于调动游客的积极性和他们的想象思维，欢迎他们提问题。游客提出问题，证明他们对某一景物产生了兴趣，进入了审美意境。对他们提出的问题，即使是幼稚可笑的，导游也绝不能置若罔闻，千万不要笑话他们，更不能表现出不耐烦，而是要善于有选择地将回答和讲解有机地结合起来。不过，对游客的提问，导游不要他们问什么就回答什么，一般只回答一些与景点有关的问题，注意不要让游客的提问冲击了讲解主题，打乱讲解计划。导游要学会认真倾听游客的提问，善于思考，掌握游客提问的一般规律，总结出一套相应的"客问我答"的导游技巧，以求满足游客的好奇心理。

4. 客问客答法

客问客答法是导游对游客提出的问题并不直截了当地回答，而是有意请其他游客回答问题，也称"借花献佛法"。导游在为"专业团"讲解专业性较强的内容时可运用此法，但前提是必须对游客的专业情况和声望有较深入的了解，并事先打好招呼，切忌安排不当，引起其他游客的不满。如果发现游客回答问题时所讲的内容有偏差或不足之处，导游也应见机行事，适当指出，但注意不要使其自尊心受到伤害。此外，这种导游方法不宜多用，以免游客对导游的能力产生怀疑,产生不信任感。

(七)启示联想法

启示联想法是指导游引入话题,描述情境,引起游客的联想,加深游客对景点的认识,从而作出更深刻的结论的讲解方法。

(八)虚实结合法

虚实结合法就是在导游讲解中将典故、传说与景物介绍有机结合,即编织故事情节的导游手法。虚实结合法中的"实"是指景观的实体、实物、史实、艺术价值等,而"虚"则指与景观有关的民间传说、神话故事、趣闻逸事等。

例如,意大利的导游擅长讲述典故介绍罗马城何处杀人最多、古庞贝城的大火从哪条街烧起、罗马大屠场的猛兽从哪道门出来的、圣彼得堡教堂如何建造的等。他们眉飞色舞的表情、滔滔不绝的话语,很令游客信服。

比利时的导游在讲解时也很善于运用题材,在游客游览比利时南部的滑铁卢时,导游讲到了1815年拿破仑和英、葡联军作战双方兵力布置情况,并说明拿破仑本可获胜,不料天不作美,6月18日这一天下起了滂沱大雨,法军因雨水淋湿炮眼而无法开炮,拿破仑在滑铁卢这里打了败仗(6月22日拿破仑宣布退位并被流放)。这样的导游讲解很能引发游客的凭吊之情。

(九)类比法

类比法就是以熟喻生,达到类比旁通的导游手法。具体地说,就是用游客熟悉的事物与眼前景物相比,便于游客理解,使游客感到亲切,从而达到事半功倍的导游效果。

类比法一般分为同类相似类比、同类相异类比和时代类比。

1. 同类相似类比

例1:在讲解武侯祠景点时,可以比较讲解成都武侯祠、勉县武侯祠、南阳武侯祠。

【相关链接】

武侯祠

武侯祠是纪念中国古代三国时期蜀汉丞相诸葛亮的祠宇。

公元234年,诸葛亮因积劳成疾,病卒于北伐前线的五丈原,时年54岁。诸葛亮为蜀汉丞相,生前曾被封为"武乡侯"(乡侯为汉时爵位,自下而上,分别是亭侯,乡侯,县侯,关羽授封寿亭侯),死后又被蜀汉后主刘禅追谥为"忠武侯",因此,历史上尊称其祠庙为"武侯祠"。全国最早的武侯祠在陕西省汉中的勉县。勉县武侯祠乃天下第一武侯祠。勉县武侯祠建于景耀六年(公元263年)春。勉县武侯祠所在地乃诸葛亮当年赴汉中屯军北伐的"行辕相府"故址。

目前,最有影响力的是成都武侯祠,成都武侯祠为首批全国重点文物保护单位(1961年),也是首批一级博物馆,每年吸引上百万游客参观游览,享有三国胜地的美誉。另外,还有陕西勉县武侯祠、南阳武侯祠、襄阳古隆中武侯祠、重庆奉节白帝城武侯祠、云南保山武侯祠和甘肃礼县祁山武侯祠等。此外,还有建于唐代前的陕西岐山五丈原诸葛庙,建于明代的武侯宫(湖北蒲圻),建于建安时期的黄陵庙(湖北宜昌)等。浙江兰溪的诸葛镇,因诸葛亮子孙世代群居此地而得名。明万历年间始建丞相祠堂,丞相祠堂有古建筑五十二间,内设诸葛亮灵位。近些年,兰溪丞相祠堂渐负盛名,影响日盛。

（资料来源:搜狐网,有修改）

例2:导游讲到梁山伯和祝英台或《白蛇传》中许仙和白娘子的故事时,可以将其称为中国的罗密欧和朱丽叶。

例3:将平遥、祁县、太谷比作"中国的华尔街",将运城盐池比作"中国的死海"等。

2.同类相异类比

例如:在规模上将唐代长安城与东罗马帝国的首都君士坦丁堡相比;在价值上将秦始皇陵地宫宝藏同古埃及第18朝法老图坦卡蒙陵墓的藏宝相比;在宫殿建筑和皇家园林风格与艺术上,将北京故宫与巴黎附近的凡尔赛宫相比,将颐和园与凡尔赛宫花园相比等。通过这些类比,不仅能使外国游客对中国悠久的历史文化有较深的了解,而且对东西方文化传统的差异有进一步的认识。

3.时代类比

例1:在游览故宫时,导游讲解故宫建成于明永乐十八年,不会有几个外国游客知道这究竟是哪一年,如果说故宫建成于1420年,就会给人以历史久远的印象。但如果说在哥伦布发现新大陆前72年、莎士比亚诞生前144年,中国人就已建成了面前的宏伟宫殿建筑群,这不仅便于外国游客记住中国故宫的修建年代,给他们留下深刻印象,还会使外国游客产生中国人了不起、中华文明历史悠久的感觉。

例2:游故宫时,导游一般都会讲到康熙皇帝,但外国游客大都不知道他是哪个时代的中国皇帝,如果导游对法国人说康熙与路易十四同一时代,对俄国人说他与彼得大帝同代,还可加上一句,他们在本国历史上都是很有作为的君主,这样介绍便于外国游客认识康熙的历史作用,他们也会感到高兴。

（十）讲游结合法

讲游结合法就是导游的讲解和游客的自我观赏、体会有机结合,灵活运用,使游客既可以从导游处得到正确的信息,又可以充分、自由地品味其中的妙处。

此方法的运用,关键是把握好"讲"和"游"的分寸,既要进行准确、生动的讲解,又要给游客以充足的空间去想象。

（十一）画龙点睛法

用凝练的词句概括所游览景点的独特之处,给游客留下突出印象的导游手法称为"画龙点睛法"。

例1:旅游团游览云南后,导游可用"美丽、富饶、古老、神奇"来赞美云南风光。

例2:参观南京后,可用"古、大、重、绿"四个字来描绘南京风光特色。

例3:总结青岛风光特色可用"蓝天、绿树、红瓦、金沙、碧海"五种景观来概括。

例4:游览颐和园后,外国游客可能会对中国的园林大加赞赏。这时导游可指出,中国古代园林的造园艺术可用"抑、透、添、夹、对、借、障、框、漏"九个字概括,并帮助外国游客回忆在颐和园中所见到的相应景观。

例5:在介绍运城的旅游景点时,导游可以用"一神、一圣、一姻缘"来概括永乐宫、关帝庙和普救寺,这种做法定会起到画龙点睛的作用,同时使游客加深认识。

（十二）创造意境法

创造意境法是指通过导游生动的描述讲解,激发游客的想象力,使之进入导游安排的特定的意境中的导游方法。这种方法可以把游客与游览的客体——景观直接联系起来,使二者水乳交融、浑然一体,产生比现实更美好的感觉。

【在线测试】

导游讲解技能在线测试

【实训任务】

实训内容：导游讲解技能讲解（以当地两日游为例）

一、实训准备

1. 提前布置任务:××景区导游讲解。

2. 下发实训材料。

3. 学生分组,做好景点讲解准备。

4. 物质准备:景区导游示意图、话筒、导游旗、导游接待计划、导游 IC 卡等。

二、实训地点

××景区。

三、实训内容与步骤

1. 给出任务:××景区导游讲解。
罗列景区相关景点。

2. 学生分小组,各小组根据不同任务,分头查找景区相关知识。

3. 各小组成员讨论后,最终确定××景区各景点导游词内容。

4. 进行分组模拟讲解:

①教师或优秀导游示范讲解;

②学生分组讲解。

5. 评价:学生自评、小组评价、教师或优秀导游评价、游客(景区游客)评价。

6. 评选出景区优秀导游词。

7. 评选出优秀导游。

任务三　导游带团技能

【任务引入】

将课前准备的导游带团流程剪辑视频直接展示给学生,通过案例引导学生思考:应如何树立导游形象、如何激发游客的游兴、如何与导游协作等。

【任务分析】

导游在带团的过程中,应通过树立良好的第一印象、激发游客的游兴及顺畅的协作,有针对性地为游客提供服务,满足游客的要求。

【理性认知】

一、导游带团的特点、原则和模式

（一）导游带团的特点

1.环境的流动性

导游经常穿梭于旅行社、车站、机场与景点之间,因此导游的工作环境不是静止的。

2.接触的短暂性

导游为不同旅游团队的游客及众多的散客服务,为游客服务的时间相对较短,和游客的接触也不深,即使遇上个别爱挑剔的游客,也只是相处几天而已。

3.服务的主动性

导游的职责决定了他是旅游团队的聚焦点,是带团过程中的"明星人物"。导游与游客对旅游地所掌握的信息具有不对称性,因而导游具有组织游客、联系协调、传播引导的职能。

（二）导游带团的原则

1.游客至上的原则

游客就是上帝。导游应有责任感与使命感,工作中要明辨是非,遇事能遵守职业道德并为游客着想。

2.履行合同原则

导游带团要以契约为基础,是否履行旅游合同的内容是评估导游是否履行职责的基本尺度。这一原则涉及两个方面,一是企业内部制订的相关成本、责任等方面的约束;二是合同规定的相关服务内容与等级要求。导游要设身处地地为公司着想,也要为游客着想。

3.公平对待原则

尊重人是人际关系中的一项基本原则。不管游客是来自国外还是国内,是来自东方国家还是西方国家,也不管游客的肤色、宗教、信仰、消费水平如何,导游都应一视同仁地尊重游客。导游不应对一些游客表现出偏爱,导游的片面行为会造成旅游团队的内部关系紧张,因为每一位游客都为旅游付了同样的价钱,他们要求得到同等的待遇是合情合理的,导游应尽力将事情办得人人满意,皆大欢喜。除特殊情况,导游应该采取的态度是与每位游客都要友好、礼貌和殷勤。

(三)导游带团模式

导游带团模式是指导游在带领旅游团队开展旅游活动过程中所表现出来的一种行为特征。应该强调的是,不同的导游具有不同的带团模式和带团风格;同一个导游面对不同的团队和不同的场所,带团模式和风格也应不断地变化,以适应游客的需要和工作的开展。

日常工作中,有的导游因活泼热情而受游客欢迎;有的因严谨细心而博得游客赞赏;有的因任劳任怨,获得游客的支持。一般受旅游计划和游客需要两个方面的影响,导游带团的模式可大体分为自我中心型和游客中心型两种。

1. 自我中心型

自我中心型的带团模式是指导游带团的主要目标是为了完成旅游活动的既定计划。在这种模式下,导游的所有工作都以旅行社与游客预定的旅游计划为核心,尽量不作调整,对有可能影响或破坏计划实施的因素予以坚决排除。导游往往很少答应游客计划外的要求,除非万不得已。

导游带团模式(上)

虽然这种做法可能让部分游客感到旅游的愿望没有全部满足,但导游注重计划内的服务质量和水平,往往超出游客对服务质量的预期,使游客的情绪和注意力被高度调整,从而冲淡了不悦之感,并且大大降低了意外事故发生的可能性。

导游带团模式(下)

2. 游客中心型

游客中心型的带团模式是指导游带团的主要目标是为了尽量满足游客的需要。在这种模式下,导游的工作重点是游客而非旅游计划,他们非常关心游客的感受,尽一切可能满足游客各方面的旅游愿望。他们往往根据游客的特点灵活调整自己的导游服务,注重与游客的情感交流,使游客体会到导游对自己的关怀,从而获得精神层面的旅游满足。但这种模式容易使游客滋生松懈和依赖心理,往往会提出许多难度过大的要求,从而导致旅游意外事故的发生。

自我中心型和游客中心型并不是对立的,自我中心型的带团模式并不排斥对游客的关怀;游客中心型的带团模式也要求恪守一定的原则。导游可根据自己的个性特点和能力水平,融合以上两种带团模式,针对不同的团队进行不同的导游服务。

二、导游的主导地位和形象塑造

旅游团队是由素不相识的、各种各样的游客构成的临时性和松散性的团体。导游在带团过程中应该尽快确立自己在旅游团中的主导地位,这是带好一个旅游团的关键。导游只有确立了主导地位并取得了游客的信任,才能具有凝聚力、影响力和调控力,才能真正带好旅游团。

(一)确立在旅游团中的主导地位

1. 以诚待人、热情服务

导游服务具有周期性短的特点,这个周期往往几天或十几天,难以"日久见人心"。真诚对待游客是建立良好人际关系的感情基础,导游的真诚热情,才能赢得游客的好感和信赖。

2.换位思考、宽以待客

换位思考是指导游站在游客的角度,以"假如我是游客"的思维方式来理解游客的所想、所愿、所求和所为,从而做到"宽以待客",想方设法满足游客的要求,理解他们的"过错"或苛求。要求导游站在游客的角度,对其提出的种种要求,平心静气地对待,找出合理成分,尽量满足游客的需求。

3.树立威信,善于"驾驭"

导游是旅游团的主导者,要有驾驭能力,要能主导游客的情绪和意向,努力使游客的行为趋于一致,使一个临时组成的松散的群体,成为井然有序的旅游团队。

(二)树立良好的导游形象

树立良好的形象是指导游要在游客心目中确定可信赖、可以帮助他们和有能力带领他们安全、顺利地在旅游目的地进行旅游活动的形象。导游在游客心目中树立良好的导游形象,主要还是要靠自己的主观努力和实际行动。

1.重视"第一印象"

"第一印象"往往会影响游客在以后的旅游活动中的判断。游客初到一地,忐忑不安,通常会以审视甚至是挑剔的眼光打量前来接站的导游,因此导游应树立起良好的形象。如接团前记住游客的姓名;接团时叫出游客的姓名、职业等;导游第一次亮相致欢迎词时,注意自身的风度、语言、语速、语调等。

【相关链接】
导游树立良好的第一印象

导游小田接到了一个40人的美国旅游团。小田决定尽快熟悉和记住游客的名字,缩短与他们的距离,获得他们的信任。因此,他在接团前背记了游客的名单。在旅游的第一天,他就能够丝毫不差地叫出游客的名字和爱称,游客对此感到十分惊奇,也感到十分亲切。有人问他记住这么多人名有什么窍门时,他幽默地回答:"在见到你们之前,我觉得大家的面孔一定非常友好,见面后果然感到似曾相识,所以就有了过目不忘的灵感。"大家听后,都高兴地笑了。

因为小田能够迅速熟悉游客,叫出游客的名字,所以,大家对他非常信任和友好,彼此感情交流也很快。游客们在参观游览过程中,购买了各种纪念证书,要求小田为其签字,还买了中国图章让小田为其取中国名字,然后刻章。有一位叫 Hill Tail 的老人请小田为其取个中文名字。小田说:"Hill 有山的意思,可以叫'泰山'表示雄伟,但'泰山'在中国的称谓中又有'岳父'的意思,因此起这个名字有占人便宜之嫌。"听完小田的解释,老人哈哈大笑,忙让小田叫他"泰山"。小田也开玩笑说:"那你一定要把女儿嫁给我。"就这样,小田根据游客的特点和要求,用音译和意译的不同方式,为每个人都起了一个中文名字,游客们都十分高兴。

(资料来源:张明清,窦志萍.导游服务案例选[M].昆明:云南大学出版社,2007.有修改)

2.维护良好形象

维护良好形象贯穿导游服务全过程中。维护形象比树立形象更艰巨、更重要。导游与游客接触的时间较长时,就容易放松对自己的要求,如不修边幅、口头禅、迟到、说话不兑现等。良好的第一印象不能一劳永逸,需在以后的工作中维护和保持。导游在服务过程中应始终自信、豁达、乐观、坦诚、沉着果断、技能娴熟等。

3. 留下美好的最终回忆

旅游结束阶段是指游客即将离去,导游与游客交往即将结束直至离开的这段时间。这一阶段是游客对旅游期间所接受到的服务进行整体的回顾和综合评价的阶段。游客此刻的心理是复杂的,如果导游忽视了这最后的服务环节,就无法给整个服务工作画上一个圆满的句号,也会使游客带着一些遗憾离去。

首先,既兴奋又紧张的心情。兴奋是因为旅游活动结束后,游客马上要返回家乡,又可见到亲人和朋友,可向他们述说旅游的所见所闻,分享旅游的快乐。此时,由于游客情绪兴奋,出发前容易丢三落四、忙中出错,导游应设法稳定游客的情绪并做好提醒工作。紧张是由于想急切办完一切事宜,还有相当一部分游客表现出难以适应的心理感受。这时,导游应想办法放松游客心情,用旅游的快乐与到家的温馨,激发游客的感觉,把对游客诚挚美好的祝愿说得感人肺腑,让游客带着"服务的余热"踏上新的旅途,使游客产生留恋之情和再次光顾之意。这样既树立了旅行社良好的社会形象,又扩大了潜在客源,势必会提高旅行社的经济效益。

其次,回顾和评价。如果游客对此次旅游活动和所接受的各方面服务持肯定态度,他们会对当地产生依恋之情,希望有机会重游此地;或因此次旅游的良好印象,体会到旅游活动的极大乐趣,引发出他们再去别的旅游景点旅游的动机。如果游客对此次旅游活动和所接受的各方面服务感到不满,如导游态度差,吃不好、住不好,服务质量差等,都会造成游客心理上极大的不快,这种不愉快的经历会长时间地保留在游客的记忆里,影响游客及其周围的人对旅游的兴趣。旅游服务结束阶段是旅游企业和导游创造完美形象,对游客后续行为施加重要影响的服务阶段。根据近因效应,人们在认知过程中,新近得到的信息比先前得到的信息对事物的认识起更大的影响作用。通俗地说,就是在对朋友的长期了解中,最近了解的东西往往占优势,掩盖着对该人的一贯了解。"近因效应"给导游服务的启示是,不能忽视旅游结束阶段的服务质量,不能因为临近结束而松懈自己,怠慢游客,使游客产生"人走茶凉"的感觉,造成前功尽弃。

三、导游的心理服务技能

(一)把握心理服务的要领

1. 尊重游客

尊重游客即尊重游客的人格和愿望,在合理而可能的情况下努力满足游客的要求。

游客虽然来自不同的国家和地区,但是他们都希望得到当地人,尤其是导游的欢迎、尊重。尊重是导游活动顺利进行的前提,只有尊重双方,才有共同的语言,才有感情上的沟通,人际关系才能顺利展开。在导游过程中,只有游客获得友好热情的服务,得到应有的尊重,导游服务才能发挥效能。"扬他人之长,隐其之短"是尊重游客的一种重要方法。游览过程中,导游要妥善安排,让游客参与活动,使其获得自我成就感,从而在心理上获得满足。

2. 微笑服务

微笑是一种重要的交际手段,是自信、友谊、愉快的象征。发自内心的、真诚的微笑能迅速缩短人们之间的心理距离,增强交际效果。导游的微笑能消除游客来到异地的陌生感,让其获得宾至如归的感觉,拉近导游与游客的距离。旅游专家指出,"在最困难的局面中,一种有分寸的微笑,再加上镇静和适度的举止,对于贯彻自己的主张,争取他人合作,会起到不可估量的作用"。

3. 使用柔性语言

俗话说,"一句话能把人说笑,也能把人说跳"。导游的一句话能让游客高兴,也可能刺伤游客的自尊心。所谓柔性语言,一般指语气亲切、语调柔和、措辞委婉、说理自然的语言。导游在工作过程中绝不能争强好胜、与游客争论,不要为了一时痛快而做"嘴上的胜利者"。但是,若遇到蛮不讲理的游客时,导游更要注意自己的言行,不能恶语相向,挖苦讽刺游客。

4. 与游客建立"伙伴关系"

旅游活动中,游客不仅是导游的服务对象,也是合作伙伴,只有游客的通力合作,旅游活动才能顺利进行,导游服务才能取得良好的效果。要想获得游客的合作,导游应设法与游客建立"伙伴关系"。一方面,导游可通过诚恳的态度、热情周到的服务、谦虚谨慎的作风,让游客获得自我成就感等方式,与游客建立合乎道德的、正面理性的情感关系。当然,这种情感关系应是面对每一位游客的,绝不能厚此薄彼。另一方面,导游在与游客交往时还应把握正确的心理状态,尊重游客,与游客保持平行性交往,力戒交锋性交往。

5. 提供个性化服务

个性化服务是导游在做好规范化服务的同时,针对游客个别要求所提供的服务。导游应该明白,每位游客既希望导游一视同仁、公平相待,又希望能给予自己一些特别的关照。因此,导游既要通过规范化服务去满足游客的一般要求,又要根据每位游客的具体情况提供个性化服务,满足游客的特殊要求。这样做游客会感到"导游心中有我",拉近了与导游之间的感情距离,因而产生满足感。个性化服务虽然不是全团游客的共同要求,只是个别游客的个别需求,有时甚至只是旅游过程中的一些琐碎小事。但是,做好这类小事,往往能起到事半功倍的效果,尤其对注意细节的西方游客而言,可使他们感受到导游求真务实的作风和为游客分忧解难的精神,从而对导游产生信任。"细微之处见真情",讲的就是这个道理。提供个性化服务并不容易,关键在于导游是要将游客"放在心中",眼中"有活儿",把握时机主动服务。个性化服务要求导游要了解游客,用热情主动的服务尽力满足其合理要求。此外,个性化服务只有与规范化服务完美结合才是优质的导游服务。

(二)了解游客心理

了解游客的心理与接待好游客有非常重要的关系。因为了解了游客的心理需求,就可以有针对性地为游客提供服务,想方设法满足游客的旅游兴趣,更好地完成导游工作。了解游客的心理可以从以下几个方面着手。

1. 国籍、年龄、性别和所属阶层

（1）区域和国籍

不同区域的人由于地理环境等因素的影响,从而具有不同的心理特征。如西方人较开放、外露、直截了当、注重细节,思维方式常常是由小到大、由近及远、由具体到抽象;而东方人较含蓄、内向、委婉,思维方式常常由大到小、由远及近、由抽象到具体。

从国籍来看:英国人较矜持,具有绅士风度;美国人较开放、随意、重实利;法国人较浪漫,

注重享受生活;德国人较踏实、勤奋、守纪律、严谨;意大利人比较热情,热爱生活。

（2）所属社会阶层

随着我国人民生活水平的提高,收入对人们出游意愿的制约已大大减弱。收入状况与其旅游选择、休闲度假、消费方式三个方面呈现正相关性。一般国家和社会管理阶层、专业技术人员阶层和办事人员阶层,这几个阶层可自由支配的时间和收入都较多,因此出游率高。

上层社会:严谨、持重——期待高品位导游讲解、高雅精神享受。

一般阶层:谈话、话题广泛——爱听社会问题、当前热门话题的导游讲解。

（3）年龄和性别

青年人活泼好动,易于接受新的观点和思想,对社会和自然界充满好奇感,且不愿受约束,求新、求异的欲望强烈。因此,青年人多选择耗费体力的登山、攀岩等冒险性旅游活动。中年人经济基础较好,精力充沛,但是由于工作的束缚,时间相对较少,多倾向于选择舒适、豪华、追求自我实现的旅游项目。老年人出于身体原因,旅游动机较弱,多不愿远游,喜欢清静的目的地。另外,老年人多有怀旧情怀,易产生寻根、怀古、访友等动机。据调查,25～44岁年龄阶段群体对旅游选择、休闲度假、消费方式认同度显著高于其他群体,而14岁以下和65岁以上两类群体对民俗体验和观光游览方面认同度略高于其他群体。

现实社会中,由于男女在家庭及社会中的地位差异,会导致旅游行为的性别差异。据调查,女性群体更偏好于民俗体验与休闲度假,男性群体则更偏好于观光游览。如日本男子外出旅游多出于商业目的,而日本女子旅游多为购物。但随着社会的进步,男女旅游行为的区别会越来越小,性别因素对旅游行为的影响必将越来越弱。

2. 从分析游客所处地理环境了解游客

游客往往对与自己所处地理环境迥然不同的旅游目的地情有独钟。例如,北方游客钟情于南国风情;而南方游客更偏爱北国风光;内陆游客倾向于青岛、三亚海滨城市;而沿海游客则喜欢九寨沟、西双版纳独特风光。另外,由于地理环境因素的影响,出现反季节出游,盛夏时节人们往往喜欢大连、哈尔滨等北方名城;但是到了冬季人们更喜欢到海南、东南亚地区。

3. 从游客出游动机了解游客

旅游是一种综合性活动,能够满足人们多方面的需要,而人们外出旅游时,也很少出于一个方面的动机。因此,人们的旅游往往是多种动机共同作用的结果,只是有时某一动机为主导动机,其他为辅助动机,而有时则是有的动机被意识到了,而有的动机未被意识到。人们旅游行为的形成有其客观条件和主观条件。客观条件主要是人们有足够的可自由支配收入和闲暇时间;主观条件是指人们必须具备旅游的动机。目前,国内旅游动机的分类如表2-1所示。

表2-1 国内旅游动机的分类

分类	目的
健康动机	放松身心、恢复健康、身心平衡
亲近自然动机	感受、体验自然,获得生命的活力
寻求刺激动机	探索奥秘、体验异域风光
求新、求异动机	探求不同国家、民族的自然风景及人文景观

续表

分类	目的
社交动机	探亲访友、结识朋友、寻根问祖获得尊重和爱
商务动机	做生意、洽谈业务、参加会议、公司奖励等
自我完善动机	不断学习、增加阅历、提高自我、开发潜能

（三）调整游客游兴

如果在旅游过程中,游客的需要得到满足,就会产生愉快、满足、喜欢、被肯定的感觉;相反,如果游客需要得不到满足,烦恼、不满、懊恼、被否定的感觉就会随即产生。所以,导游要善于从游客的言行举止和表情变化上,了解他们的情绪。

1. 补偿法

补偿法是指导游从物质或精神上给游客以补偿,从而消除或弱化游客不满情绪的一种方法。如果没有按协议书上注明的标准提供相应的服务,应给游客以补偿,而且替代物一般应高于原先的标准;如果因故无法满足游客的合理要求而导致其不满时,导游应实事求是地说明困难,诚恳地道歉,以求得游客的谅解,从而消除游客的消极情绪。

2. 分析法

分析法是指导游将造成游客消极情绪的原委向游客讲清楚,并一分为二地分析事物的两面性及其与游客的得失关系的一种方法。如因交通原因不得不改变日程,游客要多花时间在旅途中,常常会引起他们的不满,甚至愤怒抗议。导游应耐心地向游客解释造成日程变更的客观原因,诚恳地表示歉意;并分析改变日程的利弊,强调其有利的一面或着重介绍新增加的游览内容的特色和趣味,这样往往能取得较好的效果。

3. 转移注意法

转移注意法是指在游客产生烦闷或不快情绪时,导游有意识地集中游客的注意力,使其从不愉快、不顺心的事,转移到愉快、顺心的事情上。如有的游客因对参观什么内容有不同意见而不快;有的游客因爬山时不慎划破了衣服而懊恼;有的游客因看到不愉快的现象产生联想而伤感;等等。导游除了说服或安慰游客,还可通过讲笑话、唱山歌、学说本地话或讲些民间故事等形式来活跃气氛,使游客的注意力转移到有趣的文娱活动上。

（四）激发游客的游兴

导游服务要取得良好的效果,需要导游在游览过程中激发游客的游兴,使游客自始至终沉浸在兴奋、愉悦的氛围之中。兴趣是人们力求认识某种事物或某种活动的倾向,这种倾向一经产生,就会出现积极主动、专注投入、聚精会神等心理状态,形成良好的游览心境。导游可从以下几个方面激发游客的游兴。

1. 通过直观形象激发游客的游兴

导游应通过突出游览对象本身的直观形象,激发游客的游兴。如湖北通山九宫山喷雪崖,崖顶之云中湖水喷薄而出,直落涧底峡谷,深达 70 米。因谷口逼风,跌落之水化成缕缕雾霭,绕崖旋转,色白如雪,如同白雪公主,蔚为壮观。导游要引导游客从最佳的角度观赏,如此才能突出喷雪崖的直观形象,使游客产生叹为观止的美感,激起游客强烈的兴趣。

2. 运用语言艺术激发游客的游兴

导游运用语言艺术可以调动游客的情绪,激发游客的游兴。如通过讲解历史故事可激发游客对名胜古迹和民间艺术的探索;通过朗诵名诗佳句可激起游客漫游名山大川的豪情;通过提出生动有趣的问题引起游客的思考和探讨。这样营造出的融洽、愉快的氛围可使游客的游兴更加浓烈。

【相关链接】

导游如何增加语言的艺术性

我曾有6年做导游的经历,也算能胜任导游工作。细细想来得益于读书。初当导游时,只识得好山好水,但不求甚解。有几次连下姑苏,遇有深究者细问,不免紧张心跳,讷讷无言以答。不安之下,寻来书本,一册《吴中胜迹》细啃下来,倒也悟出点"道道"。原来那一块青石头、几座旧楼阁,连接着千年历史、百年遗迹。看来,过去是有眼不识"天堂"美,枉下姑苏做导游啊! 朋友又借我一本《苏州史话》,上下数千年历史尽收其中,细看慢品,总算打下点底子,及至再下苏州,倒也颇能应付一番。有一次游客问我:"苏州四大名园分别有什么特色?"我运用书本上学来的知识讲述了沧浪亭、狮子林、拙政园、留园的历史及特点,回答得倒也使游客满意。读书初尝甜头,"笨鸟"倒想飞得再高些。于是,一些地方志之类的书籍,也借来阅读,又查出不少奇观胜景的来源和形成,读到一些历代诗人吟咏佳景的诗词、散文,导游时穿插其中,效果特佳。那年头旅游类书少得可怜,一次去无锡带团,几处托人觅来一本《无锡园林》,花了数个晚上将近百页书中的精华抄了下来,连诵数遍,虽仓促上阵,却也应付自如,游客评价:"这个导游对无锡历史、掌故相当熟悉。"以后,每到一地,遇有空闲,购买旅游书籍是我最热衷的事。结合专业看书剪报丝毫不敢有所懈怠。天长日久,日积月累,于己帮助不小。随团带班,话筒在手,虽谈不上"激扬文字",但运用书本上学来的知识认认真真地给游客们"指点江山",那还是能够做到的。如今我虽已从做导游转为搞经营多年,但做好导游或做成任何什么事,都要多读书,古人云:行万里路,读万卷书,相得益彰,这是我最深切的体会。

(资料来源:百度文库,有修改)

3. 通过组织文娱活动激发游客的游兴

一次成功的旅游活动,仅有导游讲解是远远不够的,导游还应抓住时机,组织丰富多彩的文娱活动,动员全团游客共同营造愉快氛围。如在旅游活动开始不久,导游请游客作自我介绍,以加深彼此之间的了解,缓解拘谨的氛围,还可以发现游客的特长;如所去景点的路途较长,在返程时,导游可组织游客唱歌、猜谜语、做游戏,教外国游客数数、使用筷子、学说中国话等。导游还可以用"记者招待会"的形式,回答游客提出的各种问题。如果团内有多才多艺的游客,可请他主持或表演节目等。导游也应有一两手"绝活",来回报游客的盛情。如有的导游会演奏民族乐器,常带着唢呐、笛子上团;有的导游会唱山歌,他们常在途中为游客演奏民乐和演唱山歌,使外国游客惊叹不已,对中国民间艺术兴趣倍增。

4. 使用声像导游手段激发游客的游兴

声像导游是导游服务重要的辅助手段。每天去景点游览之前，导游如能先为游客放映一些与内容相关的幻灯片、录像或光盘，往往能达到事半功倍的效果。有时，有些景点因受客观条件限制或因游客体力不支，游客难以看到景点的全貌，留下不少遗憾，通过声像导游可以弥补这一缺憾，给游客留下完整、美好的印象。如果是在旅游车上进行导游讲解，导游还可利用车上的音响设备，配上适当的音乐，或在讲解间歇时，播放一些有着浓郁地方特色的歌曲、乐曲、戏曲等，使车厢内的气氛轻松愉快，让游客始终保持游兴和兴奋、愉悦的心情。

（五）引导游客观景赏美

旅游活动是一项寻觅美、欣赏美、享受美的综合性审美活动。它不仅能满足人们爱美、求美的需求，还能起到净化情感、陶冶情操、增长知识的作用。俄国教育家乌申斯基说："……美丽的城郭，馥郁的山谷，凹凸起伏的原野，蔷薇色的春天和金黄色的秋天，难道不是我们的老师吗？……我深信，美丽的风景对青年气质发展具有的教育作用，是老师都很难与之竞争的。"因此，导游在带团旅游时，应重视旅游的美育作用，正确引导游客观景赏美。

1. 传递正确的审美信息

游客来到旅游目的地，由于对其旅游景观，特别是人文景观的社会、艺术背景不了解，审美情趣会受到很大的影响，往往不知其美在何处，从何着手欣赏。作为游客观景赏美的向导，导游首先应把正确的审美信息传递给游客，帮助游客在观赏旅游景观时，感觉、理解、领悟其中的奥妙和内在美。如欣赏武汉市黄鹤楼西门牌楼背面匾额"江山入画"，既要向游客介绍苏东坡"江山如画，一时多少豪杰"的名句，又要着重点出将"如"改"入"，一字之改所带来的新意和独具匠心的审美情趣；再如游览武汉市古琴台，导游除了要向游客讲解"俞伯牙摔琴谢知音"的传说故事，还应引导游客欣赏古琴台这座规模不大但布局精巧的园林特色，介绍古琴台依山就势、巧用借景手法，把龟山月湖巧妙地借过来，构成一个广阔深远的艺术境界。当然，向游客传递正确的审美信息，导游首先应注意所传递的信息是准确无误的，很难想象在游览武汉东湖时，导游介绍"水杉是第四世纪冰川时期遗留下来的珍贵树种"，内行的游客听后会是一种什么感觉。

2. 分析游客的审美感受

游客在欣赏不同的景观时会获得不同的审美感受，但有时游客在观赏同一审美对象时，其审美感受也不尽相同，甚至表现出不同的美感层次。我国著名美学家李泽厚就将审美感受分为"悦耳悦目""悦心悦意"和"悦志悦神"三个层次。

一是悦耳悦目。悦耳悦目是指审美主体以耳、目为主的全部审美感官所体验的愉快感受，这种美感通常以直觉为特征，仿佛主体在与审美对象的直接交融中，不加任何思索便可于瞬间感受到审美对象的美，同时唤起感官的满足和愉悦。如漫步于湖北九宫山森林公园之中，当游客看到以绿色为主的自然色调，呼吸到富含负离子的清新空气，嗅到沁人心脾的花香，听到林间百鸟鸣唱，就会不自觉地陶醉其中，从而进入"悦耳悦目"的审美境界。

二是悦心悦意。悦心悦意是指审美主体透过眼前或耳边具有审美价值的感性形象，在无目的中直观地领悟到对方某些较为深刻的意蕴，获得审美享受和情感升华，这种美感是一种意会，有时很难用语言加以充分而准确地表述。如观赏齐白石的画，游客感到的不只是草木鱼虾,而是一种悠然自得、鲜活洒脱的情思意趣;泛舟神农溪,聆听土家族姑娘优美动人的歌声,游客感到的不只是音响、节奏与旋律的形式美,更是一种饱含着甜蜜和深情的爱情信息流或充满青春美的心声。这些较高层次的审美感受,使游客的情感升华到一种欢快愉悦的状态,进入较高的艺术境界。

三是悦志悦神。悦志悦神是指审美主体在观照审美对象时,经由感知、想象、情感、理解等心理功能交互作用,从而唤起精神意志上的昂奋和伦理道德上的超越感。它是审美感受的最高层次,体现了审美主体大彻大悟,实现从小我进入大我的超越感,体现了审美主体和审美对象的高度和谐统一。如乘船游览长江,会唤起游客的思旧怀古之情,使游客产生深沉崇高的历史责任感;登上坛子岭俯视繁忙的三峡工程建设工地,会激起游客的壮志豪情,使游客产生强烈的民族自豪感。

导游应根据游客的个性特征,分析他们的审美感受,有针对性地进行导游讲解,使具有不同美感层次的游客都能获得审美愉悦和精神享受。

3. 激发游客的想象思维

观景赏美是客观风光环境和主观情感结合的过程。人们在观景赏美时离不开丰富而自由的想象,如泰山石碑上的"虫二"二字,如果没有想象,游客很难体会到其中"风月无边"的意境。人的审美活动是通过以审美对象为依据,经过积极的思维活动,调动已有的知识和经验,进行美的再创造的过程。一些旅游景观,尤其是人文景观的导游讲解,需要导游营造意境,进行美的再创造,才能激起游客的游兴。如游览西安半坡遗址,导游面对着那些打磨的石器、造型粗糙的陶器,只是向游客平平淡淡地介绍这是什么,那是什么,游客就会感到枯燥乏味。如果导游在讲解时营造出一种意境,为游客勾画出一幅半坡先民们集体劳动、共同生活的场景:"在六千年前的黄河流域,就在我们脚下的这片土地上,妇女们在田野上从事农业生产,男人们在丛林中狩猎、在河流中捕鱼,老人和孩子们在采集野果。太阳落山了,村民们聚集在熊熊燃烧的篝火旁童叟无欺、公平合理地分配着辛勤劳动的成果,欢声笑语此起彼伏……半坡先民们就是这样依靠集体的力量向大自然索取衣食,用辛勤的劳动创造了光辉灿烂的新石器文化。"游客们就会产生浓厚的兴趣,时而屏息细听,时而凝神遐想,这时导游再进一步发挥:"如果没有这六千年前的陶管井,或许至今世界上还没有蒸汽机;如果没有半坡先民原始的数字计算,也不可能出现今天的电子计算机。"游客的想象思维被充分激发起来,导游境界也得到了升华。

4. 灵活掌握观景赏美的方法

(1)动态观赏和静态观赏

无论是山水风光还是古建园林,任何风景都不是单一的、孤立的、不变的画面形象,而是活泼的、生动的、多变的、连续的整体。游客漫步于景物之中,步移景异,从而获得空间进程的流动美,这就是动态观赏。例如,在陆水湖中泛舟,游客既可欣赏山上树木葱茏、百花争艳,也可领略水上浮光跃金、沙鸥翔集,还有镶嵌在绿波之上的几百个岛屿,灿灿地撩你的思绪,楚楚地勾你的魂魄,让你在移动中流连忘返。

然而,在某一特定空间,观赏者停留片刻,选择最佳位置驻足观赏,通过感觉、联想来欣赏美、体验美感,这就是静态观赏。这种观赏形式时间较长、感受较深,游客可获得特殊的美的享受。例如,在湖北九宫山山顶观赏云雾缭绕的云中景,欣赏九宫十景之一的"云湖夕照",让人遐想,令人陶醉。

（2）观赏距离和观赏角度

距离和角度是两个不可或缺的观景赏美因素。自然美景千姿百态,变幻无穷,一些似人似物的奇峰巧石,只有从一定的空间距离和特定的角度看,才能领略其风姿。如游客在长江游轮上观赏神女峰,远远望去,朦胧中看到的是一尊丰姿秀逸、亭亭玉立的中国美女雕像;然而若借助望远镜观赏,游客定会大失所望,因为看到的只是一堆石头而已,毫无美感可言。又如,在黄山半山寺望天都峰山腰,有堆巧石状似公鸡,头朝天门,振翅欲啼,人称"金鸡叫天门",但到了龙蟠坡,观看同一堆石头,看到的则似五位老翁在携杖登险峰,构成了"五老上天都"的美景。这些都是由于空间距离和观赏角度不同造就的不同景观。导游带团游览时要善于引导游客从最佳距离、最佳角度去观赏风景,使其获得美感。

除空间距离外,游客观景赏美还应把握心理距离。心理距离是指人与物之间暂时建立的一种相对超然的审美关系。在审美过程中,游客只有真正从心理上超脱于日常生活中功利的、伦理的、社会的考虑,摆脱私心杂念,超然物外,才能真正获得审美的愉悦,否则就难以获得美感。如恐海者不可能领略大海的波澜壮阔;刚失去亲人的游客欣赏不了地下宫殿的宏伟;有恐高症的游客体验不到"不到长城非好汉"的英雄气概等。常年生活在风景名胜中的人往往对周围的美景熟视无睹,也不一定能获得观景赏美带来的愉悦,"不识庐山真面目,只缘身在此山中"就说明了这个道理。

（3）观赏时机

观赏美景要掌握好时机,即掌握好季节、时间和气象的变化。清明踏青、重阳登高、春看兰花、秋赏红叶、冬观蜡梅等,都是自然万物的时令变化规律造成的观景赏美活动。变幻莫测的气候景观是欣赏自然美景的一个重要内容。例如,在泰山之巅观日出,在峨眉山顶看佛光,在庐山小天池欣赏瀑布云,在蓬莱阁观赏海市蜃楼,这些都是因时间的流逝、光照的转换造就的美景;而观赏这些自然美景,就必须把握住稍纵即逝的观赏时机。

（4）观赏节奏

观景赏美是为了让游客愉悦身心,获得美的享受,如果观赏速度太快,不仅使游客筋疲力尽,达不到观赏目的,还会损害游客的身心健康,甚至会影响旅游活动的顺利进行。因此,导游要注意调节观赏节奏。

首先,有张有弛、劳逸结合。导游要根据旅游团成员的实际情况安排有弹性的活动日程,努力使旅游审美活动既丰富多彩又松紧相宜,让游客在轻松自然的活动中获得最大限度的美的享受。

其次,有急有缓、快慢相宜。在审美活动中,导游要视具体情况把握好游览速度和导游讲解的节奏,哪儿该快、哪儿该慢、哪儿多讲、哪儿少讲甚至不讲,必须做到心中有数;对年轻人讲得快一点、走得快一点、活动多一点;对老年人则相反。如果游客的年龄悬殊、体质差异大,要注意既让年轻人的充沛精力有发挥的余地,又不使年老体弱者疲于奔命。总之,观赏节奏要因人、因时、因地随时调整。

最后,有讲有停、导、游结合。导游讲解是必不可少的,通过讲解和指点,游客可适时地、正确地观赏到美景,但在特定的地点、特定的时间让游客去凝神遐想,去领略、体悟景观之美,往往会达到更好的审美效果。

总之,在旅游过程中,导游应力争使观赏节奏适合游客的生理负荷、心理动态和审美情趣,安排好行程,组织好审美活动,让游客感到既顺乎自然又轻松自如。只有这样,游客才能获得旅游的乐趣和美的享受。

四、导游的协作技能

（一）导游与领队的合作

导游工作是联系各项旅游服务的纽带和桥梁。导游在带团时离不开其他相关旅游服务部门和工作人员的协作,也能够帮助其他相关旅游服务部门和人员的工作。导游工作与其他旅游服务工作的相辅相成关系,决定了导游必须掌握一定的协作技能。

领队是受海外旅行社委派,全权代表该旅行社带领旅游团从事旅游活动的人员。在旅游团中,领队既是海外旅行社的代表,又是游客的代言人,还是导游服务集体中的一员,在海外社、组团社和接待社之间及游客和导游之间起着桥梁作用。导游能否圆满完成任务,在很大程度上要靠领队的合作和支持,因此,搞好与领队的关系就成为导游不能忽视的重要内容。

（1）尊重领队,遇事与领队多磋商

带团到中国来旅游的领队,多数是职业领队,他们在海外旅行社任职多年并受过专业训练,对我国的情况尤其是我国旅游业的情况相当熟悉。他们服务周到细致,十分注意维护组团社的信誉和游客的权益,深受游客的信赖。此类领队是中方旅行社长期合作的海外客户代表,也是旅游团中的"重点客人",对他们一定要尊重。尊重领队,就是遇事要与领队多磋商。旅游团抵达目的地后,导游要尽快与领队商定日程,如无原则问题,应尽量考虑采纳领队的建议和要求。在遇到问题、处理故障时,全陪、地陪更要与领队磋商,争取领队理解和支持。

（2）关心领队,支持领队的工作

职业领队常年在异国他乡履行自己的使命,进行着重复性的工作,十分辛苦。由于其"特殊的身份",游客只能要求他如何关心自己而很少去主动关心领队。因此,导游如果在生活上对领队表示关心、在工作上给予领队支持,他会很感动。当领队的工作不顺利或游客不理解时,导游应助一臂之力,能办到的事情尽量给予帮助,办不到的多向游客解释,为领队解围,如说明原因不在领队而是本方条件所限或是不可抗拒的原因造成的,等等。但要注意,支持领队的工作并不是取代领队,导游应把握好尺度。此外,作为旅游团中的"重点人物",导游要适当给领队以照顾或提供方便,但应掌握分寸,不要引起游客的误会和心理上的不平衡。

（3）多给领队荣誉,调动领队的积极性

要想搞好与领队的关系,导游还要随时注意给领队面子,遇到一些显示权威的场合,应多让领队尤其是职业领队出头露面,使其博得游客们的好评,如游览日程商定后,地陪应请领队向全团游客宣布。只要导游真诚地对待领队,多给领队荣誉,领队一般也会领悟到导游的良苦用心,从而采取合作的态度。

（4）灵活应变,掌握工作主动权

由于旅游团成员对领队工作的评价,会直接影响领队的得失,因此,有的领队为讨好游客,而对地陪工作指手画脚,当着全团游客的面"抢话筒",一再提"新主意",给地陪出难题,使地陪的工作比较被动。遇到类似情况,地陪应采取措施,变被动为主动,对"抢话筒"的领队,地陪既不能马上反抢话筒,也不能听之任之,而应灵活应变,选择适当的时机给予纠正,让游客感到"还是地陪讲得好"。这样,导游既表明了自己的态度,又不失风范,工作上也更主动了。

（5）争取游客支持,避免与领队正面冲突

在导游服务中,接待方导游与领队在某些问题上有分歧是正常现象,一旦出现此类情况,接待方导游要主动与领队沟通,力求尽早消除误解,避免分歧扩大、发展。一般情况下,接待社导游要尽量避免与领队发生正面冲突。

在入境旅游团中也不乏工作不熟练、个性突出且难于合作的领队。对此,导游要沉着冷静,坚持原则,分清是非,对违反合同内容、不合理的要求不能迁就;对于某些带侮辱性的或"过火"的言辞,不能置之不理,要根据"有理、有利、有节"的原则讲清道理,使其主动道歉,但要注意避免与领队发生正面冲突。

有时领队提出的做法行不通,导游无论怎样解释说明,领队仍固执地坚持己见。这时导游就要向全团游客讲明情况,争取大多数游客的理解和支持。但要注意,即使领队的意见被证明不对,也不能把领队"逼到绝路",要设法给领队台阶下,以维护领队的自尊和威信,争取他以后的合作。

（二）导游与司机的协作

旅游车司机在旅游活动中扮演着非常重要的角色,司机一般熟悉旅游线路和路况,经验丰富,导游与司机配合得好坏,是导游服务工作能否顺利进行的重要因素之一。

1. 及时通报信息

旅游线路有变化时,导游应提前告诉司机;如果接待的是外国游客,在旅游车到达景点时,导游用外语向游客宣布集合时间、地点后,要记住用中文告诉司机。

2. 协助司机做好安全行车工作

大部分旅游车司机具有丰富的驾驶经验,可以胜任旅游团的安全驾驶任务。但有时候,导游适当给予协助能够减轻司机的工作压力,便于工作的更好开展。

①帮助司机更换轮胎、安装或卸下防滑链,或帮助司机进行小修理;

②保持旅游车挡风玻璃、后视镜和车窗的清洁;

③不要与司机在行车途中闲聊,以免影响驾驶安全;

④遇到险情,由司机保护车辆和游客,导游去求援;

⑤不要过多干涉司机的驾驶工作,尤其不应对其指手画脚,以免司机感到被轻视;

⑥与司机研究日程安排,征求司机对日程的意见。

导游应注意倾听司机的意见,从而使司机产生团队观和被信任感,积极参与导游服务工作,帮助导游顺利完成带团的工作任务。

（三）导游与全陪或地陪的协作

无论是全陪还是地陪,都有与另一个地陪或全陪配合的问题。协作成功的关键便是各自应把握好自身的角色或位置,要有准确的个人定位。要认识到,虽受不同的旅行社委派,但都是旅游服务的提供者,都在执行同一个协议。导游与全陪或地陪的关系是平等的关系。

导游的正确做法应该是:首先,要尊重全陪或地陪,努力与游客建立良好的人际关系。其次,要善于向全陪或地陪学习,有事多请教。最后,要坚持原则,平等协商。如果全陪或地陪"打个人小算盘",提出改变活动日程、减少参观游览时间、增加购物等不正确的做法,导游应向其讲清道理,尽量说服并按计划执行,如对方仍坚持己见、一意孤行,应采取必要的措施,并及时向接待社反映。

(四)导游与旅游接待单位的协作

旅游产品是一种组合性的整体产品,不仅包括沿线的旅游景点,还包括沿线提供的交通、食宿、购物、娱乐等各种旅游设施和服务,需要旅行社、饭店、景点和交通、购物、娱乐部门等旅游接待单位的高度协作。作为旅行社的代表,导游应搞好与旅游接待单位的协作。

1. 及时协调,衔接好各环节的工作

导游在服务过程中,要与饭店、车队、机场(车站、码头)、景点、商店等部门和单位打交道,其中任何一个接待单位或服务工作中的某一环节出现失误和差错,都可能导致"一招不慎,满盘皆输"的不良后果。导游在服务工作中要善于发现或预见各项旅游服务中可能出现的差错和失误,通过各种手段及时予以协调,使各个接待单位的供给正常有序。如旅游团活动日程变更,涉及用餐、用房、用车时,地陪要及时通知相关的旅游接待单位并进行协调,以保证旅游团的食、住、行能有序地衔接。

2. 主动配合,争取协作单位的帮助

导游服务工作的特点之一是独立性强,导游一人在外独立带团,常常会有意外、紧急情况发生,仅靠导游一己之力,往往难以解决问题,因此,导游要善于利用与各地旅游接待单位的协作关系,主动与协助单位有关人员配合,争取得到他们的帮助。如迎接散客时,为避免漏接,地陪可请司机站在另一个出口处举牌帮助迎接;又如,旅游团离站时,个别游客到达机场后,发现自己的贵重物品遗放在饭店客房内,导游可请求饭店协助查找,找到后将物品立即送到机场。

【在线测试】

导游带团技能在线测试

【实训任务】

实训内容:导游带团技能(以武当山——神农架两日游为例)

一、实训准备

1. 提前布置任务:武当山——神农架两日游。

2. 下发实训材料。

3. 学生分组,做好导游准备。

4. 物质准备:话筒、导游旗、导游证等。

二、实训地点

武当山景区、神农架景区。

三、实训内容与步骤

1. 给出任务:训练武当山——神农架两日游过程中相关人员的协作能力。

2. 学生按角色分组:全陪、地陪、景点讲解员、游客、司机等。

3. 进行分组模拟导游带团过程,注意各个角色间的相互配合。

4. 教师或优秀导游示范。

5. 评价:学生自评、小组评价、教师或优秀导游评价、游客(景区游客)评价。

6. 评选优秀同学。

项目 三

景点导游

【项目描述】

景点讲解是导游服务的重要环节,导游良好的讲解能力可以增强游客的旅游体验,提升景点的吸引力。本项目主要训练学生对自然景观和人文景观实地导游讲解能力,能把握不同旅游景观的讲解要领,做到讲解内容能因人而异、繁简适度,讲解语言清晰、生动、优美、富有表达力,能使游客增长知识、得到美的享受。

【学习目标】

在景点导游学习中,学生需要通过大量的练习和实践,提高自己的景点讲解能力。这包括准备丰富的讲解素材、灵活运用讲解技巧、根据不同的受众进行差异化讲解等方面。同时,学生还需要注重语言表达能力的提高,让讲解更加生动、形象,易于理解。

【思政延展】

本单元课程思政重在提升导游的文化自信、服务意识和社会责任。通过对人文景点的讲解的学习,促进学生了解中国文化的博大精深,帮助学生建立文化自觉和文化自信,引导学生在导游工作中积极传播中华优秀文化,展示中华优秀文化的独特魅力,提升跨文化交流能力;通过对自然景点的讲解,使学生养成环保意识,在工作中倡导环保,爱护自然,带动游客共同守护美好家园;通过实地考察和模拟导游讲解,提高学生的实际操作能力和应变能力,让学生了解导游行业的职业道德和规范,树立正确的职业观念,培养学生的责任感和使命感。

任务一　自然景观导游

【任务引入】

将课前准备的一段自然景观导游讲解视频播放给学生看,教师通过视频引导学生思考:作为一名导游如何进行自然景观导游。

【任务分析】

游客在游览自然景观时,都有一个怎样观赏自然风景,怎样才能观赏到风景的美的问题。这个问题不解决,就很可能白游,感受不到自然景观中的形式美,得不到美的享受,就可能扫兴而归。自然景观导游的任务就是通过导游讲解帮游客解决这个问题。

【理性认知】

一、自然景观的概念

自然景观是指一切具有美学和科学价值并具有旅游吸引价值和游览观赏价值的自然旅游

资源所构成的自然风光景象,也就是指大自然自身形成的自然风景。例如,山地、丘陵、高原、盆地、平原、峡谷、岩溶等不同地貌,形成千姿百态的自然景观;江河、湖泊、瀑布、泉水等水体,可以开发成旅游游览场所;地球上各地的气象、气温等不同的气候要素,可为游客提供避暑、度假、疗养的旅游胜地;各种珍禽异兽、名贵花草、中草药材,可供游客游览观赏、科学考察,能为人们造就生态环保的旅游环境。

二、自然景观的特点

（一）区域性

自然景观存在于特定的地理环境中,是地理环境的重要构成要素,因此旅游资源的区域差异是客观存在的。如中国西南有大面积岩溶地貌景观,长江中下游有水乡景观,热带海岸有红树林景观,四川盆地的方山景观,江南丘陵的红层和丹霞景观,罗布泊的雅丹景观,柴达木的盐湖和风蚀地貌景观,云南元谋盆地的土林景观,黑龙江五大连池的熔岩火山景观;等等。

（二）广泛性

自然景观的广泛性主要表现在品种的多样性、类型的复杂性、分布的多域性。它们以不同的形式,渗透于各个领域、各个地区。自然景观有的在天上,有的在地下,有的在海洋,有的在陆地,有的在都市,有的在乡村。总之,几乎所有领域都有它们的"形迹"。

（三）观赏性

自然景观与其他资源最主要的区别就是美学特征,具有很强的观赏价值。形形色色的自然景观,既有雄、奇、险、秀、奥、旷、野等类型的形象美,又有树木花草、江河湖海、烟岚云霞及阳光等构成的色彩美,万象纷呈,极其丰富。五彩缤纷的自然色彩美,由流水、飞瀑、飘雾和浮云等因素构成动态美,等等。它们都给游客生理和心理上美的享受。自然景观的观赏性越强,对游客的吸引力就越大。

（四）季节性

旅游资源的季节性是由纬度和地势、气候、日、月运动等因素决定的。纬度不同使地面的热量出现了差异。高纬度地带,太阳高度角低,地面接收的太阳能少,低纬度地带则相反。自然景观的季节性变化使旅游业出现了淡季旺季。如在严寒而漫长的冬季,河湖封冻,树叶枯落,以绿色旅游为内容的观光业出现淡季,而以滑雪、滑冰为内容的体育旅游进入旺季。

（五）不可再生性

自然景观,可以说是一种不可再生的资源,除人工可以栽培与繁殖的动植物以外,一旦被破坏将会慢慢消失,不复存在。如有泉城之称的济南,由于对水资源缺乏保护,过去那种"户户垂柳、家家泉水"的景象已不复存在,如著名的珍珠泉、趵突泉等名泉,也濒临断水的危机。自然景观的这种不可再生性决定了其保护的重要性,因此,自然景观导游在引导游客参观游览自然景观时,要提醒人们注意保护生态环境和自然景观。

三、自然景观的种类

（一）地貌景观

地貌是地球各种地表形态的总称，是内力和外力作用于地表物质的结果，是自然景观的组成部分。其主要包括平原、盆地、高原、丘陵和山地。地貌按其成因又可分为岩溶地貌、黄土地貌、丹霞地貌、风沙地貌、火山地貌、海岸地貌等。

【相关链接】

中国名山

中国的五岳名山：东岳山东泰山，西岳陕西华山，中岳河南嵩山，南岳湖南衡山，北岳恒山。

中国四大佛教名山：山西五台山（文殊菩萨道场，有"清凉佛国"之称）、四川峨眉山（普贤菩萨道场）、安徽九华山（地藏菩萨道场，有"莲花佛国"之称）、浙江普陀山（观音菩萨道场，有"海天佛国"之称）。

中国四大道教名山：湖北武当山（道教第一名山）、四川青城山（青城天下幽）、安徽齐云山（江南第一名山）、江西龙虎山（道教正一派发源地）。

（资料来源：湖北省旅游局人事教育处.导游基础知识[M].北京：旅游教育出版社,2009.）

（二）水体景观

水是自然界分布最广、最活跃的构成要素之一，对于地表形态具有极强的塑造力。水是自然景观构景的基本要素之一，可以调节气候、美化环境，具有形、色、光、声等特点。水体作为旅游资源，主要包括江河、湖泊、泉、瀑布和海滨等。

【相关链接】

中国名水

我国著名的水体景观有长江三峡（瞿塘峡、巫峡、西陵峡）、虎跳峡、雅鲁藏布江大峡谷（世界第一大峡谷），广西的漓江风光、美丽的富春江、福建武夷山九曲溪，湘西张家界的金鞭溪，大宁河小三峡、福建鸳鸯溪、湖北神农溪等等。

（资料来源：湖北省旅游局人事教育处.导游基础知识[M].北京：旅游教育出版社,2009.）

（三）气候景观

气候是多年天气状况的综合。组成气候的要素有气温、气压、日照、降水、季风等。气候类型主要有寒带、温带、亚热带、热带及极地冰原带等。气候直接或间接地影响旅游活动。气候本身也是旅游资源。世界上各地气候上的差异是促成旅游者异地旅游的重要因素之一。一年四季的季节气候变化，在一定程度上促成了游客客流的多寡，构成了旅游淡、旺季。

气候作为旅游资源，其主要构景因素包括日、月、风、云、雨、雪、雾、霜、光等。

【相关链接】

中国著名的气候景观

雨景:蓬莱十景之一的"漏天滴润"、潇湘八景之一的"潇湘烟雨"、羊城八景之一的"双桥烟雨"、重庆著名的"巴山夜雨"。

云雾景观:中国长江流域四大云海的"黄山云海""庐山云海""峨眉云海""衡山云海",此外还有壮观的"泰山云海"。

冰雪奇观:雪景与其他自然景观或人文景观交相辉映形成的奇观景色,如北京的"西山晴雪"、太白山的"太白积雪"、杭州的"断桥残雪"、长沙的"江天暮雪"、台湾的"玉山积雪"、九华山的"平冈积雪"及东北的"林海雪原",还有"冰城"哈尔滨的"冰雪节",吉林的冰雪景观都闻名世界。

雾凇和雨凇属于冰雪景观:雾凇就是树挂,著名的吉林雾凇,它与桂林山水、三峡风光、云南石林并称中国四大自然奇观。

（资料来源:人教网,有修改）

（四）生物景观

生物是指自然界中有生命的物体,在旅游业中特指动植物旅游资源。生物表现为不同类型的植物和动物群体,是自然景观中最活跃和富有生机的构景要素,是旅游景区和园林构景的要素之一。同时,还是开展观赏、采集、狩猎等旅游活动的必要条件。生物景观是指主要以动植物观赏为特色的旅游点、景区,包括植物园、动物园、动植物自然保护区及某些动植物种植集聚区等。

【相关链接】

森林景观

世界著名森林景观:欧洲北部的"亚寒带针叶林"（世界最大针叶林）、南美洲亚马孙河流域和非洲刚果河流域的热带雨林、地中海沿岸的亚热带常绿林景观等。

中国著名森林景观:湖南张家界国家森林公园（中国第一个国家森林公园）、云南西双版纳原始森林景观（"植物王国"和"动物王国"）、广西壮族自治区合浦县东南部山口红树林景观、广东肇庆鼎湖山亚热带季风常绿阔叶林（北回归线上的绿宝石）、东北长白山原始森林（温带生物资源基因库、红松之乡）、安徽省金寨县天堂寨国家森林公园（中华植物王国之最）、四川长宁和江安之间的"蜀南竹海"、浙江"安吉竹海"、湖南"益阳竹海"等。

（资料来源:互动知识网,有修改）

四、自然景观的赏析

（一）自然景观美的赏析

自然景观美是自然景观被人的感官感知并作用于人的心理所产生的形象效果。自然景观美有着极其丰富的内容和广博的范围,要将自然景观美进行条分缕析是十分困难的,而且美总是一种综合的、整体的印象或概念,美的事物拆零以后就失去了美的本质。从本质上来说,自然景观美产生于自然的人化,也就是只有经过人化的自然才体现其美的价值。同时,自然美又是客观存在的,是以其客观的存在形式和表现形式来显示美的。

导游在带领游客游览自然景点或景区时,必须结合自然景观美的特征,正确引导游客对自然景观进行赏析。

1. 形态美

形态美是指地象、天象的总体形态与空间形式的综合美。我国自然景观的形态美概括为雄、奇、险、秀、奥、旷、野等几种典型的风格特征。这些千姿百态的形态,通过游客的生理和心理上的感受,就能形成美感,加以享受和评价。

自然景观导游——
神农架

【相关链接】

自然景观的"雄"

雄,是一种高峻、挺拔、雄伟的形象,具有壮观、庄严和崇高的阳刚美,最具代表性的山是东岳泰山,素有"泰山天下雄"的称誉。

泰山位于开阔的齐鲁大地,以磅礴之势凌驾于山东丘陵之上,海拔高度虽不为最,但相对高差较大,且周围开阔,显得特别高大雄伟。泰山的雄伟因素还有形体厚重、山势垒积、气势磅礴。泰山之雄,还由于它坡度陡峭,盘道曲折,登临艰难。登泰山听松涛阵阵,更加重其山大谷深,博大雄浑之感。泰山以它的大而尽显雄伟之美,从秦皇汉武开始就受到顶礼膜拜。泰山不仅雄伟,而且满山松柏可听松涛,云雾缭绕可看云海,还可观日出,看佛光,由此增加了泰山的美,使它成为"五岳独尊"。

雄壮之美不仅来自山,也来自海和江河。长江三峡的夔门,峡壁陡立,形体巨大,再加上江流湍急,云雾衬托,有所谓"高江急峡雷霆斗,古木苍藤日月昏"之感,亦为雄伟之最。

以排山倒海、雷霆万钧之势滚滚而来的钱塘江潮,不仅气势壮观,而且惊心动魄。扬子江上那"乱石穿空,惊涛拍岸,卷起千堆雪"(苏轼《念奴娇·赤壁怀古》),也是无比壮阔的。其实,苍穹之下风吹草低见牛羊,莽原之上银装素裹看逶迤,以及茫茫戈壁,无边瀚海,又何尝不是一种雄伟壮阔之美呢。雄伟的美能使人赞叹、震惊、崇敬、开阔人的心胸、激起人的豪情壮志。这是一种极为重要的自然景观美。

(资料来源:百度百科,有修改)

2. 色彩美

色彩美是指自然景观的色彩美感和色彩变化。自然风景中的色彩美主要是由树木花草、江河湖海、烟岚云霞及阳光等构成,万象纷呈,极其丰富。

色彩在构景中起着非常重要的作用,随着季节变换、昼夜更替,阴晴雨雪,自然风物相映生辉,呈现出丰富奇幻的色彩。"苏堤春晓"露春色,"曲院风荷"显夏色,"西山红叶"呈秋色,"西山晴雪"展冬色。如春有山花烂漫,夏有满山流翠,秋日层林尽染,冬季银装素裹,各季有各季的色。五彩缤纷的自然色彩,最易于被人们直观地感受,给游客带来欢乐和幸福,带来赏心悦目的美感,乃至令人振奋和神往。

3.形态美

形态美可分为动态美与静态美两大类。其中,动态美表现在流水、瀑布、海涛、潮汐、浮云、飘烟、流星、飞禽、走兽、游鱼等。飞湍的瀑流,潺潺的溪水,缓缓飘动的云雾,变幻莫测的云霞,都会构成一幅幅或者游动,或者奔放,又或者神奇的动态美图画。如黄山、泰山、庐山和峨眉山等名山,无不以云海为美,实质都是一种动态美。静态美是相对于动态美而言的,主要表现于山、石、树、花草等。自然景观的动态美主要由流水、飞瀑、飘雾和浮云等因素构成。

4.朦胧美

朦胧美是指因为照明强度较弱、距离较远、能见度较低或被其他事物半遮半掩造成的虚无缥缈、似有若无的形象而产生的美感。朦胧美历来受到人们的重视,如王维有诗云:"江流天地外,山色有无中",是一种典型的朦胧美。"山色空蒙雨亦奇",是西湖在细雨朦胧中的一种美。

5.听觉美

在众多自然景观中,瀑落深潭,浪涛澎湃,溪流山涧,泉水叮咚,雨打芭蕉,风吹松涛,幽林鸟语,夏日蝉鸣,寂夜虫唱等自然音响,在特定的环境中,能给人以赏心悦目的音乐般的美感享受,引起人们的共鸣。

6.嗅觉美

大自然中清新的空气,芳香的花草,诱人的蔬果等,都让人觉得肺腑清净,全身透亮,精神振奋,这不能不说是一种以生理快感为主要特征的审美享受。

7.象征美

象征美,即将景观人格化,赋予某种含义。如古时读书人,将竹子比喻为"君子",所谓"未出土时先有节,便凌云去也无心"。清代画家郑板桥一生爱竹,并以竹自喻。又如中国人喜欢荷花、兰花、竹子、松柏、石榴、梅花、红豆等植物景观,其根本原因不仅在于其外表好看,也在于其内在的品质,即作为人格的象征或精神意志的表现。

【相关链接】

一些植物的象征美

梅花象征忠烈

红豆象征相思和依恋

荷花象征出污泥而不染

柳枝有送别之意

松象征坚强不屈

竹子象征清雅高洁

(资料来源:湖北省旅游局人事教育处.导游基础知识[M].北京:旅游教育出版社,2000.)

(二)自然景观赏析的方法

自然景观赏析的方法一般有动态观赏和静态观赏两种。

1. 动态观赏

动态观赏是旅游活动中应用比较广泛的方法之一,是指游客在观光游览过程中沿着一定的风景线,或步行或乘车或乘船或乘飞机,在移动中欣赏旅游景观的方法。动态观赏与在网上看风光片不同,游客必须身临其境,全部身心都要置于风景中,使人感到美就在周围。因为这种身临其境、目睹实物的观赏产生的美感是一种立体的感受,是非常强烈的。所以,动态观赏本身就具有极大的魅力。如李白的:"朝辞白帝彩云间,千里江陵一日还。两岸猿声啼不住,轻舟已过万重山。"这首诗除了生动描绘了长江三峡的美景外,还写下了他流动观赏的感受。

【相关链接】

桂林山水的动态观赏

桂林山水位于中国广西壮族自治区东北部。地处湘桂走廊南端的槽谷平原,包括桂林市、阳朔县及临桂、灵川、兴安、永福、龙胜等县的部分地区。地势北高南低,海拔 140~600 米,为石灰岩岩溶地区。桂林山水有奇丽俊秀的风貌,宏伟博大的气势,气象万千的姿态,含蓄深长的意趣,极富浪漫色彩和诗画情趣。桂林风景资源十分丰富,尤以山水取胜。唐朝诗人韩愈的"江作青罗带,山如碧玉簪"的诗句,是桂林山水的最佳写照。而簪山、带水、幽洞、奇石,历来被誉为桂林风景的四绝,其山水洞石浑然一体的景象组合,举世无双。从桂林到阳朔有 80 千米的水程,乘游船从桂林到阳朔旅游,可以欣赏两岸变幻无穷,奇异优美的自然景色。天晴时,青峰倒影,白鹭低飞,游船似在山顶上行,人像在画中游。

(资料来源:百度百科,有修改)

2. 静态观赏

静态观赏是在一定空间的选择性的观赏方法。游客在一定的观赏点上,面对风景的一种欣赏活动,或驻足品味,仔细地玩味景观中的内涵和奥妙。如黄山云海必须选择最佳的观景点,才能领略东海、西海、南海、北海和天海的无穷魅力;或缓慢地移动视线,如果移动过快,就不易感受其中的美。又如颐和园中的谐趣园、北海中的静心斋、苏州的网师园,其特点是小巧精美,以小观大,以少胜多,都适合静态观赏,仔细玩味。

【相关链接】

黄山云海

云海是黄山第一奇观,黄山自古就有黄海之称。黄山的四绝中,首推的就是云海了。由此可见,云海是装扮这个"人间仙境"的神奇美容师。山以海名,谁曰不奇?奇妙之处,就在似海非海,山峰云雾相幻化,意象万千,想象更是万万千千!按地理分布,黄山可分为五个海域:莲花峰、天都峰以南为南海,也称前海;玉屏峰的文殊台就是观前海的最佳处,云围雾绕,高低沉浮,"自然彩笔来天地,画出东南四五峰"。狮子峰、始信峰以北为北海,又称后海。狮子峰顶与清凉台,既是观云海的佳处,也是观日出的极好所在。空气环流,瞬息万变,曙日初照,浮光跃金,更是艳丽不可方物。白鹅岭东为东海,于东海门迎风伫立,可一览云海缥缈。丹霞峰、飞来峰西边为西海,理想观赏点乃排云亭,烟霞夕照,神为之移。光明顶前为天海,位于前、后、东、西四海中间,海拔 1 800 米,地势平坦,云雾从足底升起,云天一色,故以"天海"名之。若是登临黄山三大主峰(莲花、天都、光明顶),则全部五海,可纵览无遗。

(资料来源:百度百科,有修改)

(三)自然景观欣赏的位置

在对景观进行欣赏时,选择的位置很重要,不同的观赏位置会产生不同的效果。由于距离、角度变化造成了透视关系、纵深层次、视野范围的差别,因此所产生的美感是不同的。

1. 欣赏景观的距离

在进行景观欣赏时,选择距离很重要。距离不适当,往往看不到景观的美。因此要根据欣赏的对象,选取不同的距离。例如,在引导游客欣赏景观的全景时要距离远些,才能见到景观的全貌和整体的美。如果要看到局部的美,则需要近些。"不识庐山真面目,只缘身在此山中。""入芝兰室,久而不闻其香。"都是因为距离太近,习以为常,而不觉其美。如对于高大雄伟的地理事物和现象,如雄伟峻峭的峰峦,应采取远眺的方式;而对于较小的景观,如山中的峡谷、山洞、一线天之类的景观,要置身其中近观方知其妙。

2. 欣赏景观的角度

观赏景观的角度不同也会产生不同的审美效果,角度不对,有可能看不到美。旅游景观随欣赏者观察的角度不同,而产生不同的效果。如黄山上的怪石,有的像猴,有的像鸡,有的像大象,有的像仙人,这都是欣赏者从不同角度观赏所得出的效果。如苏轼的诗句"横看成岭侧成峰,远近高低各不同",这句诗的意思是,从正面看庐山山岭连绵起伏,从其他面看庐山山峰耸立,从远处、近处、高处、低处看庐山,庐山呈现各种不同的样子。游客所处的位置不同,看到的景物也各不相同。这两句概括而形象地写出了移步换形、千姿百态的庐山风景。所以,游客在观赏风景时,要选择角度,既可正面观赏,也可侧面观赏;对观赏的对象也可以取平视、仰视和俯视。

总之,观赏风景的角度很重要,作为导游是不可忽视的。导游在引导游客参观游览自然景点和景区时,要正确选择欣赏的角度,不然游客就不易看到美,就会感到平淡无奇。

(四)自然景观观赏的时机

观赏自然景观有一定的时间性,自然景观有季节性的特点,因此,时间选择不当,会影响审美效果,甚至看不到景观的美。许多自然景观随时间、天气、季节的变化而展示出不同的自然美。我国季风气候显著,自然景观随季节变换而有春翡夏翠秋金冬银的差异。清代著名画家恽田云在诗中写道:"春山如笑,夏山如怒,秋山如妆,冬山如睡。"生动描述了季节不同,景色也有变化。

【相关链接】

钱塘江最佳观潮时间

钱塘江是浙江省最大的河流,由西往东注入杭州湾,流入东海。钱江涌潮为世界一大自然奇观,它是天体引力和地球自转的离心作用,加上杭州湾喇叭口的特殊地形所造成的特大涌潮。每年农历八月十五,钱江涌潮最大,潮头可达数米。海潮来时,声如雷鸣,排山倒海,犹如万马奔腾,蔚为壮观。观潮始于汉魏(公元一世纪至六世纪),盛于唐宋(公元七世纪至十三世纪),历经2 000余年,已成为当地的习俗。

南宋每年农历八月十八日在钱塘江上检阅水库,以后沿袭成节。除农历八月十八日前后三天观潮节外,农历每月初与月中皆有大潮可观,并可作一潮三看"追潮游"。

在中秋佳节前后,八方宾客蜂拥而至,争睹钱江潮的奇观,盛况空前,距杭州50千米的海宁盐官镇是观潮最佳处。

(资料来源:百度百科,有修改)

五、自然景观导游讲解技巧

导游在进行自然景观的导游中,要紧紧地围绕着自然景观的特征及其美的类型,综合运用多种导游讲解技巧,向游客传达美的信息。

(一)从美学角度,引导游客欣赏自然景观的形态艺术之美

自然景观的美,首先表现在形式上,以其形状、色彩、声音、气味、质感等方面,冲击着游客的感觉器官。独特的形体、不同的线条、缤纷的色彩,能使人产生视觉美;风声、雨声、涛声、鸟鸣虫唱、狮吼猿啼等来自大自然的各种声音,能令人产生听觉美;植物花卉散发出的各种香味,能给人以嗅觉美;清凉的泉水、细滑的石头、柔软的皮毛等,触之能对其独特的质感产生触觉美。

自然景观的形式美,是一种原生态的真实之美。游客面对被观赏的景色,可以直接置身其中,达到物我合一,进而产生最真切的审美享受。导游要做的,就是通过详细的讲解,激发起游客的审美兴趣,引导其进入真实的审美意境。

(二)从文化角度,引导游客领会自然景观的文化美

自然景观的美,同时体现在其独特的文化内涵上。人们在长期的生产生活中,与大自然的关系越来越密切,人类的文明程度越高,与大自然的关系越密不可分,大自然所表现出的文化含量也相对越高。许多风景名胜的名称,如九华山、普陀山、华山;许多景点的名称,如神女峰、飞来石、香溪源;许多风景区内的有关传说,如神农架景区的神农尝百草、王昭君的故事,长江三峡的三国故事等,都蕴含着前人的主观理解和审美情感,都是人类文化发展的产物,同时因其注入自然景观之中,又成为自然景观不可分割的文化因素,甚至在某个方面超过自然景观自身带给人们的审美信息含量。

【相关链接】

香溪源

香溪源是长江的支流,因哺育过世界四大文化名人之一屈原和中国四大美人之一王昭君而闻名于世。香溪源发源于神农架内,水质纯净,古木参天,有古代冰川的遗迹。相传王昭君在出塞和亲之前,曾回哺育故乡省亲,她路过溪边,在溪流中洗脸时,将一串珍珠失落其中,从此,溪水一年四季清澈见底,芳香扑鼻,故名香溪。相传这里曾是炎帝神农氏当年采药时的洗药池。池水尽得百草之精华,尽融神农之精神,故渴饮香溪水不仅能使人貌美如昭君,更能使人崇高

如屈原。香溪源头,奇峰竞秀,林海深处,云游雾绕。林间野花竞放,山中溪河纵横。这幽谷清溪,香花遍野的灵秀之地,是溪水终年飘香的真正原因。有人用四句话总结说:碧水源流长,神农百草房,佳人传美名,香溪水更香。

(资料来源:百度百科,有修改)

导游在讲解中,要突出这些自然景观中所表现出的文化美,为游客提供全面的、综合性的审美信息。孔子曾说:"知者乐水,仁者乐山。"在这里,孔子已经把山水自然景观与文化紧紧联系在了一起。如游览武当山,自然要讲道教文化;游览神农架,一定要讲神农文化;游览长江三峡,一定要提三国故事。导游通过突出文化美的讲解,可以达到自然景观在形式上给人以美的享受、在内容上给人以智的陶冶启迪的双重目的。

【相关链接】

武当山

武当山位于中国湖北省十堰市境内,这里千峰滴翠,树茂林深,涧水长流,自古就被誉为"天下第一仙山"。

历史上,历代封建皇帝都大力扶植武当山道教,到明朝,武当山以"治世玄武"的崇高地位成为全国道教的中心。

武当山古建筑群规模宏大,气势雄伟,瑰丽辉煌,或建于高山险峰之巅,或隐于悬崖绝壁之内,达到了建筑与自然的高度和谐,被誉为"中国古建筑成就的展览",被联合国列入世界文化遗产名录。

数以万计的精美奇绝的古代文物作为道教文化的形象体现,构成了武当山最具魅力的人文景观。

武当武功是武当道教在生命科学探索中产生出的光辉结晶,其拳理功法以健身养生,延年益寿为宗旨,其击技御敌则具以柔克刚,后发制人之特点。"北宗少林,南尊武当",为中华武术的重要流派之一,享誉海内外。

武当道教音乐神韵清雅如天籁之音……

武当道教法事玄妙神秘似与天对话……

(资料来源:中国武当网,有修改)

【在线测试】

自然景观导游在线测试

【实训任务】

实训内容：当地自然旅游景观的调查

一、实训准备

1. 提前下发实训资料。

2. 学生分组，认真按照实训要求做好准备。

3. 物质准备：调查表、实训计划书、实训报告书等。

二、实训地点

当地自然旅游景点或景区。

三、实训内容与步骤

1. 教师先布置实训任务，讲解实训内容、重点、要求和注意事项。

2. 学生分小组到图书馆或上网查找相关资料，制订出调查表。

3. 各小组到选定的旅游景点或景区进行调查。

4. 调查结束后，各小组整理、分析调查数据，得出结论。每组制作演示文稿，汇报自己的实训成果。

5. 学生自评、小组点评、教师点评。

【课后任务】

选取当地或全国有名的自然景观，运用所学的知识，撰写导游词。

任务二　山岳景观导游

【任务引入】

山岳景观是大自然赋予人类的珍贵财富，它们以其壮丽的景象和独特的地貌特征吸引着无数游客和探险者。山岳景观导游需要掌握一些讲解技巧，以便将山岳的美丽和魅力传达给游客，并使游客对山岳有更深入的了解和体验。

【任务分析】

1. 知识储备：具备相关的地理、生态、文化等方面的知识，了解山岳景观的形成、发展和影响。

2. 技能准备：良好的口头表达能力和沟通技巧，能够用易于理解的语言向游客传递信息。

3.物资准备:必要的讲解道具和地图,以及用于应对突发情况的急救包。

4.心理准备:具备耐心、细心和责任心,能够在不同环境下保持专业和专注。

【理性认知】

一、山岳景观的种类

山岳景观是地球上自然风光的重要组成部分,其壮丽、雄伟、幽深、奇特的景色吸引着无数人的目光。以下是根据不同的分类标准对山岳景观进行的分类。

(一)根据山岳的地貌特征

1.花岗岩地貌景观

花岗岩由于节理风化、崩塌等外力作用,常形成峭壁悬崖、孤峰擎天、石柱林立等奇特景观,令人叹为观止。我国花岗岩山地分布广泛,许多名山几乎全部或大部分为花岗岩构成,其中有些已成为国家级风景名胜区和自然保护区。黄山的莲花峰、炼丹峰和天都峰三峰鼎立,华山的东西南北中五峰相峙,天柱山的天柱峰,九华山的观普峰也都是这种地貌景观的典型,并成为具有重要吸引力的旅游景观。

2.变质岩地貌景观

变质岩是岩浆岩、沉积岩由于所处的地质环境和理化条件的变化,使原来岩石的矿物成分和结构发生改变而形成的岩石。我国由变质岩构成的名山很多,大江南北分布广泛,如泰山、嵩山、庐山、五台山、苍山、武当山、梵净山、孔望山、花果山、南明山等。

3.砂岩峰林地貌景观

特殊的地层岩性、高角度裂隙的发育、特殊构造地位、新构造运动的抬升等一系列因素造就了砂岩峰林地貌景观的形成。湖南省西北部的武陵源风景区是我国独特的砂岩峰林地貌景观,共有4 000多处砂岩石峰,形成峰林、峰柱、方山、石林、峡谷、嶂谷、幽谷等奇特的砂岩峰林,集神、奇、秀、野等特色于一体,峭壁万仞,千姿百态,世所罕见。

4.丹霞地貌景观

丹霞地貌景观整体感强、线条明快质朴,体态浑厚稳重、丹山碧水、引人入胜,具有奇、险、秀、美的丹崖赤壁及千姿百态的造型,因而有很高的游览和观赏价值,是我国重要的地质地貌旅游资源。较著名的有广东仁化丹霞山,桂北湘南资江、八角寨,福建武夷山,浙江方岩,江西圭峰山、龙虎山,安徽齐云山,甘肃麦积山、崆峒山,贵州梵净山,四川江油窦圌山,都江堰市青城山等。

5.岩溶洞穴景观

岩溶洞穴是一种重要的旅游资源。岩溶峰林神奇秀美、洞景迷人。我国岩溶景观以广西桂林、阳朔一带为代表,峰林形态多呈圆形或锥形;在翼部多呈单斜式。广西有"无山不洞"之称,如桂林七星岩、芦笛岩等;贵州有著名的黄果树石林和天星桥石林。我国洞穴景观资源特色纷呈,千变万化。

(二)根据山岳的地形特征

①山地景观:以山地为主,海拔较高,坡度陡峭,地面崎岖不平,山峦连绵起伏,云雾缭绕。

典型的山地景观有黄山、华山等。

②丘陵景观:相对于山地景观,丘陵景观海拔较低,坡度较缓,地形起伏不大,连绵的丘陵如波浪般起伏。典型的丘陵景观有江南丘陵、两广丘陵等。

③高山景观:海拔非常高,山体巍峨,气势磅礴,峰峦耸立,绝壁悬崖,云海雾凇。典型的高山景观有喜马拉雅山脉、阿尔卑斯山脉等。

④峡谷景观:河流在山地中切割形成的自然景观,峡谷深邃,两边山壁陡峭、水流湍急、景色秀美。典型的峡谷景观有长江三峡、雅鲁藏布大峡谷等。

二、山岳景观的美学特征

有山即有美,无处不风光。"五岳归来不看山,黄山归来不看岳",世界上的山岳景观林林总总、千姿百态,不同的山岳形态,审美特征也迥然有别。

(一)形象美

自然风景之美,总是以一定的形式和形象表现出来的,山岳景观也不例外。山岳景观形象美的特征可以概括为雄美、奇美、险美、秀美、幽美、旷美、野美等。

1. 雄美

雄是指雄伟、雄浑,是一种壮观、壮美、崇高的形象。雄所引起的审美感受特征是赞叹、震惊、崇敬、愉悦。山岳景观的雄伟是指山岳形体巨大、气势磅礴。如"泰山天下雄"的泰山。

2. 奇美

奇在于形象非同一般,变化多端,离奇怪异,出人意料。奇所引起的审美感受是令人好奇、惊喜、兴奋、兴味盎然、妙趣横生。以奇为美的景观首推黄山。

3. 险美

险往往表现为垂直、绝壁、千钧一发、万丈深渊、突兀嶙峋等形象特征。险所引起的审美感受是惊心动魄、心悸万分、心惊胆战,具有强烈的吸引力,可以引发好奇心和战胜欲望。西岳华山素有"华山天下险"之称。

4. 秀美

秀的主要特征是柔和、秀丽、优美。它时常同女性美联系在一起。四川峨眉山山林葱茏、色彩碧翠、线条柔和流畅、山明水秀,是我国风景区中典型的秀美形象,被誉为"峨眉天下秀"。以秀美为特点的山岳往往山形绵延起伏,没有突兀陡峭的山峰,线形较为柔和,雄伟中透露迷人的秀色。

5. 幽美

幽是一种意境,也是一种审美特征。幽美在于深藏,景色越深藏,越富于情趣,越显得幽美。幽深莫测的神秘感,可使游客心绪平缓、温和、轻松、宁静、淡泊,心境愉悦、明净、逍遥、恬适、超然。素有"青城天下幽"美誉的青城山风景,在我国山岳景观中最幽美。

6. 旷美

旷虽有平旷和高旷之分,但山岳景观多给人高旷之感。其位于山顶,人与景观拉开距离,视域自上而下散开,便得高旷之景。登华顶观"黄河如丝天际来",登岱顶"一览众山小",登香炉峰顶见"江水细如绳,湓城小于掌"。这些都描绘出高旷景观带给人们超拔伟壮的审美感受,同时反映了自古以来人们登高览胜的审美习惯。

7.野美

野是指未受人类干扰、雕饰或破坏的原始自然或"第一自然"景观。例如,九寨沟旅游风景区,其山、水、石、林、洞仍处于原始状态,保持着纯真古朴的风貌,游历其境,带给人一种远离尘世、返璞归真的"野趣"之美。

事实上,每座名山在整体上可能突出一、两种形象美,或雄,或险,或奇,或秀,或雄秀,或奇秀;但在微观上,其大小景区会因地质地貌、植被生成、气候变化等差异,幻化出各种各样的形象美。因此观照山岳景观时,既要注意山岳景观的整体风格,又要细细品味其细微景象,唯此才能真正领悟自然之美。

(二)色彩美

色彩美是大自然的杰作,红、橙、黄、绿、青、蓝、紫,姹紫嫣红。大自然的色彩美万象纷呈、五彩缤纷,主要是由树木花草、江河湖海、烟岚云霞及阳光等构成,如蓝天、白云、青山、绿水、碧海、金沙、霜林……大自然是绘就色彩美最伟大的画师。自然界中的色彩美给旅游者带来轻松、欢悦和幸福,带来赏心悦目的美感,乃至令人振奋和神往。

就山岳景观而言,其色彩美更多地体现于山体植被色彩变化,它们随季节的变化而变化。到深秋,山岳景观呈现以红、橙、黄为主调的色彩美。"西山红叶好,深秋叶愈浓"(陈毅《西山红叶》),深秋季节北京西山红叶,浓重的金黄色色彩令人叫绝。这种红叶的美在于它特殊的红色之美,如"霜叶红于二月花"。当然,山岳景观中最引人注目的色彩莫过于鲜花,像云南的茶花、峨眉的杜鹃花、盘山的梨花和杏花等,都是以其色彩美闻名于世。

(三)动态美

山岳的动势蕴藏在其静势之中,主要表现在群峰形象的方向性及其集聚、倾斜、高下的节奏所形成的总体构图上。苏东坡诗云:"前山槎牙忽变态,后岭杂沓如惊奔。"生动描述了峰峦起伏、如逐如奔的动势。武当山的"七十二峰朝大顶",则以拟人化的手法,描写了武当山群峰峰顶均微弯而趋向主峰天柱峰金顶,仿佛觐见君主的动态妙趣。同时,山是静的,人是动的,由于人在山上的活动,使整个山岳活跃起来、动起来。甚至还有根据山岳特色设置的竞赛活动,如徒步越野、山地探险、山地自行车越野、山路汽车越野等。有了人的参与,山岳也呈现出动态美。

三、山岳景观导游讲解技巧

(一)山岳景观导游讲解基本要求

1.山岳景观导游讲解准备工作

(1)了解目标群体

在进行山岳景观讲解之前,山岳景观导游需要了解游客的背景和需求。不同的游客群体有不同的兴趣和知识水平,因此,山岳景观导游应根据游客的特点选择合适的讲解内容和方式。

(2)积累专业知识

山岳景观导游需要具备一定的专业知识。山岳景观导游应了解山岳的地质、生态和人文历史等方面的知识,以便能够向游客提供准确、丰富的信息。

①山岳景观导游需要详细描述山岳的地质特征,如山脉的形成过程、岩石的类型和地质年代。例如,介绍黄山的花岗岩质地,太行山的太古代岩石,或者是华山的陡峭岩壁。

②山岳景观导游需要讲解这些地形如何影响当地的气候和生态系统,如高山植被的垂直分布,以及不同海拔高度上动植物种类的变化。

③山岳景观导游需要引入山岳与中国历史和文化的关联,讲述名山大川在中国文学和艺术中的地位,以及古代诗人如杜甫、李白对这些山水的描绘。此外,还会介绍山岳与民间传说和宗教信仰的联系,如泰山的封禅大典、华山的仙人传说等。

(3)制订讲解计划

在进行山岳景观讲解之前,山岳景观导游应该制订一个详细的讲解计划。计划中应包括讲解的内容、顺序和时间安排等,以保证讲解得有条不紊。山岳景观导游同时还需要考虑到安全因素,确保现场布置符合安全要求,以保障讲解对象的生命财产安全。

2. 山岳景观导游讲解基本技巧

(1)突出景观特色

山岳景观的特色主要表现在其独特的自然风貌和地理特征上。山岳景观导游在描绘山岳景观时,应突出其高峰入云、峡谷深切、溪流纵横等特色,同时要讲解山岳景观的地质构造、岩石类型和地形地貌等。具有特殊地形或地理特征的山岳景观,如华山、黄山等,可以通过讲解其形成过程和历史传说来增强游客对景观特色的理解。

(2)突出自然生态

山岳景观的自然生态是其吸引游客的重要因素之一。山岳景观导游在讲解山岳景观时,应注重描绘其植被覆盖、动物栖息、溪流生态等自然生态状况。同时,山岳景观导游还可以讲解山岳景观中的气象变化,如云海、日出、日落等,以增强游客对山岳景观自然生态的理解和感受。

(3)突出历史文化

山岳景观往往具有丰富的历史文化内涵,这也是其吸引力的重要组成部分。山岳景观导游可以讲解山岳景观中的历史遗迹、文化传承、名人故事等,以加深游客对山岳景观历史文化价值的认识。例如,泰山是中国古代帝王封禅的地方,山岳景观导游可以讲解泰山在中国历史中的地位和作用,以及历代皇帝封禅泰山的背景和意义。

(4)突出旅游体验

旅游体验是游客在游览山岳景观过程中的切身感受。山岳景观导游可以分享游客在游览过程中的注意事项、游览线路设计、旅游安全等方面的知识,同时还可以分享一些实用的旅游小贴士,如如何拍摄美丽的照片,如何更好地欣赏山岳景观等。通过山岳景观导游的讲解,游客可以更好地了解山岳景观的特点和魅力,从而提高旅游体验的质量。

(5)突出环境保护

环境保护是保障山岳景观可持续发展的关键因素。山岳景观导游在讲解山岳景观时,应注重强调环境保护的重要性,可以讲解山岳景观的生态环境现状,保护措施及游客在游览过程中应该注意的环保事项等。例如,在游览黄山时,山岳景观导游可以强调不乱扔垃圾、不破坏植被等环保行为对黄山生态环境的重要性。同时,山岳景观导游还可以向游客宣传可持续发展的理念,呼吁大家共同保护好山岳景观这一宝贵的自然遗产。

（二）山岳景观导游讲解注意事项

1. 安全第一

在进行山岳景观讲解时,山岳景观导游应该时刻关注游客的安全。在选择讲解路线和活动时,山岳景观导游应考虑游客的身体状况和登山能力,确保游客的安全。

2. 尊重自然环境

山岳景观导游应尊重自然环境,不破坏山岳的生态平衡和环境。山岳景观导游应加强对游客的环保教育,引导游客爱护山岳,保护自然。

3. 保持良好的沟通

与游客进行良好的沟通是山岳景观导游讲解工作的关键。山岳景观导游应该倾听游客的意见和建议,及时解决他们的问题,以提高讲解的质量和效果。

（三）山岳景观导游讲解导游范例

【相关链接】

黄山概况讲解词

黄山,位于中国安徽省南部,北起黄山风景区,南至黄山市区,西起黄山区汤口镇,东至旌德县,与浙江、江西两省交界。黄山总面积约为 1 600 平方千米,其中风景区面积约为 160 平方千米。黄山是一个有着独特地理环境的地区,属于亚热带湿润气候,四季分明,雨量充沛,云雾缭绕。黄山的地貌以峰林地貌为主,峰峦叠嶂,峭壁陡峭,奇石嶙峋,是著名的山水风景名胜区。

黄山以其精巧绝伦的自然景观而闻名于世。这里有"天下第一奇山"的美誉,以奇松、怪石、云海、温泉、冬雪"五绝"著称。黄山的奇松怪石各具形态,如迎客松、送客松、蒲团松、竖琴松等,形态各异,栩栩如生。黄山还被誉为"画山",以山水画为主要的特色,四季景色不同,每个季节都有不同的风景画卷。

黄山不仅有着独特的自然景观,还有着悠久的历史文化。早在唐代,黄山就已成为旅游胜地,文人墨客争相前来游览,留下了许多珍贵的诗词和画作。黄山古建筑和古石刻也是其历史文化的重要组成部分,如慈光阁、玉屏楼、迎客松、送客松等都是黄山的文化瑰宝。黄山还是道教、佛教和儒教的圣地之一,有着众多的宗教建筑和遗址。

黄山的美食也是非常有特色的。这里有徽菜之乡的美誉,以徽菜为主打菜系。徽菜以清淡、原味为主,注重刀工和火候的掌握。黄山还有许多特色小吃,如毛豆腐、臭豆腐、糯米鸡等都是不可错过的美食。在黄山旅游期间,游客可以品尝到当地的特色美食,感受不同的口味和文化。

黄山旅游服务设施完善,可以满足游客的不同需求。游客可以在黄山风景区内选择不同的住宿方式,如星级宾馆、酒店、民宿等。同时,风景区内还有购物中心、餐厅等配套设施,方便游客购物和用餐。此外,黄山还有专业的导游服务团队,为游客提供详尽的旅游指导和讲解服务。在黄山旅游期间,游客可以享受到优质的服务和便利的旅游环境。

总之,黄山是一个集自然景观和历史文化于一体的旅游胜地。游客可以在这里欣赏到独特的山水风光、品味历史文化的厚重底蕴、品尝到地道的徽菜美食。黄山将会为您带来一次难忘的旅游体验。

（资料来源：百度文库,有修改）

【在线测试】

山岳景观导游在线测试

【实训任务】

实训内容：山岳景观导游讲解（以神农架为例）

一、实训准备

1. 提前布置任务:神农架导游讲解。

2. 下发实训材料。

3. 学生分组,做好景点讲解准备。

山岳景观导游——
神农架

4. 物质准备:神农架导游示意图、话筒、导游旗、导游接待计划、导游 IC 卡等。

二、实训地点

神农架燕天景区。

三、实训内容与步骤

1. 给出任务:神农架燕天景区导游讲解,内有燕子垭、天门垭、飞云渡、红坪画廊等景点。

2. 学生分成小组,各小组根据不同任务,分头查找燕天景区相关知识。

3. 各小组成员讨论后,最终确定燕天景区导游词内容。

4. 进行分组模拟讲解:

①教师或优秀导游示范讲解;

②学生分组讲解。

5. 评价:学生自评、小组评价、教师或优秀导游评价、游客(景区游客)评价。

6. 评选出燕天景区优秀导游词。

7. 评选出优秀导游。

【课后任务】

选取一处当地或全国有名的山地景观,查阅相关资料,撰写导游词,并进行模拟导游讲解。

任务三　水体景观导游

【任务引入】

水体景观以其灵动、优美的特质吸引着人们的目光,为人们提供了休闲、放松的空间,是自然景观的重要组成部分。然而,许多游客由于对景观的形成、美学价值及文化意义了解不足,无法充分领略其中的魅力。因此,提供专业的水体景观讲解服务,帮助游客深入了解景观的内涵和价值,提高游览体验,变得至关重要。

【任务分析】

1. 知识储备:具备相关的地理、生态、文化等方面的知识,了解水体景观的形成、发展和影响。

2. 技能准备:良好的口头表达能力和沟通技巧,能够用易于理解的语言向游客传递信息。

3. 物资准备:必要的讲解道具和地图,以及用于应对突发情况的急救包。

4. 心理准备:具备耐心、细心和责任心,能够在不同环境下保持专业和专注。

【理性认知】

一、水体景观的种类

水体景观是由自然或人造水域所构成,具有观赏、游玩、生态等价值的景观。根据水域类型,水体景观可分为江河景观、湖泊景观、瀑布景观、水库景观和海洋景观等。

（一）江河景观

江河是自然形成的水域,具有独特的自然风光和人文历史。江河景观通常包括河流两岸的自然风光、桥梁、码头、建筑群等元素。不同地域的江河景观具有不同的特点,如中国的长江三峡、英国的泰晤士河等。

（二）湖泊景观

湖泊是由地壳运动或冰川作用形成的水域,一般呈圆形或椭圆形。湖泊景观具有宁静、优美的特点,适合进行各种户外活动,如划船、垂钓、露营等。著名的湖泊景观有瑞士的日内瓦湖、中国的西湖等。

（三）瀑布景观

瀑布是水流从高处跌落而形成的景象,具有震撼、壮观的特点。瀑布景观通常包括瀑布本身、瀑布周围的山峦、森林等元素。著名的瀑布景观有阿根廷的伊瓜苏瀑布、加拿大的尼亚加拉瀑布等。

（四）水库景观

水库是为人类水利工程所建的水域,具有调节水资源、发电等功能。水库景观通常包括水库本身、水库周围的自然风光和人文景观等元素。著名的水库景观有中国的三峡大坝、美国的胡佛大坝等。

（五）海洋景观

海洋是地球表面上的水域，具有宽广、壮阔的特点。海洋景观通常包括海滩、海岛、珊瑚礁等元素。著名的海洋景观有夏威夷的瓦胡岛、泰国的普吉岛等。

二、水体景观美学特征

从审美角度来看，水体景观具有多种美的表现形式。无论是清澈的水面、动态的流淌还是静态的倒影，或是历史文化、地域特色等方面，都展现出水体景观独特的魅力。通过欣赏水体景观的美，人们可以感受到自然与人文的和谐共存，激发对美好事物的向往和追求。

（一）清澈与倒影

水体景观的清澈度是吸引人们的关键因素之一。一池清澈的水面宛如一面明镜，能够倒映出周围的山峦、树木和天空，形成一幅美丽的画卷。这种倒影效果使水体景观具有一种虚实相生的美感，让人产生一种身临其境的感受。

（二）动态与静态之美

水体景观既有动态美，也有静态美。瀑布、喷泉、溪流等元素所展现出的流动性，给人一种活力和生机的感觉。而湖泊、池塘等相对静止的水体则展现出一种宁静、深邃的美感。动静结合的水域景观能够引发人们丰富的情感体验。

（三）色彩与光影之美

水体景观的色彩和光影效果也是审美的关键因素。不同的水质和环境会影响水体的色彩，如碧绿的湖水和深蓝的海洋等。此外，光线的影响也不可忽视，阳光照射在水面上所产生的水色变化，以及不同时间段的色彩表现，都会给人们带来不同的视觉享受。

（四）自然与人文之美

水体景观常常与自然环境和人文景观相互融合。在自然环境中，山水融合的画卷表现出了大自然的鬼斧神工；而在人文景观中，水体常常成为园林、建筑等人文景观的点睛之笔。这种自然与人文的融合使得水体景观具有更加丰富的内涵和价值。

（五）历史文化之美

许多水体景观都具有深厚的历史文化底蕴。比如，古老的河流承载着无数的故事和传说，而一些水体则成为历史事件和文化遗产的见证者。这些历史文化元素为水域景观增添了更多的历史厚重感和文化价值。

（六）地域特色之美

不同地域的水体景观具有不同的特色和魅力。比如，江南水乡的河道纵横、水网密布，给人一种婉约柔美之感；而海滨景观则以其宽广的海面和澎湃的海浪吸引着无数人前来观赏。这些地域特色使得水体景观更加丰富多样，也激发了人们对不同地域文化的探索和欣赏。

三、水体景观导游讲解技巧

（一）水体景观导游讲解基本要求

1. 水体景观导游讲解准备工作

（1）了解目标群体

在进行水体景观讲解之前，水体景观导游需要了解游客的背景和需求。不同的游客群体有不同的兴趣和知识水平，因此，水体景观导游应根据游客的特点选择合适的讲解内容和方式。其次，水体景观导游需要针对讲解对象进行调研，了解其兴趣爱好、文化背景等信息，以便能够更好地为其提供个性化的讲解服务。

（2）积累专业知识

①熟悉景点信息，能够提供专业的讲解服务。水体景观导游需要对景点的历史文化、水体资源、人文景观等进行深入的了解和学习，以便向游客提供专业、准确的讲解服务。

②了解水体景观的背景和特点，包括其历史、地理、生态等方面的信息。

（3）制订讲解计划

在进行水体景观讲解之前，水体景观导游应制订一个详细的讲解计划。计划应包括讲解的内容、顺序和时间安排等，以保证讲解得有条不紊。同时，还需要考虑到安全因素，确保现场布置符合安全要求，以保障讲解对象的生命财产安全。

2. 水体景观导游讲解技巧

（1）突出讲解水体景观的特色进行科学讲解

水体景观的形成、演变和发展都有其科学原理和规律。水体景观导游在讲解过程中应注意科学性，向游客传递正确的科学知识，帮助游客更好地了解水体景观。

（2）突出讲解水体景观的文化底蕴进行文化传承

水体景观往往与当地的文化有着密切的联系，水体景观导游在讲解过程中应注意传承和弘扬当地的文化。水体景观导游可以通过介绍当地的历史、传说、风土人情等，让游客更好地了解当地的文化。

（3）突出讲解水体景观的价值，体现人与自然的协调

水体景观具有很高的艺术价值，水体景观导游在讲解过程中应注意引导游客欣赏水体景观的美学价值，可以通过讲解水体景观的历史、文化背景等，帮助游客更好地理解其艺术价值。

例如，对海岸景观的导游讲解，水体景观导游要进行必要的科普知识介绍，如海水的颜色、成分，海洋潮汐知识，海岸岩石特点及形成原因，海岸沙子的粗细、颜色及形成原因，岸边植物群落的特点等。这些都是评价海岸景观的重要指标；要讲解海岸的景观特征，并对游客进行观景与审美的引导，如景区组成、观景要素及突出特色等；要引申讲解海岸的人文内涵，另外，海岸景观一般面积较大，水体景观导游应事先安排好最佳游览路线，把握好讲解节奏，做到重点突出、详略得当、疏密有致。

（二）水体景观导游讲解注意事项

1. 尊重环境

水体景观是自然环境的一部分，水体景观导游在讲解过程中应尊重环境，注意保护景区的

自然环境,避免对环境造成破坏。同时,应注意保护景区的文化遗产,如古建筑、古文物等。

2. 保护安全

在讲解过程中,水体景观导游应注意游客的安全,在带领游客参观水体景观时,应注意提醒游客注意安全事项,如不要攀爬、不要靠近水边等。游客在遇到危险情况时,水体景观导游应及时采取措施,保障游客的安全。

3. 环保意识

水体景观的美丽和价值也需要良好的生态环境来保障。水体景观导游在讲解过程中应注意传递环保意识,引导游客保护环境、爱护自然。水体景观导游可以通过介绍环保知识和措施,让游客了解如何保护环境、爱护自然。

4. 保持良好的沟通

与游客进行良好的沟通,是水体景观导游讲解工作的关键。水体景观导游应该倾听游客的意见和建议,及时解决他们的问题,以提高讲解的质量和效果。

(三)水体景观导游讲解范例

【相关链接】
西湖风景区概况讲解

西湖国家级风景名胜区,位于浙江省杭州市,总面积为60.04平方千米。

西湖东起杭州城区松木场,沿保俶路转至少年宫广场北,经白沙路、环城西路、湖滨路、南山路,南至万松岭以南,包括吴山、紫阳山、云居山等景点;南自鼓楼沿吴山、紫阳山、云居山东侧山麓,经凤山门沿凤凰山路,至天花山,再沿西湖引水渠道至钱塘江北岸,转珊瑚沙水库至留芳岭以北;西自留芳岭、竹竿山、九曲岭、名人岭,至美人峰、北高峰、灵峰山,再至老和山山脊线以东;北自老和山山麓(浙江大学西围墙),转青芝坞路北侧30米处,接玉古路、浙大路、曙光路,再至松木场以南。

西湖外围保护区面积35.64平方千米,东起南星桥江滨公园、江城路、凤山桥、中山南路、鼓楼转河坊街、延安南路、延安路,转庆春路、武林路、教场路至环城西路以西地区;南至钱塘江主航道中线,杭富路至转塘以北地区;西为留转路以东地区;北自留下,经杭徽路、天目山路至武林门以南地区。

西湖风景名胜区内以西湖为核心,有国家、省、市级文物保护单位60处和风景名胜点100余处,其中主要有西湖十景、西湖新十景。西湖旧称武林水、钱塘湖,又称明圣湖、金牛湖等,北、西、南三面环山,东面为市区,三面云山一面城,因湖在州城之西,故称西湖。苏东坡守杭时有诗:"水光潋滟晴方好,山色空蒙雨亦奇。欲把西湖比西子,淡妆浓抹总相宜。"因此,西湖又有西子湖之名。

湖体轮廓近似椭圆形,面积6.03平方千米,其中水面面积5.66平方千米,湖岸周长15千米。湖底较平坦,水深平均1.5米,最深处2.8米左右,最浅处不到1米。白堤、苏堤,将湖面分成外湖、里湖、岳湖、西里湖、小南湖5个部分。湖中有孤山、小瀛洲、湖心亭、阮公墩4岛。

注入西湖的主要溪流有金沙港、龙泓涧、长桥溪。西湖引水工程钻地穿山,引来钱塘江清流。调节西湖水位的主要出水口,一是圣塘闸,经圣塘河流入运河;二是涌金闸,经浣纱河地下管道,流入武林门外的城河。

西湖远古时是与钱塘江相通的浅海湾,以后由于泥沙淤塞,大海被隔断,在沙嘴内侧的海水成了一个潟湖。所以,民间谚语说:西湖明珠从天降,龙飞凤舞到钱塘。西湖承受山泉活水冲洗,又经历代人工疏浚治理。

诗人白居易(772—846)和苏东坡(1037—1101)等人任杭州地方长官时,都悉心治理西湖,疏挖湖泥,兴修水利,灌溉农田,而且构成了湖中三岛、白苏二堤、湖上塔影的佳丽景色。环湖山峦叠翠,花木繁茂,峰、岩、洞、壑之间穿插着泉、池、溪、涧,青碧黛绿丛中点缀着楼阁、亭榭、宝塔、石窟。湖光山色,风景如画。清漪碧波和绿云翠谷间,闪烁着无数秀丽的自然景观和璀璨夺目的历史古迹。

（资料来源:携程网,有修改）

【相关链接】

天涯海角概况讲解词

欢迎各位来到三亚天涯海角,这里是海南岛的最南端,是中国最南部的海角之一。天涯海角景区以其独特的自然景观和丰富的文化内涵,吸引了众多游客前来观光和旅游。

天涯海角有着悠久的历史和丰富的传说。相传,古时候有一对青年男女相爱,但因为家庭反对和社会压力,无法在一起。他们逃到了这里,跳海自杀,用自己的爱情证明了真爱的力量。如今,这里成为一个爱情胜地,许多情侣前来许愿,希望自己的爱情能够永恒。

天涯海角的地理环境非常特殊,这里有高大的岩石和清澈的海水,形成了许多美丽的景观。此外,这里还有丰富的海洋文化和地方特色文化,如海南岛的传统文化、黎族文化等。

天涯海角有许多著名的景点景观,如"天涯石""海角柱""南天一柱"等。这些景点都是根据其独特的形态和含义而命名,如"天涯石"是一块高大的独立岩石,像一根柱子一样矗立在海边,寓意着爱情的永恒和忠诚。

天涯海角的海洋生物资源也非常丰富,这里有各种热带鱼、海龟、海豚等。在游览过程中,您可以看到许多海洋生物在海中自由自在地游动,感受到海洋的神秘和魅力。

天涯海角还有许多特色活动,如海上运动、沙滩娱乐、海鲜美食等。在这里,您可以尝试各种刺激和有趣的活动,体验海洋的乐趣和美食的诱惑。

在游览天涯海角时,建议您注意以下几点:首先,请注意防晒和保护皮肤;其次,请在规定区域内游泳和活动,避免发生意外;最后,请尊重当地的文化习惯和风俗人情。

（资料来源:百度文库,有修改）

【在线测试】

水体景观导游在线测试

【实训任务】

实训内容：水体景观导游讲解（以长江三峡瞿塘峡为例）

一、实训准备

1. 提前布置任务：长江三峡瞿塘峡导游讲解。
2. 下发实训材料。
3. 学生分组，做好景点讲解准备。
4. 物质准备：长江三峡瞿塘峡导游示意图、话筒、导游旗、导游接待计划、导游 IC 卡等。

二、实训地点

长江三峡瞿塘峡。

三、实训内容与步骤

1. 给出任务：长江三峡瞿塘峡导游讲解。
2. 学生分小组，各小组根据不同任务，分头查找长江三峡瞿塘峡相关知识。
3. 各小组成员讨论后，最终确定长江三峡瞿塘峡导游词内容。
4. 进行分组模拟讲解：
①教师或优秀导游示范讲解；
②学生分组讲解。
5. 评价：学生自评、小组评价、教师或优秀导游评价、游客（景区游客）评价。
6. 评选出长江三峡瞿塘峡优秀导游词。
7. 评选出优秀导游。

水域风光导游：
长江三峡

【课后任务】

选取一处当地或全国有名的水体景观，查阅相关资料，撰写导游词，并进行模拟导游讲解。

任务四　动植物景观导游

【任务引入】

动植物景观是自然生态环境中的主题，也是各地自然景观中富有生机的组成部分。然而，许多游客由于对动植物景观的科学价值和美学价值了解不足，无法对其形态、色彩、行为、气息等元素进行欣赏、体验和评价。因此，提供专业的动植物景观讲解服务，帮助游客深入了解景观的内涵和价值，提高游览体验，变得至关重要。

【任务分析】

1. 知识储备：具备动植物相关的生长、生态、文化等方面的科普知识。
2. 技能准备：良好的口头表达能力和沟通技巧，能够用易于理解的语言向游客传递信息。
3. 物资准备：必要的讲解道具和地图，以及用于应对突发情况的急救包。
4. 心理准备：具备耐心、细心和责任心，能够在不同环境下保持专业和专注。

【理性认知】

生物景观导游——神农架

一、动植物景观的种类

动植物景观是指由动物、植物及其所处环境共同构成的景观。它是一个生态系统，通过生物多样性、生态平衡和环境保护等方面来展示自然界的美丽和生态价值。动植物景观强调的是自然生态的过程和结果，以及景观中生物与非生物元素的互动与共生。

（一）动物景观种类

动物景观是指由动物群落及单个动物构成的自然景观。

1.野生动物

野生动物是自然环境中重要的组成部分，包括各种鸟类、兽类、爬行动物等。它们在自然环境中生存和繁衍，形成了独特的生态系统和景观。例如，非洲的野生动物大迁徙、亚马逊雨林的生物多样性等都是野生动物的典型代表。

2.家畜和宠物

家畜和宠物是人类驯化的动物，它们在人类的生活中扮演着重要的角色。家畜如牛、羊、猪等，以及宠物如猫、狗、鸟等，在不同的文化和地区中有着不同的用途和象征意义。

3.水生动物

水生动物包括海洋生物和淡水生物。海洋中的鱼类、鲸类、海豚等，以及淡水中的蛙类、河豚等都是水生动物的代表。水生动物的生活环境和习性各不相同，形成了独特的生态景观。

（二）植物景观种类

植物景观是指由植物群落及单个植物构成的自然景观。

1.森林和树丛

森林和树丛是自然界中主要的植物景观。森林是由乔木、灌木和草本植物组成的复杂生态系统，而树丛则是由单一树种或多种树种组成的密集林带。这些景观为动植物提供了栖息地，并具有防风固沙、保持水土等生态功能。

2.草原

草原是由草本植物组成的广阔地带，而牧场则是人类放牧的地方。草原和牧场常常交织在一起，形成了独特的景观。例如，内蒙古的草原和牧场就是典型的代表。

3.花卉

花卉是自然界中美丽的植物，它们在春夏秋冬各有不同的花季和代表品种。植物园则是展示各种花卉的场所，人们可以在这里欣赏到各种美丽的花卉。例如，荷兰的郁金香花田和中国的樱花大道都是花卉景观的代表。

4. 水生植物

水生植物生长在湖泊、河流、沼泽等水域中,包括各种藻类、菱角、荷花等。它们具有独特的形态和生态功能,如净化水质、提供氧气等。水生植物也是重要的生物多样性资源之一。

5. 农作物

农作物是人类食用的植物,如稻谷、小麦、玉米等。果园则是种植水果的园地,如苹果、梨、柑橘等。农作物和果园在不同的地理和文化背景下有着不同的种植方式和用途,形成了独特的景观。例如,法国的葡萄园和中国的稻田都是农作物景观的代表。

6. 荒野和沙漠中的植物

荒野和沙漠中的植物是极端的环境条件下的植物景观。荒野中的植物具有强大的生命力和适应性,如仙人掌、龙舌兰等;沙漠中的植物则具有特殊的生存策略和结构特征,如骆驼刺、胡杨等。这些植物在极端环境中生存繁衍,形成了独特的生态景观。

二、动植物景观美学特征

动植物景观审美是一种对自然及人工环境中动植物景观的欣赏、体验和评价过程。通过对植物景观和动物景观的欣赏和评价,我们可以更好地认识和理解我们所生活的环境,以及人类与自然之间的关系。

(一)动物景观审美

动物景观审美涵盖了多个方面,包括外形美、生态美、进化美、社会美和象征美。这些审美价值不仅让人们感受到动物的美丽和生命的神奇,也启示着人们尊重自然、保护环境和热爱生命。同时,通过对动物审美的思考,人们也可以更好地理解自然界的运作和生命的演化过程,激发对大自然的敬畏之情。

1. 外形美

动物的外形美是吸引人们关注的重要因素之一。不同种类的动物具有各自独特的外貌特征,如孔雀的华丽羽毛、斑马的黑白相间条纹、长颈鹿的长颈等。这些特征使动物们在自然界中独具美感,让人们感受到造物主的神奇和自然的力量。

2. 生态美

动物的生态美体现了动物与其生存环境之间的和谐关系。观察动物在自然环境中的生活,可以感受到它们对环境的适应和与环境的和谐共生。例如,大象在森林中的生活,展示了它们强大的力量和智慧;海豚在海中的游弋,展现了它们的灵活和自由。这些生态景观不仅让人们感受到动物的美丽,还传递了保护环境的重要性。

3. 进化美

动物的进化美是物种在漫长演化过程中所形成的独特特征和形态。这些特征反映了物种对环境的适应和进化的智慧。例如,鸟类的翅膀是它们适应飞行的进化成果,鲨鱼的锋利牙齿则是它们捕食的利器。这些进化的成果展示了自然选择的神奇和生命的智慧,让人们感受到生命的美丽和伟大。

4. 社会美

动物的社会美体现了动物之间的复杂社会结构和相互关系。许多动物种类具有高度的社会性,通过合作、互动和交流维持群体生活。例如,蜜蜂的分工合作展示了集体智慧和团结的力量;狼群的狩猎策略则展现了动物的智慧和团队精神。观察动物的社会行为,可以感受到它们的和谐相处和生命的尊严,让人们思考人类社会中的类似行为和价值观。

5. 象征美

动物的象征美常常被用于文化、艺术和宗教等领域,成为人们表达情感、传达信息和传递价值观的重要符号。例如,龙在中国文化中象征着权威和力量;鹰在西方文化中象征着自由和勇气。动物的象征意义不仅丰富了人类的文化内涵,也激发了人们的想象力和创造力。

(二)植物景观审美

植物景观的美学价值在于其独特的形态、色彩和气息等元素,以及其生命力和季节性变化等方面,让人们感受到大自然的力量与美丽。

1. 形态美

植物的形态包括其外部轮廓、枝叶分布、树冠形状等。不同种类的植物具有不同的形态特点,如乔木的树冠高大挺拔、灌木的枝叶繁茂、草本的轻盈飘逸。

2. 色彩美

植物的色彩包括叶片、花朵、果实的颜色及季相变化等。不同种类的植物具有不同的色彩特点,如绿色的叶片、红色的花朵、金黄色的果实等。植物的色彩能给人们带来愉悦的视觉感受,增强环境的吸引力。

3. 香气美

不同种类的植物具有不同的香气特点,如茉莉花的清香、桂花的甜香等。植物的香气不仅能够给人们带来愉悦的嗅觉感受,还具有一定的保健和药用价值。

4. 意境美

植物的意境美是指植物在特定文化背景下所赋予的文化内涵和象征意义。不同种类的植物在不同的文化背景中具有不同的寓意,如松树象征着坚韧不拔、梅花象征着傲骨冰清等。

5. 文化美

植物的文化美是指植物在历史演变过程中所积淀的文化遗产和价值观念。不同种类的植物在不同的历史时期和文化背景中具有不同的文化内涵和象征意义,如竹子在中国文化中象征着谦虚和气节,樱花在日本文化中象征着生命和短暂的美。

6. 动态美

植物的动态美是指植物生长变化的过程和季节性变化的特点。植物在不同的生长阶段和季节中表现出不同的形态和色彩,如春天的花朵盛开、夏天的叶子繁茂、秋天的果实累累等。

7. 空间美

植物的空间美是指植物在园林空间中的作用和影响。植物可以通过其形态、色彩和质感等特征来影响空间感,如高大挺拔的乔木可以形成茂密的林下空间、低矮的灌木可以用于填充空间层次等。

三、动植物景观导游讲解技巧

（一）动植物景观导游讲解基本要求

1. 动植物景观导游讲解准备工作

（1）了解目标群体

在进行动植物景观讲解之前,动植物景观导游需要了解游客的背景和需求。不同的游客群体有不同的兴趣和知识水平,因此动植物景观导游应根据游客的特点来选择合适的讲解内容和方式。

（2）积累专业知识

①熟悉景点信息,能够提供专业的讲解服务。动植物景观导游需要对景点的历史文化、动植物资源、人文景观等进行深入的了解和学习,以便向游客提供专业、准确的讲解服务。

②熟悉动植物的生长习性和生活习性,能够进行生动的描述。动植物景观导游需要具备动植物方面的专业知识,熟悉动植物的生长习性和生活习性,能够生动地向游客描述动植物的特点和习性。

（3）制订讲解计划

在进行动植物景观讲解之前,动植物景观导游应制订一个详细的讲解计划。讲解计划中应包括讲解的内容、顺序和时间安排等,以保证讲解得有条不紊。同时,动植物景观导游还需要考虑到安全因素,确保现场布置符合安全要求,以保障讲解对象的生命财产安全。

2. 讲解技巧

动植物景观导游讲解要做到五突出。

（1）突出科学准确性

在动植物景观导游讲解中,科学准确性是首要原则。动植物景观导游应具备扎实的动植物学知识,能够准确描述动植物的形态特征、生长习性、生活环境等,并能够根据科学知识解释景观的形成和发展过程。动植物景观导游在讲解过程中,避免使用不准确或模糊的词汇,以免误导游客。

（2）突出生动形象性

生动形象性是动植物景观导游讲解技巧的重要方面。在讲解过程中,动植物景观导游应运用生动形象的语言和描述方法,使游客能够更好地理解和感受动植物景观的美妙之处。动植物景观导游可以通过比喻、拟人、细节描写等方法来增强讲解的生动性和形象性。

（3）突出引导参与性

引导参与性是动植物景观导游讲解的重要技巧。动植物景观导游应积极引导游客参与观察和探索,激发他们的好奇心和求知欲。动植物景观导游可以通过设置问题、提供线索、组织观察活动等方式来引导游客主动参与,让他们在参与过程中感受到学习的乐趣。

（4）突出知识系统性

在动植物景观导游讲解中,知识系统性是有必要的。动植物景观导游应根据动植物景观的特点和形成过程,构建一个完整的知识体系,将各个知识点有机地串联起来,使游客能够系统地了解景观的各个方面。同时,动植物景观导游在讲解过程中要注意知识点的深入浅出,避免过于复杂或晦涩难懂。

（5）突出文化关联性

动植物景观导游讲解中,文化关联性是重要的技巧之一。动植物景观导游应挖掘动植物景观背后的文化内涵和历史背景,将景观与当地文化、历史、民俗等元素联系起来,使游客能够更好地了解景观的文化价值和历史意义。同时,动植物景观导游还可以通过自身的文化素养和知识储备,为游客提供更加丰富多样的文化解读和体验。

（二）动植物景观导游讲解注意事项

动植物景观导游在向游客进行动植物景观的讲解时,需要注意以下事项。

1.尊重生态

①保护环境,不随意破坏生态平衡。动植物景观导游需要向游客传达保护环境的重要性,引导游客不随意乱扔垃圾,不破坏植物和动物的栖息地,不干扰野生动物的自然生活。

②维护动物栖息地,不干扰野生动物的自然生活。动植物景观导游应该向游客介绍动物的生活习性和栖息地,让游客了解如何保护野生动物和它们的栖息地。

③保护植物,不采集珍贵和受保护的植物。动植物景观导游应该向游客介绍植物的生长习性和保护价值,让游客了解如何保护植物,不采集珍贵的受保护的植物。

2.尊重文化

①了解并尊重当地的文化和传统。动植物景观导游应该了解当地的文化和传统,向游客介绍当地的历史、文化和风俗习惯等。

②不在景点或历史遗址进行破坏和涂鸦。动植物景观导游应该引导游客文明旅游,不在景点或历史遗址进行破坏和涂鸦。

③尊重当地的风俗习惯和礼仪。动植物景观导游应该了解当地的风俗习惯和礼仪,向游客介绍当地的风俗习惯和礼仪,让游客能够尊重当地的文化和风俗习惯。

3.安全防范

①确保游客的安全,注意防滑、防摔等安全措施。动植物景观导游需要时刻关注游客的安全,特别是在一些容易发生危险的区域,如陡峭的山路、易滑的湿地上等,需要提前告知游客注意安全,并采取相应的安全措施。

②防范野生动物的攻击,避免接触危险动物。导游需要向游客介绍如何防范野生动物的攻击,特别是在一些野生动物出没的区域,如森林、草原等,需要提醒游客注意安全并遵守规定,避免接触危险动物。

4.保持良好的沟通

与游客进行良好的沟通是动植物景观导游讲解工作的关键。动植物景观导游应该倾听游客的意见和建议,及时解决他们的问题,以提高讲解的质量和效果。

（三）动植物景观导游讲解范例

【相关链接】

成都大熊猫繁育研究基地导游讲解词

尊敬的游客朋友们,大家好！我是你们的导游小王,非常荣幸今天能够带领大家参观成都大熊猫繁育研究基地。这里不仅是大熊猫的家园,更是中国国宝的象征和保护研究的重要基地。

首先,我们了解一下大熊猫在中国的特殊意义和悠久历史。大熊猫是中国的国宝,被视为和平与友谊的象征。它的历史可以追溯到几百万年前,它是活化石的代表,也是中国特有的珍稀动物。古代文献中,大熊猫常常被赋予神秘和吉祥的象征意义。在现代,大熊猫更成了全球野生动物保护的标志,不仅是中国的国家形象代表,也是国际友好交流的重要角色。

大熊猫主要生活在我国四川、陕西和甘肃省的高山区域,它们的食物主要是竹子。大熊猫每天需要消耗大量的竹子来满足能量需求,它们会选择软嫩的竹叶和竹笋。大熊猫的消化系统特殊,虽然它们以竹子为食,但其实属于肉食性动物的消化类别。这也是大熊猫需要大量食用竹子来获取足够能量的原因。此外,大熊猫是独居动物,除在交配季节外,它们大部分时间都是独自生活。

在基地里,您可以看到大熊猫的不同生活状态。在幼崽区,您会看到活泼可爱的小熊猫,它们在这里快乐成长。熊猫幼崽出生时非常脆弱,需要特别的护理和监控。而在成年熊猫区,您可以观察到它们悠闲地吃竹子和休息的情景。工作人员会根据大熊猫的不同年龄和健康状况,提供适合它们的食物和照顾。

除此之外,基地还致力于大熊猫的科研和保护工作。我们有专业的研究团队对大熊猫的生活习性、繁殖和健康状况进行深入研究。通过科学的研究和繁育计划,我们努力提高大熊猫的生存率,并促进野生种群的恢复。大熊猫的繁育和保护是一个复杂的过程,涉及遗传多样性的维护、适宜栖息地的创造和疾病预防等多个方面。

基地的科研人员不仅关注大熊猫的日常生活,还专注于它们的行为研究和生殖生理。我们运用现代科技手段,如遥感监测和基因分析,来深入理解这些珍稀动物的行为模式和健康状况。此外,基地还参与国际合作项目,与全球的研究机构共同努力,为大熊猫保护工作贡献力量。

为了让游客们更深入地了解大熊猫,基地设有多媒体展览中心,通过互动展示和教育活动,传播大熊猫保护的知识和理念。我们希望通过教育和宣传,唤起更多人对野生动物保护的关注和参与。

最后,我们将参观纪念品商店,这里有各种大熊猫主题的纪念品。您的消费将部分用于支持大熊猫的保护工作。在参观过程中,如果您有任何问题,随时可以问我。希望今天的参观,能让您更加了解和喜爱这些可爱的国宝。再次感谢您对成都大熊猫繁育研究基地的支持,祝您今天有一个愉快的旅程!

(资料来源:百度文库,有修改)

【相关链接】

神农架冷杉导游讲解词

神农架冷杉,是神农架林区的重要树种之一,主要分布在神农架的深山峡谷和溪流两岸。这种树木适应能力强,生长缓慢,但寿命极长,有的甚至可以活到数百年。

神农架冷杉树皮厚实,树干挺拔,树叶细长且呈针状。通常在海拔 1 000～2 000 米的地区生长,喜欢凉爽湿润环境。在严寒的冬季,冷杉的针叶会变成深绿色,以抵御低温。

神农架冷杉是一种珍贵的树种,具有很高的保护价值和生态意义。首先,冷杉是重要的森林资源,对于维持神农架生态平衡起着重要作用。其次,冷杉是濒危物种,全球范围内都在开展保护活动。最后,冷杉具有很高的经济价值,其木材坚硬耐久,是制作家具和建筑材料的优质选择。

参观神农架冷杉的最佳时间是秋季,此时树叶变成深绿色,与周围的景色形成鲜明对比。游客可以选择在早上或傍晚时段游览,以避免中午高温和人群高峰。在游览过程中,请注意保护环境,不乱扔垃圾,不损坏植被。同时,由于神农架地形复杂,请在专业导游的带领下进行游览。

【在线测试】

动植物景观导游在线测试

【实训任务】

实训内容:动植物景观导游讲解(以神农架动植物为例)

一、实训准备

1. 提前布置任务:神农架导游讲解。

2. 下发实训材料。

3. 学生分组,做好景点讲解准备。

4. 物质准备:神农架导游示意图、话筒、导游旗、导游接待计划、导游 IC 卡等。

二、实训地点

神农架景区。

三、实训内容与步骤

1. 给出任务:神农架动植物导游讲解。

2. 学生分小组,各小组根据不同任务,分头查找神农架动植物相关知识。

3. 各小组成员讨论后,最终确定神农架动植物导游词内容。

4. 进行分组模拟讲解:

①教师或优秀导游示范讲解;

②学生分组讲解。

5. 评价:学生自评、小组评价、教师或优秀导游评价、游客(景区游客)评价。

6. 评选出神农架动植物优秀导游词。

7. 评选出优秀导游。

【课后任务】

选取一处当地或全国有名的动植物景观,查阅相关资料,撰写导游词,并进行模拟导游讲解。

任务五　人文景观导游

【任务引入】

人文旅游景观是指人类创造的具有文化价值、艺术欣赏价值,对游客有吸引力的各种事物和现象。它可以是历史的遗留物,也可以是今人的景观创造;可以是有形的古建筑,也可以是无形的民俗表演。相比自然旅游景观,人文旅游景观具有更加丰富的文化内涵,其旅游价值更多表现为主观性、潜藏性。在旅游审美活动中,旅游主体从中获得的信息量要多于自然旅游景观。

【任务分析】

人文景观的观赏和体验,是旅游活动的一项重要内容,人文景观不同于自然景观,它受历史、经济、文化、民族、地域环境等人文地理造景要素的综合影响,是一种社会环境的形态表现。因此,人文景观导游对导游的文化素质和讲解技巧提出了更高的要求。

【理性认知】

一、人文旅游景观的概念

人文旅游景观是人类历史和文化发展的结晶,是人类社会在历史进程中和现实生活中形成的,具有一定旅游价值的各种社会、文化现象和事物的总称,如各种不同的文学艺术、民族语言、名胜古迹、历史文物、文化传统等等。

中国历史悠久,有5 000年的文明发展历史,原始人类生存遗迹可追溯到百余万年前,在漫长的历史长河中,中华民族创造了光辉灿烂的文化。这些文化具有丰富的旅游价值,对游客有很强的吸引力。中国的这种古老、文明、丰富、独特的人文旅游资源已经成为中国旅游业的主要吸引物之一。

二、人文旅游景观的特点

（一）历史性

人文景观是人类活动所留下的痕迹和实物。其内容、形式、结构,无不反映了深刻的历史特点。如万里长城反映了历史上我国各民族互防、联防和防外的战略防御思想;古运河反映了当时我国东部平原地区的经济发展和南粮北运、北煤南运的历史实际;丝绸之路反映了历史上东西方经济发展和物资、文化交流的社会要求。

（二）区域性

各类旅游资源总是分布在一定的地理环境中,地理环境在空间分布上的差异必然导致旅游资源在空间分布的差异,也就是说,旅游资源具有明显的区域性特点。文化的产生受自然环境的影响比较大,任何文化都是在一定的地域空间产生和发展的。不同的地域,人们的生产和生活方式不同,因而表现在文化上也就会有明显的地域特征,每一种人文景观都不可避免地打上了区域的痕迹。

【小资料】

中国各地不同的民居建筑

1. 木构架庭院式民居

中国传统住宅的最主要形式,其数量多、分布广,为汉族、满族、白族等族大部分人及其他少数民族中的一部分人使用。这种住宅以木构架房屋为主,在南北向的主轴线上建正厅或正房,正房前面左右对峙建东西厢房。由这种一正两厢组成院子,即通常所说的"四合院""三合院"。四合院是北京地区乃至华北地区的传统住宅。

2. 四水归堂式民居

中国南部江南地区的住宅名称很多,平面布局同北方的"四合院"大体一致,只是院子较小,称为天井,仅作排水和采光之用("四水归堂"为当地俗称,意为各屋面内侧坡的雨水都流入天井)。江南水乡住宅往往临水而建,前门通巷,后门临水,每家自有码头,供洗濯、汲水和上下船之用。

3. "一颗印"式民居

云南省(中国西南部)的"一颗印"式民居可以作为这类住宅的代表,在湖南(中国南部)等省称为"印子房"。这类住宅布局原则与上述"四合院"大致相同,只是房屋转角处互相连接,组成一颗印章状"一颗印"式住宅建筑为木构架、土坯墙,多绘有彩画。

4. 大土楼

大土楼是中国福建西部客家人聚族而居的围成环形的楼房。一般为三至四层,最高为六层,包含庭院,可住五十多户人家。庭院中有厅堂、仓库、畜舍、水井等公用房屋。这种住宅防卫性很强,是客家人为保护自己的生存,所创造独特的建筑形式,至今仍在使用。

5. 窑洞式民居

窑洞式民居主要分布在中国中西部的河南、山西、陕西、甘肃、青海等黄土层较厚的地区。它利用黄土壁立不倒的特性,水平挖掘出拱形窑洞。这种窑洞节省建筑材料,施工技术简单,冬暖夏凉,经济实用。窑洞一般可分为靠山窑、平地窑、砖窑、石窑和土坯窑五种。

6. 干栏式民居

干栏式民居主要分布在中国西南部的云南、贵州、广东、广西等地区,为傣族、景颇族、壮族等的住宅形式。干栏是用竹、木等构成的楼居。它是单栋独立的楼,底层架空,用来饲养牲畜或存放东西,上层住人。这种建筑能够防潮,并能防止虫、蛇、野兽的侵扰。

(资料来源:百度百科,有修改)

（三）时代性

人文景观是随着社会文化的发展而发展的。文化是一种历史现象，每个社会都有与之相适应的文化。文化既有历史的传承性，又有每个历史时代的独特性。作为历史遗存的人文景观，它必然明显地体现着那个时代的特征。

（四）文化性

文化本身是一个比较模糊的概念。笼统地说，文化是一种社会现象，是人们长期创造形成的产物，同时又是一种历史现象，是社会历史的积淀物。确切地说，文化是指一个国家或民族的历史、地理、风土人情、传统习俗、生活方式、文学艺术、行为规范、思维方式、价值观念等。任何人文景观都反映了人类在文学、艺术、技术、工艺等领域的成就，有博大精深的文化内涵，凝结着人类世世代代的智慧，所以说，它们都具有文化性的特点。

三、人文旅游景观的种类

（一）历史文物古迹类

历史文物古迹类包括古人类遗址、古文化遗址、古城遗址、古冶窑遗址、古代文化设施和其他古代经济、文化、科学、军事活动遗物、遗址和纪念物等。如周口店"北京人遗址"、浙江余姚的河姆渡遗址、黄河流域的仰韶文化、山东章丘龙山文化等，都是著名的历史文物古迹类景观。

（二）古代与现代建筑

古代与现代建筑包括古代陵墓建筑、古代宫殿建筑、园林建筑、石窟、水利工程、道桥工程和现代水利工程、体育场馆等。例如，北京的故宫、天坛、鸟巢和水立方，西安的兵马俑，河南的龙门石窟，甘肃莫高窟石刻，武当山古建筑群、三峡大坝等。

（三）近代史迹

近代史迹包括革命遗址、烈士陵园、名人故居、纪念物和博物馆等。例如，红色旅游胜地的井冈山除了有如画的自然风光，"中国革命的发源地、老一辈革命家曾战斗过的地方"这些人文因素，无疑使其成为特殊的人文景观。如鲁迅故居、三味书屋、鲁迅纪念堂等旅游点，也都是这类人文景观。

（四）社会风情

社会风情包括城乡风貌、生活习惯、风土人情、民居建筑、民族节庆、民族艺术、民族服饰和宗教信仰等。如蒙古族的那达慕大会、新疆的木卡姆、云南丽江的纳西古乐等都是极具特色的人文景观。

【小资料】

新疆的木卡姆

"木卡姆"，为阿拉伯语，意为规范、聚会等意，这里转意为大曲，是穆斯林诸民族的一种音乐形式。十二木卡姆就是十二套大曲，十二套大曲分别是拉克、且比亚特、木夏维莱克、恰尔尕、潘吉尕、乌孜哈勒、艾介姆、乌夏克、巴亚提、纳瓦、斯尕、依拉克等。维吾尔十二木卡姆的每一个木卡姆均分为穹乃额曼、达斯坦和麦西热甫三大部分;每一个部分又由四个主旋律和若干变奏曲组成。其中,每一首乐曲既是木卡姆主旋律的有机组成部分,又是具有和声特色的独立乐曲,为木卡姆伴奏的乐器有萨塔尔、弹拨尔、热瓦普、手鼓、都塔尔等。

木卡姆音乐现象分布在中亚、南亚、西亚、北非19个国家和地区,新疆处于这些国家和地区的最东端。得益于横贯欧亚的古代陆上交通大动脉——"丝绸之路",维吾尔木卡姆作为东、西方乐舞文化交流的结晶,记录和印证了不同人群乐舞文化之间相互传播、交融的历史。因此,"中国新疆维吾尔木卡姆艺术"被人们赞誉为"华夏瑰宝""丝路明珠",并于2007年11月25日被联合国教科文组织宣布为第三批"人类口头和非物质遗产代表作"。

（资料来源:百度百科,有修改）

四、人文景观的赏析

人文景观美泛指劳动创造的一切美好事物,区别于自然景观美,又以自然美为素材、背景、陪衬、对象,往往是自然美和人工美的有机结合。人文旅游景观的欣赏除了注意观赏的方法、距离、角度、时间等因素的影响,主要应注重对其美的欣赏。人文景观导游在带领游客游览人文景点或景区时,必须结合人文景观美的特征,正确引导游客对自然景观进行赏析。

（一）艺术美

艺术美比起现实美是更高形态的美。现实生活的美是分散的,纵然色彩缤纷、千姿百态,但它们处在自在的状态,彼此孤立、分散,缺乏内在联系,并不是一种协调的整体。相反,艺术美却是集中的。它虽不像生活中的美那样生动,但却显示出内在的联系、协调,体现了人类的理想、本质的规律。

人文景观作为审美对象,具有深厚的文化内涵和艺术价值。人文景观的艺术价值,随着时间的流逝和社会的发展进步而更加光彩夺目,吸引着越来越多人的关注。人文景观的艺术美,是景观中的重要内容之一,有着鲜明的时代特征、借鉴功能与审美价值。因此,导游在讲解人文景观时,要注意突出其艺术性,提升人文景观导游讲解的层次。

（二）统一美

许多人文景观是由各种各样的单体审美对象组成的,每个单体均体现出自身的特色,当组成一个整体后,就成了人文景观不可分割的一部分。

（三）协调美

人文景观的美不是独立、单个的,它与周边的景观相互配合、又与自身的各种景观形态互相协调,形成了丰富多彩的景观表现形态,从而具有了与众不同的艺术魅力。

（四）创造美

人文景观是人类历史和文化发展的结晶,是聚居在不同环境中的不同民族,在漫长的人类历史过程中形成的,凝聚着我国劳动人民的聪明才智,体现了人类在生产、生活和艺术实践中的无穷创造力,丰富了人文景观的观赏价值和审美情趣,增强了对游客的吸引力。

五、人文景观导游讲解技巧

人文景观属于文化景观的范畴,是自人类出现之日起,由人类活动所产生,经过开发利用能够为旅游业所用的一切景物。它包含的范围很广,涉及面宽、类型多样。因此,人文景观导游在进行人文景观讲解时,要紧紧地围绕着人文景观文化内涵和美学特征,综合运用多种导游讲解技巧,引导游客正确鉴赏人文景观,获得心灵上的共鸣和享受。

(一)交代景观背景

各种人文景观与它所处的社会和地域有着密切的联系,不能脱离当时的历史背景孤立地去欣赏它们。人文景观导游在讲解人文景观时不能只讲解景观的特征,还要交代景观所处的历史背景,这样有助于引导游客认识景观出现的渊源,探寻景观的文化内涵。同时,还要向游客讲解人文景观所处的自然背景。人文景观的欣赏一定离不开它所处的自然环境。例如,我国古代的宗教建筑大多建在崇山峻岭、风景优美之地,体现人与自然的和谐统一,借助自然风景来突出建筑的美。因此,为游客讲解人文景观时,要结合其所处的周围环境,引导游客领略人文景观的美。

【相关链接】

武当山古建筑群的历史背景

自明代以来,武当山与全国其他名山相比,一直占据着非常重要的地位,其他名山均可望而不可即!究竟是什么原因使明朝皇帝对武当山这么情有独钟呢?

明太祖朱元璋病逝后,传位给长孙朱允炆,但朱元璋的第四个儿子燕王朱棣,却篡夺了侄子的皇位,并将首都由南京迁到北京,后人称他为"永乐皇帝"。永乐帝知道"真武大帝"是北方的神,由北方到南方修仙得道,然后坐镇天下,于是他自称是真武下凡,为自己篡位一事开脱。永乐十年,也就是1412年,朱棣决定大修真武大帝得道飞升之处——武当山。他从北京紫禁城及江南各地调派30万人马,到达武当山,史称"北修故宫,南修武当"。

朱棣对武当山非常关心,前后共发过60多道圣旨,内容大致调遣人力,小到设计图纸,处理多余的建筑材料等,均亲力亲为。他还再三叮嘱工匠要顺应自然,对山体不要有丝毫改动,这也是武当道教建筑群的又一个特点,体现了道教"崇尚自然"的思想。12年后,武当山修成道观大约有8 000间,各道观中神像、法器等设施多为皇室钦用,富丽无比,当时盛传武当山道场是"富甲天下"的"黄金白银"世界。

武当山的建筑,是根据真武帝修仙神化来安排布局的,并且按照政权和神权相结合的意图营建,体现了皇权和道教所需要的"庄严""威武""玄妙"的氛围,从山脚到山巅天柱峰金殿,用一色青石铺就一条70千米长的"神道",作为朝圣进香大道。神道依山就势、蜿蜒而上,如一条巨幅飘带,把武当山9宫8观、36庵堂、72岩庙串联在一起。

(资料来源:中国武当网,有修改)

(二)突出景观特征

人文景观导游在进行人文景观导游讲解时,要突出景观的特征,主要包括景观的布局、功能、造型、构景要素、手法及与之相关的匾额楹联等方面。不同类型景观讲解的侧重点也会有差异。如文物古迹类景观主要讲解出土文物的功能、造型、研究价值和历史价值等;古代宫殿类建筑主要讲解宫殿的布局、陈设、基本构件等。

【相关链接】

武当山金殿

明代铜铸仿木结构宫殿式建筑,位于天柱峰顶端的石筑平台正中,面积约 160 平方米,朝向为东偏南 8°。殿面宽与进深均为三间,面阔 4.4 米,进深 3.15 米,高 5.54 米。四周立柱 12 根,柱上叠架、额、枋及重翘重昂与单翘重昂斗拱,分别承托上、下檐部,构成重檐庑殿式屋顶。正脊两端铸龙对峙,四壁于立柱之间安装四抹头格扇门。殿内顶部作平棋天花,铸浅雕流云纹样,线条柔和流畅;地面以紫色石纹墁地,洗磨光洁。屋顶采用"推山"做法为特点。殿内于后壁屏风前设神坛,塑真武大帝坐像,左侍金童捧册、右侍玉女端宝,水火二将执旗捧剑拱卫两侧。坛下置玄武一尊,为金婉合体。坛前设香案、置供器。神坛上方高悬鎏金匾额,上铸清圣祖爱新觉罗·玄烨手迹"金光妙相"四字。殿外檐际,悬盘龙斗边鎏金竖额,上竖铸"金殿"二字。殿体各部分采用失蜡法铸造,遍体鎏金,无论瓦作、木作构件,结构严谨、合缝精密。虽历经五百多年的严寒酷暑,至今仍辉煌如初,彰显我国铸造工业发展的高超水平,堪称现存古建筑和铸造工艺领域中的一颗璀璨明珠。

(资料来源:中国武当网)

(三)挖掘文化内涵

每一类型的人文景观都包含博大精深的文化内涵。作为人文形态的人文景观,承载并展现人类各种文化内容,成为文化凝聚、积累和表征的载体。因此,人文景观导游在讲解时要深入挖掘景观文化内涵。

【相关链接】

曲阜孔庙"金声玉振坊"

"千年礼乐归东鲁,万古衣冠拜素王。"曲阜之所以享誉全球,是因为与孔子的名字紧密相连。孔子是世界上最伟大的哲学家之一,是中国儒家学派的创始人。在两千多年漫长的历史长河中,儒家文化逐渐成为中国正统文化,影响东亚和东南亚各国,奠定整个东方文化的基石。曲阜的孔府、孔庙、孔林,统称"三孔",是中国历代纪念孔子、推崇儒学的表征,以丰厚的文化积淀、悠久历史、宏大规模、丰富文物珍藏,以及科学艺术价值而著称。因其在中国历史和世界东方文化中的显著地位,被世人尊崇为世界三大圣城之一。

孔庙是我国历代封建王朝祭祀春秋时期思想家、政治家、教育家孔子的庙宇,位于曲阜城中央。它是一组具有东方建筑特色、规模宏大,气势雄伟的古代建筑群。

孟子对孔子有过这样的评价:"孔子之谓集大成,集大成者,金声而玉振之也。金声也者,始条理也;玉振之也者,终条理也。""金声""玉振"表示奏乐的全过程,以击钟(金声)开始,以击磬(玉振)告终。以此象征孔子思想集古圣先贤之大成,赞颂孔子对文化的巨大贡献。因此，后人把孔庙门前的第一座石坊命名为"金声玉振"。

金声玉振坊为石刻建筑，4 楹，石鼓夹抱，4 根八角石柱顶上饰有莲花宝座，宝座上各蹲踞一个雕刻古朴的独角怪兽"辟无邪"，俗称"朝天犼"。两侧坊额浅雕云龙戏珠，明间坊额填色4 个大字"金声玉振"，笔力雄劲，由明嘉靖十七年(1538 年)著名书法家胡缵宗题写。坊后是一座单孔石拱桥，桥面由二龙戏珠的石阶，桥下清流呈半圆绕过，这就是泮水，可惜泮水已被石块封盖，只有泮桥独存了。桥后东西两侧各有一道石碑，立于金明昌二年(1191 年)，碑上刻有"官员人等至此下马"，人称"下马碑"。过去文武官员、庶民百姓途径此处，必须下马、下轿，以示尊敬，就连皇帝祭祀孔子，也要下辇步行进入，可见孔庙的尊严。

（资料来源：百度百科，有修改）

（四）灵活运用历史故事

人文景观导游在讲解人文景观时，要努力避免平淡的、枯燥无味的且就事论事的讲解方式。在讲解中，可以灵活穿插讲解与景观相关的历史故事，通过讲故事来激发游客的兴趣，增加讲解的趣味性。

【相关链接】

一个导游在讲解故宫时这样讲道："现在大家看到的是太和殿，整座大殿建在三层重叠的'工'字形须弥座上，由汉白玉雕成，离地 8 余米，层层石台如同白云，加上香烟缭绕，整座大殿好像天上仙境一样。举行大典时，殿内珐琅仙鹤香盘上点蜡烛，香亭、香炉烧檀香，露台上的铜炉、龟、鹤燃松柏枝，殿前两侧廊香烟缭绕，全场鸦雀无声。皇帝登上宝座时，鼓乐齐鸣，文武大臣按品级跪伏在广庭，仰望云中楼阁山呼万岁。清朝末代皇帝溥仪登基时年仅 3 岁，由他的父亲摄政王载沣把他抱扶到金銮宝座上。当大典开始时，突然鼓乐齐鸣，吓得小皇帝哭闹不止，嚷着要回家去。载沣急得满头大汗，只好哄着小皇帝说'别哭，别哭，快完了，快完了，快完了！'大臣们认为此话不吉祥，说来也巧，3 年后清朝果真就灭亡了，从而结束了我国 2 000 多年的封建统治……"

导游通过小皇帝登基被吓哭的故事烘托出蓝天之下、黄瓦生辉的太和殿在举行大典时，皇帝无上的权威与尊严，让游客了解其特殊的地位和价值。

（资料来源：第一导游网，有修改）

（五）灵活运用导游讲解方法

人文景观导游要根据人文景观的特点选择适合的导游讲解方法。

人文景观导游常用的讲解方法有分段讲解法、突出重点法、虚实结合法、问答法、制造悬念法、触景生情法等。

【在线测试】

人文景观导游在线测试

【实训任务】

实训内容：当地人文旅游景观的调查

一、实训准备

1. 提前下发实训资料。
2. 学生分组,认真按照实训要求做好准备。
3. 物质准备:调查表、实训计划书、实训报告书等。

二、实训地点

当地人文旅游景点或景区。

三、实训内容与步骤

1. 教师先布置实训任务,讲解实训内容、重点、要求和注意事项。
2. 学生分小组到图书馆或上网查找相关资料,制订出调查表。
3. 各小组到选定的旅游景点或景区进行调查。
4. 调查结束后,各小组整理、分析调查数据,得出结论。每组制作 PPT,汇报自己的实训成果。
5. 学生自评、小组点评、教师点评。

【课后任务】

选取当地或全国有名的人文景观,运用所学知识,撰写导游词。

任务六　古建筑景观导游

【任务引入】

中国古代建筑以其独特的取材、巧妙的结构和别具风格的造型艺术在世界建筑史上占有重要地位,被称为"凝固的诗,立体的画"。古建筑景观导游需要掌握一些古建筑景观讲解技巧,以便将古建筑的美丽和魅力传达给游客,并使他们对古建筑所蕴含的文化有更深入的了解,真正做中国文化的传播者,讲好中国故事。

【任务分析】

1. 知识储备:具备传统思想在古代建筑中的体现、古代建筑的基本特征、古代建筑的等级等方面的知识。

2.技能准备:良好的口头表达能力和沟通技巧,能够用易于理解的语言向游客传递信息。

3.物资准备:必要的讲解道具和地图,以及用于应对突发情况的急救包。

4.心理准备:具备耐心、细心和责任心,能够在不同环境下保持专业和专注。

【理性认知】

我国古代劳动人民在人类文明发展的漫长历史进程中,创造了光辉灿烂的建筑艺术。中国古建筑是传统文化艺术审美的精华所在,在古老广袤的土地上,古建筑如同一颗颗无价的珍宝点缀在大地上,成为历史最深厚的见证者!它承载着中华民族的建筑艺术、宗教、民俗、营造技术及建筑环境等多方面的理念和智慧,记录、传承了中国古建筑的建筑布局、形制等级,构造形式、结构类型、色彩运用和营造特征。

寺庙宫观导游——
紫霄宫

一、古建筑景观的种类

中华历史悠久历经上下五千年时间的洗礼演变,其文化源远流长,古建筑的类型按照建筑物的性质与功能分类,主要有宫殿建筑、礼制性祭祀建筑、民居建筑、陵墓建筑和古城、古镇古村与古长城建筑等类型。

1.宫殿

宫殿是帝王和权贵居住的地方,凭借巍峨壮丽的气势、宏大的规模,给人强烈的精神震撼,凸显帝王权威。

宫殿是我国建筑中最高级、最豪华且艺术价值最高的一种类型,代表当时建筑技术与艺术的最高水平,彰显东方帝制时代的壮美与恢宏。中国现存著名宫殿有北京故宫、沈阳故宫、布达拉宫等。

2.礼制性祭祀建筑

中国古代建筑除以"礼"来制约各类建筑的形制外,还有一系列因"礼"的要求而产生的建筑。帝王、官吏和民间祭祀天地、日月、名人、祖先的坛、庙、祠等,均属于这类礼制建筑。中国现存著名坛庙有太庙、社稷坛、天坛、地坛、孔庙等。

3.民居建筑

民居是古代普通百姓居住的地方,不同地区和民族的民居风格各异。北方的传统民居多为四合院,南方的传统民居多为建筑群落。著名的民居有北京胡同四合院、徽州民居、福建土楼等。

4.陵墓建筑

陵墓建筑是中国古代建筑的重要组成部分。中国古人基于"人死而灵魂不灭"的观念,普遍重视丧葬。因此,无论任何阶层对陵墓皆精心构筑。中国现存著名古代陵墓有秦始皇陵、汉茂陵、唐乾陵、明显陵、清陵等。

5.古城、古镇古村与古长城建筑

古城、古镇古村与古长城,是古建筑中体量最大的建筑实体,历经朝代交迭、世事沧桑,记载下了历史与文明的脚步。

（1）古城

城池建筑经过各朝代实践经验的总结，不断完善，日趋坚固，易于防守，由城墙、敌楼、角楼、垛口、城门、护城河等构成了一个完整的防御体系。我国现存古城有南京古城、西安古城、平遥古城、丽江古城、襄阳古城等。

（2）古镇古村

古镇古村是中国文化遗产的重要组成部分。它反映不同地域、不同民族、不同经济社会发展阶段。其聚落形式和演变的历史过程，真实记载了传统建筑风貌、优秀建筑艺术、传统民俗民风和原始空间形态。中国著名古镇古村有周庄镇、同里镇、乌镇等。

（3）长城

长城是中国古代规模最宏大的防御工程，是历代修筑者为防御外来侵略、保卫整个国家而修建的。它以浩大的工程、雄伟的气魄和悠久的历史著称于世，被誉为古代人类建筑史上的一大奇迹。现存著名长城景观有八达岭长城、居庸关、山海关、嘉峪关等。

以上是古建筑的主要分类，每一类都有其独特的建筑特点和文化内涵。古建筑的保护和传承对了解和弘扬中华传统文化至关重要，希望我们能够加强对古建筑的保护工作，使更多的人了解和欣赏这些宝贵的文化遗产。

二、古建筑景观的美学特征

自古以来，中国古建筑一直受人们推崇，是中国建筑文化的重要组成部分，具有诸多美学特征，这些特征是建筑师在建筑设计过程中所注重的关键因素。

（一）建筑规模和造型美

中国古代建筑规模宏大、立面广阔、屋顶低矮，与自然环境相融合，给人们带来一种稳重、端庄的美感。中国古建筑形形色色，造型也不计其数，每一种类型都具有不同的美学价值。

1. 屋檐

古建筑造型最突出的是屋檐，中国古代建筑的屋檐与屋身有统一性、连续性强的特点，屋身的变化会带来屋檐的变化。古建筑的屋檐主要有屋檐高大、翼脚翘起的特点。飞起的屋檐有一种动态美，把本来静止的建筑带动得灵动欲活。这既有美学欣赏价值，又体现中国古老的动静结合的辩证思想。

2. 屋顶

屋顶的造型多为曲线形，这样的屋顶使本来笨拙的建筑显得灵动，其架构符合美学逻辑，在简单和自然中增加美感，静态的屋身在动态的屋顶和屋檐的带动下极具美感。

3. 斗拱

斗拱是连接屋顶和屋身的主要部分。中国古代建筑大都是木结构的，这就有了特殊的构件斗拱。斗拱是古代劳动人民根据木材本身的结构把它穿插架构在许多木构件之间，一层层地叠加，放在屋檐下柱子和屋顶之间。在西周时期斗拱就已经出现，经过唐宋到明清时期发展成熟，它最初功能只是为了连接柱子和屋顶，但随着建筑业的发展变化，渐渐成了装饰结构。斗拱有着一律整齐的形式，而且相互对称、相互均衡，各个部件之间都十分协调，而且衔接得很巧妙,使整个建筑拥有和谐的韵律。斗拱的构件大都是正方形和长方形,从侧面看也多呈倒等腰三角形;从上面俯瞰,有的斗拱呈"十"字,有的呈"田"字,十分对称。而且斗拱的外观还有完整的几何关系的美感,展现出和谐统一的韵味。

(二)结构特征与技艺美

中国古代建筑的结构特征是其艺术价值的一个重要方面。建筑采用木质结构,梁柱间采用卯榫连接,内部结构小巧紧密很有安全感。这反映出古代人追求内心的宁静和高雅。这种小巧玲珑的木结构建筑反映出中国传统思想中的"天人合一"的思想,从美学艺术上讲也就是取法自然。这样的建筑群让人有一种喜悦感,仿佛回归自然。这就要求建筑师有精湛的技艺和对建筑结构的深入理解。因此,这种建筑技艺美,也被称为"中国建筑之母"。

(三)建筑布局与色彩美

以木构架结构为主的中国建筑体系,在平面布局方面具有鲜明的特点:以"间"为单位构成单体建筑带,再由单体建筑组成庭院,进而以庭院为单元,组成各种形式的组群。这种建筑布局具有较高的美学欣赏价值。古代的建筑大多是庭院式的,由许多单个的房屋相互连接形成一间屋,然后在屋的周围布置一些其他的景观建筑,这样构成的庭院和建筑布局,错落有致,极具美感。古代的庭院还能使单一的房屋建筑富于变化,使主建筑的形态呈现不同的姿态,从而达到衬托效果。古建筑的庭院布局是建筑平面结构的纵深发展,呈现出非凡的艺术美感。

除了庭院组合,古建筑也极为讲究布局的对称,主建筑大都建在中轴线上,其余的建筑都围绕中轴线对称分布。这样均衡的布置既显庄严又井井有条,体现出中国传统等级观念和不容僭越的君臣关系。

中国古代建筑也注重色彩和装饰,常采用红、黄、黑、白等色彩,装饰雕刻有龙、凤、麒麟、狮子等神话动物,反映了中国神话传说和文化传统。

(四)文化意义和社会美

在中国古代文化传统中,建筑扮演着重要的社会角色。建筑不仅代表了封建王朝的权威和文化传承,还体现了社会文化伦理观念和人际关系。比如,古代宫廷建筑就反映了君臣关系和礼节制度的重要性,其建筑形式和内部布局,也体现封建政治制度和人文思想。

三、古建筑景观导游讲解技巧

(一)古建筑景观导游讲解准备工作

1.了解目标群体

在进行古建筑景观讲解之前,古建筑景观导游需要了解游客的背景和需求。不同的游客群体有不同的兴趣和知识水平,因此古建筑景观导游应根据游客的特点选择合适的讲解内容和方式。

2.积累专业知识

作为古建筑景观讲解员,古建筑景观导游需要具备一定的专业知识。古建筑景观导游应该了解传统思想在古代建筑中的体现、古代建筑的基本特征、古代建筑的等级等方面的知识,以便能够向游客提供准确、丰富的信息。

①古建筑景观导游需要为游客详细介绍传统思想在古代建筑中的体现,如敬天祭祖、皇权至上、以中为尊、阴阳五行等。例如,介绍北京故宫整体布局时,故宫中轴线体现出"以中为尊"的传统思想,这条中轴线几乎成为我国古建筑群体现神权和皇权的凝固线。

②古建筑景观导游需要详细介绍古代建筑的基本特征,如古建筑巧妙而科学的木构架结构、庭院式组群布局、丰富多彩的艺术形象等。

③古建筑景观导游需要详细介绍古代建筑的等级规制。我国古代建筑在很大程度上受中国传统文化意识和封建伦理观念的影响,在建筑物的屋顶、面阔、台基,乃至色彩和彩绘的图案等方面,都有严格的等级差别。

3. 制订讲解计划

在进行古建筑景观讲解之前,古建筑景观导游应制订一个详细的讲解计划。讲解计划中应包括讲解内容、游览顺序和时间安排等,以保证讲解有条不紊。

(二)古建筑景观导游讲解技巧

1. 突出历史背景

中国古建筑悠久的历史可以追溯到几千年前的新石器时代,历经多个朝代演变发展。中国古建筑以其独特的建筑风格和精湛的工艺,成为世界建筑史上的瑰宝。古建筑景观导游在讲解古建筑景观时不能脱离当时的历史背景孤立地去欣赏它们,要向游客介绍古建筑景观所处时代的历史背景,这样有助于游客认识其出现的缘由,探寻景观的文化底蕴。

2. 突出景观特征

讲解古建筑景观离不开对实物具体特征的把握,主要包括建筑的结构、造型、布局、功能、陈设、等级、色彩、彩画及与之相关的匾额楹联等方面。不同类型的古建筑景观解读的侧重点也会有差异。宫殿类建筑主要从建筑布局、宫殿外陈设及等级等方面进行讲解;城墙类古建筑(长城、苗疆边墙等)主要介绍其御敌功能、特殊结构和建筑材料等;陵墓类建筑主要从封土沿革、陵园建筑布局及墓室结构等方面进行讲解。

3. 突出景观风格

中国古建筑的建筑风格多种多样,包括宫殿式、寺庙式、陵墓式等。宫殿式建筑宏伟壮观,典型代表如故宫、颐和园等;寺庙式建筑庄严肃穆,代表有报国寺、白云观、青羊宫等;园林式建筑注重自然景观和人文环境的结合,代表有苏州园林、西湖等。每种建筑风格都有其独特的特点和美感,为游客提供了不同的观赏体验。

4. 突出景观功能

中国古建筑的建筑功能多种多样,包括宫殿、寺庙、园林、民居等。宫殿是古代帝王居住和处理政务的场所,代表如故宫等。寺庙是古代人们祭祀神明的场所,代表有显通寺、报国寺、伏虎寺等。园林则以其独特的自然景观和人文环境吸引游客,代表有颐和园、拙政园、狮子林等。民居则是古代普通人居住的场所,代表有北京四合院、陕北窑洞、福建土楼等。每个建筑都有其独特功能和历史背景,向游客展示了中国古代社会的风貌和文化。

5. 突出历史文化

古建筑景观往往具有丰富的历史文化内涵,这也是其吸引力的重要组成部分。古建筑景观导游在讲解时要挖掘古建筑景观中的传统文化,如在讲解宫殿建筑时,可以向游客介绍中国传统儒家思想中的"礼"在古建筑中的体现。

6. 突出景观的保护与传承

中国古建筑作为重要的文化遗产，其保护和传承显得尤为重要。古建筑景观导游在讲解时应该强调古建筑景观保护和传承的重要性。古建筑景观导游可以讲解目前国家和景区对古建筑景观保护的政策和措施及游客在游览过程中应该注意的事项等。同时，在讲解中还应该加强文物保护宣传，让游客意识到古代建筑文化遗产的重要性，助力实现对古建筑、文物的保护和传承。

四、古建筑景观讲解注意事项

（一）尊重文化

古建筑景观导游在讲解时，需向游客传递尊重文化的价值观，让游客了解并尊重不同文化背景下，古建筑景观所蕴含的历史和文化价值。同时，需要注意尊重文化的全面性和包容性，避免出现带歧视、偏见的行为或言辞。

（二）参观提示

古建筑景观导游讲解时，需向游客提供一些参观提示和注意事项，包括该建筑的开放时间、门票价格、参观路线、安全须知等方面，以便让游客更好地了解该建筑的参观信息和注意事项。同时，古建筑景观导游需要注意提示的准确性和清晰度，让游客能够更好地了解和遵守相关规定。

（三）环保意识

古建筑景观导游讲解时，需注意树立游客的环保意识，引导游客文明参观，做到不乱扔垃圾、不随意涂鸦等行为，共同保护古建筑景观的环境和氛围。同时，需要注意环保教育的普及和深入，让游客能够更好地了解和践行环保理念。

五、古建筑景观导游讲解范例

【相关链接】

故宫讲解词（部分）

北京故宫是明清两代的皇宫，明清两代的 24 位皇帝在此登基坐殿，统治中国 500 多年。故宫是世界著名的旅游景观，被联合国教科文组织列为世界文化遗产，闪耀着东方文明的光辉。

故宫南北长 960 米，东西宽 750 米，占地 2 万平方米，建筑面积 15 万平方米，9 000 多间房屋。很多人都听说过故宫有 9 999 个半房间的传说，这源于《易经》中"九为阳极数，九为尊"的理念。紫禁城周围有一堵 10 米高的墙。城中有四门，南门为正门，北门是神武门，东华门为东门，西华门为西门。四角有一座精致别致的角楼，名为"九梁十八柱七十二岭"。城外有一条长 3 800 米、宽 52 米的护城河，使紫禁城成为一个自卫体系，有城内一城的美称，其高度堪称世界之最。故宫占地面积 72 万多平方米，在这么大的区域内，运用各种建筑手法，建造出一组规模这么大的建筑,反而给人一种结构严谨、色彩鲜艳、布局规整的感觉。最重要的手段就是在施工中突出一条极为明显的红色中轴线。这条中轴线与整个北京城有机融合,从北面的钟楼到南面的永定门,全长约8千米。宫殿重要建筑都位于这条中轴线上,而其他建筑则是从东到西对称分布。整个宫殿的设计和布局,显示了封建君主的"尊严"和严格的封建等级制度。

(资料来源:百度文库,有修改)

【相关链接】

武当山金殿导游讲解词

天下第一道教仙山武当山,金殿位于湖北省武当山天柱峰顶端,是中国现存最大、等级最高的铜铸鎏金大殿。据说金殿全部构件是在北京分体铸造后由运河经南京溯长江水运至武当山,经过榫卯安装,结构严谨、连接紧密,然后通体鎏金、无铸凿之痕。

殿内有三个宝贝:第一个是金殿的底部,全部是玉石做成的围栏;第二个是金殿外面的铁丝网上,用真金做成黄色小物;第三个是长明灯,已经保持600年不灭。

金殿还有三奇,其一是"祖师出汗":每当大雨来临前,殿内神像上布满水珠,如人汗流浃背。其二是"海马吐雾":金殿屋脊上有许多金兽金禽,其中有一个海马,每到夏季,当海马口中"吐出"串串白雾,并发出"喂喂"声响时,随后必有暴风雨降临。其三是"雷火炼殿":当大雷雨来临时,金殿四周便出现一个个盆大的火球,在其旁来回滚动,遇物碰撞即发出天崩地裂的巨响。有时雷电划破长空,如利剑直劈金殿,武当山金顶顿时金光万道,直射九霄,数十里外可见武当峰巅之上红光冲天。1958年,有关部门在金殿上安装了避雷针,不但没有避雷还使得雷击次数增多,损坏了父母殿,金殿本身的"须弥座"也多次被损坏,金殿后的一棵千年古松也因此而丧生,"雷火炼殿"的奇观也完全消失。

(资料来源:环球信息网,有修改)

【在线测试】

古建筑景观导游在线测试

【实训任务】

实训内容:古建筑景观导游讲解(以武当山古建筑群为例)

一、实训准备

1. 提前布置任务:武当山古建筑群导游讲解。

2. 下发实训材料。

3. 学生分组,做好景点讲解准备。

4. 物质准备:武当山古建筑群导游示意图、话筒、导游旗、导游接待计划、导游IC卡等。

二、实训地点

武当山。

三、实训内容与步骤

1. 给出任务:武当山古建筑群导游讲解,如南岩宫、紫霄宫、复真观、金殿等景点。

2. 学生分小组,各小组根据不同任务,分头查找武当山古建筑群的相关知识。

3. 各小组成员讨论后,武当山古建筑群导游词内容。

4. 进行分组模拟讲解:

①教师或优秀导游示范讲解;

②学生分组讲解。

5. 评价:学生自评、小组评价、教师或优秀导游评价、游客(景区游客)评价。

6. 评选出武当山古建筑群优秀导游词。

7. 评选出优秀导游。

【课后任务】

选取一处当地或全国有名的古建筑景观,查阅相关资料,撰写导游词,并进行模拟导游讲解。

任务七　古典园林景观导游

【任务引入】

在中国传统建筑中,古典园林是独树一帜的、有卓越成就的建筑。它被举世公认为"世界园林之母",是世界艺术的奇观与人类文明的重要遗产。一名古典园林景观导游需要掌握一些古典园林景观讲解技巧。在古典园林景观讲解过程中,古典园林景观导游要正确引导游客欣赏古典园林景观的自然美和艺术美,并使他们对古典园林所蕴含的文化有更深入的了解,让游客真正体验到"世界园林之母"的魅力。

【任务分析】

1. 知识储备:具备古典园林的特征、古典园林的组成要素与造园艺术、古典园林的构景手法等方面的知识。

2. 技能准备:良好的口头表达能力和沟通技巧,能够用易于理解的语言向游客传递信息。

3. 物资准备:必要的讲解道具和地图,以及用于应对突发情况的急救包。

4. 心理准备:具备耐心、细心和责任心,能够在不同环境下保持专业和专注。

【理性认知】

中国园林被誉为"世界园林之母",园林的建造是古代劳动人民智慧的结晶。中国源远流长的文化底蕴,让中国的园林建筑别具一格,充满诗情画意。

一、古典园林景观的种类

中国古典园林的分类,从不同的角度,可以有不同的分类方法。

(一)按占有者身份分类

1. 皇家园林

皇家园林是专供帝王休憩享乐的园林。其特点是规模宏大,真山真水较多,园中建筑色彩富丽堂皇,建筑体型高大。现存著名皇家园林有北京的颐和园、北京的北海公园、河北承德的避暑山庄等。

2. 私家园林

私家园林是供皇家的宗室、王公官吏、富商等休闲的园林。其特点是规模较小,常用假山假水,建筑小巧玲珑,色彩淡雅素净,居住和游览合一,表现园林主人悠游林下,寄情山水的心态。现存的私家园林有北京的恭王府,苏州的拙政园、留园、网师园,上海豫园等。

(二)按园林所处地理位置分类

1. 北方园林

北方园林因地域宽广,范围较大;又因大多为古都所在,所以建筑富丽堂皇。受自然气象条件所限,河川湖泊、园石和常绿树木都较少。园林风格粗犷,秀丽媚美则显得不足。北方园林的代表大多集中于北京、西安、洛阳、开封,尤以北京为甚。皇家园林是北方园林的代表。

2. 江南园林

江南人口较密集,园林地域范围小;又因河湖、园石、常绿树较多,所以园林景致较细腻精美。因上述条件,其特点明媚秀丽、淡雅朴素、曲折幽深,有层次感,但面积小,略感局促。江南园林的代表大多集中于南京、上海、无锡、苏州、杭州、扬州等地,其中尤以苏州为甚。

3. 岭南园林

岭南园林地处热带,植物终年常绿,造园条件比北方、江南都好。其明显的特点是具有热带风光,建筑物都较高而宽敞。现存岭南园林以岭南四大园林最著名,分别是东莞可园、佛山梁园、顺德清晖园、番禺余荫山房。

二、古典园林景观的美学特征

自古以来,中国古典园林一直被人们推崇,代表了中国建筑文化的重要组成部分,具有诸多美学特征,这些特征是建筑师在建筑设计过程中所注重的关键因素。

(一)自然美

中国的园林常常利用自然的名山大川作为原型来建造,同时加以提炼,通常以艺术和自然风景为主题,以山水地貌作为构景要素,配以树木植被作装点而成。中国古典园林表现的自然美,布局形式以自由、变化、曲折为特点,要求景物源于自然,又高于自然,使人工美和自然美融为一体,做到"虽由人作,宛自天开"的效果。

(二)形式美

中国园林艺术深深植根于民族文化沃土,因而具有浓郁的民族风格和民族色彩。同时,园林艺术融各种艺术于一体,具有综合形式美感。在中国古典园林中,大量采用楹联、匾额、碑刻等形式,将重要历史价值和文化价值的建筑物、建筑艺术美和历史文化知识三者融为一体,使人处处感受到悠久民族文化传统的氛围。

(三)意境美

中国的造园艺术以追求自然精神境界为最终和最高目的,从而达到"虽由人作,宛自天开"的审美旨趣。它深深浸润着中国文化内蕴。园林艺术蕴含着十分丰富的美学思想,注重对精神内涵的追求,而在中国园林艺术中更突出意境的创造。中国的园林创作,常常蕴含着古人的诗文、画作中的意境,借鉴文学艺术的章法,让整个规划设计都有着文学艺术的结构,使园林作品从整体到局部,都有着浓郁的诗话情趣。

追求诗画意境是中国古典园林艺术理念中最基础的组成部分。自从文人参与园林设计以来,追求诗的含义和画的构图就成为中国园林的主要特征。谢灵运、王维、白居易等著名诗人,都曾亲自建造园林。历代诗词歌赋中咏唱园林景物的佳句数不胜数。

(四)文化美

中国人认为传统文化是中国园林的精神灵魂,因此古人通常会融合当时的社会风尚、文化内容和艺术表现方式来建造园林。中国古典园林将传统文化与当下社会相结合,通过优秀传统文化和园林的相互滋养,实现了对优秀传统文化的传承与弘扬。

三、古典园林景观导游讲解技巧

(一)古典园林景观导游讲解准备工作

1.了解目标群体

在进行古典园林景观讲解之前,古典园林景观导游需要了解游客的背景和需求。不同的游客群体有不同的兴趣和知识水平,因此古典园林景观导游应根据游客的特点选择合适的讲解内容和方式。例如,对于儿童和青少年,古典园林景观导游需要用简单易懂的语言,注重讲解景点的趣味性和互动性;对于专业人士或历史爱好者,古典园林景观导游需要提供更加详细和深入的讲解。

2.积累专业知识

古典园林景观导游需要具备一定的专业知识,应了解古典园林的特征、组成要素、造园艺术、构景手法等方面的知识,以便能够为游客提供准确、丰富的信息。

(1)古典园林景观导游需要详细介绍古典园林的特征

①顺应自然,表现自然。中国古典园林以山水植物为构景要素,注重山水之间的相互关系和植物的生长状况。古典园林通过巧妙的布局和错落有致的布局调整,突出山水间的层次关系和自然美的表达。园林植物的选择和配置,体现对大自然的理解和敬畏,以及人们对大自然的崇拜和敬畏之情。古典园林以山水为背景,通过精巧的规划和巧妙的处理,创造出了一个精

练概括的自然,体现了顺应自然的特点。

②诗情画意的构思。中国古典园林在师法自然的同时,更致力于创建一个充满诗情画意的艺术空间。这是造园者更高更内在的追求。中国的园林创作,常常蕴含着古人的诗文、画作中的意境,借鉴文学艺术章法让整个规划设计具备文学艺术结构,让园林作品从整体到局部,都饱含浓郁的诗情画意。

③力求含蓄的造园手法。中国古典园林以其独特的风格而闻名,其中表现含蓄的特点尤为重要。这种特点体现在园林布局、空间组织及建筑设计等方面。园林中的空间布局往往采用曲折的线条,使整个空间呈现出含蓄而又精巧雅致的感觉。同时,园林中的植物选择也注重含蓄,不追求高大臃肿,而是注重花朵或树木的柔弱、纤细和稀疏的关系。这样的园林布局通过表现含蓄的艺术手法,赋予了园林一种独特的韵味和美感。

(2)古典园林景观导游需要详细介绍古典园林的组成要素与造园艺术

中国古典园林有着丰富多彩而又深沉含蓄的美。古代园艺专家和工匠们运用传统造园手法,将山、水、植物、动物、建筑、匾额、楹联、刻石八大要素,按照中国传统艺术规律进行设计与组合,从而创建出能反映中国古典园林艺术精神和园林主人审美情趣的园林景观。

(3)古典园林景观导游需要详细介绍古典园林的构景手法

景是园林的主体,是欣赏的对象,构景手法的巧妙运用,使园林景色更加美不胜收,园林意境更加回味无穷。古典园林常采用的构景手法主要有抑景、添景、夹景、对景、框景、漏景、借景、移景等。

3.制订讲解计划

在进行古典园林景观讲解之前,古典园林景观导游应制订一个详细的讲解计划。讲解计划中应包括讲解的内容、景观文化的挖掘、游览的顺序和时间的安排等,以保证讲解得有条不紊。

(二)古典园林景观导游讲解技巧

1.突出园林的历史背景

中国古典园林有着悠久的历史,根据文献记载,早在商周时期,先人就已经开始利用自然的山泽、水泉、树木、鸟兽进行初期活动。春秋战国时期的园林已经有了成组的风景,已经具备园林的组成要素。秦汉时期出现了以宫式建筑为主的宫苑。魏晋南北朝时期是中国园林发展的转折点,佛教的传入及哲学的流行,使园林转向崇尚自然。唐宋时期园林发展至成熟阶段,诗情画意已融入园林布局与造景。明清时期,园林艺术步入精深发展阶段,园林在设计和建造上都达到了高峰。

2.突出园林的特征

讲解古典园林景观离不开对实物具体特征的把握,主要包括园林的类型、园林的特征、造园艺术、构景手法等方面。不同类型的古典园林景观解读的侧重点也会有差异,如北方园林的特色在皇家、寺观、私家园林中都有表现。古典园林景观导游在讲解北方园林时,应能把握北方园林的特点,通过它的布局特点,向游客讲解北方园林背后的文化和意蕴,体会北方园林的壮观的艺术之美。

3.突出园林的文化内涵

中国古典园林中,大量采用了楹联、匾额、碑刻等形式,包括具有重要历史价值和文化价值的建筑物、书画题记等,还流传着许多为园林增添异彩的传说或典故,园林将自然风景美、建筑艺术美和历史文化知识三者融为一体,使人感受到悠久民族文化传统的氛围。古典园林景观导游在进行景点讲解时,要突出园林的文化内涵,做好中华优秀传统文化的传播者。

4.突出园林的功能

中国古典园林中建筑功能多种多样,包括厅堂、楼阁、书房馆斋、榭、轩、舫、亭、廊、桥、围墙等。园林建筑按照所属性质和地域的不同,风格也有很大的不同。皇家园林建筑体量大,装饰豪华,色彩金碧辉煌,表现出恢宏的皇家气派。江南园林建筑突出"玲珑、活泼、通透、淡雅"特点,将秀丽雅致的风格展现得淋漓尽致。尽管风格迥异,但建筑在园林中的作用却基本相同,主要概括为三个方面:一是突出其实用性。根据人们的休憩及活动需要而设置,如亭、榭,即可供人停留赏景。二是强调其独特性。配合园内风景布局形成的游览路线,在人们视线所达不到地方,园林建筑以其有利的位置和独特的造型,为人们展现出一幅幅或动或静的自然风景画,并与廊、墙、路等形成一定的活动路线。三是提升园林意境。我国园林通常在园名、匾额、楹联中反映出其意境。

5.突出园林内在意蕴

园林景观不仅是外在结构的组合,更包含了丰富文化和历史内涵。作为一种艺术形式,对园林景观的内在意蕴可以从景观主题、历史文化、文学艺术等方面进行分析。例如,苏州园林的主题是"山水庭园,自然景观",其内在意蕴反映了中华优秀传统文化的人文精神和审美意识;古代园林一般是皇宫、庙宇、寺院等的附属设施,体现了历史文化和政治权力的象征意义。

四、古典园林景观讲解注意事项

(一)了解景点的历史背景和设计理念

古典园林景观导游在讲解园林景点之前,需先了解景点的历史背景和设计理念。这有助于古典园林景观导游更好地理解景点的文化内涵和艺术价值,为其讲解提供丰富的素材和背景。同时,能让古典园林景观导游更加深入地了解景点的设计意图和特点,为讲解提供有力的支撑。

(二)保持用词准确、简洁、生动

古典园林景观导游在讲解时,需要保持用词准确、简洁、生动,避免使用过于专业或晦涩的词汇,以免让游客感到困惑。同时,古典园林景观导游使用生动的语言和描述,让游客更好地理解景点的特点和魅力。

(三)保持讲解内容条理清晰

古典园林景观导游在讲解时,需要保持讲解内容条理清晰、逻辑性强,避免跳跃和混乱的内容出现,以免让游客感到困惑。同时,古典园林景观导游按照一定的顺序和结构,讲述景点的特点和亮点,让游客更好地了解景点的核心价值。

五、古典园林景观导游讲解范例

【相关链接】

狮子林导游讲解词(部分)

我们现在到了狮子林,狮子林中从元代流传至今的狮子林假山,群峰起伏,气势浑浑,奇峰怪石玲珑剔透。假山群共有9条路线、21个洞口。横向极尽迂回曲折,力求回环起伏。游人穿洞,左右盘旋,时而登峰巅,时而沉落谷底,仰观满目叠嶂,俯视四面坡差,或平缓,或险隘,给游人带来一种恍惚迷离的神秘趣味。"对面石势阴,回头路忽通。如穿九曲珠,旋绕势嵌空。如逢八阵图,变化形无穷。故路忘出入,新术迷西东。同游偶分散,音闻人不逢。变幻开地脉,神妙夺天工。""人道我居城市里,我疑身在万山中",就是狮子林的真实写照。

(资料来源:百度文库,有修改)

【相关链接】

留园概况导游讲解词

同样名列中国四大名园、苏州四大名园、世界文化遗产的留园,是目前各大名园中结构最完整的,清代风格的住宅、祠堂、家庵、园林样样齐备。留园始建于明万历年间(1573—1620),最初为太仆寺卿徐泰时之东园。清代乾嘉时期(1736—1820),园归东山人刘恕。因园内"竹色清寒,波光澄碧",且多植白皮松,有苍凛之感,"前哲"韩文懿亦"尝以寒碧名其轩",故易名"寒碧山庄",又因地处花步里,又称"花步小筑"。清同治至光绪年间(1862—1908),留园被湖北布政使盛康购得,盛氏又对园进行了扩充,因前园主姓刘,又寓"长留天地间"之意,故改名留园。留园占地2.33公顷,其建筑空间处理精湛,造园家运用各种艺术手法,构成了有节奏、有韵律的园林空间体系,成为世界闻名的建筑空间艺术处理的范例。留园分四部分,东部以建筑为主,中部为山水花园,西部是土石相间的大假山,北部则是田园风光。

从中部入口进园,有一条曲折幽暗的通道,经过几道周折,才逐渐开阔明亮。在"长留天地间"腰门处,六道漏窗将园内景致遮掩,但透过花格,园内景致隐约可见。西折顺廊可达绿荫轩。西面爬山廊顺山势逐渐抬高,廊内西壁上嵌有明代董其昌刻"二王法帖",有王羲之、王献之父子法帖数十方。闻木樨香轩是中部的制高点,在此俯瞰中部,曲溪楼、清风池馆及远翠阁等高低错落,优美入画。中部的主体建筑为明瑟楼和涵碧山房。东部以建筑为主,是全园的精华。该景区中的"五峰仙馆"是全园最大的厅堂,有"江南第一大厅"之称。还我读书处、揖峰轩、汲古得绠处、西楼、鹤所环绕四周。它与林泉耆硕之馆之间的石林小院,被专家称为留园的精华之处。院内多名峰,峰石之间还组成了极有趣味的景致。林泉耆硕之馆的北面有"留园三峰",三峰分别取名"冠云""瑞云""岫云",其中以冠云峰最为著名。西部是自然景色,为明代堆叠的土石相间的大假山,山上枫林成片,深秋时节红霞若锦。北部是田园风光,现为盆景区,展示苏派盆景艺术。

(资料来源:范文先生网,有修改)

【在线测试】

古典园林景观导游在线测试

【实训任务】

实训内容：古典园林景观导游讲解

一、实训准备

1. 提前布置任务：苏州古典园林（拙政园、狮子林、留园、沧浪亭）。
2. 下发实训材料。
3. 学生分组，做好苏州古典园林讲解准备。
4. 物质准备：所选苏州古典园林导游示意图、话筒、导游旗、导游接待计划、导游 IC 卡等。

二、实训地点

VR 导游实训室。

三、实训内容与步骤

1. 给出任务：苏州古典园林导游讲解。
2. 学生分小组，各小组根据不同任务，分头查找所选古典园林的相关知识。
3. 各小组成员讨论后，最终确定所选苏州古典园林导游词内容。
4. 进行分组模拟讲解：
①教师或优秀导游示范讲解；
②学生分组讲解。
5. 评价：学生自评、小组评价、教师或优秀导游评价、游客（景区游客）评价。
6. 评选出苏州古典园林优秀导游词。
7. 评选出优秀导游。

【课后任务】

选取一处当地或全国有名的古典园林景观，查阅相关资料，撰写导游词，并进行模拟导游讲解。

任务八　博物馆景观导游

【任务引入】

博物馆一般是为社会服务的非营利性常设机构,主要承担研究、收藏、保护、阐释和展示物质与非物质遗产的职能,向社会公众开放,具有可及性和包容性,促进多样性和可持续性发展。随着人们文化素质的不断提高,博物馆的参观游览在游客的游览活动中越来越受到人们的重视,许多地方的博物馆已成为游客参观的热点。导游需要掌握一些博物馆讲解技巧,引导游客深入了解文物背后的历史文化内涵,领略其中的文化魅力和人文精神。

【任务分析】

1. 知识储备:博物馆的历史、建筑风格、展品类型、展品背景和意义等。
2. 技能准备:良好的口头表达能力和沟通技巧,能够用易于理解的语言向游客传递信息。
3. 物资准备:必要的讲解道具和地图,以及用于应对突发情况的急救包。
4. 心理准备:具备耐心、细心和责任心,增强自信,学会随机应变。

【理性认知】

博物馆是一座城市、一个地区的文化窗口,又是历史与现实之间的一座桥梁,它的使命便是充分揭示陈展文物所蕴藏的文化信息,为文化"拂尘增辉",让文物"开口说话",实现游客与文物的精神交流。博物馆景观导游就成了引导游客走入历史空间的桥梁纽带。博物馆是知识的宝库,讲解是博物馆与观众实现思想交流、感情连接的桥梁。在博物馆讲解过程中,博物馆景观导游拥有高超的讲解技巧,是博物馆扩大影响力、提升观众满意度的重要依托。通过博物馆景观导游的引领,游客穿越历史的隧道,感知历史,领略中华民族的生命源泉,从而增强民族自豪感并深化对当前社会主义现代化建设的认识。

一、博物馆景观的种类

博物馆是记录、展示和诠释人类历史、文化和自然遗产的重要场所。根据其展示和收藏的侧重点,博物馆可以分为以下几类。

(一)历史类博物馆

历史类博物馆主要展示和收藏人类历史、文化和社会的文物和资料。这些博物馆通常包括历史事件、人物、时期和地点的展览,以及与人类历史相关的艺术品、文献和手工艺品。

(二)艺术类博物馆

艺术类博物馆主要展示和收藏各种形式的艺术作品,包括绘画、雕塑、摄影、表演艺术等。艺术类博物馆通常侧重于特定艺术流派、艺术家或艺术时期的展览,同时可能包括与艺术相关的历史、文化和背景信息。

（三）自然历史类博物馆

自然历史类博物馆主要展示和收藏各种自然历史文物和标本,包括动植物、矿物、化石等。这些博物馆通常涉及地质学、生物学、古生物学等领域,还可能提供对自然环境和生态系统深入了解的机会。

（四）科学与技术类博物馆

科学与技术类博物馆主要展示和收藏与科学和技术相关的文物和展品,包括科学实验器材、技术工具、工程设备等。这些博物馆通常涉及科学技术的发展历程、重要发明和创新,以及其对人类社会发展的影响。

这些分类只是对博物馆的一种概括性描述,实际上许多博物馆可能同时包含多个类别,或者专注于某一特定领域或主题。不同国家和地区的博物馆也可能有不同的分类方法和特点。

二、博物馆景观的美学特征

（一）艺术审美

博物馆景观导游的艺术审美是指对博物馆中艺术品和建筑设计的欣赏和解读。博物馆通常收藏着各种艺术品和历史文物,如绘画、雕塑、陶瓷、玉器等,这些艺术品和文物都具有独特的艺术价值和审美价值。博物馆景观导游需要具备较高的艺术素养和审美能力,能够对这些艺术品和文物进行深入的解读和欣赏,引导游客领略其中的艺术魅力和文化内涵。

在艺术审美方面,博物馆景观导游需要具备以下能力:

①具备艺术史和美学相关知识,能够从艺术角度对文物进行解读和分析。

②具备较高的艺术欣赏能力和审美水平,能够引导游客领略艺术品和文物的美学价值。

③了解不同艺术流派和风格的特点和演变过程,能够根据文物的特点进行分类和归纳。

（二）文化审美

博物馆景观导游的文化审美是指对博物馆中文化元素和文化内涵的挖掘和传播。博物馆作为历史文化的重要载体,不仅收藏着各种文物,还蕴含着丰富的文化元素和文化内涵。博物馆景观导游需要具备较高的文化素养和历史知识,能够对这些文化元素和文化内涵进行深入的挖掘和传播,引导游客领略其中的文化魅力和人文精神。

在文化审美方面,博物馆景观导游需要具备以下能力:

①具备广博的历史知识和文化知识,能够从历史和文化角度对文物进行解读和分析。

②熟悉文物的时代背景和历史文化背景,能够引导游客深入了解文物背后的历史和文化内涵。

③了解不同地域和民族的文化特点和差异,能够根据文物的特点进行分类和归纳。

④具备良好的语言表达能力,能够用生动形象的语言向游客传达文物的文化价值和历史意义。

（三）科学审美

博物馆景观导游的科学审美是指对博物馆中科技元素的挖掘和展示。随着科技的发展和应用,博物馆也逐渐融入了大量的科技元素,如数字化展示、虚拟现实技术等。博物馆景观导游需要具备较高的科技素养和科学知识,能够对这些科技元素进行深入的挖掘和展示,引导游客领略其中的科学魅力和技术之美。

在科学审美方面,博物馆景观导游需要具备以下能力:

①具备基本的计算机技术和数字化技术知识,能够使用相关软件和技术进行数字化展示和虚拟现实展示。

②了解科技的发展和应用趋势,能够根据文物的特点选择合适的科技元素进行展示。

③具备良好的科学素养和科学精神,能够引导游客从科学的角度欣赏文物和历史文化。

④具备创新意识和创新能力,能够将科技元素与传统文化相结合,创新展示方式和内容。

三、博物馆景观导游讲解技巧

(一)博物馆景观导游讲解准备工作

1.了解目标群体

在进行博物馆景观讲解之前,博物馆景观导游需要充分了解游客的需求和背景,包括他们的年龄、文化背景、兴趣爱好等方面。这样可以帮助博物馆景观导游更好地选择讲解内容和方式,以满足游客的需求。

2.积累专业知识

博物馆景观导游需要具备以下专业知识。

①需要对博物馆有深入的了解。这包括但不限于博物馆的历史、建筑风格、展品类型、展品背景和意义等。对于每个展品,博物馆景观导游需要了解其背后的故事、历史背景和相关的人物或事件。此外,博物馆景观导游还需要了解博物馆的布局、开放时间、参观规定等,以便在导游过程中能够应对各种情况。

②需要具备广泛的知识储备。这包括但不限于历史、文化、艺术、科学等领域。在导游讲解时,博物馆景观导游需解答游客提出的问题,并为他们提供准确、有趣的信息。因此,博物馆景观导游不断学习和更新知识储备是必不可少的。

3.制订讲解计划

在导游过程中,制订详细的计划是非常重要的。博物馆景观导游需要根据博物馆的布局和展品特点,制订合理的参观路线和讲解内容。同时,博物馆景观导游还需要考虑游客的需求和兴趣,为他们提供个性化服务。在计划制订过程中,博物馆景观导游还需要与团队成员进行沟通和协作,确保导游工作的顺利进行。

(二)博物馆景观导游讲解技巧

1.了解展品背景

博物馆景观导游要了解展品的历史、文化背景及展品之间的关联是必不可少的。博物馆景观导游在开始讲解之前,务必对展品进行深入的研究,确保自己对这些展品有足够的了解,这样才能更好地向游客传递展品背后的故事。

2.语言表达清晰

清晰、流畅的语言表达是博物馆景观导游必备的技能之一。在讲解过程中,应用简单易懂的语言,使游客易于理解。博物馆景观导游应避免使用过于专业的术语,以免让游客感到枯燥无味。同时,博物馆景观导游要注意语速适中,确保游客有足够的时间消化信息。

3. 讲解内容准确

博物馆景观导游应对展品进行准确的描述和解释,避免传递错误的信息。在讲解过程中,博物馆景观导游应当注重实事求是,不夸大其词,不歪曲事实。此外,博物馆景观导游还要不断更新自己的知识储备,确保在讲解过程中传递的信息是最新、最准确的。

4. 引导游客参与互动

博物馆景观导游应当积极引导游客参与互动,让他们更好地了解展品。例如,可以通过提问或讨论的方式激发游客的兴趣和好奇心,让他们更加积极地参与互动。此外,博物馆景观导游还可以设置一些小活动或实验,让游客亲手体验展品,从而加深他们对展品的认识和了解。

5. 保持热情耐心

博物馆景观导游应当保持热情耐心的态度,对待游客友善、热情、有耐心。在讲解过程中,要时刻关注游客的反应和需求,及时回答他们的问题。遇到一些棘手的问题或游客需要更多时间消化信息时,应当保持耐心,尽可能地满足他们的需求。

总之,博物馆景观导游的讲解技巧是提升参观体验的关键因素之一。博物馆景观导游通过了解展品背景,语言表达清晰,讲解内容准确,引导游客参与互动及保持热情耐心等方面提升自己的讲解技巧,能够为游客带来更加生动、有趣的参观体验。

四、博物馆景观讲解注意事项

(一)合理选择讲解内容

①突出重点:讲解时,博物馆景观导游应突出重点,包括重要的历史事件、人物、文物等,使游客能够更好地了解博物馆的展品和历史文化背景。

②结合展品:博物馆景观导游讲解内容应与展品紧密结合,通过对展品的介绍和解释,让游客更好地了解历史文化和艺术价值。

③语言简洁明了:讲解时,博物馆景观导游应使用简洁明了的语言,避免使用过于专业或晦涩的词汇,以免让游客产生困惑或厌烦情绪。

④内容准确:讲解内容必须准确无误,对历史事件、人物、文物的描述和解释要符合史实,避免误导游客。

(二)注意讲解礼仪

①礼仪规范:讲解时,应遵守礼仪规范,如保持微笑、礼貌待人、尊重他人等。

②形象得体:讲解时,博物馆景观导游应注意形象得体,穿着整洁、大方得体的服装,保持良好的职业形象。

③遵守规定:讲解时,博物馆景观导游应遵守相关规定,如不得私自收取费用、不得违反规定等。

(三)正确应对突发情况

①在讲解过程中,如遇到突发情况,如游客受伤、文物损坏等,应保持冷静,迅速采取措施进行处理。

②在讲解过程中,应注意安全防范,如避免游客拥挤、保护文物等,确保观众和文物的安全。

五、博物馆景观导游讲解范例

【相关链接】

湖北省博物馆讲解词(部分)

湖北省博物馆是湖北文化的重要象征,也是中国最重要的博物馆之一。它位于武汉市武昌区,占地面积约10万平方米,拥有丰富的馆藏和优美的建筑风格。博物馆的建筑风格充满了现代元素和传统文化的融合。外观以楚国建筑风格为主,内部则采用了高科技手段,展示了湖北省历史文化的丰富多彩。在博物馆的展品中,最珍贵的是"楚国文物展"。这个展览展示了楚国历史上的各种文物,包括青铜器、玉器、陶器、竹简等。这些文物不仅展示了楚国文化的独特魅力,也反映了当时的社会生活、政治制度和文化艺术。此外,博物馆还设有"古代陶瓷展""古代绘画和书法展""古代青铜器展"等展览,展示了中国古代文化的博大精深。

(资料来源:百度文库,有修改)

【相关链接】

越王勾践剑导游讲解词

游客朋友们,欢迎大家来到湖北省博物馆,今天我将为大家介绍一件非常重要的展品——越王勾践剑。首先,让我们了解一下勾践剑的历史背景。春秋时期,越王勾践是一位非常有名的历史人物,他凭借着过人的智谋和胆识,成功地实现了越国的崛起。而这把勾践剑,就是越王勾践曾经使用过的剑。现在,让我们来欣赏一下这把剑的独特之处。首先,从外观上看,这把剑剑身纤长,剑身和剑柄之间有明显的过渡,给人一种优雅而矫健的感觉。其次,这把剑的材质是极为珍贵的铜合金,剑脊经过精心铸造和研磨,使得剑锋更加锐利,剑尖更加尖锐。此外,剑柄上还镶嵌着精美的玉石和金属装饰,彰显了这把剑的尊贵和独特。

在博物馆的展厅中,我们可以看到这把勾践剑被放置在一个特别的展柜中,这是为了保护这件珍贵的文物免受损坏。同时,我们还可以通过展板上的文字和图片了解到更多关于勾践剑的故事和背景。

(资料来源:环球信息网,有修改)

【在线测试】

博物馆景观导游在线测试

【实训任务】

实训内容：博物馆景观导游讲解（以湖北省博物馆为例）

一、实训准备

1. 提前布置任务：湖北省博物馆导游讲解。
2. 下发实训材料。
3. 学生分组，做好景点讲解准备。
4. 物质准备：湖北省博物馆建筑群导游示意图、话筒、导游旗、导游接待计划、导游 IC 卡等。

二、实训地点

湖北省博物馆。

三、实训内容与步骤

1. 给出任务：湖北省博物馆景观导游讲解。
2. 学生分为小组，各小组根据不同任务，分头查找湖北省博物馆的相关知识。
3. 各小组成员讨论后，最终确定湖北省博物馆导游词内容。
4. 进行分组模拟讲解：
①教师或优秀导游示范讲解。
②学生分组讲解。
5. 评价：学生自评、小组评价、教师或优秀导游评价、游客（景区游客）评价。
6. 评选出湖北省博物馆景观优秀导游词。
7. 评选出优秀导游。

【课后任务】

选取一处当地或全国有名的博物馆景观，查阅相关资料，撰写导游词，并进行模拟导游讲解。

任务九　红色旅游景观导游

【任务引入】

作为一种全新的旅游形式，红色旅游以红色为内涵、以旅游为形式，把中国共产党的光辉历史和革命精神与中华民族的优秀传统文化，以及祖国的大好河山融为一体，赋予爱国主义和革命传统教育。做好红色旅游讲解,对于构建社会主义和谐社会具有重要意义,因此对红色旅游景观导游文化素质和讲解技巧提出了更高的要求。

【任务分析】

1. 知识储备:具备红色旅游类型、特点、讲解技巧等方面的知识。
2. 技能准备:良好的口头表达能力和沟通技巧,能够用易于理解的语言向游客传递信息。
3. 物资准备:必要的讲解道具和地图,以及用于应对突发情况的急救包。
4. 心理准备:具备耐心、细心和责任心,能够在不同环境下保持专业和专注。

【理性认知】

红色旅游是指以革命纪念地、纪念物及其所承载的革命精神的吸引物。红色旅游具有特殊的历史意义和价值,不仅可以实现革命历史知识的学习、接受革命传统的教育、传承红色精神,而且可以激发学生的民族自豪感和爱国热情,促进社会主义核心价值观的传播和实践。

一、红色旅游景区的种类

①革命遗址类:包括革命烈士墓、革命纪念馆、革命旧址等,如陕西延安革命纪念馆、湖南韶山毛泽东故居等。

②红色文化类:包括红色文化主题公园、革命历史文化博物馆、红色文化街区等,如北京中国革命博物馆、上海烈士陵园等。

③革命纪念类:包括革命领袖纪念馆、革命胜利纪念馆、红军长征纪念馆等,如井冈山中央革命根据地博物馆、延安革命纪念馆等。

④革命精神类:包括革命精神主题公园、红色文化体验区、革命思想教育基地等,如河南红色文化旅游区、湖南瑶山红色文化旅游景区等。

⑤革命纪念碑类:包括革命纪念碑、红军纪念碑、烈士纪念碑等,如南昌起义纪念塔、湖南衡阳烈士纪念碑等。

【小资料】

全国十二个"重点红色旅游区"

(1)以上海为中心的"沪浙红色旅游区",主题形象是"开天辟地,党的创立"。

(2)以韶山、井冈山和瑞金为中心的"湘赣闽红色旅游区",主题形象是"革命摇篮,领袖故里"。

(3)以百色地区为中心的"左右江红色旅游区",主题形象是"百色风雷,两江红旗"。

(4)以遵义为中心的"黔北黔西红色旅游区",主题形象是"历史转折,出奇制胜"。

(5)以滇北、川西为中心的"雪山草地红色旅游区",主题形象是"艰苦卓绝,革命奇迹"。

(6)以延安为中心的"陕甘宁红色旅游区",主题形象是"延安精神,革命圣地"。

(7)以松花江、鸭绿江流域和长白山区为重点的"东北红色旅游区",主题形象是"抗联英雄,林海雪原"。

（8）以皖南、苏北、鲁西南为主的"鲁苏皖红色旅游区"，主题形象是"东进序曲,决战淮海"。

（9）以鄂豫皖交界地域为中心的"大别山红色旅游区"，主题形象是"千里跃进,将军故乡"。

（10）以山西、河北为主的"太行红色旅游区"，主题形象是"太行硝烟,胜利曙光"。

（11）以渝中、川东北为重点的"川陕渝红色旅游区"，主题形象是"川陕苏区,红岩精神"。

（12）以北京、天津为中心的"京津冀红色旅游区"，主题形象是"人民胜利,国旗飘扬"。

（资料来源:中红网）

二、红色旅游的特点

1.历史性

红色旅游景区中的展品、纪念物等都能让人们感受到历史的厚重感和悠久感,增强了对历史的认知和感性体验。

2.文化性

红色旅游景区能够传承和弘扬红色文化,激发人们对中华优秀传统文化的热爱和向往,对中华优秀传统文化的继承和发展具有重要意义。

3.教育性

红色旅游景区能够激发人们对革命历史和英雄事迹的兴趣,并促进人们的思想启迪和智育,对青少年的思想道德教育具有深远的影响。红色旅游景区以革命精神为主题,能够树立人们在面对困难和挑战时坚定信念、勇往直前的精神。

三、红色旅游景观导游讲解技巧

（一）红色旅游景观导游讲解准备工作

1.形象准备

红色旅游景观的导游、讲解员担负着传播弘扬红色基因、教育引导广大游客的职能,因此应当具有良好的自身形象,做到仪态端庄大方、服饰搭配得体、外表修饰自然、妆容淡雅适度。红色旅游景观导游讲解时要注意手势、表情、目光、姿态等细节。

2.文化素养准备

红色旅游景观导游必须拥有扎实丰富的专业知识,了解党史、革命史、地方史等,了解时事、关注时事能更好地将先辈留下的精神映射到现代和将来的社会中。

3.政治素养准备

红色旅游景观导游应具备良好的思想品德与职业道德,遵守国家法律法规,热爱祖国、热爱红色文化事业、热爱观众的情感品质。红色旅游景观导游同时深入学习,深刻领会习近平总书记的重要指示精神,提高政治站位和政治觉悟,强化政治使命感和责任感。

（二）红色旅游景观讲解技巧

1.以物讲历史

用小物件呈现大历史,用小故事讲述大时代,记录历史伟业、展现百年风华,生动讲好红色故事。在历史与现实之间,红色文物和红色故事是最好的情感媒介。红色旅游景观导游可以通过一件件珍贵的文物、一个个平凡的人物、一段段动人的故事,呈现给游客真实的历史。它们或许只是革命人物送给孩子的小物件,给父母、妻子、朋友的一封信,给组织的日记本、学习笔记,但正是这些实物及背后承载的人和事,让生活在当下的人们能够有机会与革命先烈进行一场穿越时空的对话。

在组织红色旅游和进行讲解时,红色旅游景观导游如果一味采取"说教式"的宣讲、"填鸭式"地输出信息,游客会出现听不懂、弄不清、记不住的情况,甚至会感觉晦涩烦冗、枯燥乏味,严重影响红色文化传播效果。因此,红色旅游景观导游要善于选好"物",通过"以物讲史"的方式,向游客进行普及式的"转译",用红色文物激发起受众的情感共鸣,同时把文物背后的故事讲得既严谨又有趣,让红色精神深入游客心中。

2. 用情感人

红色旅游景观导游要认识到讲解红色文化和历史最大的吸引力,和游客有情感的共鸣。如果红色旅游景观导游缺少真情实感,无法感动自己,也就无法感动他人,缺乏感染力和影响力的讲解,很难让游客共情。这就要求红色旅游景观导游首先在党史、革命史、社会主义建设史的学习上,做足功课、狠下苦功夫;对红色历史、红色精神、红色故事、红色人物的掌握上,要做到驾轻就熟、如数家珍、旁征博引。只有红色旅游景观导游在红色历史中汲取了养分、领悟了意义、培养了感情,才能做到言之有物、言之有理、言之有情,才会在对游客的讲解时饱含深情,也更容易引起游客的共鸣。只有通过富有情感的输出,红色故事才能扩大红色精神的影响力和增强感召力。

3. 善用讲解技巧

在语言表达上,讲解要做到发音标准、语言规范、观点鲜明、内容准确、言简意赅、系统完整。讲述红色的故事要和实物相结合,要深入理解所要表达的内容,融入情感,掌握好抑扬顿挫、轻重缓急,如讲解攻克城池战争的经过时,语速要快,表情要严肃,要营造出紧张的气氛。讲解英雄事迹时语速要缓慢平稳,使游客内心感到悲痛。红色旅游景观导游在讲到胜利欢庆时,可以采用欢快的语言,将游客也带进喜悦的气氛当中。

在讲解方法上,要采用不同的方法,如概述法、分段讲解法、突出重点法、有问有答法、触景生情法、故事讲解法、歌曲演唱法、诗歌朗诵法、数字说明法、类比讲解法、知识渗透法、名人效应法、引用名句法等。

红色旅游景观导游恰当使用情感渲染技巧,用饱满的情绪和生动的讲述,使游客对红色文化的认知从表及里,由感知物质文化到领悟精神实质,从而产生情感共鸣,升华思想境界。

4. 因人施讲

红色旅游景观导游要根据旅游群体的不同,在讲解内容和形式上做出相应的调整和变化,充分发挥红色旅游的教育功能和价值传播,切忌千篇一律,千人一面。

(1)对年龄较小的游客应生动形象地讲解

对年龄较小游客而言,他们对中国的革命历史并不十分了解,尤其对红色文化比较陌生,认知能力上具有局限性,然而他们对生动而形象的历史故事及激烈壮观的场面颇感兴趣。针对这一现象,红色旅游景观导游在讲解过程中应以小见大,通过讲革命故事的方式与小游客拉近距离。

（2）对青少年游客应启发式地讲解

对于青少年而言，他们已经有了独立的思辨意识和能力，正在逐渐形成世界观、价值观和人生观，对激烈的战斗故事及领袖、将军等英雄人物的传奇经历和成长过程有着浓厚的兴趣。为了有效避免青少年游客对传统教育的排斥，红色旅游景观导游可展示实物及加强导游讲解，在厘清历史事件脉络的条件下，能够将中国共产党光辉的发展历程及无数先辈的革命精神和英雄事迹展现出来。

（3）对中老年游客应饱含深情地讲解

中老年游客尤其是老年游客，他们或多或少地经历过中国红色革命，红色旅游对他们来讲就是重游故地，感怀良久。事实上，在红色旅游过程中听到的歌曲、看到的历史遗迹等，都会令人睹物生情，甚至会热泪盈眶。对多数中年游客而言，虽然他们没有经历过革命，但是耳濡目染或听过长辈的革命故事，都会有一定的红色回忆。对于红色文化传承而言，红色旅游景观导游应当一直怀有饱满的热情和崇高的敬意，使游客能够准确了解历史事实和先烈的事迹，根据中老年游客的要求进行个性化讲解，以此来满足游客的诉求。

（4）针对党员干部群体，红色旅游景观导游要加强党史知识的讲解

通过历史的选择和责任、先烈的无私和奉献、人民的信任和重托，激发党员干部的自豪感、荣誉感和责任感，党员干部接受思想上的洗礼，坚持道德上的高线，坚守纪律上的底线，永葆革命初心本色。

四、红色旅游景观导游讲解注意事项

（一）内容的严肃性和准确性

红色旅游是一项全国各族人民坚定中国特色社会主义共同理想信念的政治工程。红色旅游景观导游讲解的过程也是对游客进行爱国主义和革命传统教育的过程，因此必须保证其正确的政治导向。

红色旅游景观导游讲解不能人为地演绎发挥、哗众取宠，甚至掺杂粗俗、迷信、低级趣味等内容，要以崇敬之心对待革命历史，以严谨的态度对待红色旅游，确保红色旅游"不走调""不串色"。红色旅游的核心内容决定了红色旅游的魅力在于严肃性，决定了红色景点的价值是其背后所蕴含的，厚重的红色精神内涵。因此，红色旅游景区的导游、讲解员应以高度的政治责任感注意讲解的严肃性。

红色旅游的讲解内容是中共党史、革命史，必须符合史实，有据可查，不能妄加推测和杜撰。讲解内容涉及的数据资料要有根据、有出处，真实可信。如有说法不一或者多种解释，可听取权威性的意见。

（二）讲解方法的多样性与灵活性

红色旅游主要是发生在各个革命历史时期的革命事件及其发生地所蕴含的革命精神。高质量、高水平的红色旅游景观导游讲解，既需要有内容丰富、翔实、准确和生动感人的解说作为基础，也需要灵活多样的讲解方式和方法。

红色旅游景观导游的讲解要注意层次讲解法。红色文化传承必然经由从表层到深层，从

感知物质文化到领悟、产生情感共鸣,再接受精神文化的过程。根据红色文化传承规律,层层递进地把游客在红色旅游景区见到的景观、革命事迹的背景及历史文化内涵讲清楚,让游客有所见、有所听、有所感、有所悟。

【相关链接】

张自忠将军纪念馆

各位朋友,我们现已步入草木葱茏、恢宏肃穆的纪念园,高大的牌坊上方"英烈千秋"四个大字赫然入眼,左右石柱上"裹尸马革南瓜店,将军忠勇震瀛寰"是董必武题写的。不远处,翠柏挺立,是与张自忠同时殉国的500余名官兵合葬墓,我们的思绪仿佛又回到了80多年前的烽火岁月。

1939年随枣会战中,张自忠粉碎了日军渡河进犯襄阳的战略企图。1940年4月,日军再次进犯襄阳,为了粉碎日寇的阴谋,张自忠决定自己亲自领军迎击日寇。5月1日,张自忠亲笔写信告谕官兵:"为国家民族死之决心,海不清,石不烂,决不半点改变。"

5月11日,张自忠所率部队冒雨追逃敌,在梅家高庙打了一场伏击战,一举歼敌1 400余人,使全军士气大涨。15日,张自忠与将士们陷入近6 000日军包围圈中。张自忠向战区司令部发了最后一封电报:"我等力战而死,无愧国家和民族,你们要坚持我的志向,继续杀敌报国!"16日,这是被血与火染红烧烫的日子,张自忠在宜城板桥店镇罗屋村这绵延十里的长山上壮烈殉国,年仅49岁。

张自忠将军骁勇善战,不畏强敌,誓死效忠国家和民族大义。他挺起了民族的脊梁,树起了精神的丰碑,无愧为一代抗日名将!

（资料来源：百度百科,有修改）

【在线测试】

红色旅游景观导游在线测试

【实训任务】

实训内容：红色旅游景观导游讲解（以大别山为例）

一、实训准备

1. 提前布置任务:大别山导游讲解。
2. 下发实训材料。
3. 学生分组,做好景点讲解准备。
4. 物质准备:大别山导游示意图、话筒、导游旗、导游接待计划、导游IC卡等。

二、实训地点

大别山。

三、实训内容与步骤

1. 给出具体任务：大别山导游讲解。

2. 学生分小组，各小组根据不同任务，分头查找大别山红色旅游相关知识。

3. 进行大别山分组模拟导游讲解：

①教师或优秀导游示范讲解。

②学生分组讲解。

4. 评价：学生自评、小组评价、教师或优秀导游评价、"游客"评价。

5. 评选出大别山优秀导游词。

6. 评选出优秀导游。

【课后任务】

选取当地或全国知名红色旅游景点，查阅相关资料，撰写导游词，并进行模拟导游讲解。

【思考与练习】

1. 什么是自然旅游景观？它具有哪些美学特性？

2. 作为一名导游，你应该如何准备自然景观的导游讲解工作？

3. 在景点导游中，应该注意哪些安全事项？

4. 如何帮助游客了解景点背后的历史和文化？

5. 什么是人文旅游景观？它包括哪些类型？

6. 作为一名导游，你应该如何准备人文旅游景观的导游讲解工作？

7. 如何在人文旅游景点中融入环保和可持续发展的理念？

8. 如何在景观导游中融入创新和创意元素，提高游客的体验和满意度？

9. 什么是红色旅游？它有哪些特点？

10. 简述红色旅游导游的技巧。

项目四

四

生活服务

【项目描述】

做好游客在旅行过程中的生活安排是保障游览活动顺利进行的重要工作,导游过程中的生活服务包括住宿服务、餐饮服务、购物服务、娱乐服务等。本项目主要训练学生在接团过程中能够熟练安排好游客的住宿、餐饮、购物、娱乐活动,并能灵活满足客人提出的个别要求。

【学习目标】

在生活服务这一项目的学习中,我们将以真实接待任务为驱动,使学生初步认识生活服务的基本流程,掌握做好生活服务的要点,妥善满足游客的个别要求,圆满地完成接待工作。

【思政延展】

首先,通过任务启发引导学生思考与实践,培养学生大胆思考、勇于探索的精神。其次,通过分析生活服务的接待流程与规范,学生养成一丝不苟、严谨敬业的工作作风。最后,通过解决客人的个别问题,学生树立游客至上、为游客排忧解难的工作意识;培养学生不怕困难,充分发挥主观能动性、积极性和创造性,灵活处理问题的工作精神。

任务一　住宿服务

【任务引入】

地陪导游小张刚从机场接到来自上海的旅游团,小张将带领旅游团抵达下榻的南湖宾馆。作为地陪,该如何为他们办理入住服务呢?

【任务分析】

导游要做好住宿服务,首先要了解饭店,并向游客做好饭店的介绍;其次,要掌握住宿接待服务的流程;最后,妥善满足住店客人的个别要求。

【理性认知】

一、住宿服务

（一）"住"的导游讲解

1.学会介绍星级饭店

有经验的导游在首次导游时,就先提一下准备入住的酒店的位置、星级标准、服务水平,让游客一到达就吃一颗"定心丸"。

【相关链接】

饭店等级制度

饭店等级国际上有数十种之多,包括星级制度、字母表示法和数字表示法等,通用国际标准为星级制度,以五角星标识,一颗星为一星,以此类推,五星为最高等级。

我国采用的也是此类制度。1988年,我国开始推行星级制度,1993年,正式颁布《旅游饭店星级的划分评定标准》(包括设施设备、清洁卫生、宾客意见等);1997年,我国对该国际标准进行修订,新国际标准1998年正式实施,其中一、二星级标准不变,三、四、五星星级标准调整;最新版的《旅游饭店星级的划分与评定》中,增加了"白金五星级"(为五星的附加等级)条件:提供24小时管家服务;具备2年以上五星级饭店运营资历;位于城市中心区域等。

2.介绍所下榻饭店的特色服务

讲解饭店通常包括:饭店名称(一定要让客人记住饭店名称)、星级、规模、设施设备条件(根据游客需要进行介绍)、饭店位置、交通情况(含周边交通条件,教会游客如何使用各种交通工具和注意事项),饭店周边的商业及娱乐设施等。讲解过程中要突出游客所下榻饭店的特色,让游客感觉是精心为其准备的,游客所享受的饭店服务是同级标准中最好的,是当地同等档次中最具特色的。

【提示】不同饭店导游讲解要点:

老饭店——历史悠久、牌子响亮、服务规范是身份的象征;

新饭店——设备齐全、装潢考究,虽不知名但住起来实惠、舒适;

闹市区——交通方便、商铺集中,夜生活丰富、自由活动好去处;

僻静区——闹中取静、环境幽雅,空气清新、休闲度假的最好选择。

其他如早餐品种丰富,有异国情调、有民族风格、依山傍水、风景独特等都可以算是饭店的优越条件。接待内宾团时,甚至连电视频道较多都可以作为卖点。

3.通过对饭店的介绍,延伸介绍当地旅游业的发展

导游服务的任务之一是有意识地进行宣传,而旅游饭店的建设数量和服务质量是当地旅游业的标志之一。

4.注重饭店人文之美的介绍,使游客获得身心双重享受

我国许多旅游城市和旅游区,饭店建设融入当地居民建筑的风格,装饰体现地方特色和民族特色,使得饭店本身就成为审美对象,满足游客的猎奇心理。

【导游示范】

下榻饭店介绍

各位游客,为了让大家在此次旅游活动中愉悦舒心,我们旅行社特地为大家安排了这里最有特色、服务最好的一家饭店供各位下榻休息。

我们将要下榻的饭店叫××饭店,各位一定听说过吧,该饭店是四星级酒店,有着科学的管理、先进的设施和优质的服务,是游客来旅游时的首选饭店。酒店坐落在×××,地处市中心繁

华地带,交通十分便利。酒店内设施设备齐全,中西餐厅 24 小时营业,大堂前厅设有商务中心、外汇兑换处及酒吧。酒店房间号是九层以下前面加 2,如 801 房前面加 2 就为 2801,十层以上就是楼层加房号。大家如需要在酒店内打电话,请记住:房间与房间通话直接拨房号,打长途电话时,先拨"0";每个房间都配有自费消费物品,您如在酒店内进行了消费,请在离开酒店前,主动去前台结账,酒店受理信用卡。

大家进入酒店房间后,请认真检查房间中提供的必需物品是否齐全,设备是否完好,如果有问题,请及时与我联系,我就在酒店大堂等候大家。

好,酒店到了,请大家带上自己的物品,下车在大堂里稍微等候一下,我和领队去办理手续。

(二)"住"服务程序

《导游服务质量标准》要求:"地陪应使游客抵达饭店后尽快办理好入住手续,进住房间并取到行李,及时了解饭店的基本情况和住店注意事项,熟悉当天或第二天的活动安排。"

住宿服务流程

1. 核实游客下榻饭店的基本情况

接到接团任务后,地陪应与采购部人员及时联系,了解订房情况,核实接待计划。

2. 了解游客下榻饭店的情况

地陪应熟悉该团所住饭店的名称、位置、星级、概况、服务设施、服务项目和周边环境,如到市中心的距离、附近有何购物娱乐场所、交通状况如何等。

地陪应向饭店销售部或总服务台核实该团游客所住房间数、级别、用房时间是否与旅游接待计划相符合和房费内是否含早餐等。

3. 介绍下榻的饭店

在旅游车快到下榻的饭店时,地陪应向游客介绍该团所住饭店的基本情况:饭店的名称、位置,到机场(车站、码头)的距离、星级、规模、主要设施和设备及其使用方法、入住手续及注意事项(如赠品和非赠品的区别)。

4. 协助办理住店手续

游客抵达饭店后,地陪要协助领队和全陪办理入住登记手续,请领队分发住房卡。地陪要知道领队、全陪和团员的房间号,并将与自己联系的办法如房间号(若地陪住在饭店)电话号码等告知全陪和领队,以便有事时尽快联系。

【案例】

分发房卡引起的风波

2023 年 6 月,导游小李接待了 C 市一行 18 人的旅游团。第一天,他们来到 K 市的××酒店。

小李在办理入住登记时,全陪小金肚子疼,去了卫生间,待前台将 9 张房卡给小李时,全陪还没有回来。小李就对游客说:"两人一间,大家自由组合吧!"于是游客很快将房卡拿走,纷纷上楼了。

全陪回来听说小李已经将房卡分完了,突然问了一句:"9 个房间都在阳面还是阴面?"小李说:"阴面4间,阳面5间。"全陪看了看小李道:"你该让我来分房卡,希望没事。"

果然,晚餐后,就有一对住在阴面房间的夫妻找小李,说他们的房间没有阳光要换房,小李也清楚,现在是旺季,连阴面的空房也没有了,怎么可能换房。

最后在全陪的调解下,此事才得到解决。事后小李还纳闷,分房卡时怎么不早说?

（资料来源:住宿服务案例,360文库,有修改）

案例分析:

本案例中的小李擅自帮全陪分房间,引起游客的不满,好心办坏事。小李未注意一个细节,一般情况下外宾团由领队分配房间,内宾团由全陪分配房间,在无全陪情况下,如果游客来自同一个单位,可以请团长分配。散客拼团由地陪分配。

一般而言,酒店给旅游团的房间阴面、阳面、主楼、副楼都可能有,楼层也不尽相同。有个别游客可能会因此提出异议,所以,导游分配房间也要讲究方法。全陪(领队)全程和游客在一起,对游客的情况比较熟悉,有的游客可能会挑别些,有的就比较好说话。全陪(领队)可视游客个人情况分配房间,就会尽可能减少问题的出现。

5.介绍饭店设施

进入饭店后,地陪应向全团介绍饭店内的外币兑换处、中西餐厅、娱乐场所、商品部、公共洗手间等设施的位置,并讲清住店注意事项(如爱护设备设施、设施的使用说明、损坏物品要赔偿等),向游客指明电梯和楼梯的位置。

6.照顾行李进房

地陪应等待本团行李送达饭店,负责核对行李,督促饭店行李员及时将行李送至游客的房间。

7.带领团队用好第一餐

游客进入房间前,地陪要向游客介绍饭店内的就餐形式、地点、时间及餐饮的有关规定。游客到餐厅用第一餐时,地陪必须带游客去餐厅,帮助游客找到桌次,要将领队和全陪介绍给餐厅领班、主管等有关人员,告知旅游团的特殊要求(如用餐标准、游客口味、忌食等),向游客介绍有关餐饮规定,祝愿游客胃口好。

①向领队问明游客的饮食情况及不同需求。

②向餐厅主管交代用餐的人数、标准、类别等要求。

③向游客说明就餐的形式、时间、地点、餐饮的有关规定及点菜、超量饮料费用自理等情况。

④将领队介绍给餐厅负责人以便双方联系。

⑤地陪带领游客进入餐厅用第一餐。

⑥就餐时提供导食服务,有针对性地介绍本地风味佳肴。

⑦就餐后,主动征求游客意见,并及时与餐厅协调落实。

8.宣布当日或次日活动安排

游客进入房间之前,地陪应向全团宣布有关当天或第二天活动的安排、集合的时间、地点,如该团中有提前入住的游客,必须通知他们次日的出发时间及活动安排。

9.协助处理游客入住后的各类问题

游客进入房间后,地陪应在本团游客居住区内停留一段时间,处理临时出现的问题,如打不开房门、房间不符合标准、房间卫生差、设施不全或损坏、卫生设备无法使用、行李错投等;有时还可能出现游客调换房间等问题,地陪要协助饭店有关部门处理此类问题。

【案例】

天花板里传来的鸟声

河北××旅行社导游小李带团经历了一件很有意思的事。那次小李担任全陪"秦皇岛二日游",第一天参观结束后入住××疗养院。安排好游客的房间后,地陪去安排晚餐,小李到各个房间去询问游客房间有无问题。一楼客人的房间都无问题,小李正准备去二楼时,有位女游客告诉小李,她们的房间鸟声太吵了,要求换房。

小李随她们来到房内,仔细观察后,发现房间外有棵树,能听到鸟叫声,关上窗,鸟叫声还是很明显。再仔细一听,鸟叫声好像是从洗手间的天花板里传出的。小李当即叫来服务员,服务员面对这种情况也束手无策。于是服务员又找来电工,电工踩在凳子上用手电筒查看,天花板里很黑,什么都看不到,而且天花板还漏电,电工也不愿管了。

这时地陪也赶来安慰客人,让她们放心,一定会解决问题。小李与地陪询问前台,前台服务态度很差,说不能换房,地陪和前台互相推卸责任。小李见状直接打电话向总经理投诉,3分钟后,客房部经理带了一位电工来到客房,将洗手间的天花板拆了下来,发现四只麻雀在上面安了个窝。电工将麻雀窝拆了下来,安好天花板,将漏电线路也一并处理好了,经理又向客人做了解释并道了歉。小李还向客房部经理提了要求,希望他们给这四只麻雀另外安一个家,经理也同意了。事后,游客对小李处理此事表示满意,还夸小李有爱心。

案例分析:

天花板里居然有小鸟,这的确是件很有意思的事情,但是让游客住在这样的房间,影响客人休息就不是件有意思的事情了,所以,游客的埋怨是有道理的。

本案例中地陪工作有不妥之处。一般在入住酒店时,地陪和全陪要在游客进房间之前检查房间是否有问题,如果有问题,要帮助游客解决问题。但本案例中的地陪不仅没有在游客入住前检查游客的房间,而且在游客的房间有问题时,不仅不主动解决问题,还推脱责任。全陪的做法有可圈可点之处,游客入住后,全陪到各个房间去查看游客入住后的情况;当房间出现鸟叫的问题后,他积极主动想办法解决问题,面对地陪的不负责任,他以游客的利益为重,努力想办法,最终解决了问题,获得了游客的肯定。

（资料来源:360 文库,有修改）

10. 确定叫早时间

地陪在结束当天活动(离开饭店)前,应与领队(全陪)商定第二天叫早时间,并请领队(全陪)通知全团,地陪则应通知饭店总服务台或楼层服务台。

【导游示范】

入住服务程序

地陪:游客朋友们,襄阳人家宾馆已经到了,请大家拿好个人物品随我下车。

地陪:请大家稍作休息,我来办理入住手续。

地陪:您好,我是襄樊中旅的导游,我们预订了 10 个标间。

前台:好的,我帮您查一下……好,这是您预订的房间:201—210。请您拿好房卡,在这里登记一下。

地陪:王小姐,这是房卡,请您分一下房。

全陪:好的。王先生、李先生,这是房卡,您二位住201房……

地陪:大家拿到房卡就可以回房休息了,7点钟我们在旁边的中餐厅用餐,请大家准时用餐。

(资料来源:360文库,有修改)

【在线测试】

住宿服务在线测试

二、"住"的个别要求的处理

旅游过程中,饭店是游客临时的家。游客在住房方面的要求,导游一定要尽力协助解决。

(一)要求调换饭店

团体游客到一地旅游时,享受星级饭店的住房在旅游协议书中有明确规定,有的在什么城市下榻于哪家饭店都写得清清楚楚。所以,接待旅行社向旅游团提供的客房低于标准,即使用同星级的饭店替代协议中标明的饭店,游客都会有异议。

游客要求换饭店、换房间

如果接待社未按协议安排饭店或协议中的饭店确实存在卫生、安全等问题而致使游客提出换饭店,地陪应随时与接待社联系,接待社应负责予以调换。如确有困难,按照接待社提出的具体办法妥善解决,并向游客摆出有说服力的理由,提出补偿条件。

(二)要求换房间

根据游客提出的不同原因,有不同的处理方法:

①若房间不干净,如有蟑螂、臭虫、老鼠等,游客提出换房间应立即满足,必要时应换饭店。

②由于客房设施尤其是房间卫生达不到清洁标准,应立即打扫、消毒,如游客仍不满意,坚持换房,应与饭店有关部门联系予以满足。

③若游客对房间的朝向、房间所在楼层不满意,要求换另一朝向或另一楼层的同一标准客房时,若不涉及房间价格并且饭店有空房,可与饭店客房部联系,适当予以满足,或请领队在团队内部进行调整。如果无法满足游客,则应耐心解释,并向游客致歉。

④若游客要住高于合同规定标准的房间,如有,可予以满足,但游客要交付原定饭店退房损失费和房费差价。

(三)要求住单间

团队旅游一般安排住标准间或三人间。由于游客的生活习惯不同或因同室游客之间闹矛盾,而要求住单间。导游应先请领队调解或内部调整,若调解不成功,饭店如有空房,可满足其要求。但导游必须事先说明,房费由游客自理(一般由提出方付房费)。

(四)要求延长住店时间

出于某种原因(生病、访友、改变旅游日程等)而中途退团的游客提出延长在本地的住店时间,导游可先与饭店联系,若饭店有空房,可满足其要求,但延长期内的房费由游客自付。如原住饭店没有空房,导游可协助联系其他饭店,房费由游客自理。

中途退团、延
长住店时间

(五)要求购买房中设置

如果游客看中客房内的某种摆设或物品,要求购买,导游应积极协助,与饭店有关部门联系,满足游客的要求。

【在线测试】

住宿服务个别要求在线测试

【实训任务】

实训内容一：入店服务

一、实训准备

1. 提前下发接待计划。
2. 学生分组,认真按照接待计划做好服务准备。
3. 情境模拟准备:游客、地陪、全陪、领队、酒店接待员、行李员等。
4. 物质准备:话筒、导游旗、导游证、分房名单、房卡等。

二、实训地点

酒店或校内实训室。

三、实训内容与步骤

1. 将旅游团带至酒店前厅找地方让游客休息。
2. 地陪、全陪协助,由领队办理住店登记手续(住房名单要由领队或全陪事先准备好),自定房间由领队、全陪或游客办理,地陪协助。
3. 领队分发房卡。
4. 导游掌握团员的房间号,并将自己房号和联系方式告知游客:
①地陪住在饭店,告知房间号与电话号码。
②地陪不住饭店,告知联系电话,由全陪负责照顾好旅游团。

5. 地陪介绍酒店设施的功能、位置,让游客了解外币兑换处、中西餐厅、娱乐场所、商品部、公共洗手间等设施的位置,介绍入住酒店注意事项。

6. 照顾行李进房,巡房及处理相关问题。

7. 带领游客用好第一餐;向布台员询问本团的桌次;安排游客入座,领队、全陪和地陪要随时为游客服务。

8. 向游客宣布当日或次日的活动安排。

9. 安排叫早服务,确认早餐形式。

10. 教师点评。

实训内容二：住房方面个别要求的处理

一、实训准备

1. 提前布置任务:游客在住房方面的个别要求。

2. 下发实训材料。

二、实训地点

酒店或校内实训室。

三、实训内容与步骤

1. 给出具体任务:游客在住房方面的个别要求。

2. 学生分小组,分别扮演全陪、地陪、领队、游客、酒店服务员。

3. 设置场景,游客入住后提出一些个别要求,让导游满足这些要求。

4. 评价:学生自评、小组互评、教师(或优秀导游)点评。

【课后任务】

1. 选择你熟悉的一家饭店,撰写该饭店的介绍词。

2. 小组分角色模拟住宿服务,拍摄视频。

任务二　餐饮服务

【任务引入】

地陪小张继续带领来自上海的旅游团前往恩施大峡谷旅游。因恩施地区以土家族饮食为特色,那么来自上海的游客能否适应土家族的餐饮安排? 地陪小张应该怎么和游客沟通呢?

三个派别：寺院素食、宫廷素食、民间素食。

a. 特点：

营养特殊，选料广泛，珍品繁多，制作考究；模仿荤菜，形态逼真，口味相近。

b. 名店：北京全素斋、上海功德林、玉佛寺素斋、灵隐寺素斋馆、厦门南普陀寺素斋馆。

②清真菜

代表菜有砂锅羊头、全羊大菜、葱爆羊肉、黄焖羊牛肉、清水爆肚等。

③仿古菜

a. 北京清宫菜。

代表菜有鱼藏剑、龙须驼掌、炒豆腐脑、荷包里脊、雪花桃泥等。

b. 孔府菜：我国最典型的官府名菜。

代表菜有诗礼银杏、一品豆腐、八仙过海、怀抱鲤鱼等。

c. 仿唐菜。

代表菜有驼蹄羹、同心生结脯、醋芹、遍地锦装鳖等。

d. 仿宋菜。

开封仿宋菜有焙面、两色腰子、烧臆子、东华鲊等。

杭州仿宋菜有东坡脯、莲花鸡签、蟹酿橙等。

仿红楼菜代表菜有糟鹅掌、炸鹌鹑、怡红祝寿、银耳鸽蛋等。

（二）团队用餐有哪些形式？在安排上有什么不同？

形式：常规安排，用餐要求自由度、有花样。

围桌中晚餐，按约定时间，集体用餐。

自助早餐，餐厅用餐时间内自由用餐，餐食丰富，游客喜欢。

餐饮服务流程

在安排上，如果是围桌，必须强调用餐时间，以便能统一用餐；自助餐则需要讲清用餐时段，以便游客选择，还要注意早餐券的发放问题。

（三）酒店有哪些就餐规定？地陪应该如何与游客沟通？

①"本酒店严禁自带酒水"。

②要收取"开瓶费"。

③"按需取用食物，严禁浪费"……

地陪根据所掌握的酒店的就餐规定，如果游客有违反规定的应尽早与游客说明，以免与酒店产生纠纷。

【案例】

游客用餐之后却拒绝付钱

这是2004年9月发生在重庆的一件事情，故事的主人公是重庆的一位导游S小姐。那一次，她接待的是一个来自S省的旅游团，旅游团有26位游客，Z先生是这个旅游团的全陪。当时，S小姐从事导游工作还不到3个月，对工作很有热情。游客在重庆有一个旅游项目是品尝风味餐。在当地，这是一个很受外地游客欢迎的保留节目。按照惯例，享用这种风味餐，需要游客在用餐标准之外加付一笔费用。自然，这件事情需要导游事先和游客商量妥当，要游客自愿才能实施。为了防止事后出现纠纷，导游在与游客协商好之后，通常要先收钱，再办理用餐事宜。可是，由于S小姐缺乏经验，事先并未将吃风味餐还需要额外收费向游客说清楚，这件事情未得到游客的明确答复，自然，她也未收上这笔费用。就这样，S小姐满心欢喜地安排游客享用了一顿十分丰盛的重庆风味餐，她只是感觉游客吃得很满意，丝毫没有觉察游客用餐之后即将出现的纠纷。用餐过后，当S小姐再向游客收费时，游客却拒绝付钱。S小姐急了，这才不停地向游客解释。但是，游客不听S小姐的解释，只是七嘴八舌地批评她。有的游客说，你事先没有说吃风味餐还要额外收钱呀；有的说，如果我事先知道还要额外收钱，那我就不吃风味餐了。一时间，双方的情绪有些对立。S小姐收不上钱，又和游客无法沟通，眼看自己要赔钱，左右为难，终于急哭了。一些游客见S小姐哭了，虽不再批评她，却仍然不付钱。Z先生直到此时才知道了事情的原委，作为同行，自然是理解和同情S小姐的。借由S小姐的哭声换来的缓和气氛，Z先生打破僵局。他先借着批评S小姐事先未征得游客明确答复这件事，将游客在此地吃风味餐的种种细节，一应俱全地向游客做了细致的解释。他又向游客说明，当然应该由S小姐负责，她将因自己的疏忽而垫付游客吃风味餐的费用。接着，Z先生又恳请游客对S小姐的工作提出中肯的批评，还半真半假地对S小姐说，大家拒绝给你风味餐的费用，主要是他们想通过这种使你印象深刻的方式，对你进行深入的批评教育，目的并不是惩罚你，而是帮助你，这是为了你好。自然，作为导游，S小姐应该理解和感谢游客的这一番深意。这时，S小姐也领会了Z先生的用心，她稳定情绪，振作精神，借着自我批评的机会做游客的工作。事情终于有了转机，几位年长的游客将风味餐的费用交了，接着，又有几位游客交了费，再接着，更多的游客交费了。事后，S小姐说，Z先生帮助她减少了三分之二的损失。

案例分析：

程咬金与对手对阵，他的"三板斧"战术很有威力。Z先生在化解客我之间的矛盾时，他的"三板斧"战术也很有威力。这次矛盾冲突是由S小姐引起的，Z先生面临突如其来的事变，挺身而出，打破僵局，其所用的方法值得细细品味。

第一，Z先生善于抓住有利战机。他采用打破僵局"三板斧"战术，选择在"由S小姐的哭声换来的缓和气氛"时出手，取得了好效果。这时，大多数游客的恻隐之心开始萌生，容易替对方着想，导游抓住时机，选对方法，善加诱导，可以最大限度地影响游客。

第二，Z先生善于抓住游客的心理变化。他的"三板斧"战术着眼于大局，照顾在急处，目标准确，力度恰当。结果，斧子一下下劈过去，使问题一层层被化解。第一回合，Z先生瞄着S小姐"劈"，通过批评她的错误，将她暂时置于"局外"，游客失去了情绪对立的"对手"，也同时被置于"局外"，情绪得到了进一步平息。这样，Z先生才能使游客在不知不觉中以第三者的平和心态，听他讲解此地吃风味餐的规定和惯例，推动游客"实事求是"地做出自己的判断和选择。第二回合，Z先生还是瞄着S小姐"劈"，通过明确S小姐将要承担的责任，又将她拉回"局内"，使此时已经置身"局外"而又了解实情的游客，有可能"设身处地"地为S小姐想一想。这种换位思考能够唤起大多数游客的同情心，使他们萌生对S小姐的理解和同情。第三回合，Z先生仍然瞄着S小姐"劈"，通过启发她如何正确对待游客和对待自己，使那些已经有了悔意的游客，看到一个十分方便易行的台阶，从而促使他们"从善如流"，自觉而又不失尊严地走过来。S小姐需要从此事中认真地吸取教训。一方面,新导游面对工作中各种各样的事情,一定要以严谨的态度处理,特别是对那些影响全局的关键细节,更是不能有丝毫的马虎。只有严谨在先,才能防止悔恨于后。另一方面,新导游对已经发生的错误、对已经出现的损失、对少数的确素质不高的游客,要以良好的心态对待。无论是谁,如果有与S小姐类似的遭遇,不必抱怨游客的素质。一个新导游,如果总是抱怨游客"竟然会如何,怎忍心这样那样"一类的问题,终究是做不好工作的。在这件事情上,因S小姐伤心落泪而缓和了局面,属于歪打正着。然而,S小姐"领会了Z先生的用心,稳定情绪,振作精神,借着做自我批评的机会做游客的工作",这个转变,却是自觉做出的正确选择。

(资料来源:淘豆网,有修改)

(四)如何为游客提供正餐服务

①地陪应提前了解游客的每一次用餐情况,落实并确认用餐的地点、时间、人数、标准及特殊要求等。

②用餐时,地陪应引导游客入座,并适时介绍相关的特色菜及特色小吃。

③在用餐过程中,地陪应巡视游客用餐情况一到二次,及时解答游客在用餐过程中的问题及监督餐厅的服务质量。

④在用餐快要结束时,地陪应向游客宣布餐后的时间安排,并通知全陪和领队。

⑤用餐结束后,地陪应该严格按要求如实填写"餐费结算单"。

【案例】

因"抢菜"得来的掌声

北方某城市最盛大的节日——滑雪节开幕了,吸引了各地的冰雪爱好者。导游小李接到旅行社通知,负责接待由宝岛台湾到此参加冰雪节的15位游客。按照行程安排,作为嘉宾的台湾游客,他们除要参加开幕式之外,还要感受一下北国"千里冰封,万里雪飘"的银白色的冰雪世界。游客们坐高山缆车、打雪仗、玩雪圈、滑雪……几乎所有的项目都感受了一遍,玩得非常痛快。临近中午,小李带着这15位台湾游客来到定点餐厅用餐。一进餐厅大门,只见该餐厅里全都是游客,大家都在等待着热腾腾的饭菜上桌!小李在引导员的指引下,找到了团队用餐的桌位。当大家落座之后,小李十分热情地斟茶倒水,和游客们一起聊天。时间一点一点地过去了,可是一道菜也没上来,游客又冷又饿,眼看着别桌的客人用餐,自己却吃不上饭菜,大家把小李叫到身边,问她上菜速度为什么这么慢。小李反复解释,正是用餐高峰,后厨可能忙不过来,希望大家能谅解。但不管怎么解释,游客们已经开始抱怨小李沟通不力了。此时,小李直接走到了出菜口,只见门上写着几个大字:"厨房重地,闲人免进。"而门口除她之外,还有其他团队的3个导游也在这里等着饭菜上桌。突然,门被推开了,从门里走出一位传菜员,手里的托盘上放着两盘热菜。小李也没多想,从托盘里端走两盘菜,跑到自己团队用餐的地方,放到游客餐桌上,连忙说:"大家快吃。"游客们也心领神会,开始动筷子。此时,传菜员跑了过来,一脸埋怨地说:"导游,你怎么能这样!这不是你们团的菜,是隔壁桌的。"小李明知自己没理,便马上笑脸相迎,连连道歉。其他团队游客见此场景,对自己团队的导游说:"你看人家那个团的导游真厉害!他们客人都吃上菜了,我们还在这里等呢!"话音一落,小李团队中的一位游客说:"我建议,给我们李导来点掌声。虽然这个方法不太好,但她的行为却让我们心里暖洋洋的。"接下来,掌声响起,连隔壁的游客也鼓起掌来。这样一来,小李真的搞不懂了,这么做是对还是错呢?

案例分析:

一次成功的旅游活动,需要餐饮、宾馆、景区、交通等各个相关部门的共同努力和通力合作才可能顺利进行,无论任何一个部门出现问题,都势必会影响旅游活动的效果,令游客感到不满或失望。在导游代表旅行社与餐饮、景区等部门的交往中,这些部门的服务质量和水平如何,导游是不能左右的。因此,这就需要导游头脑灵活,有较强的协调能力和公关能力,以保证旅游活动按计划顺利进行。

在本案例中,导游小李能够想客人之所想,急客人之所急,为游客"抢菜"。但是,从职业道德层面上来讲,为了让自己的客人满意,而损害了其他游客的利益也是不妥的。旅游业是一个综合性行业,导游工作是一项只有大家配合才能搞好的工作。团结友爱、相互协作,是导游正确处理同仁之间、行业之间关系的行为准则。小李虽然赢得了游客赞许的掌声,但必须意识到这种方法并不是获得游客满意笑容的最佳途径。她可以通过请领班或部门经理出面催菜、与其他团队导游协商等方式更好地解决所面临的问题。因此,加强导游全局观念的培养还有很长的一段路要走,亟待旅行社及相关行政管理部门下大力气来逐渐完善。

(李娷,王哲.导游服务案例精选解析[M].北京:旅游教育出版社,2023.有修改)

【在线测试】

餐饮服务在线测试

二、餐饮服务特殊要求的处理

1. 特殊饮食要求的处理

出于宗教、生活习惯、身体状况等原因,有些游客会提出饮食方面的特殊要求,比如,不吃荤、不吃油腻、不吃辛辣食品、不吃猪肉甚至不吃盐、糖等。

(1)事先约定

若所提出的要求在旅游协议中有明文规定,接待旅行社须早做安排,地陪在接团前应检查落实情况,不折不扣地兑现。

餐饮服务特殊要求

(2)抵达后提出

若旅游团抵达后提出,须视情况而定。一般情况下,地陪应与餐厅联系,在可能的情况下尽量满足,如确有困难,地陪可协助其自行解决。

2. 要求换餐

有时，游客要求换餐，如将中餐换西餐、将便餐换风味餐等。

①如游客在用餐前 3 小时提出换餐要求，导游要尽量与餐厅联系，按有关规定办理，如补差价等。

②若游客在接近用餐时提出换餐，导游一般不应接受要求，但应做好解释工作。

③若游客坚持换餐，导游可建议游客自己点菜，但费用自理。

④若游客要求加菜、加饮料等，导游应满足，但费用自理。

【案例】

游客要求换餐，提前说明差价自理

小李带一个两日游的团到北京旅游。第一天中午用完餐后，游客提出晚餐要品尝北京烤鸭，于是小李及时给原定的餐厅打电话取消了预订，并在风味餐厅预订了晚餐。当游客到了餐厅后，小李告诉游客，品尝风味烤鸭的用餐标准比游客协议上的用餐标准每人要高出 20 元，这时有些游客觉得贵不想再吃烤鸭了，要求退餐。小李非常着急，因为如果游客真的取消这顿餐的话，饭店会要求他们赔偿的。最后，小李用半个多小时才说服了游客，勉强吃了这顿烤鸭。但是游客很不满，小李也感觉很窝火，真是费力不讨好啊！

案例分析：

在本案例中，导游小李忽视了一个细节，在游客换餐前，没有和游客提前讲明餐费差价自理，结果出现纠纷。在带团过程中，游客提出换餐时，导游一定要告诉游客，多出来的餐费自理，游客同意后，再订餐，否则就会引起不必要的问题。

在带团过程中会经常遇到游客提出换餐要求，导游应该根据不同的情况做出不同的处理。但总的处理原则是积极协助，差价自理。

(1) 首先要看是否有充足的时间换餐。如果旅游团在用餐前 3 小时提出换餐要求，导游应尽量与餐厅联系，但需事先向游客讲清楚，如能换妥，差价由游客自理。

(2) 如果游客是在接近用餐时间或到餐厅后提出换餐要求，应视情况而定。若该餐厅有该项服务，导游应协助解决；如果情况复杂，餐厅又没有此项服务，一般不应接受此类要求，但应向游客做好解释工作。

(3) 若游客仍坚持换餐，导游可建议其到零点餐厅自己点菜或单独用餐，费用自理并告知原餐费不退。

（资料来源：福建餐饮网，有修改）

3. 要求单独用餐

①由于旅游团的内部矛盾或其他原因,个别游客要求单独用餐,此时,导游要耐心解释,并告知领队请其调解。如游客坚持,导游可协助与餐厅联系,但费用自理,并告知综合服务费不退。

②游客因外出自由活动、访友、疲劳等不能随团用餐,导游应同意其要求,但要说明餐费不退。

4. 要求在客房内用餐(看身体状况)

(1)生病:主动关怀

若游客生病,导游或服务员应主动将饭菜端进客房内并表示关怀。

(2)健康:视情况办理

若健康的游客希望在客房内用餐,应视具体情况办理。如果餐厅能提供此项服务,可满足游客的要求,但须告知服务费标准。

5. 要求自费品尝风味餐

游客要求外出自费品尝风味餐,导游应予以协助,与有关餐厅联系订餐;若风味餐订妥后游客又不想去,导游应劝游客在约定的时间前往餐厅,并说明若不去须赔偿餐厅的损失。

6. 要求推迟就餐时间

导游应劝游客入乡随俗,过时用餐需另付服务费,或餐厅不提供过时服务。

游客因生活习惯或其他原因要求推迟用餐时间,导游可与餐厅联系,视餐厅的具体情况处理。一般情况下,导游要向游客说明餐厅有固定的用餐时间,过时用餐应另付服务费。

【在线测试】

餐饮服务个别要求在线测试

【实训任务】

实训内容一:餐饮服务

一、实训准备

1. 提前下发接待计划。
2. 学生分组,认真按照接待计划做好服务准备。
3. 情境模拟准备:游客、地陪、全陪、领队、餐厅服务员等。
4. 物质准备:话筒、导游旗、导游证、菜单等。

二、实训地点

酒店。

三、实训内容与步骤

1. 给出具体任务:餐饮服务。

2. 学生分组,扮演游客、地陪、全陪、领队、餐厅服务员。

3. 各小组认真按照接待计划做好服务准备。

4. 情境模拟餐饮服务:

①导游提前了解游客的用餐情况,落实并确认用餐的地点、时间、人数、标准及特殊要求等。

②用餐时,引导游客入座,并适时介绍相关特色菜。

③在用餐过程中,导游应巡视游客用餐情况一到两次,及时解答游客在用餐过程中的问题及监督餐厅的服务质量。

④在用餐快要结束时,导游应向游客宣布饭后的时间安排,并通知全陪和领队。

⑤用餐结束后,导游应严格按要求如实填写"餐费结算单"。

5. 评价:学生自评、小组评价、教师点评。

6. 评选出最佳导游。

实训内容二: 游客餐饮方面个别要求的处理

一、实训准备

1. 提前布置任务:游客在餐饮方面的个别要求。

2. 下发实训材料。

二、实训地点

酒店。

三、实训内容与步骤

1. 给出具体任务:游客在餐饮方面的个别要求。

2. 学生分小组,分别扮演全陪、地陪、领队、游客、餐厅服务员。

3. 设置场景,游客用餐前、用餐过程中提出一些个别要求,导游处理这些要求。

4. 评价:学生自评、小组互评、教师(或优秀导游)点评。

【课后任务】

1. 分角色模拟完成餐饮服务任务,拍摄视频上传。

2. 请为"武当山朝圣二日游"的游客安排餐饮并上交菜单。

任务三　购物服务

【任务引入】

地陪小张带领游客来到湖北襄阳特色街区北街游览,该地旅游特色商品琳琅满目,地陪小张该如何做好游客的购物向导呢?

【任务分析】

购物,是旅游团的一项重要活动,也是游客的重要需求。游客每到一地都希望购买一些旅游纪念品及当地的土特产,或馈赠亲友,或自己保留。当游客购买到自己满意的物品,就会得到一种满足。而要购买到满意的物品,导游自然就成了游客最直接的咨询与依赖对象。因此,导游在旅游团购物方面具有十分重要的作用。

【理性认知】

一、购物服务

购物是游客旅游过程中的一个重要组成部分。游客总是喜欢购买一些当地名特产品、旅游商品送给自己的亲朋好友。游客购物的一个重要特点是随机性较大,因此,作为导游要把握好游客的购物心理,恰到好处地宣传、推销本地的旅游商品,做到既符合游客的购买意愿,也符合导游工作的要求。

（一）游客购物的动机

游客购物的动机包括纪念性动机、馈赠性动机、新奇的动机和求利求实的动机。

（二）游客购物的形式

游客购物通常是通过不同的途径与形式完成的,主要有以下几种。

1.计划内的购物

（1）定义

计划内的购物是指在旅游团的接待计划中明确规定的属于旅游团正常计划项目的购物。

（2）特点

①在计划中已经注明。

②游客对这种安排是事先知晓的,并且充满期待。

③购买当地最知名或最有特色的商品或旅游纪念品。

④是旅游团活动内容的重要组成部分,对商店的要求是规模大、价格公正、质量有保证。

2.计划外购物

（1）定义

计划外购物是指在组团社接待计划中没有明确规定或限制的情况下,为满足游客的需求而临时安排的购物活动。

（2）特点

①灵活性大。

②可根据游览行程时间的松紧程度、游客要求的强弱程度和购物商店的分布情况灵活安排。

计划外购物有以下四种情况。一是游客对旅游目的地获得了一些信息,对当地的商品资源已有了一定的了解,为使本次的旅游内容更丰富,满足为亲朋好友馈赠礼品的需要,主动向导游提出要求。二是游客参加旅游团的目的之一就是到旅游目的地购物,购买自己向往已久的、具有地方特色和民族特色的商品。三是外界的刺激诱发了游客的购物愿望。四是旅游消费是游客的共同特征。

注意:导游在安排计划外购物时,要征求领队或全陪的意见,在领队、全陪同意的情况下,按大多数游客的要求,认真地安排好购物,以满足游客的需要。

3.自由活动购物

每一个旅游团都会安排一定的时间给予游客自由安排,而游客常常利用这段时间进行购物。

①自由活动购物分两种情况,一种是在游览间歇中留出一段时间供游客在景点周围购物,另一种是专门留出一天或半天时间安排游客去当地的繁华商业区购物。

②注意事项,在自由活动时间购物,导游要提醒游客,注意保护自己的人身和财产安全,讲明注意事项,规定详细的集合时间与集合地点。尤其是在景点周围购物时,导游要密切注意游客的动向,如发生纠纷,导游应立即解决处理,有效地保护游客的利益。

（三）导游购物服务

1.导游提供购物服务的原则

①严格按照接待计划执行,到旅游定点商店购物,应遵循游客"需要购物、愿意购物"的原则,避免次数过多,不得强迫游客购物。

②安排购物时,导游应讲明停留时间及注意事项,如实介绍商品质量和商品特色。

③导游有义务提醒游客不要与当地小商贩纠缠,以免上当受骗。

④如商店出售假冒伪劣和质次价高的商品,导游有义务维护游客的合法权益。

【相关链接】

《旅行社条例》2009年5月1日施行,强制游客购物可罚50万元

目前,一些旅行社以低于成本的报价吸引游客参团,然后通过压缩游览时间,改变行程,诱骗、强迫游客购物和新增有偿服务来赚取非法利益。

针对这些问题,《旅行社条例》首先严格禁止旅行社低于成本报价。其次,规定旅行社必须与旅游者订立书面合同,并在合同中明确约定旅行社统一安排的游览项目的具体内容及时

间,旅游者自由活动的时间和次数,旅游者应当交纳的旅游费用及交纳方式、旅行社安排的购物次数、停留时间及购物场所的名称,以及需要旅游者另行付费的游览项目及价格等事项。

旅行社不按合同办怎么处理?《旅行社条例》规定,对于未经旅游者同意在旅游合同约定之外提供其他有偿服务的旅行社,将处1万元以上5万元以下的罚款;非因不可抗力改变旅游合同行程的,欺骗、胁迫旅游者购物或者参加需要另行付费的游览项目的旅行社,将被处以10万元以上50万元以下的罚款,对相关导游、领队人员也将处以1万元以上5万元以下的罚款;情节严重的,吊销旅行社业务经营许可证、导游证或者领队证。

（资料来源:网易新闻中心,有修改）

2.引导游客购物的服务技巧

①对为实现既定购买目的的游客,导游不必过多给予介绍。

②对了解行情的游客,导游可先视其心理状态伺机向其介绍商品的特点,进一步了解游客的购买动机,以负责的态度帮助游客下决心,促使其产生购买行为。

③对游览商品或看热闹的游客,导游也不能怠慢,眼前的游客也许就是明天的购买者。

3.购物服务的内容

导游要严格按照导游服务程序安排购物,真正做到既满足游客需求,也保障游客利益。

（1）介绍商品

①介绍商品的产地、质量、使用价值和文化艺术价值等。

②讲解真实客观。

（2）合理安排购物时间

①无论是计划内、计划外购物还是自由活动购物,导游的安排都不能过于频繁。

②购物时间要安排合理,既不可太长,使游客在商店中无事可做,也不可太短,使游客没时间认真挑选。

【案例】

某旅游团在昆明游览,导游安排旅游团进行了两个小时的购物后,才带旅游团到世博园游览,当时已到了下午5点,世博园规定下午6点开始清园,这就意味着游客最多可在园中游览1小时。游客感到游览时间安排太少,而购物时间安排得又太长,完全是导游的责任。于是,游客向旅行社投诉,并强烈要求第二天重游世博园。

（资料来源:购物服务范例,百度文库,有修改）

案例分析:

这种情况的发生,是因为导游在时间安排上存在失误,其失误有三:第一,不应该在没有完成主要游览行程时,就安排购物;第二,购物安排时间过长,影响了正常的游览;第三,完成游览行程,游客已经得到了审美享受,心情自然舒畅,然后再安排购物,会使旅游更为圆满。

启示:购物与游览对旅游团来讲,都是重要内容,但是,从游客的目的看,购物一般都是依附在游览这个主要目的上的,合理地安排,就是要分清主次,先主后次。

（3）慎重选择购物商店并能提供服务

①介绍商品的类型、性能及功效。

②协助游客办理大件商品托运手续。

（四）导游服务中的商品促销

不管游客是否购物，导游的态度都应一致，是否购物不是判断游客好坏的标准。

世界各国都十分重视旅游商品和纪念品的开发、生产和促销，并视为争夺游客的魅力因素、增加旅游收入的重要手段。据统计，在世界各国旅游总消费中，用于购物消费的部分高达50%，在新加坡、中国香港等国家或地区，销售旅游商品和纪念品的收入比例已超过60%。导游对旅游商品的促销起着举足轻重的作用。

为了更有效地促销商品，最大限度地满足游客购物的需求，导游应做到如下几点。

（1）熟悉商品、热情宣传

为了满足游客的不同购物要求，导游应尽可能地多了解商品的产地、质量、使用价值、销售地点和价格等，并主动热情地向游客宣传，做好游客的购物参谋。

（2）思想重视、态度积极

每个导游都必须认识到满足游客的购物要求是导游服务工作的重要内容之一。帮助游客购物，导游责无旁贷。

（3）了解对象、因势利导

为了更好地促销商品，导游不仅要熟悉商品，还要做有心人，设法了解游客是否有购物要求、购买能力及游客希望购买什么样的商品，从而有针对性地提供购物服务，满足游客的购物愿望。

（4）掌握推销原则

导游做好购物服务必须建立在游客"需要购物、愿意购物"的基础之上，不得强买强卖，违法乱纪。导游在推销商品时，必须遵循下述原则。

①实事求是，维护信誉。导游介绍商品要实事求是，价格要合理公道；不得作失实的介绍，不得以次充好，以假乱真，不得乱涨价；严禁导游为了私利与不法商人勾结，坑蒙拐骗游客。

【案例】

陈某等两人近日向福建省旅游质监所书面投诉：2003年10月2—6日，我们参加A旅行社组团北京双飞五日游，由北京B旅行社负责地接。10月5日，B旅行社地陪刘某带我们到北京某珠宝城，柜台小姐把我们关在一个房间里，介绍玉器，告诉我们老板是福建宁德老乡，请老板和我们见面。老板悄悄跟我们说他要为老乡办善事，叫我们不要在柜台外面买玉器，他拿的缅甸纯真玉器以成本价卖给我们，不要告诉外面的游客。我们共花1800元（一只玉手镯900元）买了两只玉手镯。回到福州后，我们去福建省金银珠宝首饰检测中心鉴定，鉴定结果是翡翠处理品（漂白充填，染色）。我们要求A旅行社协助退货还款，我们提供国内旅游组团合同书、团款发票、珠宝城的两张收据回单、福建省金银珠宝首饰检测中心出具的两份鉴定书等证据材料。A旅行社辩称：第一，客人手持某珠宝城出具的两张收据回单不是正式发票，没有盖上印章，有伪造证据之嫌，不能作为证据证明两只玉手镯是在该珠宝城购买的；第二，客人没有其他证据证明两张收据纸条与两只玉手镯及北京导游之间存在关系。因此,我社无法据此向北京有关方面质疑,不承担任何责任。

案例分析:

处理本案,要着重分析以下两个争执焦点。

一、客人的投诉情况是否属实? 旅行社辩解理由能否站得住脚? 民事诉讼举证规则是"谁主张,谁举证"。客人为了证明自己确实是北京导游带去珠宝城购买了玉手镯,提供了以下证据:当事人自己陈述,客人在投诉信中详细说明事件如时间(2003年10月5日)、地点(珠宝城)、人物(地陪刘某、小姐、老板及客人)等内容;提供了珠宝城出具的两只玉手镯的收据回单这个书证,证明游客在珠宝城购买了玉手镯;为了证明玉手镯是假货,游客提供了检测中心出具的两份鉴定书。

福建省旅游质监所在尚未让双方当事人对案件的事实进行当面质证之前,还不能断定客人所举以上证据材料完全能够证明其所主张的事实(游客是在地接社导游安排到珠宝城购到假物)。

但A旅行社仅是质疑游客提供的收据回单的证明力,认为回单没有盖上印章,有伪造证据之嫌,但并没有提供相应证据。游客提供的回单虽然没有盖章,但回单是事先印刷、统一格式的凭单,行头已醒目印上珠宝城名称,有编号,空白部分有柜台小姐手写的条码号、玉器名称、价格、数量等具体内容。在A旅行社没有提供相反的证据前,我们采信客人的证据。总之,A旅行社对游客的投诉及证据仅作一些苍白无力的辩解和质疑,但并没有提供任何证据材料证明游客购物与A旅行社没有任何关系。在这种情况下,比较双方当事人的证据,游客证据明显优于旅行社,游客的证据已形成较完整的证据体系,有理由认同游客主张的事实。

二、A旅行社导游带游客购到假物,A旅行社应承担什么法律责任? 北京地陪带领游客到珠宝城购物,是否是A旅行社行程内安排的? 双方当事人签订的合同并没有约定具体购物内容(次数和地点)。双方当事人没有约定时,应采用有利于消费者的解释,推定A旅行社行程内不能安排购物。双方当事人所签订的旅游合同款规定:"乙方(旅行社)应当按照《旅游行程表》安排甲方购物,不得强迫甲方(旅游者)购物,不得擅自增加购物次数。当甲方发现所购物品系假冒伪劣产品,如购物为甲方要求的,乙方不承担责任;如购物为行程内安排的,乙方应当协助甲方退还或索赔;如购物为乙方在行程外擅自增加的,乙方应赔偿甲方全部损失。"本案导游是在行程外安排游客购物的,所购物品是假冒伪劣产品,A旅行社应赔偿游客全部损失。

最后,A旅行社通过向地接社交涉,退还游客全部购货款1 800元。

(资料来源:购物服务案例分析,道客巴巴,有修改)

②从游客的购物要求出发,因势利导。导游在提供购物服务过程中,不要过多安排购物时间,切忌强加于人,更忌拉游客到自己的"关系户"购物图谋私利,以免引起游客反感。

【案例】

杜某夫妇随旅游团赴某地旅游。一天傍晚,地陪小李将旅游团带至一家珠宝商店,请游客下车参观选购。地陪小李竭力劝说杜某夫妇购买一条宝石项链,商店经理以人格保证项链的质量。但杜某夫妇觉得此宝石项链做工粗糙、价格偏高,因而不愿购买,其他团友也无兴趣购买。见此情境,地陪小李将游客杜某夫妇叫到一边,指着面露怒色的经理说:你们的团费很低,若不购买一定数量的旅游商品,会惹怒这些当地人的,我的压力很大……听到这番话后,杜某夫妇无奈地摇摇头,最后还是解囊买了这条价格不菲的项链。一周后,某市旅游行政管理部门接到了杜某夫妇的投诉。

案例分析:

(1)这是一起导游(地陪)胁迫游客消费的行为。《导游人员管理条例》第十六条规定,导游人员进行导游活动,不得欺骗、胁迫旅游者消费或者与经营者串通欺骗、胁迫旅游者消费。从上述案例中的情节看,这位地陪有与某市珠宝商店经理串通欺骗、胁迫杜某夫妇及其他团友购买珠宝的嫌疑。

(2)旅游行政部门依据《导游人员管理条例》的规定,经查实对这位地陪小李实施处罚:责令其改正,可处以1 000元以上3万元以下的罚款;有违法所得的,则予以没收。

(资料来源:购物服务案例分析,道客巴巴,有修改)

(五)要教客人鉴别知识

【案例】

陶瓷鉴赏

1.中国陶瓷发展概况

中国陶瓷发展概况如表4-1所示。

表4-1 中国陶瓷发展概况

新石器时代	发明制陶术
商代	原始青瓷出现
东汉	浙江烧制出真正意义的瓷器
魏晋南北朝	中国陶瓷发展的第一个高峰
唐代	南方越窑青瓷、北方刑窑白瓷
宋代	五大名窑——官窑、哥窑、汝窑、定窑、钧窑 六大瓷系——北方:定窑系、钧窑系、耀州窑系、磁州窑系 南方:龙泉青瓷窑系、景德镇青白瓷窑系
元明清	景德镇瓷器独领风骚

2.青花瓷器

定义:青花瓷器是一种以氧化钴为着色剂,在瓷坯上进行绘画装饰,再罩以透明釉,经1 300 ℃以上高温一次烧成的釉下彩绘瓷器。

成熟并盛行于元代。

画面:呈现蓝色花纹。

基本特点:

①成色鲜艳,发色稳定,釉下彩绘使其纹饰不易磨损褪色;

②明净素雅,层次丰富,表现力强,有中国水墨画的艺术功效;

③不含铅、镉等有毒元素,于人体健康无害。

产生的意义:

①使中国瓷器的刻、画、印花装饰逐渐退至次要地位,而让首位于彩绘装饰;

②使中国绘画技巧与制瓷工艺的结合更趋成熟,中国瓷器从此进入了彩瓷时代。

3.景德镇粉彩瓷器

①粉彩瓷器的产生背景和釉上彩瓷器发展的大致过程,见表4-2。

表4-2　粉彩瓷器的产生背景和釉上彩瓷器发展的大致过程

宋元时期	釉上彩绘即用含金属氧化物的彩料在已烧成的瓷胎上绘画装饰,再经低温烧烤使画面固化的装饰手法
明代	釉下青花与釉上彩绘相结合,成为青花斗彩
清康熙年间	康熙釉上蓝彩脱离青花约束,五彩色泽浓艳,称"硬彩"(古彩)
清雍正年间	在彩料中加入"玻璃白",颜色粉化,即"粉彩"("软彩")

②粉彩瓷器的装饰特点:

颜色明亮,粉润柔和,色彩丰富,绚丽雅致。

绘画工写俱全,在人物、山水、花鸟等题材的装饰上具有很强的表现力,富有国画风格,雍正年间最负盛名。

4.其他名窑瓷器鉴赏

其他名窑瓷器如表4-3所示。

表4-3　其他名窑瓷器

龙泉窑青瓷	浙江南部,始于三国两晋,北宋后再度兴起
越窑青瓷	浙江上虞、慈溪,东汉—北宋中期
宋代官窑	北宋汴京官窑和南宋修内司官窑
汝窑	河南汝州,宋,玛瑙入釉,天青色,开片细密,支钉细小
钧窑	河南禹州市,始于唐,盛于北宋,窑变奇特,釉具五色
耀州窑	陕西铜川黄堡镇,唐代—明初,实用具多,刻花之冠
定窑白瓷	河北曲阳,始于唐兴于宋失于元,五大名窑中以胎釉装饰技法见长
磁州窑	河北邯郸,民间性质,世界最早釉下彩制品,白地黑花
建窑	福建建阳,黑釉茶碗(建盏)盛于宋,元代逐渐衰落
德化窑	福建德化,民窑白瓷著称于世,宋元明清大批外销
石湾窑	广东佛山,历史久远的南方民窑;亲切感、人文性,出口
唐三彩陶器	唐厚葬风气盛行,主要作为明器使用;铅釉流动,色彩交织,自然绚丽
其他陶瓷	山西介休窑、河南当阳峪窑、湖南长沙窑

(六)给游客介绍购买旅游商品的小窍门

①以地方特色为取舍:地方特色商品,不仅具有纪念意义,而且正宗,有价格优势,值得游客购买。特别是一些在其他地方买不到的当地土特产更是首选,无论是自己留作纪念,还是送给亲朋好友,都是非常有意义的。

②以小型轻便为首选：有些特色商品体积笨重庞大，随身携带很不方便，不宜购买。

③切忌贪图便宜。

④相信自己的判断。现在的旅游市场经过规范化，大部分导游都能遵守职业道德，不会带游客到非法购物点。但是，有些定点购物点还是会有以次充好的情况，游客要相信自己的判断，管住自己的钱袋，学会自我保护，做个成熟的消费者。

【在线测试】

购物服务在线测试

二、购物服务特殊要求处理

在购物方面，游客往往会提出各种各样的特殊要求，导游要不怕麻烦并设法予以满足。

购物服务
特别要求

（一）要求单独外出购物

游客要求单独外出购物时，导游要予以协助，当好购物参谋，如建议其去哪家商场购物，为游客安排出租车并写便条让游客带上（便条上写明商店名称、地址和饭店名称）等。但在旅游团快离开本地时，导游要劝阻游客不要单独外出购物。

（二）要求退换商品

游客购物后发现是残次品、计价有误或对物品不满意，要求导游帮其退换时，导游应积极协助，必要时陪同前往。

（三）要求再去商店购买相中的商品

游客在某家商店相中某一（贵重）商品，当时犹豫不决，回饭店后又下决心购买，要求导游协助时，一般情况下只要时间许可，导游可写张便条（便条上写商品名称和请售货员协助之类的话）让游客租车前往该商店购买，也可陪同前往。

（四）要求购买古玩或仿古艺术品

海外游客希望购买古玩或仿古艺术品时，导游应带游客到文物商店购买，买妥物品后要提醒游客保存发票，不要将物品上的火漆印（如有的话）去掉，以便海关查验。游客要在地摊上选购古玩时，导游应劝阻，并告知我国海关规定：携带我国出口的文物（包括古旧图书、字画等），应向海关递交中国文物管理部门的鉴定证明，否则不准携出，因为地摊是无法为其提供这种证明的。若发现个别游客有走私文物的可疑行为，导游须及时报告有关部门。

（五）要求购买中药材、中成药

海外游客想购买中药材、中成药时，导游应告知他们我国海关的规定：进境旅客出境时携带用外汇购买的、数量合理的中药材、中成药，需向海关交验盖有国家外汇管理局统一印制的"外汇购买专用章"的发货票，超出自用合理数量范围的不准带出（前往国外的，总值限人民币300元；前往港澳地区的，总值限人民币150元。邮寄国外的，总值限人民币200元；邮寄港澳

地区的,总值限人民币 100 元)。

(六)要求代为托运物品

　　游客购买大件物品后,要求导游帮忙托运时,导游可告知外汇商店一般有经营托运业务;若商店无托运业务,导游要协助游客办理托运手续。

　　游客欲购某一商品,但当时无货,请导游代为购买并托运,对游客的这类要求,导游一般应婉拒;实在推托不了,导游要请示领导,一旦接受了游客的委托,导游应在领导指示下认真办理委托事宜;收取足够的钱款(余额在事后由旅行社退还委托者),发票、托运单及托运费收据寄给委托人,旅行社保存复印件以备查验。

【在线测试】

购物服务个别要求处理在线测试

【实训任务】

实训内容一:购物服务

一、实训准备

　　1.提前下发接待计划。
　　2.学生分组,认真按照接待计划做好服务准备。
　　3.情境模拟准备:游客、地陪、全陪、领队、购物点工作人员。
　　4.物质准备:话筒、导游旗、导游证等。

二、实训地点

　　导游模拟实训室或旅游购物点。

三、实训内容与步骤

　　1.给出具体任务:购物服务。
　　2.学生分组,扮演游客、地陪、全陪、领队、购物点工作人员。
　　3.各小组认真按照旅游接待计划做好购物服务准备。
　　4.情境模拟购物服务:
　　①导游提前了解定点购物点的商品情况。
　　②引导游客进入购物点,介绍当地和购物点的特色旅游纪念品。
　　③在游客选购纪念品时,导游要及时与游客沟通。
　　5.评价:学生自评、小组评价、教师点评。
　　6.评选出最佳导游。

实训内容二：游客购物方面个别要求的处理

一、实训准备

1. 提前布置任务：游客在购物方面的个别要求。
2. 下发实训材料。

二、实训地点

导游模拟实训室或旅游购物点。

三、实训内容与步骤

1. 给出具体任务：游客在购物方面的个别要求。
2. 学生分小组，分别扮演全陪、地陪、领队、游客、购物点工作人员。
3. 设置场景，游客在购物过程中提出一些个别要求，导游处理这些要求。
4. 评价：学生自评、小组互评、教师（或优秀导游）点评。
5. 评选出优秀导游。

【课后任务】

1. 分角色模拟课前购物服务任务，拍摄视频上交。
2. 以组为单位，上网查找你所在地区的风物特产相关知识，做成课件并上交。
3. 总结我国旅游商品的地域特点。

任务四　娱乐服务

【任务引入】

地陪小张继续带领来自上海的游客前往襄阳唐城景区观看《盛世唐城》大型文艺演出，地陪小张应该做好哪些提醒工作？

【任务分析】

没有娱乐的旅游是单调的旅游。娱乐活动的安排，是旅游团常有的活动内容，娱乐活动可以丰富旅游的内容。旅游团在旅游途中，对一些地方传统剧目、工艺展示等都有兴趣了解和参与，导游要做好这方面的服务，使游客在娱乐中有所收获。

【理性认知】

一、娱乐服务

对于娱乐活动,游客各有爱好,不应强求统一。当游客提出娱乐活动方面的种种要求时,导游应本着"合理而可能"的原则,视具体情况妥善处理。

(一)计划内和计划外娱乐活动服务的原则、注意事项

1.观看文娱节目

旅游团观看文娱演出有两种情况:计划外和计划内。计划外的娱乐活动要在保证可以安排落实的前提下,向游客收取一定的费用,并为游客提供票据。在旅游团的计划内若有观看文娱节目的安排,导游应向游客简单介绍节目内容及特点并需陪同准时前往;与司机商定好出发时间和停车位置;引导游客入座;导游要自始至终和游客在一起。演出结束后,导游要提醒游客带好随身物品。

在大型的娱乐场所,地陪应主动和领队、全陪配合,注意本团游客的动向和周围的环境,并提醒游客注意安全,不要分散活动。

值得注意的是,导游绝不可以带领旅游团涉足一些格调低下甚至色情的表演场所。

2.舞会

遇有重大节庆活动,有关单位组织社交性舞会,邀请游客参加,地陪应陪同前往;游客自发组织参加娱乐性舞会,地陪可代为购票;如果游客邀请导游,是否参加自便;若不愿参加,可婉言谢绝;若参加,应注意适度,但无陪舞的义务。

(二)娱乐活动安排技巧

1.晚间活动安排技巧

在白天的旅游活动中,也有些参与性娱乐活动,但是,大部分娱乐活动都是在晚间进行的,所以,安排好晚间娱乐活动是非常重要的。

晚间娱乐活动要有"度",这个度便是不要影响第二天的"游",以轻快为主,不要过分劳累,因为"游"是游客出外旅游的核心。

2.晚间活动,加倍小心

导游要劝阻游客不去违规场所,安排好晚间活动。

(三)沿途娱乐活动

为防止长途旅行时团队气氛沉闷,导游还要组织游客开展一些娱乐活动,如唱歌、讲故事、讲笑话、玩游戏等。形式上力求丰富多彩,但要有吸引力,使游客能踊跃参与。

1.歌曲新唱

导游唱歌不是新鲜事,如果只是单纯唱歌,只能算一种才艺展示,而并非一种应用。导游可以通过改歌词、跑调等形式来实现对歌曲的新应用。导游在带团过程中可以根据当时的实际情况对歌曲进行一些修改,使之更贴切,更能带动游客的情绪。对歌词的修改会让游客觉得眼前一亮并且注意听下去,而且这样的歌词可以先入为主地给游客灌输一种快乐理念,在不知不觉中已经营造了一个非常好的氛围。游客也会觉得你是一个用心的导游,而且多才多艺。

2. 相声

相声一词,古作像生,原指模拟别人的言行,后发展成为象声,象声又称隔壁象声。相声起源于华北地区的民间说唱曲艺,在明朝就已盛行。经清朝时期的发展直至民国初年,象声逐渐从一个人模拟口技发展成为单口笑话,名称也就随之转变为相声。一种类型的单口相声,后来逐步发展为多种类型的单口相声、对口相声、群口相声,将它们综合为一体,成为名副其实的相声。而经过多年的发展,对口相声最终成为最受观众喜爱的相声形式。相声的四大基本功是说、学、逗、唱。相声中很多技巧都可以用在导游服务中。

3. 地方曲艺

导游是地方形象大使,如果想要符合这个称号,就应该主动学习当地的地方曲艺。多才多艺自然是好事,而且身为导游,在带团过程中传播、发扬地方文化更是意义重大。北京的导游来一段单口相声、唱一段京剧,或者唱两句京韵大鼓;天津的导游唱一段板子,东北的导游唱几句二人转,有能力的导游还学习京剧的唐派艺术、东北大鼓等。

4. 讲故事

导游在带团过程中可以通过讲故事来活跃气氛,调动游客的积极性。如果遇到一些综合能力比较强的游客,还可以玩"故事接龙"的游戏。导游首先选好一个容易让人产生兴趣的故事情节,当导游说出开头部分后,就由游客往下接(要把握好游客接故事的速度和分寸),遇到没有接上的,当然就该他表演节目,导游一定要在其中起到承上启下的作用。

【案例】

草船借箭

周瑜看到诸葛亮挺有才干,心里很妒忌。有一天,周瑜请诸葛亮商议军事,说:"我们就要与曹军交战。水上交战,用什么兵器最好?"诸葛亮说:"用弓箭最好。"周瑜说:"对,先生跟我想的一样。现在军中缺箭,想请先生负责赶造十万支。这是公事,希望先生不要推却。"诸葛亮说:"都督委托,当然照办。不知道这十万支箭什么时候用?"周瑜问:"十天造得好吗?"诸葛亮说:"既然就要交战,十天造好,必然误了大事。"周瑜问:"先生预计几天可以造好?"诸葛亮说:"只要三天。"周瑜说:"军情紧急,可不能开玩笑。"诸葛亮说:"怎么敢跟都督开玩笑。我愿意立下军令状,三天造不好,甘受惩罚。"周瑜很高兴,叫诸葛亮当面立下军令状,又摆了酒席招待他。诸葛亮说:"今天来不及了。从明天起,到第三天,请派五百个军士到江边来搬箭。"诸葛亮喝了几杯酒就走了。

鲁肃对周瑜说:"十万支箭,三天怎么造得成呢? 诸葛亮说的是假话吧?"周瑜说:"是他自己说的,我可没逼他。我得吩咐军匠们,叫他们故意迟延,造箭用的材料,不给他准备齐全。到时候造不成,定他的罪,他就没话可说了。你去探听探听,看他怎么打算,回来报告我。"

鲁肃见了诸葛亮。诸葛亮说:"三天之内要造十万支箭,得请你帮帮我的忙。"鲁肃说:"都是你自己找的,我怎么帮得了你的忙?"诸葛亮说:"你借给我二十条船,每条船上要三十名军士。船用青布幔子遮起来,还要一千多个草把子,排在船的两边,我自有妙用。第三天保证有十万支箭,不过不能让都督知道,他要是知道了,我的计划就完了。"

鲁肃答应了，他不知道诸葛亮借船有何用，回来报告周瑜，果然不提借船的事，只说诸葛亮不用竹子、翎毛、胶漆这些材料。周瑜疑惑起来，说："到了第三天，看他怎么办！"

鲁肃私自拨了二十条快船，每条船上配三十名军士，按照诸葛亮的吩咐，布置好青布幔子和草把子，等诸葛亮调度。第一天，不见诸葛亮有什么动静；第二天，仍然不见诸葛亮有什么动静；直到第三天四更时候，诸葛亮秘密地把鲁肃请到船里。鲁肃问他："你叫我来做什么？"诸葛亮说："请你一起去取箭。"鲁肃问："哪里去取？"诸葛亮说："不用问，去了就知道。"诸葛亮吩咐把二十条船用绳索连接起来，朝北岸开去。

这时候大雾漫天，江上三尺不见五指。天还没亮，船已经靠近曹军的水寨。诸葛亮下令将船尾朝东，一字摆开，又叫船上的军士一边擂鼓，一边大声呐喊。鲁肃吃惊地说："如果曹兵出来，怎么办？"诸葛亮笑着说："雾这样大，曹操一定不敢派兵出来。我们只管饮酒取乐，天亮了就回去。"

曹操听到鼓声和呐喊声，就下令说："江上雾很大，敌人忽然来攻，我们看不清虚实，不要轻易出动。只叫弓弩手朝他们射箭，不让他们近前。"他派人去旱寨调来六千名弓弩手，到江边支援水军。一万多名弓弩手一齐朝江中放箭，箭好像雨点一样落下。诸葛亮又下令把船掉过来，船头朝东，船尾朝西，仍旧擂鼓呐喊，逼近曹军水寨去受箭。

天渐渐亮了，雾还没有散。这时候，船两边的草把子上都插满了箭。诸葛亮吩咐军士们齐声高喊："谢谢曹丞相的箭！"接着叫二十条船驶回南岸。曹操知道上了当，可是这边的船顺风顺水，已经飞一样地驶出二十多里，要追也来不及了。

二十条船靠岸的时候，周瑜派来的五百个军士正好来到江边搬箭。每条船有五六千支箭，二十条船总共有十万多支。鲁肃见了周瑜，告诉他借箭的经过。周瑜长叹一声，说："诸葛亮神机妙算，我真比不上他！"

（资料来源：王洪浩.草船借箭[M].北京：中国青年出版社，2007.有修改）

5.猜地名或人名

游客来自五湖四海，游过大江南北，很多是爱旅游的。那就让他们来猜地名或人名：金银铜铁——无锡，四季温暖——长春，一路平安——旅顺，重男轻女——贵阳，风平浪静——宁波，赤壁之战——孙悦、刘欢，降落伞——张飞，啥子都卖了，就是不卖被子—刘备。国外的也可以，比如"红色庄园"（丹麦）"蓝色的庄稼"（荷兰）。如果游客觉得难度太大，可以适当给点提示。当然，适当的小礼品还是要准备。

6.绕口令类

例如，要求第一位游客说"走一走、扭一扭、见一棵柳树、搂一搂"，第二位就得说：走两走、扭两扭，见两棵柳树、搂两搂。数到十后返回从一开始。游戏规则是谁讲错，罚谁表演节目。

7.猜谜语

比如：一片青草地——打一花名（梅花）

来了一只羊——打一水果名（草莓）

又来了一只狼——打一水果名（杨梅）

又来了一群羊——打一小食品名（喜之郎）

8. 脑筋急转弯

例如：

①用左手食指指着车顶,问游客"这是什么",游客一般会回答"1",(答案应为"这是食指啦")。用右手做同样的动作再问游客,"这是几",游客多半回答是食指,(答案应为"这是1"),要根据提问来找答案。

②芳芳在学校门口把学生证掉了,怎么办?（捡起来）

③一只饿猫看到老鼠,为什么拔腿就跑?（去追老鼠）

④太平洋的中间是什么?（水、平）

⑤有油灯、暖炉、壁炉,应该先点哪样呢?（火柴）

……

【在线测试】

娱乐服务在线测试

二、娱乐服务个别要求处理

（一）要求调换计划内的文娱节目

娱乐服务
个别要求

凡在计划内注明有文娱节目的旅游团,一般情况下,地陪应按计划准时带游客到指定娱乐场所观看文艺演出。若游客提出调换节目,地陪应针对不同情况,本着"合理而可行"的原则,作出如下处理。

①如全团游客提出更换文娱节目,地陪应与接待社计调部门联系,尽可能调换,但不要在未联系妥当之前许诺。如接待社无法调换,地陪要向游客耐心解释,并说明票已订好,不能退换,请其谅解。

②部分游客要求观看别的演出,处理方法同上。若决定分路观看文艺演出,在交通方面地陪可作如下处理:如两个演出点在同一线路,游客要与司机商量,尽量为少数游客提供方便,送他们到目的地;若不同路线,则应为他们安排车辆,但车费自理。

【案例】

一定要看"二人转"

从广州远道而来参加沈阳世博会的董先生及公司的6位同事,在结束了沈阳世博园的展出工作后,报名参加了沈阳青年旅行社组织的沈阳两日游活动。为了树立沈阳的城市形象,沈阳市政府及相关部门为组织和接待好游客做了多方面的改善,使董先生一行非常满意。地陪小李在车上还教游客讲东北话,使旅游车上一直充满欢声笑语。第一天晚餐过后,董先生问地陪小李:"听说东北民谚有,'宁舍一顿饭,不舍二人转'的说法,可见这二人转有多'稀罕人',以前也听说二人转'说、学、逗、唱、浪'的魅力,特别是看了赵本山的小品和表演后,感觉东北地方戏还是非常有特色的。你们沈阳有二人转吗?"小李笑着回答道:"这您可问对了,相信您看了一定不会后悔。不过,今天是周末,现在买票有点来不及了。您也许不知道,在'刘老根大舞台'看演出,尤其是周末,根本买不到票,有时候还得提前预订呢!有的票贩子在世博会期间,将一张200元的票涨到了500元,可见二人转受欢迎的程度!"

听到地陪小李对二人转的介绍,大家决定让小李帮忙买票,明天晚上去看二人转,后天返程。这时,小李提醒董先生:"董先生,明天晚上我们行程安排是逛夜景,要取消吗?"董先生在征得大家意见后,告诉小李明天原定活动取消,只看"刘老根大舞台"。看来,东北的民间艺术是很受游客欢迎的。

第二天晚上,小李拿着提前订好的门票,带领游客看了一场精彩的二人转演出。演出结束后,董先生说这次来东北不虚此行!真可谓,"吃好、喝好、玩好、转好"!

案例分析:

文娱活动是"旅游六要素"的重要组成部分之一。我国历史悠久,文化底蕴深厚,民族众多,民俗文化浓郁,文娱活动也丰富多彩。文娱活动大多是游客自费的项目,在安排时应注意以下几点:

①事先与领队(全陪)协商,征得领队(全陪)的支持,统筹安排。

②向游客推介最具价值、最有代表性的文娱活动。

③严格遵循自愿消费的原则,如果游客不感兴趣,不得强求。

④观看文艺演出前,应向游客做适当介绍,并告知演出时间、地点、形式、价格等情况。

⑤必须带游客到文明、合法的文娱场所消费,严禁组织游客到色情娱乐场所消费。

【案例】

观看演出游客兵分两路,导游何去何从

小李带团到九寨沟旅游,根据旅游行程安排,在九寨沟的第一天晚上观看藏族风情文艺演出。当天行程结束后,地陪已经买到了演出票,但这时几个游客提出要看另外一场羌族风情的演出。两场演出同时开始,而且不在一个方向。小李赶紧退掉了这几个游客的藏族风情演出票,并安排游客乘坐出租车前去看羌族风情的演出,自己则和"大部队"一起观看演出,游客们对小李的服务都很满意。

案例分析:

在接待社按计划已注明的文娱节目安排好之后,游客又要求更换或团中部分游客要求观看其他演出时,地陪的处理方法如下:

①如全团游客提出更换,地陪应与接待社计调部门联系,尽可能调换,但不要在未联系妥之前许诺;如接待社无法调换,地陪要向游客耐心解释,并说明票已经订好,不能退换,请其谅解。

②如团中部分游客要求观看别的演出,可以协助解决,联系购票,但费用由游客自理,原票款不退。

在案例中,导游小李正是按照这个原则处理的,赢得了游客的好评。

(资料来源:百度文库,有修改)

（二）要求自费观看文娱节目

若游客要求自费观看文娱节目,在时间允许的情况下,地陪应积极协助,以下两种方法可酌情选择。

（1）与接待社有关部门联系,请其报价。将接待社的对外报价(其中包括节目票费、车费、服务费)报给游客,并逐一解释清楚。若游客认可,请接待社预订,地陪陪同前往,将游客交付的费用上交接待社并将收据交给游客。

（2）协助解决,提醒游客注意安全。地陪可帮助游客联系购买节目票,请游客自乘出租车前往,一切费用由游客自理,但应提醒游客注意安全、记好饭店地址。必要时,地陪可将自己的联系电话告诉游客。

如果游客执意要去大型娱乐场所或情况复杂的场所,地陪须提醒游客注意安全,必要时陪同前往。

增加娱乐节目内容、亲属临时参团

【在线测试】

娱乐服务个别要求处理在线测试

【实训任务】

实训内容一: 沿途娱乐服务

一、实训准备

1. 提前下发接待计划。
2. 学生分组,认真按照接待计划做好服务准备。
3. 情境模拟准备:游客、地陪、全陪、领队等。
4. 物质准备:话筒、导游旗、导游证等。

二、实训地点

旅游大巴车。

三、实训内容与步骤

1. 给出具体任务:沿途娱乐服务。
2. 学生分组,扮演游客、地陪、全陪、领队等。
3. 各小组认真按照接待计划做好服务准备。
4. 情境模拟沿途娱乐服务:
①唱歌:要求学生至少能唱5首民歌、1首欢迎歌曲、1首祝福歌曲。

②讲故事:要求学生至少能讲 3 个历史故事、3 个趣味故事。

③说笑话:要求学生至少能说 20 个笑话。

④猜谜语:要求学生能准备至少 10 个谜语。

⑤脑筋急转弯:要求学生能准备至少 20 个脑筋急转弯。

⑥做游戏:要求学生能组织至少 2 个适合车厢活动的互动游戏。

⑦说相声:要求学生能用单口相声形式进行自我介绍。

⑧戏曲:要求学生能唱地方戏曲片段或著名戏曲片段。

实训内容二:娱乐服务

一、实训准备

1. 提前下发接待计划。

2. 学生分组,认真按照接待计划做好服务准备。

3. 情境模拟准备:游客、地陪、全陪、领队等。

4. 物质准备:话筒、导游旗、导游证、娱乐节目单等。

二、实训地点

导游模拟实训室。

三、实训内容与步骤

1. 给出具体任务:娱乐服务。

2. 学生分组,扮演游客、地陪、全陪、领队等。

3. 各小组认真按照接待计划做好服务准备。

4. 情境模拟娱乐服务:

①导游提前了解当地的娱乐场所和娱乐节目情况。

②引导游客进入娱乐场所,介绍当地和娱乐场所的特色娱乐节目。

③在游客参加娱乐活动时,导游要时常与游客沟通。

5. 评价:学生自评、小组评价、教师点评。

6. 评选出最佳导游。

实训内容三:游客娱乐方面个别要求的处理

一、实训准备

1. 提前布置任务:游客在娱乐方面的个别要求。

2. 下发实训材料。

二、实训地点

导游模拟实训室。

三、实训内容与步骤

1. 给出具体任务：游客在娱乐方面的个别要求。

2. 学生分组，扮演全陪、地陪、领队、游客。

3. 设置场景，游客参加娱乐活动过程中提出一些个别要求，导游处理这些要求。

4. 评价：学生自评、小组互评、教师(或优秀导游)点评。

5. 评选出优秀导游。

【课后任务】

1. 课后收集歌曲、故事、相声、谜语、绕口令等，并整理成册。

2. 建议学生自己组织小型才艺表演会展示自己的才艺。

【思考与练习】

1. 一游客提出旅游团的饭菜不好，要求以后自行点菜，可以吗？游客是否可以要求加菜、加饮料？

2. 快到吃饭时间，旅游团提出希望不吃中餐而改食西餐，导游应怎样处理这一问题？

3. 一对老年游客要求每天早上在客房用早餐，这种要求合理吗？

4. 旅游团要求自费品尝当地风味，导游该怎么办？但第二天又提出不去品尝风味了，导游又该怎么办？

5. 一游客相中客房中的一只花瓶，希望带走留作纪念，他是否可以带走？

6. 有部分游客不愿观看计划内的文艺演出，而希望去别的游乐场所，导游应怎样处理游客的这类要求？

7. 部分游客要求去一处秩序较乱的大型游乐场玩，导游该怎么办？

8. 晚上自由活动时，少数游客要求外出购物，导游如何帮助他们？

9. 游客提出退换商品要求时，导游应持什么态度？

10. 一游客提出要去某家商店购买相中的一尊黄杨木雕佛像，导游怎样帮助他？

11. 一游客要求导游帮他购买一个兵马俑复制品，导游怎样满足他的要求？

12. 一名美籍华人要求购买数量较大的中成药，导游怎样当好他的购物顾问？

13. 一位老年游客要求导游代他购买相中的一套中国式红木家具，导游应持什么态度？

项目 **五**

事故处理

【项目描述】

在旅游过程中,导游常常会遇到不同类型的事故,无论事故大小,都会影响游客的心情,如果处理不好,更会直接影响团队的服务质量。

在旅游服务中,任何问题、事故一旦发生都是不愉快的,甚至是不幸的。出现问题、发生事故会给游客带来烦恼和痛苦,甚至是灾难,这不仅给导游的工作增添了许多麻烦和困难,而且直接影响国家或地区旅游业的声誉。杜绝责任事故,不出或少出问题,处理好非责任事故是保证并提高旅游服务质量的基本条件。本项目主要训练学生在带团过程中处理各种事故的能力。

【学习目标】

熟悉旅游事故的类型;掌握接待过程中出现的漏接、空接、错接事故的处理;掌握旅游计划和日程变更事故的处理;掌握旅游过程中交通、治安、火灾事故的处理;掌握游客证件、财物丢失事故的处理;掌握游客走失事故的处理;能灵活处理游客要求自由活动的个别要求;能灵活处理游客要求转递物品的个别要求;能灵活处理游客要求亲友随团、中途退团的个别要求。

【思政延展】

分析在旅游过程中遇到的各种事故的处理,引导学生树立安全第一的观念,提高自我保护意识。通过组织应急处理能力的培训和演练,帮助学生掌握旅游事故应急处理技能,提高应对突发事件的能力。强调责任与担当意识的重要性,引导学生认识到自己的责任和义务,增强责任心和使命感。组织团队合作与互助训练,帮助学生了解团队合作与互助的重要性,增强合作意识和互助精神。同时也可以通过团队活动等形式来加强学生和游客之间的联系与沟通,增强团队凝聚力和向心力,为事故处理的顺利开展提供有力保障。

任务一　接待类事故

【任务引入】

某旅游公司委派一名导游带领一个旅游团前往目的地。在行程中,旅游团发生了一起意外事故,造成游客受伤。作为导游,你需要迅速采取措施,确保游客得到及时救治,并降低事故对旅游团其他成员的影响。

【任务分析】

导游在为游客提供接待服务的过程中,会遇到各种各样的事故,要根据遇到的不同事故,采取不同的处理办法。

【理性认知】

一、事故类型及应变处理原则

（一）导游服务中的事故类型

1. 按严重程度划分

（1）一般事故

一般事故是指经常发生又能及时补救的差错、事故，如游客证件和物品的丢失、游客的一般走失等。一般事故虽然不会给游客带来严重的经济损失或人身伤害，但会给旅游活动带来诸多不便，影响游客情绪，降低服务质量。

（2）严重事故

严重事故是指突发的、性质严重的、处理难度较大的事故。严重事故会给游客带来较大的身体、精神伤害，对社会产生恶劣影响，使游客反应强烈，甚至提出解除旅游合同，并进行投诉、索赔等。

2. 按事故性质划分

（1）安全性事故

安全性事故是有关游客人身和财产安全的事故，可分为以下四种：

①轻微事故：一次事故造成游客轻伤，或经济损失在1万元以下者。

②一般事故：一次事故造成游客重伤，或经济损失在1万元（含1万元）至10万元者。

③重大事故：一次事故造成游客死亡或重伤致残，或经济损失在10万元（含10万）至100万元者。

④特大事故：一次事故造成多名游客死亡，或经济损失在100万元以上，或性质特别严重，产生重大影响者。

（2）业务性事故

业务性事故是指因旅游服务部门运行机制出现故障造成的事故，可分为责任事故和自然事故。

①责任事故：接待方的疏忽、计划不周等原因造成的事故。

②自然事故（非责任事故）：天气变化、自然灾害或非接待方的原因造成的事故。

（二）导游应变处理原则

旅游过程中可能会发生不同类型的事故，也会面临游客的各种要求。根据国际惯例和导游服务经验，导游在处理突发事件时，一般应遵循以下六个基本原则。

1. 维护游客利益的原则

当事故发生时，导游不能只考虑自身利益，贪生怕死，而应挺身而出，维护游客利益。不论是财产保护、疾病抢救还是治安维护，都应以游客利益为重，以最有效的方式灵活处理事故。

2. 符合法律原则

《导游管理办法》《导游人员管理条例》和《旅行社条例》中规定了游客、导游、旅行社三者之间的权利和义务，导游在处理游客个别要求时，要符合法律对这三者的权利和义务的规定，同时,还要考虑游客的个别要求是否符合我国法律的其他规定,如果违法,应断然拒绝。

3. 合理而可能原则

合理而可能原则是导游处理问题、满足游客要求的依据和准绳。满足游客的需要,使游客旅游生活顺利愉快是导游服务工作的出发点。因此,对于游客在旅游过程中提出的个别要求,只要是合理的,又是可能办到的,即使有一定困难,导游也应该设法予以满足。同时,导游有权拒绝游客提出的超出旅游合同约定的不合理要求。

4. 公平对待原则

公平对待原则是指导游对所有游客一视同仁、平等对待。游客不管来自哪个国家,属于哪个民族,有哪种宗教信仰、何种肤色,不管其社会经济地位高低、年老年幼、男性或女性,也不管身体是否残疾,都是我们的客人,都是导游服务的对象。导游要尊重他们的人格,一视同仁、热情周到地为他们提供导游服务,维护他们的合法权益,满足他们的合理可行要求,切忌厚此薄彼、亲疏偏颇。

5. 尊重游客原则

游客提出的要求,大多数是合情合理的,但总会有游客提出一些苛刻的要求,使导游为难。旅游团中也不可避免会出现无理取闹的游客。对待这些情况,导游一定要记住自己的职责,遵循尊重游客的原则,对游客要礼让三分。游客可以挑剔,甚至吵架和谩骂,但导游要保持冷静,始终有礼、有理、有节,不卑不亢。

6. 维护尊严原则

导游在对待游客的个别要求时,要坚决维护祖国的尊严和自身的人格尊严。对游客提出的有损国家利益和民族尊严的要求应断然拒绝、严正驳斥;对游客提出侮辱自身的人格尊严或违反导游职业道德的不合理要求,有权拒绝。

【在线测试】

事故类型及应变处理原则在线测试

二、漏接、空接和错接事故

(一)漏接的原因、处理及预防措施

漏接的处理

漏接是指旅游团(者)抵达后,无导游迎接的现象。漏接无论是何原因引起的,都会导致游客抱怨、发火,这些都是正常的。导游应尽快消除游客的不满情绪,做好对游客的安抚工作。

1. 漏接的原因

(1)主观原因造成的漏接

①工作不细。导游自身工作不够细致,没认真阅读接待计划,搞错了游客抵达的具体日期、时间、地点等。

②迟到。导游迟到,没有按规定时间提前抵达接站地点。

③没看变更记录。出于某种原因,班次变更,使旅游团提前到达,接待社有关部门在接到上一站通知后,在接待计划上注明,但导游只阅读接待计划,没阅读变更记录,仍按原计划接站。

④没查对新的航班(车、船次)表。特别是新旧时刻表交替时,导游想当然地仍按旧时刻表接站,造成漏接。

【案例】

几日之隔,差之千里

某旅行社导游刘红接受了本社下达的接待一系列旅游团的任务。10月27日接待第一个团,22:30准时赴机场接成都至本地的飞机航班,完成游览后送走团队,开始准备接待11月3日抵达的第二个团。导游觉得自己上周刚接过该航班,对航班时间了如指掌。于是,她没有在接团前再次落实飞机抵达时间,想当然地准备22:30去机场。当晚21:00,该团全陪给旅行社来电话,称团队已于20:40抵达,在机场所有游客都走光了也未见到接待社的导游。旅行社立即与刘红联系,告知其游客正在机场等待,请马上赴机场接团。等刘红赶到机场已经是22:00。在机场等候了一个多小时的游客情绪非常激动,纷纷对导游刘红进行质问,并对她进行了投诉。

案例分析:

导游的疏忽造成了旅游团的漏接事故,致使游客在机场滞留一个多小时,使本来兴致勃勃的游客情绪受到了极大伤害,造成了非常恶劣的影响。虽然在以后的旅游团活动期间可以尽力去弥补,但毕竟是服务质量的缺陷。

造成漏接的原因很简单,就是导游自以为是,犯了经验主义的错误。在本案中,导游刘红忽略了两点:一是每年在10月底与11月初,正是国内航班时间由夏季到冬季调整的接口,时间是会有变动的;二是忽略了接待程序,没有在接团前向机场落实航班实际抵达时间,没有和全陪联系等。本来打一个电话就可以解决的事情,却懒得做,结果造成工作中的被动。

(资料来源:孔永生.导游细微服务[M].北京:中国旅游出版社,2007.有修改)

⑤导游举牌接站的地方选择不当。

(2)客观原因造成的漏接

①上一站接待社将旅游团原定班次或车次变更而提前抵达,但漏发变更通知,造成漏接。

②接待社已接到变更通知,但有关人员没能及时通知该团地陪,造成漏接。

③司机迟到,未能按时到达接站地点,造成漏接。

④由于交通堵塞或其他意外情况,导游未能及时到达机场(车站、码头),造成漏接。

⑤由于航班提前抵达或游客在中转站改乘其他航班,而接待社不知情,造成漏接。

2.漏接的预防

①认真阅读接待计划。导游接到任务后,应了解旅游团抵到的日期、时间、接站地点(具体是哪个机场、车站、码头)并核对清楚。

②核实交通工具到达的准确时间。旅游团抵达的当天,导游应与旅行社有关部门联系,弄清班次或车次是否有变更,并及时与机场(车站、码头)联系,核实抵达的确切时间。

③提前抵达接站地点。导游应与司机商定好出发时间,保证按规定提前30分钟到达接站地点。

3. 漏接的处理

①导游应实事求是地向游客说明情况,诚恳地赔礼道歉,赢得游客谅解。如果不是导游自身的原因要立即与接待社联系,告知现状,查明原因,并耐心向游客作出解释,消除误解。

②采取弥补措施。尽量采取弥补措施,使游客的损失降到最低。如果有费用问题(如游客乘出租车到饭店的车费),应主动赔付游客费用。

③提供更加热情周到的服务,高质量地完成计划内的全部活动内容,以求尽快消除因漏接而使游客产生的不愉快情绪。

④必要时请接待社领导出面赔礼道歉,或酌情给游客一定的物质补偿(如加菜、送饮料、给予一定的折扣优惠等)。

【案例】

认真核对——预防漏接的法宝

西安导游小曹接到旅行社带团的通知,要带一个湖北团。该团自己带车过来,明天7:00在火车站接车。第二天早晨,小曹提前来到了火车站,到了约定地点,找了很久一直没有找到那辆车。后来小曹终于找到了车,已经是11:00。原来是全陪找错了地点。上车后游客情绪很差,怨声载道。小曹热情地致欢迎词:"各位朋友,大家好,首先我代表西安某某旅行社对大家来西安旅游表示热烈的欢迎!"下面没人理会。这怎么办呢? 小曹只好继续说:"我们的工作交接方面出现了一些问题,导致大家没有按时抵达西安,在这里我向大家表示深深的歉意!"说完一躬到底,正好这时司机忽然一个急刹车,小曹被甩了出去。一个游客扶着他,说道:"小伙子,不关你的事情,这不是你的错,是我们湖北旅行社没有安排好,你不要自责。"小曹继续说道:"无论责任在哪里,大家来到西安就是我们的客人,作为主人没有将大家照顾好,我觉得很内疚,我将在这几天的游览活动中尽自己的努力让大家吃好、玩好,满意而归!"掌声响起来了,但很稀疏。"下面为了表示对大家的欢迎,我先给大家演唱一段陕西地方戏曲秦腔《三滴血》选段,希望大家喜欢!"说完,他放下喇叭开始了清唱,一曲唱完后,得到了热烈的掌声。

案例分析:

这起事故的责任并不是导游小曹,但小曹并没有推脱自己的责任,而是很真诚地向游客道歉,并通过真挚的语言和精彩的表演,驱散了游客心中的不快,换来了游客的掌声与信任。

导游在带团时,遇到客观原因造成漏接事故时,应从以下几个方面进行处理:

①立即与接待社联系,查明原因,不能认为与己无关而敷衍了事。

②耐心细致地向游客解释说明,以消除误会。

③尽量采取补救措施,使游客的损失降到最低。

④必要时请领导出面赔礼道歉，或酌情给游客一定的物质补偿。

（资料来源：孔永生.导游细微服务[M].北京：中国旅游出版社，2007.有修改）

（二）空接的原因及处理

空接是指出于某种原因使旅游团推迟抵达某站，导游仍按原计划预定的班次或车次接站而没有接到旅游团。

空接的处理

1.空接的原因

（1）没有接到上一站的通知

出于天气原因（大雾天气等）或某种故障（空中交通管制等），旅游团仍滞留上一站，而上一站旅行社并不知道这种临时变化，没有通知下一站接待社，此时，全陪或领队也无法通知接待社，造成空接。

（2）上一站忘记通知

出于某种原因，上一站旅行社将该团原定的航班或车次变更，变更后该团推迟抵达，但由于上一站工作人员的疏忽，没有通知下一站接待社，造成空接。

（3）没有及时通知该团地陪

接待社接到了上一站的通知，但接待社有关人员没及时通知该团地陪，造成空接。

（4）游客自身原因

游客本人生病、有急事或其他原因，临时决定取消旅游行程，没乘飞机或火车前往下一站，但导游又没有及时通知下一站接待社，造成空接。

2.空接的处理

①导游应立即与旅行社有关部门联系，查明原因。

②如推迟时间不长，可留在原地继续等候，迎接旅游团的到来，同时要通知各接待单位，处理好相关事宜。

③如推迟时间较长，导游按旅行社有关部门安排，重新落实接团事宜。

【案例】

落实团队的最后接待计划，避免空接

A市某旅行社导游周某，接到一个新加坡旅游团的接待计划，日程是22:00乘火车抵达B市，第二天游览B市后乘汽车赴A市游览。几天后，周某乘坐接团的旅游车从A市到B市接团。抵达B市后，周某先与旅游团下榻的饭店取得联系，落实住房，考虑到旅游团一到饭店客人即可进入房间，周某还事先向饭店索要了房号并领取了房间钥匙。当晚，周某与司机一起开车赴火车站接团。待该次列车乘客全部出站，周某也没见到旅游团出现。于是，导游周某便与本社计调人员联系，询问情况。不料，计调人员的答复却是："哎呀，真糟糕，该团上星期就已取消，忘记通知你了。"周某只好立即赶回饭店说明情况并退房。宾馆方面虽同意退房，但提出了赔偿要求。

案例分析：

空接和空接所造成的饭店赔偿、旅游车来回空驶等一系列损失，责任显然在于计调人员。

这件事是下发接待计划在前,而计划变更在后。由于计调人员工作疏忽,没有将旅游团取消的变更消息及时通知导游,因此造成这样的后果。

本案例导游周某也有责任。在接团前,没有与计调人员进一步联系,落实团队的最后计划,这是导游的最大失误。如果导游在接团前主动落实,这个事故是完全可以避免的,这也是不容忽视的一个细节。

任何人都有可能犯错误。工作紧张、私人琐事、业务交接的疏忽及当事人的责任心不强等,都可能会造成不同程度的差错。导游不应奢望其他所有人员的工作都能做到准确和周到,只要严格按照导游工作程序去做,就能堵塞漏洞,纠正错误,减少不必要的损失。

（资料来源:孔永生.导游细微服务[M].北京:中国旅游出版社,2007.有修改）

（三）错接的预防与处理

错接是指导游接了不应由他接的旅游团(者)。

1. 错接的原因

错接一般是责任事故,是导游责任心不强造成的。

2. 错接的预防

①导游应提前到达接站地点迎接旅游团。

②接团时认真核实。导游要认真逐一核实旅游客源地派出方旅行社的名称、旅游目的地组团旅行社的名称、旅游团的代号、人数、领队姓名(无领队的团要核实游客的姓名)、下榻饭店等。

③提高警惕,严防社会其他人员非法接走旅游团。

3. 错接的处理

（1）报告领导

导游发现错接后,应立即向接待社领导汇报,查明错接原因,再作具体处理。

（2）将错就错

错接发生在一个旅行社两个旅游团之间,两个导游同是地陪,可将错就错,两名地陪导游交换接待计划之后就可继续接团。

（3）必须交换

①经核查,错接的团是两家接待社的团,必须交换旅游团。

②两个团都属于一个旅行社接待,但两个导游中有一名是地陪兼全陪,那么,就应该交换旅游团。

③地陪应实事求是地向游客说明情况,并诚恳道歉,以赢得游客谅解。

④如发现其他人员(非法导游)将游客带走,应马上与饭店联系,看游客是否已住进应下榻的饭店。

错接的处理

【案例】

这真的是偶然的巧合吗?

某台湾旅游团一行26人从广州飞至西安,旅游团出站后一直不见导游迎接。全团只好在出站口等候。30分钟后,见一年轻姑娘急匆匆跑到旅游团前,将旅游旗展开,气喘吁吁地与全陪接洽,并不时向游客道歉。事后,这位导游向全陪说明了原因:她很早就到机场等候接团。当游客纷纷出站时,她迎上去向一个台湾团询问,你们是台湾的游客吗? 你们是乘广州来的飞机吗? 你们是 26 个人吗? 问题的回答都是肯定的,于是她带领游客登车。当到停车场准备登车时,她发现有一部分游客跟着另一位导游走向了另一辆旅游车。经过认真询问,她才知道接错了旅游团,又从停车场跑回出站口,造成了接团的延误。

案例分析:

错接为责任事故,均是导游责任心不强、工作马虎造成的。本案例看似偶然的巧合,实际上存在着必然的结果。尤其是在旅游旺季、在客流量较大的航空港口,同时出站的游客会有很多来自相同国家和地区的旅游团,仅凭客源地、人数判断应接的旅游团还是不够的。本案例中的导游犯了确认旅游团方法过于简单的错误,几乎造成了错接。

导游想要预防错接事故的发生,应该做好以下几个方面工作:

①仔细阅读接待计划。地陪应逐一核实客源地的组团社和目的地组团社的名称、旅游团的代号、人数、领队或游客的姓名、下榻饭店等相关信息,以备接团时核对。

②地陪应提前到达接站地点迎接旅游团,严禁迟到。

③接团时认真核实。在接站时,导游要认真核对组团社的名称、旅游团的代号、人数、领队姓名(无领队的团要核实游客的姓名)、下榻饭店等相关信息,只有在各种信息确认无误后,方可将旅游团接走。所以,认真核实各种信息,是导游预防错接的很重要的工作服务细节。

④提高警惕,严防社会其他人员非法接走旅游团。

(资料来源:孔永生.导游细微服务[M].北京:中国旅游出版社,2007.有修改)

【在线测试】

漏接、空接和错接事故在线测试

【实训任务】

实训内容一: 漏接、空接、错接事故处理

一、实训准备

1. 准备一份发生漏接、空接、错接的情境材料。
2. 情境模拟准备:游客、地陪、全陪、领队、行李员等。
3. 物质准备:话筒、导游旗、导游证等。

二、实训地点

校内实训室。

三、实训内容与步骤

1. 给出具体任务,接待类事故的预防及处理。
2. 学生分组,扮演游客、地陪、全陪、领队、机场(车站、船)工作人员。
3. 情境模拟接待类事故的处理。
(1)漏接的预防和处理

【案例】

某日上午8:00,某旅行社门市接待人员接到北京组团社电话,原定于第二日下午7:50到达的旅游团,因出发地订票原因改为第二日上午11:40提前到达,须提前接站。门市接待人员因有急事,在未能和旅行社计调联系上的情况下,在计调的办公桌上留下便条告知此事后离去。计调回社后,没有注意到办公桌上的便条,直到第二日上午12:00,组团社全陪从火车站打来电话才知此事。请问如果你是地陪该如何处理?

案例分析:
①地陪以最快的速度带车到达火车站。
②实事求是地向游客说明情况,诚恳地赔礼道歉,力求游客的谅解。
③必要时请旅行社领导出面赔礼道歉或酌情给游客一定的物质补偿,如小礼品等。
④用更加热情周到的服务,高质量地完成计划内全部活动内容,以消除因漏接给游客带来的不愉快。

(2)空接的预防和处理
【案例】

某旅游团计划于2月5日乘CA××航班由A市飞抵B市,导游小孟按接待计划的时间前往机场,但未能接到该团,试分析小孟未接到该团的可能原因;如果该团推迟到第二天上午抵达,小孟该怎么办?

参考答案:
小孟没有接到旅游团的主要原因可能有以下三点:
①出于天气等方面的原因,原航班的飞机提前起飞,旅游团抵达后自行前往饭店。这属于漏接事故。或出于天气原因,或机械故障,或旅游团误了原航班飞机,致使旅游团没能按时到达,这属于空接事故。但不管什么原因,旅游团提前或推迟抵达,A市的接待旅行社没有将这一更改及时通知B市的接待旅行社。
②B市接待旅行社已经接到更改通知,但值班人员忘记通知导游,或没能找到导游。
③地陪小孟接到了更改通知,但他粗心大意,没有将其记住,前往机场前他也没有去旅行社了解是否有传真、电话记录、更改通知等。
如果旅游团提前抵达,导游小孟应该做好:
①立即赶往饭店,向旅游团说明情况,并赔礼道歉。
②如果是空接事故,小孟应马上与旅行社联系。

③得知该团将于第二天上午抵达 B 市,小孟或旅行社应通知餐宿接待单位退掉当天的餐宿,预订第二天的餐宿。

④重新安排该团在 B 市的活动日程。

⑤与司机商定第二天接团的时间。

（3）错接的预防和处理

【案例】

近年来,我国有些城市不止一次发生接错团的情况,即甲社的导游把乙社的一个旅游团误认为是自己的团接走,车抵达饭店才发现差错。请问,如果你是地陪,应从哪些方面着手,防止此类事故发生?

参考答案:

①站在出站口醒目的位置举起接站牌,以便领队、全陪(或游客)前来联系。

②主动地从游客的民族特征、衣着、组团社的徽记等分析判断或上前委婉询问。

③及时找到领队和全陪,问清姓名、国别(地区)、团号和人数。

④如该团无领队和全陪,应与该团成员核对团名、国别(地区)及团员姓名等。

4.评价:学生自评、小组评价、教师点评。

5.评选出最佳导游。

三、旅游计划和日程变更事故

（一）客观原因需要变更计划和日程

旅游过程中,出于客观原因、不可预料的因素(如天气、自然灾害、交通问题等)需要变更旅游团的旅游计划、路线和活动日程时,一般会出现三种情况,针对不同情况要有灵活的应变措施。

1.缩短或取消在某地的游览时间

（1）旅游团(者)的抵达时间延误,造成旅游时间缩短

①仔细分析因延误带来的困难和问题,并及时向接待社外联或计调部门报告,以便将情况尽快反馈给组团社,找出补救措施。

②在外联或计调部门的协助下,安排落实该团交通、住宿、游览等事宜。地陪提醒有关人员与饭店、车队、餐厅联系及时办理退房、退餐、退车等一切相关事宜。

③地陪应立即调整活动日程,压缩在每一景点的活动时间,尽量保证不减少计划内的游览项目。

旅游计划和日程变更的处理

【案例】

奇特的"夜游"经历

西安地陪赵导游等候了两天的美国旅游团到达了,因为路途上的耽搁,晚了两天。而该团次日早上离陕赴沪的机票已经买好,无法更改。原计划在西安停留两天现在却变成了一个晚上,怎么办呢?赵导游当机立断,用自己的诚恳态度和超值服务赢得客人的谅解,把损失降到

最小。当天是中秋节,地陪赵导游请餐馆工作人员为游客准备了可口的饭菜和月饼,又为他们讲了中秋节的来历。当游客正高兴时,赵导游和领队将该团在西安只能停留一晚上的情况告诉大家,游客一片哗然。经商量,赵导游带游客连夜赶往秦始皇陵兵马俑博物馆。兵马俑博物馆专为游客开了馆。在展厅,赵导游详细介绍了秦俑发现的始末以及秦始皇灭六国、筑长城、修陵墓、建阿房宫的故事,又讲述了中国特别是西安的变化,回答了游客提出的各种各样的问题,游客高兴极了,他们忘却了日程变化带来的不快,激动地说:"只有在中国,在赵先生这样精明能干的导游帮助下,我们才能在夜里看到我们想看的东西。"

案例分析:

在本案例中,出于客观原因,旅游团在西安游览的时间缩短。面对游客的失望和不满,赵导游精心设计了游览内容,奇特的"夜游兵马俑博物馆"成为游客旅游行程中的难忘经历。赵导游用自己的诚恳态度和超值服务赢得了游客的谅解,把损失降到了最低。

在通常情况下,旅游计划和活动日程必须严格执行,不得随意更改。但是,由于抵达时间延误,旅游团在某地旅游时间缩短的情况却时有发生。如果无法完成计划内的活动项目,应该:

①立即调整行程,压缩每一景点的游览时间,尽量将计划内的活动项目完成。

②如果无法按计划完成全部游览项目,应选择本地最具特色和代表性的景点,使游客对本地景观能基本了解,以减少游客的遗憾和不快。在本案例中,赵导游在游览时间缩短的情况下,选择了西安最具代表性的景点——秦始皇陵兵马俑博物馆,而且通过精彩的讲解,让游客觉得不虚此行。

③如果提前离开,要及时通知下一站或提醒旅行社有关部门与下一站联系。

④向旅行社领导及有关部门报告,与饭店、车队联系,及时办理退房、退餐、退车事宜。

⑤可采取适当提高用餐标准、赠送本地特色纪念品等方法,给游客一定的物质补偿,使游客减少遗憾和不快。

(资料来源:孔永生.导游细微服务[M].北京:中国旅游出版社,2007.有修改)

(2)旅游团(者)提前离开,造成游览时间缩短

①地陪立即与全陪、领队商量,采取补救措施;立即调整活动时间,抓紧时间将计划内游览项目完成;若有困难,无法完成计划内所有游览项目,地陪应选择最有代表性、最具特色的重点旅游景点,使游客对游览景点有基本的了解。

②做好游客的工作。不要急于将旅游团提前离开的消息告诉旅游团(者),以免引起反感。待与领队、全陪制订新的游览方案后,找准时机向旅游团中有影响力的游客实事求是地说明困难,诚恳地道歉,以赢得游客谅解,并将变更后的安排向游客解释清楚,争取游客的认可和支持,最后分头做好游客的安抚工作。

③地陪应该通知接待社计调部门或有关人员办理相关事宜,如退房、退餐、退车等。

④给予游客适当的补偿。必要时经接待社领导同意可采取加菜、加风味餐、赠送小纪念品等物质补偿的办法。如果旅游团的活动受到较大的影响,游客损失较大而引起强烈的不满时

可请接待社领导出面表示歉意,并提出补偿办法。

⑤若旅游团(者)提前离开,全陪应立即报告组团社,并通知下一站接待社。

【案例】

2008 年,某旅游团原计划于 10 月 5 日 17:30 飞抵海口市,10 月 7 日 20:30 离开海口市,由于接待社未买到火车票,致使该旅游团到 10 月 6 日 13:30 才飞抵海口市,若你是该旅游团的导游:

1. 应该如何向游客解释?

①找到领队和全陪。

②找到团内有影响力的游客。

③向全团游客说明情况。

2. 采取怎样的措施去安抚游客?

①利用有限时间安排最有特色的旅游景点。

②采取补救措施,如加菜、加餐、领导出面等。

(资料来源:武汉航海职业技术学院导游业务精品课程网站,有修改)

2. 延长旅游时间

游客提前抵达或推迟离开都会造成延长游览时间而变更游览日程,出现这种情况,地陪应该采取如下措施:

①落实有关事宜。与接待社有关部门或有关人员联系,重新落实旅游团(者)的用房、用餐、用车的情况,并及时落实离站的机(车船)票。

②迅速调整活动日程。适当延长在主要景点的游览时间,经组团社同意后,酌情增加游览景点,努力使活动内容充实。

③提醒接待社有关人员通知下一站该团的日程变化。

④在设计变更旅游计划时,地陪要征求领队和全陪的建议或要求,共同商量,取得他们的支持和帮助。在改变旅游计划之后,应与领队、全陪商量好如何向团内游客解释说明,取得游客的谅解与支持。

【案例】

某外国旅游团持团体签证入境,在该团出境前两天,团员罗×向地陪提出旅游结束后要去该团未经过的另一地办事,地陪未予理睬。在该团出境前一天,罗×再次提出并申述了特殊原因,要求旅行社办理赴另一地的委托服务,地陪以时间紧迫予以拒绝,引起了罗×的强烈不满,并通过领队向旅行社提出了投诉。

案例分析:

①地陪在罗×提出要求时应问明原因,并向旅行社请示后再予以回复。

②在出境当日,罗×已申述特殊原因,地陪应立即报告旅行社,再根据旅行社指示进行处理。

③如旅行社同意罗×的要求,地陪应陪同罗×持旅行社证明、罗×的护照与团体签证,到当地公安局为其办理分离签证和延长签证手续。

④地陪应协助罗×到旅行社办理赴另一地的委托服务。

（资料来源:武汉航海职业技术学院导游业务精品课程网站）

3.逗留时间不变,但被迫改变部分旅游计划

出现这种情况,肯定是外界客观原因造成的,如大雪封山、维修改造进入危险阶段等。这时导游应采取如下措施:

①实事求是地将情况向游客讲清楚,以取得谅解。

②提出由另一景点代替的方案,并与游客协商。

③以精彩的导游讲解、热情的服务激起游客的兴趣。

④按照有关规定做相应补偿,如用餐时适当加菜,或将便餐改为风味餐、赠送小礼品等。必要时,由旅行社领导出面,诚恳地向游客表示歉意,尽量让游客高高兴兴地离开。

【案例】
突如其来的泥石流改变了行程

2008年11月上旬,刘先生与朋友们一起报名参加S市Z旅行社组织的"昆明、大理、丽江、中甸"十日游。11月8日,旅游团乘坐旅游车在前往中甸的路途中,突发泥石流挡住了唯一通往中甸的路,导游小张当即同游客协商,改变行程,返回丽江住宿,换丽江的游览景点,改丽江飞返昆明的机票,所产生的费用除了抵消中甸收的旅游费,均由客人自理。导游将这里发生的情况告知旅行社,旅行社同意导游小张的做法,在游客的理解和导游的努力下,顺利地结束了行程。

案例分析:

在本案例中,导游小张面对突如其来的泥石流,果断改变了行程。这里有一个细节,小张并没有补偿游客的损失,差额费用由游客自理。这样处理是比较恰当的,减少了旅行社的经济损失,尽到了导游的职责。

根据《导游人员管理条例》规定:导游人员在引导旅游者旅行、游览过程中,遇有可能危及旅游者人身安全的紧急情形时,经征得多数旅游者的同意,可以调整或者变更接待计划,但是应当立即报告旅行社。途中发生泥石流,属于不可抗力。同时根据《旅行社服务质量赔偿标准》的规定:由于不可抗力等不可归责于旅行社的客观原因或旅游者个人原因,造成旅游者经济损失的,旅行社不承担赔偿责任。因此,游客所产生的费用均由游客自理。

（资料来源:孔永生.导游细微服务[M].北京:中国旅游出版社,2007.有修改）

（二）旅游团（者）要求变更计划行程

在旅游过程中,出于种种原因,游客向导游提出变更旅游路线或旅游日程,这时导游应采取如下措施:

①原则上应按旅游合同执行。

②遇有较特殊情况或由领队提出,导游无权擅自做主,要上报组团社或接待社,经有关部门同意后,再按具体指示和要求做好变更工作。

【案例】

游客要改变游览行程,我该怎样说"不"呢

某年秋季的一天,北京的导游郭先生陪同一个10多人的旅游团去八达岭长城游览,大家在长城玩得很开心。下午参观完定陵后,有些游客提出要继续参观长陵。郭先生告诉他们旅游计划上没有安排,况且时间也不够用,所以不能满足他们的要求。游客非常不满,晚上用餐的气氛也很紧张。晚饭后,游客又提出在适当时再去慕田峪长城游览,这次郭先生没有像上一次那样直接拒绝他们,而是对他们说,可以先与旅行社联系,尽量满足大家的要求。第二天,他对游客讲,已经与旅行社联系过了,由于旅游行程安排太紧,无法抽时间去慕田峪长城游览,希望大家谅解。游客见他确实为此事尽了心,便没有再坚持。

案例分析:

在本案例中,对于游客提出的不可能达到的要求,导游郭先生分别采取了两种不同态度进行处理,结果取得了不同的效果。

在接待过程中,经常会遇到游客提出某些难以办到的要求,遇到此类情况导游应该注意,不能马上说"不行",因为这样很容易伤害游客的自尊心,会使游客感到导游对工作不负责任,即使导游解释原因,游客也不会接受,甚至还可能引起反感。

在游客提出难以办到的要求时,导游要表现出尽心的姿态,并通过行动让客人看到,你确实是在为他们提出的要求而努力。

(资料来源:孔永生.导游细微服务[M].北京:中国旅游出版社,2007.有修改)

(三)因旅行社工作疏忽、安排不周需要调整计划和行程

①首先对计划进行合理安排,尽量不影响行程。
②将安排好的计划与领队及游客沟通,获得他们的谅解。
③按新计划安排游览行程。

【案例】

弥补失误,收获成功

2006年6月10日,王先生一行10人报名参加某市的某个旅行社组织的长沙、张家界双飞五日游。10日,王先生与全陪导游小张于6:30准时抵达北京首都机场。但迟迟不见送票人,小张通过电话联系北京段的负责人才知道原来机票出错了,由于他们员工的失误,误把6:30写成16:30,而且团队机票是不允许改签其他时间或退票的。当小张把这个消息告诉游客并且告知游客只能等16:30的航班时,领队和其他游客都非常恼火,并要求该旅行社退款,取消旅游。全陪导游小张见此情况后及时向领队和其他游客道歉,并赶紧安排游客去休息室休息。中午,小张在机场为大家安排了非常丰盛的中餐,游客的气基本上消了。随后,小张立即与北京合作社沟通事故的补救办法。抵达长沙后,当地地接社经理亲自到机场并把长沙一晚的二

星级酒店住宿改为三星级。第三天旅游的城市是张家界,地接社经理晚上又赠送游客盛大的土家族歌舞表演。游客对这种补救办法非常满意,连连称赞小张和组团社。游客伸出大拇指说:"选你们真的选对了!下次出游一定还找你们!"

案例分析:

在本案例中,由于旅行社工作人员的失误,整个旅游团在机场滞留了10小时。导游小张耐心地做游客工作,并通过之后提高餐标、住宿标准,赠送游览项目的方法,得到了游客的谅解,并受到了游客的赞扬。

在带团过程中,因旅行社工作人员的疏忽而使行程受阻,导游应该代表旅行社承认错误,再寻求最好的补救办法,旅行社要设法保住其信誉。虽然旅行社暂时损失了一点利益,却得到了游客的肯定,留住了客户的心,从长远角度来看,是非常有必要和有益的。

(资料来源:孔永生.导游细微服务[M].北京:中国旅游出版社,2007.有修改)

【在线测试】

旅游计划和日程变更事故在线测试

【实训任务】

实训内容二: 计划变更事故处理

一、实训准备

1.准备一份发生旅游计划变更的情境材料。

2.情境模拟准备:游客、地陪、全陪、领队、行李员等。

3.物质准备:旅游计划、计划变更单、话筒、导游旗、导游证等。

二、实训地点

校内实训室。

三、实训内容与步骤

1.给出具体任务,客观原因导致计划变更的处理。

2.学生分组,扮演游客、地陪、全陪、领队、机场(车站、船)工作人员。

3.情境模拟旅游活动计划和日程变更的处理。

【案例】

某旅游团按计划于10月5日17:30分飞抵D市,10月7日20:30分乘飞机离开D市。由于时值旅游旺季,接待社未能按计划为该团买到机票,只得安排该团乘加班机,提前到10月

6日13:05分飞离D市。如果你是该团的导游,应该怎样做好游客的工作,使游客在得知计划更改时不致发脾气或抱怨?又应该采取哪些补救措施,尽量使游客在D市逗留期间过得愉快?

4.评价:学生自评、小组评价、教师点评。

5.评选出最佳导游。

四、误机(车、船)事故

误机(车、船)事故是指因故造成旅游团(者)没有按原定航班(车次、船次)离开本站而导致暂时滞留。

(一)误机(车、船)事故的原因

1.客观原因导致的非责任事故

由于游客走失、不听安排或途中遇到交通事故、严重堵车、汽车发生故障等突发情况造成迟误。

2.主观因素导致的责任事故

由于导游或旅行社其他人员工作上的差错造成迟误,如导游安排日程不当或过紧,没有按规定提前到达机场(车站、码头),导游没有认真核实交通票据,班次已变更但旅行社有关人员没有及时通知导游等。

(二)误机(车、船)事故的预防

误机(车、船)带来的后果很严重。杜绝此类事故的发生关键在预防,导游应做到以下方面:

①导游应认真核实机、车、船票的班次、车次、日期、时间及在哪个机场车站码头乘机(车、船)等。

②如果票据未落实,接团期间应随时与接待社有关人员保持联系。没有行李车的旅游团在拿到票据核实无误后,导游应立即将其交到全陪或游客手中。

③旅游团离开当天不要安排到地域复杂、偏远的景点参观游览,不要安排自由活动。

④留有充足的时间去机场、车站、码头,要考虑到交通堵塞或突发事件等因素。

⑤保证按规定的时间到达机场、车站、码头。

a.乘坐国内航班,提前一个半小时到达机场。

b.乘坐国际航班,提前两个小时到达机场。

c.乘坐火车,提前一个小时到达火车站。

(三)误机(车、船)事故的处理

误机(车、船)
事故的处理

1.将成事故的应急措施

旅游团正在去往机场(车站、码头),误机(车、船)尚处于将成事故时,导游应采取如下应急措施:

①与机场(车站、码头)取得联系,请求等候,讲明旅游团的名称、人数、现在何处、大约何时能够抵达。

②如取得同意,导游应立即组织游客尽快赶赴机场(车站、码头),同时向旅行社汇报情况,请求协助。

③同时向各个有关部门、有关人员(如海关、行李员、旅游车司机等)讲清游客误机(车、

船)情况和补救办法,并说明请求协助的事项。

2.已成事故的处理办法

①导游应立即向旅行社领导及有关部门报告并请求协助。

②改车次。与交通部门联系,尽量安排其乘最近班次的交通工具离开本站,必要时包机或改乘其他工具前往下一站。

③稳定游客情绪,安排好在当地滞留期间的食宿、游览事宜。

④及时通知下一站,对日程作相应的调整。

⑤向游客赔礼道歉。

⑥写出事故报告,查清事故的原因和责任,责任者应承担经济损失并受相应的处分。

【案例】

2022年北京某旅行社组的一个旅游团,原计划乘8月30日某航班于14:05分离开北京飞广州,9月1日早晨离开广州飞香港。订票员订票时该航班已经满员,便改订了另一航班(12:05分起飞),并在订票通知单上注明:"注意航班变化(12:05分起飞)",由于计调疏忽,只通知了行李员航班变化时间而没有通知导游,也没有更改接待计划。8月30日9时,行李员发现导游留言条上的时间和他任务单上的时间不符,经过提醒也没有引起导游的注意。导游也没有认真检查团队机票的起飞时间,结果造成误机的重大责任事故。

案例分析:

本案例中的导游既没有核对团队机票上的起飞时间,也没有重视行李员的提醒,对误机事故负有一定的责任。

当然,导游不应负全责,计调部门也有过错,也应负相应的责任。《中华人民共和国民法典》第七编"侵权责任"第一章"一般规定"中第一千一百六十八条规定:"二人以上共同实施侵权行为,造成他人损害的,应当承担连带责任。"按照我国旅游法律法规规定,旅行社在支付了因导游的行为造成的游客损失赔偿之后,有权在内部向有过错的导游进行追偿。

导游的工作一定要细心,在出发前和带团过程中要勤于核实该团行程涉及的各个方面,特别要重视可能影响整个行程的交通票据、抵离时间的核实。

【在线测试】

误机(车、船)事故在线测试

【实训任务】

实训内容三：误机（车、船）事故处理

一、实训准备

1. 准备一份发生误机事故的情境材料。
2. 情境模拟准备：游客、地陪、全陪、领队等。
3. 物质准备：话筒、导游旗、导游证等。

二、实训地点

车站或校内实训室。

三、实训内容与步骤

1. 给出具体任务，误机事故的预防及处理。
2. 学生分组，扮演游客、地陪、全陪、领队、机场（车站、船）工作人员。
3. 情境模拟误机的预防和处理。
4. 评价：学生自评、小组评价、教师点评。
5. 评选出最佳导游。

【课后任务】

每个学生课后设想接待类事故案例5例，写出这些案例的处理方法并上交。

任务二　安全类事故

【任务引入】

　　旅游安全事故是指在旅游过程中,出于各种原因导致游客、旅游设施和旅游地点的财产损失和人身伤害的事件。比如,导游在带团过程中,游客表示身份证遗失,你作为导游,该怎么办?

【任务分析】

　　游客在旅游过程中,一旦发生安全事故,都会使游客游览兴致大减,严重时,甚至不得不中断旅游,还会给导游工作带来很大麻烦。因此,导游要十分重视带团过程中的安全问题,时常提醒游客,并向游客介绍旅游安全知识和自救的方法。

安全类事故
的处理

【理性认知】

　　凡涉及旅游者人身、财产安全的事故均为旅游安全事故。旅行社接待过程中可能发生的财产安全事故,主要包括证件、钱物、行李丢失事故;可能发生的人身安全事故,主要包括交通事故、治安事故、火灾事故、食物中毒等。

一、证件、钱物、行李丢失事故

(一)证件、钱物、行李遗失的预防

　　(1)多做提醒工作

遗失证件

　　参观游览时,导游要提醒游客带好随身物品;在热闹、拥挤的场所和购物时,导游要提醒游客保管好自己的钱包、提包和贵重物品;离开饭店时,导游要提醒游客带好随身行李物品,检查是否带齐了旅行证件;下车时提醒游客不要将贵重物品留在车上。

【案例】

少说一句话,惹出大麻烦

　　地陪小刘带团在一个饭店用午餐,小刘急忙吃完午餐后,看到游客还在用餐,便与饭店结账。由于账目问题耽搁了一会儿,等他从饭店出来,游客们已经在车上等他了。小刘一看时间不早了,急忙让司机开车赶往下一个景点。正走在半途中,一名游客突然喊道:"坏了,我的皮包忘在饭店的椅子上了。"司机赶紧掉头,结果皮包早已不翼而飞。皮包里有手机和大量的现金。游客在懊恼之余,竟然开始埋怨小刘,说作为导游应提醒游客用餐后带好随身物品,结果小刘没有提醒,应该赔偿一部分损失。最后,在旅行社的参与下,此事才妥善解决。

案例分析：

游客在旅游过程中，有时会出现丢失证件、钱物、行李等情况，这不仅会给自己带来诸多不便或造成一定的经济损失，也会给导游的工作增添不少麻烦和困难。

在本案例中，游客用餐后忘记拿皮包，结果造成钱物丢失，虽然是游客本人粗心大意导致的，但是导游小刘也负有一定的责任。用餐后离开饭店时，导游要提醒游客带好自己的所有物品，不要遗忘。小刘就是少讲了这样一句程序上的、提醒性的话，结果给自己的工作带来了大麻烦。

导游应在各个环节做好提醒工作，采取以下措施预防此类事故的发生：

①入住饭店时，导游要提醒游客将贵重物品、证件存放在饭店保险箱内，离开饭店时提醒游客将物品取出。

②参观游览时，导游要随时提醒游客带好自己的随身物品，注意脚下的路，做到"走路不看景，看景不走路"。

③用餐后离开餐厅时，导游要提醒游客带好随身物品。

④在离开饭店将赴下一站时，导游要提醒游客检查自己的东西、证件等是否带齐，不要遗忘物品。

⑤下车前，导游要提醒游客带好自己的随身物品，不要遗落东西，并在游客下车后检查车厢。

（资料来源：孔永生.导游细微服务［M］.北京：中国旅游出版社，2007.有修改）

（2）不代为游客保管证件

导游在工作中需要游客的证件时，要经由领队收取，用毕立即如数归还，不要代为保管，还要提醒游客保管好自己的证件。

【案例】

某旅游团从 A 地飞往 B 地，在 A 地机场办理登机手续时，要求检查护照。全陪匆匆地向游客收取护照，办完登机手续后，他随手将护照递给了领队，自己向游客分发登机卡。到 B 地后，游客彼得告诉全陪他的护照不见了，还说在 A 地机场收护照后好像没有还给他，但领队说他肯定将护照还给了彼得。请问：

（1）在 A 地机场，全陪的做法有哪些不妥？

（2）导游如何处理游客丢失护照的问题？

（3）导游对待游客的护照等证件的正确态度是什么？

案例分析：

（1）在 A 地机场，全陪的做法确有不妥之处

①需要证件时，全陪不应直接向游客收取，用完后应将证件交还领队，且应当面点数。

②发登机卡的不应是全陪，而是领队。

（2）处理游客丢失护照问题的过程

①问清情况，帮助游客回忆：真的没有收到护照，还是忘在什么地方了。

②与领队联系：是没有将护照还给游客，还是已经还给他了，以分清责任。

③与领队一起协助游客寻找护照。

④确定护照丢失,地方接待旅行社要开具遗失护照证明。

⑤失主持旅行社的证明到当地公安局挂失并开具遗失证明。

⑥失主持公安局的遗失证明到他所在国驻华使领馆申请领取新护照或临时证件。

⑦领到新证件后要到我国省、自治区、直辖市公安机关或其派出机构办理签证手续。

⑧费用问题待分清责任后处理。

(3)对于海外游客的证件,导游的正确做法

①不保管游客的护照等证件。

②需要时由领队收取,中方导游在接收证件时要点清数目,用完后立即将证件交还领队并点清数目。

③旅游团离开本地或离境时,导游要检查自己的行李,若有游客的证件,立即归还。

（资料来源:武汉航海职业技术学院导游业务精品课程网站,有修改）

(3)做好每次行李的清点、交接工作

(4)收尾工作

（二）遗失证件的处理

①请失主冷静地回忆,详细了解丢失情况,找出线索,尽量协助寻找。

②如证件确已丢失,马上报告公安部门、接待社领导和组团社,并留下游客的详细地址、电话。

③根据领导或接待社有关人员的安排,协助失主办理补办手续,所需费用由失主自理。

1.丢失外国护照和签证

①由旅行社出具证明。

②请失主准备照片。

③失主本人持证明去当地公安局(出入境管理处)报失,由公安局出具证明。

④持公安局的证明去所在国驻华使领馆申请补办新护照。

⑤领到新护照后,再去公安局办理签证手续。

2.丢失团体签证

①由接待社开具遗失公函。

②准备原团体签证复印件(副本)。

③重新打印与原团体签证格式、内容相同的该团人员名单。

④该团全体游客的护照。

⑤持以上证明材料到公安局出入境管理处报失,并填写相关申请表(可由一名游客填写,其他成员附名单)。

【相关链接】旅游、访问团体签证

1.旅游团体签证

适用对象:5人以上集体到中国旅游者。

(1)向中国使领馆申请

需交材料:

①被授权单位的邀请函原件或传真件。

②旅游团日程表(须标明团号)。

③护照。

④团员名单一式三份(有标准样式,需打印件)。

(2)通过被授权的旅行社在中国有关口岸申请

被授权的口岸:北京、上海、天津、重庆、大连、福州、厦门、西安、桂林、杭州、昆明、广州(白云)、深圳(罗湖、蛇口)、珠海(拱北)、海口、三亚、济南、青岛、烟台、威海、成都、南京。

2.访问团体签证

适用对象:9人以上的民间访华团组(演出、比赛、展览、友好访问)。

需交材料:

①中国被授权单位的邀请函原件或传真件(须标明被授权单位编号)。

②访问团日程表1份。

③护照。

④旅游团名单一式三份(有标准样式,需打印件)。

注:第三国人士不能申请团体签证。

(资料来源:中国网,有修改)

3.丢失中国护照和签证

(1)华侨丢失护照和签证

①接待社开具遗失证明。

②失主准备彩色照片。

③失主持证明、照片到公安局出入境管理处报失并申请办理新护照。

④持新护照到其居住国驻华使领馆办理入境签证手续。

(2)中国公民出境旅游时丢失护照、签证

①请当地导游协助到当地警察机构报案,并取得警察机构开具的报案证明。

②持遗失证明到当地警察机构报案,并取得警察机构开具的报案证明。

③持当地警察机构的报案证明和有关材料到我国驻该国使领馆领取《中华人民共和国旅行证》。

④回国后,可凭《中华人民共和国旅行证》和境外警方的报失证明,申请补发新护照。

4.丢失港澳居民来往内地通行证(港澳同胞回乡证)

①向公安局派出所报失,并取得报失证明,或由接待社开具遗失证明。

②持报失证明或遗失证明到公安局出入境管理处申请领取赴港澳证件。

③经出入境管理部门核实后,给失主签发一次性《中华人民共和国出入境通行证》。

④失主持该入出境通行证回港澳地区后,填写《港澳居民来往内地通行证遗失登记表》和申请表,凭本人的港澳居民身份证,向通行证受理机关申请补发新的通行证。

5.丢失台湾同胞旅行证明

失主向遗失地的中国旅行社或户口管理部门或侨办报失,经核实后发给一次性有效入出境通行证。

6.丢失中华人民共和国居民身份证

由接待社开具证明,失主持证明到公安局报失,经核实后开具身份证明,机场安检人员核准放行。回到居住地后,失主凭公安局报失证明和有关材料到当地派出所办理新身份证。

(三)钱物丢失的处理

1. 外国游客钱物丢失的处理

①稳定失主情绪,详细了解物品丢失的经过、物品的数量、形状、特征、价值。仔细分析物品丢失的原因、时间、地点,并迅速判断丢失的性质,是不慎丢失还是被盗。

②立即向公安局或保安部门以及保险公司报案(特别是贵重物品的丢失)。

③及时向接待社领导汇报,听取领导指示。

④接待社出具遗失证明。

⑤若丢失的是贵重物品,失主持证明、本人护照或有效身份证件到公安局出入境管理处填写失物经过说明,列出遗失物品清单。

⑥若失主遗失的是入境时向海关申报的物品,要出示《中华人民共和国海关进出境旅客行李物品申报单》。

⑦若将《中华人民共和国海关进出境旅客行李物品申报单》遗失,要在公安局出入境管理处申请办理申报单报失证明。

⑧若遗失物品已在国外办理财产保险,领取保险时需要证明,可以在公安局出入境管理处申请办理财物报失证明。

⑨若遗失物品是旅行支票、信用卡等票证,在向公安机关报失的同时也要及时向有关银行挂失。

失主持以上由公安局开具的所有证明,可供出海关时查验或向保险公司索赔。

发生证件、财物、特别是贵重物品被盗是治安事故,导游应立即向公安机关及有关部门报警,并积极配合有关部门早日破案,挽回不良影响;若不能破案,导游要尽力安慰失主,按上述步骤办理。

【案例】

导游小王接待的某旅游团原计划于12月23日16:00乘飞机由W市飞抵S市。22日晚饭后,小王突然接到内勤通知,该团因故必须乘23日8:00的航班提前离开W市。该团即将抵达机场时,团员怀特夫人神色慌张地告诉小王,她将一条钻石项链放在饭店房间的枕头下面,因离店时匆忙,忘记取出,要求立即返回饭店。请问:

(1)在此情况下,小王接到内勤变更通知后如何处理?

(2)基本安顿好旅游团后,该做什么?

(3)得知怀特夫人将项链遗失时又该如何处理?

案例分析:

(1)导游接到内勤变更通知后应:

①立即与全陪联系。

②向领队和团队中有影响的人士实事求是地说明情况,诚恳地赔礼道歉,取得他们的谅解和支持,然后分别做其他游客的工作。

③请旅行社领导出面说明情况并道歉;经领导批准,赠送纪念品等。

（2）基本安顿好旅游团后,导游要:

①通知饭店有关部门,协助饭店与有关游客结清账目。

②与领队商量第二天叫早、出行李、用早餐和出发时间,由领队向大家宣布。

③提醒旅行社通知下一站接待旅行社。

（3）得知怀特夫人的项链遗忘在饭店房间的枕头下的情况后,导游应该:

①阻止怀特夫人返回饭店寻找项链,并说明原因。

②到机场后立即与饭店联系（或通过旅行社与饭店联系）,请其协助寻找。

③找到项链后,请饭店或旅行社立即派人将项链送到机场,交还怀特夫人;如果时间来不及,请他们将项链送到旅游团下一站下榻的饭店;将找到项链的消息告诉怀特夫人并告知她处理办法;所需费用由怀特夫人自理;如果找不到项链,表示歉意,让她仔细回忆,让饭店继续寻找。

④钻石项链是珍贵物品,确定找不着时,导游要让旅行社开具遗失证明,再到当地公安局挂失,开具证明,设法送交怀特夫人,以便她出中国海关及回国后向保险公司索赔。

（资料来源:湖北省旅游局.导游实务[M].北京:旅游教育出版社,2013.有修改）

2.国内游客丢失钱物的处理

①立即向公安局、保安部门或保险公司报案。

②及时向接待社领导汇报。

3.善后处理

若旅游团结束时仍未破案,可根据失主丢失钱物的时间、地点、责任方等具体情况做善后处理。

（四）行李丢失的处理

1.来中国途中行李丢失

①带失主到机场失物登记处办理行李丢失和认领手续。失主须出示机票及行李牌,详细说明始发站、转运站,说清楚行李件数及丢失行李的大小、形状、颜色、标记、特征等,并一一填入失物登记表;将失主下榻饭店的名称、房间号和电话号码（如果已经知道的话）告诉登记处并记下登记处的电话和联系人,记下有关航空公司办事处的地址、电话,以便联系。

②游客在当地游览期间,导游要不时打电话询问寻找行李的情况,一时找不回行李,要协助失主购置必要的生活用品。

③离开本地前若行李还没有找到,导游应帮助失主将接待旅行社的名称、全程旅游线路及各地可能下榻的饭店名称转告有关航空公司,以便行李找到后及时运往相应地点交还失主。

④如行李确系丢失,失主可向有关航空公司索赔或按国际惯例赔偿。

2.在中国境内行李丢失

外国游客在我国境内旅游期间丢失行李,一般是在三个环节上出了差错,即交通运输部门、饭店行李部门和旅行社的行李员。导游必须认识到,不论是在哪个环节出现的问题,都是我方的责任,应积极设法负责查找。

（1）仔细分析,找出出现差错的环节

①如果游客在机场领取行李时找不到托运行李,则很有可能是上一站行李交接或机场行

行李丢失

李托运过程中出现了差错。这时,全陪应马上带领失主凭机票和行李牌到机场行李查询处登记办理行李丢失或认领手续,并由失主填写行李丢失登记表。地陪立即向接待社领导或有关人员汇报,安排有关人员与机场、上一站接待社、有关航空公司等单位联系,积极寻找。

②如果抵达饭店后,游客告知没有拿到行李,问题则可能出现在四个方面。一是本团游客误拿。二是饭店行李部投递出错。三是旅行社行李员与饭店行李员交接时有误。四是在往返运送行李途中丢失。

出现这种情况时,地陪应立即依次采取以下措施:

a. 地陪与全陪、领队一起先在本团内寻找。

b. 如果不是以上原因,应立即与饭店行李部取得联系,请其设法查找。

c. 如果仍找不到行李,地陪应马上向接待社领导或有关部门汇报,请其派人了解旅行社行李员有关情况,设法查找。

(2)做好善后工作

地陪应主动关心失主,对因丢失行李给失主带来的诸多不便表示歉意,并积极帮助其解决因行李丢失而带来的生活方面的困难。

①随时与有关方联系,询问查找进展情况。

②若行李找回,及时将找回的行李归还失主。若确定行李已丢失,由责任方负责人出面向失主说明情况,并表示歉意。

③帮助失主根据有关规定或惯例向有关部门索赔。

④事后写出书面报告(事故的全过程:行李丢失的原因、经过、查找过程、赔偿情况及失主和其他团员的反应)。

【在线测试】

证件、钱物、行李丢失事故在线测试

二、游客走失的预防和处理

在参观游览或自由活动时,游客走失的情况常常发生。一般来说,游客走失的原因有三种:一是导游没有向游客讲清车号、停车位置或景点的游览路线;二是游客对某种现象和事物产生兴趣,或在某处摄影滞留时间较长而脱离团队自己走失;三是在自由活动、外出购物时,游客没有记清饭店地址和路线而走失。

无论哪种原因,都会影响游客情绪,有损带团质量。导游只要有责任心,肯下功夫,就会降低这种事故的概率。一旦发生这种事故,导游要立即采取有效措施以挽回不良影响。

(一)游客走失的预防

1. 做好提醒工作

导游要提醒游客记住接待社的名称、旅行车的车号和标志、下榻饭店的名称、电话号码,戴上饭店的店徽等。

团体游览时,导游要提醒游客不要走散;自由活动时,导游要提醒游客不要走得太远,不要回饭店太迟,不要去热闹、拥挤、秩序混乱的地方。

2. 做好各项活动的安排和预报

在出发前或旅游车离开饭店后,导游要向游客报告一天的行程,上午、下午游览点与吃中餐、晚餐餐厅的名称和地址。

到游览点后,在景点示意图前,导游要向游客介绍游览线路,告知旅游车的停车地点,强调集合时间和地点,再次提醒游客记住旅游车的特征和车号。导游要时刻和游客在一起,经常清点人数。地陪、全陪和领队应密切配合,全陪和领队要主动负责做好旅游团的断后工作。导游要以高超的导游技巧和丰富的讲解内容吸引游客。

【案例】

讲清停车位置和景点内的游览路线

导游小高带团在北京游览故宫,在太和门的故宫平面图前为大家简单介绍了故宫的基本布局,并告诉大家游览故宫的路线。然后,小高带领游客游览完故宫,来到故宫北门神武门,登上了在此等候的旅游车。小高清点人数时,发现少了一位游客。小高急忙与全陪商量马上去寻找,找了一个多小时后,才联系到那位游客。原来该游客在游览过程中没有跟上队伍,以为旅游车还停在下车处,便去那里找,结果也没有找到,最后游客自己打车回饭店了。其他游客等了他很久,非常不满,纷纷抱怨小高。小高也非常后悔,因为他忘记提醒游客在登车的地点集合,结果造成游客走失,这是深刻的教训。

案例分析:

在本案例中,导游小高由于没有讲清停车地点,使掉队的游客没有找到旅游车,造成工作的失误。这也是导游带团不可忽视的服务细节。

(资料来源:孔永生.导游细微服务[M].北京:中国旅游出版社,2007.有修改)

(二)游客走失的处理

1. 游客在旅游景点走失

(1)了解情况,迅速寻找

导游应立即向其他游客、景点工作人员了解情况并迅速寻找。地陪、全陪和领队要密切配合,一般情况下是全陪、领队分头去找,地陪带领其他游客继续游览。

【案例】

某旅游团于10月17日17:40乘火车离开A地到E市旅游,16:00时地陪带旅游团到购物中心购物,到16:40时发现少了两名游客,地陪让全陪和领队等候,自己去找走失的游客,致使时间延误,没有赶上火车。

(1)分析地陪的错误有哪些?

(2)游客因时间延误没有赶上火车,地陪应该采取哪些措施解决问题?

案例分析：

(1)导游的错误

①不应在赶火车前到市中心购物。

②不应让全陪、领队、地陪去找，而应由全陪带领旅游团赶往火车站，地陪和领队去找。

(2)地陪应采取的具体措施

①报告旅行社。

②改车次。与交通部门联系，尽量安排其乘坐最近班次的交通工具离开，必要时包机或改乘其他工具。

③稳定游客情绪，安排游客在滞留期间的食宿。

④及时通知下一站 E 市。

⑤向游客道歉。

⑥写出事故报告。

（资料来源：武汉航海职业技术学院导游业务精品课程网站）

(2)寻求帮助

在认真寻找仍然找不到走失者后，导游应立即向游览地的派出所和管理部门求助，特别是面积大、范围广、进出口多的游览点，因寻找工作难度较大，争取当地有关部门的帮助尤其必要。

(3)与饭店联系

网站在寻找过程中，导游可与饭店前台、楼层服务台联系，请他们注意该游客是否已经回到饭店。

(4)向旅行社报告

如采取了以上措施仍找不到走失的游客，导游应向旅行社及时报告并请求帮助，必要时请求领导向公安部门报案。

(5)做好善后工作

找到走失的游客后，导游要做好善后工作，分析走失的原因。如属导游的责任，导游应向游客赔礼道歉；如果责任在走失者，导游也不应指责或训斥走失者，而应对其进行安慰，讲清利害关系，提醒游客以后注意。

(6)写出事故报告

若发生严重的走失事故，导游要写出书面报告，详细记述游客走失经过、寻找经过、走失原因、善后处理情况及游客的反应等。

2.游客在自由活动时走失

(1)立即报告接待社和公安部门

导游在得知游客自己在外出时走失，应立即报告旅行社领导，请求指示和帮助，通过有关部门向辖区派出所报案，并向公安部门提供走失游客可辨认的特征。

(2)做好善后工作

找到走失游客，导游应表示高兴，问清情况，安抚因走失而受惊吓的游客，必要时提出善意的批评，提醒其引以为戒，避免走失事故再次发生。若游客走失后出现其他情况，导游应视具体情况作为治安事故或其他事故处理。

【案例】

游客走丢之后

一天,北京的导游朱小姐接待了一个十多人的日本旅游团。她将游客带到慕田峪长城后,向大家再一次宣布了集合地点和时间。接近集合时间时,游客陆续来到缆车处。朱小姐清点人数,发现少了一位游客,等了十几分钟仍不见该游客的踪影。她便返回长城去找,却徒劳而返。日本随员见状,也返身寻找,但仍未找到这名游客。朱小姐此时非常着急,但努力克制住自己,没将着急的神情表露出来,唯恐影响大家的情绪。她先将游客带回停车场上了旅游车,又再一次爬上长城,四处寻找,仍不见那位游客的踪影。她只好去慕田峪长城管理处找到负责人说明情况,请他们利用广播呼叫。她又给慕田峪派出所打电话,请求帮助。一会儿,来了几位民警,每人拿着一个步话机,分头上长城寻找。正当大家忙得不可开交时,只见那位游客跌跌撞撞地赶了回来。朱小姐紧揪着的心也放了下来,急忙问他发生了什么事情。他带着哭腔说,因为走错了路,一直找不到缆车入口处,也没找到石阶路。朱小姐安慰了他一番,就赶紧带大家去预订好的餐厅用餐,用完餐已是下午3:40分了,朱小姐仍然带大家完成了当天的日程活动,并强调大家遵守上车的集合时间。游客们笑着回答,不用她叮嘱,下次一定不会有人再延误时间了。

(资料来源:孔永生.导游细微服务[M].北京:中国旅游出版社,2007.有修改)

【在线测试】

游客走失的预防和处理在线测试

三、旅游安全事故的预防与处理

(一)交通事故

1. 交通事故的预防

①司机开车时,导游不要与司机聊天,以免分散其注意力。

②导游安排游览日程时,在时间上要留有余地,避免司机因为抢时间、赶日程而违章超速行驶,不催促司机开快车。

③如遇天气不好(下雪、下雨、下雾)、交通堵塞、路况不好,尤其是狭窄道路、山区行车时,导游要主动提醒司机注意安全,谨慎驾驶。

④如果天气恶劣,导游对日程安排可适当灵活,加以调整;如遇有道路不安全的情况,可以改变行程,必须把安全放在第一位。

⑤阻止非本车司机开车。导游要提醒司机在工作期间不要饮酒。如遇司机酒后开车,绝不能迁就,导游要立即阻止,并向领导汇报,请求改派其他车辆或换司机。

⑥导游要提醒司机经常检查车辆,发现事故的隐患,及时提出更换车辆的建议。

【案例】

一旅游团参加某旅行社组织的旅游,他们坐着汽车公司的大客车行驶在崎岖不平的山路上,行驶至一急转弯时,司机并未放慢速度,致使转弯时车碰在岩崖上,将靠在车窗边的一位游客头部撞伤,因治疗无效,游客左脸面部神经麻痹。据查,在山路行驶时,路况极差,车体抖动厉害,车上导游并未作任何警示和采取必要的措施(如让司机减慢行车速度)。事后,该游客提出了索赔。

案例分析:

在本案例中,导游和司机应当承担主要责任,《旅行社条例》明确规定:"旅行社对可能危及旅游者人身、财产安全的事项,应当向旅游者作出真实的说明和明确的警示,并采取防止危害发生的必要措施。"导游应对事关旅游团人身财产安全的事宜要不厌其烦地对司陪人员进行提醒,这不仅是对游客的安全负责,也是对司陪人员自身的安全负责。

(资料来源:百度文库,有修改)

2. 交通事故的处理

①立即组织抢救。导游应立即组织现场人员迅速抢救受伤的游客,特别是抢救重伤员,并尽快让游客离开事故车辆。导游立即打电话叫救护车(医疗急救中心电话:120)或拦车将重伤员送往距出事地点最近的医院抢救。

②立即报案,保护好现场。事故发生后,不要在忙乱中破坏现场,导游要设法保护现场,并尽快通知交通、公安部门(交通事故报警台电话:122),争取尽快派人来现场调查处理。

③迅速向接待社报告。导游应迅速向接待社领导和有关人员报告,讲清交通事故的发生和游客伤亡情况,请求派人前来帮助和指挥事故的处理,并要求派车把未伤和轻伤游客送至饭店或继续旅游活动。

④做好安抚工作。事故发生后,交通事故的善后工作将由交运公司和旅行社的领导出面处理。导游在积极抢救、安置伤员的同时,做好其他游客的安抚工作,力争按计划继续进行参观游览活动。待事故原因查清后,请旅行社领导出面向全体游客说明事故原因和处理结果。

⑤请医院开出诊断和医疗证明书,并请公安局开具交通事故证明书,以便向保险公司索赔。

⑥写出书面报告。交通事故处理结束后,有关部门需出具有关事故证明、调查结果。导游要立即写出书面报告,内容包括事故的原因和经过,抢救经过和治疗情况,人员伤亡情况和诊断结果,事故责任及对责任者的处理结果,受伤者及其他游客对处理的反应等。书面报告力求详细、准确、清楚、实事求是,最好和领导联合署名。

【案例】

翻车之后

某年夏天,北京的导游赵先生接待了一个 10 人欧洲旅游团。团内的游客年龄都较大,行动比较缓慢。在参观完长城回程路上,由于下雨路滑,车速较快,旅游车突然翻倒了。赵先生镇定后,顾不得自己身上的疼痛,忙和司机抢救游客。他们把一个个游客扶出车外,然后检查每个游客的受伤情况。万幸的是大家只是受了惊吓,有几位游客受了点轻伤。赵先生安慰了游客后,忙与旅行社联系,派新的旅游车来接游客。可就在此时,团内的一位老人躺倒在地,小便失禁、瞳孔放大、身体挺直。赵先生叮嘱病人家属不要搬动他,而是用湿手绢擦他的额头。该游客慢慢地恢复了知觉,能小声说话了。急救完该游客后,赵先生马上将新情况向旅行社汇报。一会儿就来了两辆车,一辆车拉着部分游客继续旅游,赵先生和病员乘另一辆车去医院急诊。经医院检查,病员一切正常,这位失去知觉的老人只是因脑部突然受到震荡而引起的假死。此时,赵先生才感到心上的一块石头落了地。他明白,这次翻车,虽然游客没有受重伤,却是一次突发事件,一旦处理不当,则后果是极其严重的。为了将这次事故所造成的损失和影响降到最低,他决定用自己热情的态度和周到的服务来消除游客心中的余悸。经过联系,当晚旅行社的领导出面,设宴为游客压惊,向游客赠送了礼品,并询问游客有什么具体要求。游客们见自己受到如此重视,感到很宽慰,没有提出过多的要求。

第二天,赵先生又根据游客的要求,特意多安排了一些活动。这样游客的心情逐渐轻松,有人还拿翻车事件开起了玩笑,认为那是一生中的一次遇险经历。赵先生也用"大难不死,必有后福"的俗话来安慰游客,活跃了旅游的气氛。

游客回国后,纷纷给赵先生来信,肯定了他在这次事故中的处理方法,对他的接待感到满意。

具体的处理方法:以防为主,避免事故;保持镇定,迅速处理伤病员;安慰游客,消除他们的心理障碍。

（资料来源:百度文库,有修改）

（二）治安事故

在旅游活动过程中,游客遇到坏人行凶、诈骗、偷窃、抢劫,导致身心和财物受到不同程度的损害,统称治安事故。

治安事故

1. 治安事故的预防

导游在接待工作中要时刻提高警惕,采取一切有效的措施防止治安事故的发生。

①入住饭店时,导游应建议游客将贵重财物存入饭店保险柜,不要随身携带大量现金或将大量现金放在客房内。

②提醒游客不要将自己的房号随便告诉陌生人;更不要让陌生人或自称饭店的维修人员随便进入自己的房间;尤其是夜里绝不可贸然开门,以防意外;出入房间一定要锁好门。

③提醒游客不要与私人兑换外币,并讲清关于我国外汇管制的规定。

④每当离开游览车时,导游要提醒游客不要将证件或贵重物品遗留在车内。游客下车后,

导游要提醒司机锁好车门、关好车窗,尽量不要走远。

⑤在旅游景点活动中,导游要始终和游客在一起,随时注意观察周围的环境,发现可疑的人或在人多拥挤的地方,提醒游客看管好自己的财物,如不要在公共场合拿出钱包,并随时清点人数。

⑥汽车行驶途中,不得停车让非本车人员上车、搭车;若遇不明身份者拦车,导游应提醒司机不要停车。

【案例】

善意的“谎言”

夏季的一天,导游廖先生带着一个10人的加拿大旅游团游览,当到一个公园吃晚饭时,司机师傅告诉廖先生,最近那里的治安不好,曾有旅游团的汽车被盗,所以请游客下车时将自己的照相机随身携带。廖先生想,直接告诉大家容易引起他们的紧张情绪,而且有损首都的形象。于是他对游客们说:“今天我们要在一个景致优美的公园里吃晚饭,吃完饭司机师傅还要去加点汽油,我们可以利用这段时间拍照。”听他一说,大家连忙拿起了准备留在车上的照相机。

案例分析:

在本案例中,导游廖先生为了更好地完成导游任务,在接待过程中偶尔说几句善意的“谎言”并不过分,使事情更容易处理。因为使用这种技巧不是为了欺骗游客,而是为了减轻客人的心理负担。

(资料来源:孔永生.导游细微服务[M].北京:中国旅游出版社,2007.有修改)

2.治安事故的处理

导游在陪同旅游团(者)参观游览的过程中,遇到治安事件必须挺身而出,全力保护游客的人身安全。导游不能置身事外,更不能临阵脱逃,发现不正常情况,应立即采取行动。

(1)全力保护游客

遇到歹徒向游客行凶、抢劫,导游应做到临危不惧、毫不犹豫地挺身而出,奋力与坏人搏斗,勇敢地保护游客。同时,导游应立即将游客转移到安全地点,力争在在场群众和公安人员的帮助下缉拿罪犯,追回钱物,但也要防备犯罪分子携带凶器狗急跳墙。所以,导游切不可鲁莽行事,要以游客的安全为主。

【案例】

奋不顾身,勇斗歹徒

地陪李明在带团游览过程中,发现有一可疑人员一直跟随自己的团队,为了不影响大家的游览兴趣,李明不动声色。当旅游团游览完景点回旅游车的途中,那人忽然抢夺了一个游客的财物后迅速逃跑,李明连忙招呼团里的游客和自己一起抓小偷,这时小偷的两个团伙出现了,而且他们手里拿着刀。小李对游客说,我们人多,不用怕他,最后大家终于制伏了这伙人,但其中一个游客受了伤,不得不耽误一天的行程。

案例分析：

在本案例中，当遇到歹徒向游客行凶、抢劫时，导游临危不惧、挺身而出，勇敢地保护游客，立即将游客转移到安全的地方，同时，力争与在场的群众、当地公安人员一道缉拿罪犯，追回财物。

（资料来源：孔永生.导游细微服务[M].北京：中国旅游出版社，2009.有修改）

（2）迅速抢救

如果有游客受伤，导游应立即组织抢救，或送伤者去医院。

（3）立即报警(电话：110)

治安事故发生后，导游应立即向公安部门报警，如果罪犯已逃脱，导游要积极协助警察破案。导游要把案件发生的时间、地点、经过、作案人的特征，以及受害人的姓名、性别、国籍、伤势及损失物品的名称、数量、型号、特征等向公安部门报告清楚。

（4）及时向接待社领导报告

导游在向公安部门报警的同时要向接待社领导及有关人员报告，如情况严重，请求领导前来指挥处理。

（5）妥善处理善后事宜

治安事故发生后，导游要采取必要措施稳定游客情绪，尽力使旅游活动继续进行，并在领导的指挥下，准备好必要的证明、资料，处理好受害者的补偿、索赔等各项善后事宜。

（6）写出书面报告

事后，导游要按照有关要求写出详细、准确的书面报告。

【案例】

防止游客的物品被盗

某年9月的一天，导游张小姐带一个旅游团去天坛游览，她正在天坛的坛丘上给游客讲解时，忽然看见有四五个形迹可疑的人围住了一名游客，那位游客正靠在白栏杆上，面对祈年殿的方向拍照，没有发现这几个人。张小姐立刻感觉这几个人可能有问题，于是以导游的口吻，用手指着那个拍照游客的方向说："请大家往那边看，在那里，可以拍天坛的全景。"团中游客的视线一下子都集中到那个游客的方向，那位游客以为她要讲解什么也转过了身。这时游客的旅游包拉链已被那几个人拉开了，游客自己也发现了。那几个人一看事情败露，迅速抽身逃离。由于旅游团中的游客年龄较大，腿脚不方便，周围又没有年轻力壮的游客，所以张小姐并没有叫人抓贼，而是叮嘱游客注意自己的贵重物品和钱财，并请那位游客仔细检查一下自己的包，有没有丢失东西，然后找到公园的保安人员，向他们反映了情况。张小姐运用自己的机智，防止了游客的物品被盗。

（资料来源：百度文库，有修改）

（三）火灾事故

1. 火灾事故的预防

①做好提醒工作。导游提醒游客不要携带易燃、易爆物品；不乱扔烟头和火种，不要躺在床上吸烟；向游客讲清，在托运行李时应按运输部门有关规定做，不得将不准作为托运行李运输的物品夹带在行李中。只有这样，才能尽可能地减少火灾。

②熟悉饭店的安全出口和转移路线。导游带领游客住进饭店后，在介绍饭店内的服务设施时，必须介绍饭店楼层的太平门、安全出口、安全楼梯的位置，并提醒游客进入房间后，看懂房门上贴的安全转移路线示意图，掌握因一旦失火时应走的路线。

③牢记火警电话（119）。导游一定要牢记火警电话，掌握领队和全体游客的房间号码，一旦火情发生，就能及时通知游客。

2. 火灾事故的处理

万一发生了火灾，导游应作以下处理：

①立即报警。

②迅速通知领队及全团游客。

③配合工作人员，听从统一指挥，迅速通过安全出口疏散游客。

④判断火情，引导自救。

如果情况危急，不能马上离开火灾现场或被困，导游应采取的正确做法：

a. 千万不能让游客搭乘电梯或慌乱跳楼；尤其是在三层以上的旅客，切记不要跳楼。

b. 用湿毛巾捂住口、鼻，尽量将身体重心下移，使面部贴近墙壁、墙根或地面。

c. 必须穿过浓烟时，可用水将全身浇湿或披上浸湿的衣被，捂住口鼻，贴近地面蹲行或爬行。

d. 若身上着了火，可就地打滚，将火苗压灭，或用厚重衣物压灭火苗。

e. 大火封门无法逃脱时，可用浸湿的衣物、被褥将门封堵塞严，或泼水降温，等待救援。

f. 当消防队来灭火时，可以摇动色彩鲜艳的衣物为信号，争取救援。

⑤协助处理善后事宜。游客得救后，导游应立即组织抢救受伤者；若有重伤者应迅速送医院，若有人死亡，按有关规定处理；采取各种措施安定游客的情绪，解决因火灾造成的生活方面的困难，设法使旅游活动继续进行；协助领导处理好善后事宜；写出翔实的书面报告。

【案例】

北京导游小傅接待了一个来自加拿大的旅游团队，旅游团晚上住进了饭店。正当小傅带领游客在餐厅用餐时，楼层服务员按晚间服务规程为客房开夜床。服务员来到其中一位加拿大游客住的房间，看见床上有几个式样相同、既像爆竹又像玩具手枪的小玩意儿，随手拿了一个，便好奇地推了一下，没想到该物件"砰"的一声轰响，从玩具手枪上端随即喷出一团火，径直朝房顶飞去，又马上反弹回来，掉在床上，将床烧出了一个大洞，他赶紧用湿毛巾将火灭了。服务员急忙向饭店保卫部门报告，客人最后说明：原来这是一个装有一定爆炸材料的信号弹，用于旅游途中迷路时发射信号。警察立即没收了这几枚信号弹，并依据有关部门的规定，对这名游客进行了罚款处理。事后，饭店对擅自翻动客人物品、险些酿成火灾的当班服务员也给予了相应的处理。可那位游客在交了罚款之后,竟然说导游也有责任,并向旅行社投诉,要求导游承担一部分罚款。导游小傅感到莫名其妙,觉得自己很冤枉。

案例分析:

本案例中发生的事故,导游小傅是有责任的。游客在住进饭店之前,他应该提醒游客不要携带易燃易爆物品。小傅在工作中疏忽了这个细节,险些酿成大祸。

火灾事故的危害极大,一旦发生,轻者会导致游客受到惊吓,影响旅游活动的顺利进行,重者将给游客的生命和财产造成重大损失。导游在旅游活动中要消除各种火灾隐患,防止火灾事故的发生。

(资料来源:孔永生.导游细微服务[M].北京:中国旅游出版社,2007.有修改)

(四)食物中毒

游客因食用变质或不干净的食物常会发生食物中毒。食物中毒的特点是潜伏期短、发病快,且常常集体发病,若抢救不及时会有生命危险。

1. 食物中毒的预防

为防止食物中毒事故的发生,导游应注意以下方面:

①严格执行在旅游定点餐厅就餐的规定。

②提醒游客不要在小摊上购买食物。

③用餐时,若发现食物、饮料不卫生,或有异味变质的情况,导游应立即要求更换,并要求餐厅负责人出面道歉,必要时向旅行社领导汇报。

2. 食物中毒的处理

发现游客食物中毒,导游应设法催吐,让食物中毒者多喝水以加速排泄,缓解毒性;立即将患者送医院抢救,请医生开具诊断证明,迅速报告旅行社并追究供餐单位的责任。

【案例】

某单位 15 名员工利用假期参加某旅行社组织的到某地旅游的活动,旅行社安排旅游团住在 A 宾馆。旅游的第二天,用过晚餐后,有一位游客呕吐并伴有腹泻,腹部绞痛难忍,旅行社及时将其送往医院。随后,除一位游客在外用餐外,另外 13 位游客均出现不同程度的呕吐和腹泻现象。经医院检查确诊为急性肠炎。卫生检疫部门对旅游团用餐的宾馆餐厅进行了检查,造成旅游团集体呕吐和腹泻的原因确定为餐厅提供的食物不符合卫生标准,细菌严重超标,为此旅游团的行程被迫延迟。事后,A 宾馆负责人承认游客食物中毒是其工作失误所致,同意并保证承担由此产生的旅游费用和治疗费用。但是游客返回之后很长时间,该宾馆一直没有兑现承诺。

为此,旅行社应采取何种措施?

案例分析:

①旅行社应承担直接责任,先行向游客赔付,再向宾馆追偿(因为宾馆是旅行社安排的,游客与旅行社签订的是合法有效的旅游合同,合同明确规定了旅游团队的用餐标准和用餐质量要求,双方应严格遵守约定。游客是因旅行社所安排的宾馆的饭菜造成的食物中毒,进而影

响了旅游行程,故旅行社应承担直接责任)。

②赔偿内容:承担因食物中毒而延迟行程所发生的费用;承担游客医疗费用;承担耽误了一天时间而对游客造成的损失;向游客道歉,说明情况。

（资料来源:百度文库,有修改）

【在线测试】

旅游安全事故的预防与处理在线测试

【实训任务】

实训内容：安全类事故处理

一、实训准备

1.某旅游团遇到安全事故的情境材料。

2.发生旅游交通、治安、食物中毒等事故的现场场景(视频材料)。

二、实训地点

导游模拟实训室。

三、实训内容与步骤

1.给出具体任务,安全类事故的预防及处理。

2.学生分组,扮演游客、地陪、全陪、领队、其他相关工作人员。

3.情境模拟安全类事故的处理:

①证件、钱物、行李遗失的预防及处理。

②游客走失的预防及处理。

③交通事故的预防及处理。

④治安事故的预防及处理。

⑤火灾事故的预防及处理。

⑥食物中毒的预防及处理。

4.评价:学生自评、小组评价、教师点评。

5.评选出最佳导游。

附件:情境材料

1.某旅游团在某景区游览时,因路况不佳,旅游车不慎翻倒,造成三人重伤,多人轻伤。

2.旅游团入住饭店不久,饭店因电路短路而引发楼层失火,游客惊慌失措,为保证游客尽快疏散,导游引导游客自救。

任务三　患病类事故

【任务引入】

游客在旅游过程中突发疾病或出现其他健康问题,需要导游提供紧急处理或寻求医疗救助。这类事故不仅对游客的健康造成威胁,也可能对旅游团的行程和氛围产生不良影响。比如,一个旅游团在游览时,突然有一个游客昏倒在地、不省人事。这时,导游应该怎么做呢?

【任务分析】

导游在旅游活动中要关注游客的健康状况,及时采取相应的措施进行救治和处理。通过学习,学生能掌握游客患一般疾病、重病,甚至死亡等事故的处理要点。

【理性认知】

游客患病的处理

一、游客患一般疾病的预防及处理

（一）游客患病的预防

①游览项目选择要有针对性。在做准备工作时,应根据旅游团的信息材料,了解旅游团成员的年龄及旅游团其他情况,做到心中有数。选择适合这一年龄段游客的游览路线,如游览磨山时,老年人多的团可选择坐缆车下山而不用滑道下山。

②安排活动日程要留有余地,做到劳逸结合,使游客感到轻松愉快;不要将一天的游览活动安排得太多、太满;更不能将体力消耗大、游览项目多的景点集中安排,要有张有弛;晚间活动的时间不宜安排得过长。

③随时提醒游客注意饮食卫生,不要买小贩的食品,不要喝生水。

④及时报告天气变化。导游提醒游客随着天气的变化及时增减衣服、带雨具等,尤其是炎热的夏季要注意预防中暑。

（二）游客患一般疾病的处理

经常有游客会在旅游期间感到身体不适或患一般疾病,如感冒、发热、水土不服、晕车、失眠、便秘、腹泻等,这时导游应该做以下处理:

①劝其及早就医,注意休息,不要强行游览。在游览过程中,导游要观察游客的神态、气色,发现游客的病态时,应多加关心,照顾其坐在较舒服的座位上,或留在饭店休息,但一定要通知饭店给予关照,切不可劝其强行游览。游客患一般疾病时,导游应劝其尽早去医院就医。

【案例】

都是"助人为乐"惹的祸

小张所带团队中有位游客,由于对当地气候不适应,患了重感冒,小张本打算劝这位游客第二天不要随团活动,在宾馆好好休息,但因为第二天的行程是登长城,小张觉得游客好不容易来一趟,不看长城太遗憾,所以就没有劝阻他随团活动。当天因为风比较大,回到宾馆后,该游客就开始发热,最后不得不将他送到了医院。而游客病好后投诉了小张,并要求地接社支付部分医疗费。弄得小张心里非常窝火,心想:"我还不是为你着想,怎么好心没有好报啊!"

案例分析:

在案例中,小张明知道游客患有重感冒,需要好好休息,游客去长城却没有阻拦。虽然他是好心,怕游客错过了精彩的景点,但他是负有一定责任的。导游在带团过程中,如果游客患病,应劝其及早就医,注意休息,时刻关心患者病情,或者陪同患者前往医院就医,这是非常重要的对客服务细节。

（资料来源:孔永生.导游细微服务[M].北京:中国旅游出版社,2007.有修改）

②关心患病的游客。对因病没有参加游览活动,留在饭店休息的游客,导游要主动前去问候,询问身体状况,以示关心,必要时通知餐厅为其提供送餐服务。

③需要时,导游可陪同患者前往医院就医,但应向患者讲清楚,所需费用自理,提醒其保存诊断证明和收据。

④严禁导游擅自给患者用药。

【在线测试】

游客患一般疾病的预防及处理在线测试

二、游客患重病的处理

1. 在前往景点途中突然患病

游客在前往旅游景点的途中突然患病,导游应做以下处理:

①在征得患者、患者亲友或领队同意后,立即将患病游客送往就近医院治疗,或拦截其他车辆将其送往医院。必要时,暂时中止旅行,用旅游车将患者直接送往医院。

②及时将情况通知接待社有关人员。

③一般由全陪、领队、病人亲友同往医院,如无全陪和领队,地陪应立即通知接待社并请求帮助。

2. 在参观游览时突然患病

①不要搬动患病游客,让其就地坐下或躺下。

②立即拨打电话叫救护车。

③向景点工作人员或管理部门请求帮助。

④及时向接待社领导及有关人员报告。

3. 在饭店突然患病

游客在饭店突患重病,先由饭店医务人员抢救,然后送往医院,并将游客的情况及时向接待社领导汇报。

【案例】

旅行社地陪张某带一台湾团上五台山朝拜,因为是朝拜团,所以每天均有早晚课。五台山温差较大,有一位老人在做过晚课后回到酒店,突发脑出血,同行的游客围着老人家大声念"观音菩萨"名号,以期用这种方式帮助老人。但紧急关头,必须相信科学、依靠科学。张某当机立断,先请五台山医院大夫控制病情,而后通知旅行社有关人员以最快的速度将患者转至太原市第二医院,并通知其家属尽快赶来。游程结束后,张某主动去医院探视,并帮助他们解决一些问题,最终这位老人转危为安,同亲人一同返回台湾。

案例分析:

在本案例中,张某在游客病情危急的情况下,果断送游客去医院治疗,避免了重大事故的发生。在导游带团过程中,游客在饭店住宿时患重病,先由饭店医务人员抢救,然后送往医院,并将其情况及时向接待社领导汇报。游客患重病及时去医院救治,是导游必须牢记的工作服务细节。

(资料来源:百度文库,有修改)

4. 在异地转移途中突患重病

在乘飞机、火车、轮船前往下一站的途中游客突患重病:

①全陪应请求乘务员帮助,在乘客中寻找从医人员。

②通知下一站旅行社做好抢救的各项准备工作。

5. 处理要点

①游客病危,需要送往急救中心或医院抢救时,需由患者家属、领队或患者亲友陪同前往。

②如果患者是国际急救组织的投保者,导游应提醒其亲属或领队及时与该组织的代理机构联系。

③在抢救过程中,需要领队或患者亲友在场,并详细记录患者患病前后的症状及治疗情况,并请接待社领导到现场或与接待社保持联系,随时汇报患者情况。

④如果需要做手术,须征得患者亲属的同意,如果亲属不在,需由领队同意并签字。

⑤若患者病危,但亲属又不在身边时,导游应提醒领队及时通知患者亲属。如果患者亲属是外国人士,导游要提醒领队通知所在国驻华使领馆。患者亲属到达后,导游要协助其解决生活方面的问题;若找不到亲属,一切按使领馆的书面意见处理。

⑥有关诊治、抢救或动手术的书面材料,应由主治医生出具证明并签字,要妥善保存。

【案例】

西安导游小张带团去华东"五市"旅游,旅游团共有72人,其中有22个孩子,规模较大。当到达第三站杭州,准备外出游览时,发生了意想不到的事情。游客中有一位60多岁的老人突然发病,送医院检查诊断是癌症晚期,随时都有死亡的可能,医院要求通知家属。面对突如其来的变故,小张当机立断,要求医院照顾好病人,等待家属的到来。每天小张与另外一人共同取药、换药,并保存好所有费用单据。有关诊治、抢救的过程,小张都是请主治医生写清,并由医生签字后妥善保存,直至家属赶来。病人经过精心治疗,病情稳定后由其家属接回。病人在治疗过程中情绪变化很大,经常无故骂人,小张丝毫不介意,因为为游客服务是第一位的,更何况游客得了重病。同时,小张也没有耽误其他游客的行程,使这次旅游圆满结束。后来当病人去世后,小张所在旅行社还特意去慰问,病人家属十分感激,使旅行社与客人之间建立了良好的关系。

案例分析:

在本例中,导游在带团过程中,遇到游客突患重病,住院治疗。导游应将有关诊治、抢救及手术的书面材料,由主治医生出具证明并签字,要妥善保存以备查。在本案例中,导游小张注意到了这一服务细节,同时安排好旅游团继续按计划游览,并没有耽误行程,为公司赢得了声誉。

(资料来源:百度文库,有修改)

⑦导游应请求接待社领导派人帮助照顾患者、办理医院的相关事宜,同时安排好旅游团继续按计划活动,不得中断全团活动。

⑧患者转危为安但仍需要继续住院治疗,不能随团继续旅游或出境时,接待社领导和导游(主要是地陪)要不时去医院探望,帮助患者办理分离签证、延期签证和出院、回国手续及交通票证等事宜。

⑨患者住院和医疗费用自理,如患者没钱看病,请领队或组团社与境外旅行社、其家人或保险公司联系解决其费用问题。

⑩患者在离团住院期间未享受的综合服务费由中外旅行社之间结算后,按协议规定处理。患者亲属在住院期间的一切费用自理。

【案例】

美BTS旅游团一行15人按计划×月×日由W市飞往S市,×月×日离境。在从W市飞往S市途中,团内一位老人心脏病复发,其夫人手足无措……该团抵达S市后,老人马上被送往医院,经抢救脱离危险,但仍需住院治疗。半个月后,老人痊愈,返美。

(1)老人在途中心脏病复发,全陪应该采取哪些措施?

(2)在医院抢救过程中,地陪要做哪些工作?

(3)老人仍需住院治疗期间,地陪要做哪些工作?

案例分析:

(1)全陪在途中应采取的措施:

①让老人平躺,头略高。

②让其夫人或旅游团成员在老人身上找药,让其服下。

③请空乘人员在飞机上找医生,若有,请医生参加救护工作。

④请机组与 S 市的急救中心和接待旅行社联系。

(2)老人在医院抢救期间,地陪的工作如下:

①请领队、老人的夫人及旅行社领导到现场。

②详细了解老人的心脏病史及治疗情况,做好文字记录,以备医院参考。

③医院要采取特殊措施时,要征得老人夫人的同意并由其签字。

④老太太身体不支,需要其子女来华时,应协助与其子女联系;子女到来后要安排好他们的生活。

(3)老人脱离危险,但仍需住院治疗时,不仅不能随团活动,而且不能按时离境,地陪要做如下工作:

①不时去医院探视,帮助解决老人及亲属生活方面的问题。

②帮助办理分离签证手续,必要时办理延长签证手续。

③出院时帮其办理出院手续。

④帮助老人夫妇重订航班。

⑤上述各项所需费用均由老人自理。在他离团住院期间未享受的综合服务费由中外旅行社之间结算,按旅游协议书规定退还老人。

(资料来源:湖北省旅游局.导游实务[M].北京:旅游教育出版社,2013.有修改)

【在线测试】

游客患重病的处理在线测试

三、游客死亡事故的处理

游客死亡事故的处理

游客在旅游期间不论什么原因导致死亡,都是一件很不幸的事情。当出现游客死亡的情况时,导游应沉着冷静,立即向接待社领导和有关人员汇报,按有关规定办理善后事宜。

①如果死者的亲属不在身边,应立即通知亲属前来处理后事;若死者是外国人士,应通过领队或有关外事部门迅速与死者所属国的驻华使领馆联系,通知其亲属来华。

②由参加抢救的医师向死者的亲属、领队及好友详细报告抢救经过,并出示“抢救工作报告”“死亡诊断证明书”,由主治医生签字后盖章,复印后分别交给死者的亲属、领队或旅行社。

③对死者一般不做尸体解剖,如果需要解剖尸体,应有死者的亲属或领队,或其所在国使领馆有关官员签字的书面请求,经医院和有关部门同意后方可进行。

④如果死者非正常死亡,导游要保护好现场,立即向公安机关和旅行社领导汇报,协助查明死因。如需解剖尸体,要征得死者亲属或领队,或所在国驻华使领馆人员的同意,并签字认可。解剖后写出尸体解剖报告(无论属何种原因解剖尸体,都要写尸体解剖报告)。此外,旅行社还应向司法机关办理公证书。

⑤确定死亡原因后,在与领队、死者亲属协商一致的基础上,请领队向全团宣布死亡原因及抢救经过、死亡等情况。

⑥遗体的处理一般以火化为宜,应由死者亲属或领队,或所在国驻华使领馆提交"火化申请书"并签字后进行火化。

⑦死者遗体由领队、死者亲属护送火化后,将"火化证明书"交给领队或死者亲属;我国民政部门发给对方携带骨灰出境证明。各有关事项的办理,我方应予以协助。

⑧死者如在生前已办理人寿保险,我方应协助死者亲属办理人寿保险索赔、医疗费报销等有关证明。

⑨出现因病死亡事件后,除领队、死者亲属和旅行社代表负责处理外,代理领队应带领团队按原计划参观游览。至于旅行社派何人处理死亡事故、何人负责团队游览活动,一律请示旅行社领导决定。

⑩若死者亲属要求将遗体运回国,除需办理上述手续外,还应由医院对尸体进行防腐处理,并办理"尸体防腐证明书""装殓证明书""外国人运送灵柩(骨灰)许可证"和"尸体灵柩进出境许可证"等有关证件,方可将遗体运出境。灵柩要按有关规定包装运输,用铁皮密封,外廓要包装结实。

⑪由死者所属国驻华使领馆办理一张经由国的通行证,此证随灵柩通行。

⑫有关抢救死者的医疗、火化、尸体运送、交通等各项费用,一律由死者亲属或该团队交付。

⑬死者的遗物由其亲属或领队、死者生前好友代表、全陪或所在国驻华使领馆有关官员共同清点造册,列出清单,清点人要在清单上一一签字,一式两份,由签字人员分别保存。遗物要交死者亲属或死者所在国驻华使领馆有关人员。接收遗物者应在收据上签字,收据上应写明接收时间、地点、在场人员等。

处理要点提示:在处理死亡事故时,应注意的问题:①必须有死者的亲属、领队、使领馆工作人员及旅行社有关领导在场,导游和我方旅行社人员切忌单独行事。②在有些环节还需公安机关、旅游主管部门、保险公司的有关人员在场。每个重要环节应经得起事后查证并有文字根据。③口头协议或承诺均无效。事故处理后,将全部报告、证明文件、清单及有关材料存档备案。

【案例】

一天,全陪发现一位每天准时用早餐的住单间的游客没来用餐,他有点纳闷,但以为这位游客已外出散步,没有在意。在集合游客登车时还未见该游客,他找领队询问,领队也不知道,于是给该游客打电话,电话没人接,他俩就上楼找。敲门,无人答应;推门,门锁着;问楼层服务员,回答说没见人外出。于是,他俩请服务员打开门,发现游客已死亡。两人吓得跑到前厅,惊恐地告诉大家该游客死亡的消息。地陪当即决定取消当天的游览活动,并赶紧打电话向地方接待旅行社报告该游客死亡的消息,请领导前来处理问题,然后就在前厅走来走去,紧张地等待领导。

请问:在上述描述中,导游在哪些方面做得不对?应该怎样做?

案例分析:

(1)导游行动的不妥之处:

①发现游客已死亡,全陪和领队不应都跑下来。

②全陪和领队不应该惊恐地当众宣布游客死讯。

③地陪不应该立即宣布取消当天的游览活动。

④地陪不应该只打电话向旅行社报告游客死亡的消息。

⑤地陪不应该在大厅焦急地等待旅行社领导而不管其他游客。

(2)导游的正确做法:

①全陪和领队应留一人在原地与楼层服务员一起保护现场。

②全陪和领队应与地陪商量后向游客宣布死讯。

③他们应安抚其他游客的情绪。

④地陪(或由旅行社另派地陪)应继续带团到预定地点游览。

⑤地陪在通知旅行社的同时要通知饭店保卫部门。

⑥应向旅行社领导翔实报告情况。

⑦有关部门来调查时,应积极配合。

(资料来源:湖北省旅游局.导游实务[M].北京:旅游教育出版社,2013.有修改)

【在线测试】

游客死亡的处理在线测试

【实训任务】

实训内容:患病类事故处理

一、实训准备

1.某旅游团游客患病、死亡的情境材料。

2.发生游客患重病、死亡的现场场景(视频材料)。

二、实训地点

导游模拟实训室。

三、实训内容与步骤

1. 给出具体任务,患病类事故的预防及处理。
2. 学生分组,扮演游客、地陪、全陪、领队、其他相关工作人员。
3. 情境模拟患病类事故的处理:
①游客患一般疾病的预防及处理。
②游客患重病的预防及处理。
③游客死亡的预防及处理。
4. 评价:学生自评、小组评价、教师点评。
5. 评选出最佳导游。

任务四　游客个别要求

【任务引入】

某旅游团在游览过程中,一名游客提出希望更改行程,前往一个未包含在原计划内的景点。如果你是该旅游团的导游,你会怎么做?

【任务分析】

在导游带团过程中,游客会提出一些特殊要求或建议,这些要求可能涉及旅游行程、餐饮、住宿等方面。导游需要根据实际情况评估游客的要求是否合理,并做出相应的调整,在满足游客需求的同时,也要确保整个旅游团的行程合理、有序。

【理性认知】

游客的个别要求是指参加团体旅游的游客提出的各种计划外的特殊要求。面对游客的种种特殊要求,导游应该怎样处理? 怎样才能使要求得到基本满足的游客高高兴兴,又使个别要求没有得到满足的游客也满意导游的服务,甚至使爱挑剔的游客也对导游没有更多的指责,这既是对导游处理问题能力的考验,也是保证并提高旅游服务质量的重要条件之一。

一、游客要求自由活动的个别要求

(一)处理游客个别要求的基本原则

一般来看,游客的个别要求可以分为四种情况:合理的,经过导游的努力可以满足的要求;合理的,但现实难以满足的要求;不合理的,经过努力可以满足的要求;不合理的,无法满足的要求。

根据国际惯例和导游服务的经验,导游在处理游客的个别要求时,一般应遵循以下五个基本原则。

1. 符合法律原则

《导游管理办法》《导游人员管理条例》和《旅行社条例》中规定了游客、导游、旅行社三者之间的权利和义务,导游在处理游客个别要求时,要符合法律对这三者的权利和义务的规定,同时,还要考虑游客的个别要求是否符合我国其他法律法规的规定,如果违背,应断然拒绝。

2. 合理可行原则

合理的基本判断标准是不影响大多数游客的权益、不损害国家利益、不损害旅行社和导游的合法权益,可行是指具备满足游客合理要求的条件。

导游在服务过程中,应努力满足游客提出的合理且可行的需要,使他们能够获得一种愉快的旅游经历,从而为旅游目的地的形象、旅行社的声誉带来正面影响,特别是一些特种旅游团,如残疾人旅游团、新婚夫妇旅游团等。

3. 公平对待原则

公平对待原则是指导游对所有游客应一视同仁、平等对待。游客不管来自哪个国家、属于哪个民族、哪种宗教信仰、何种肤色,不管其社会经济地位高低,还是年老年幼、男性女性,也不管身体是否残疾,都是我们的客人,都是导游服务的对象。导游要尊重他们的人格,热情周到地为他们提供导游服务,维护他们的合法权益,满足他们合理可行的要求,切忌厚此薄彼、亲疏偏颇。

4. 尊重游客原则

游客提出的要求,大多数是合情合理的,但总会有游客提出一些苛刻的要求,使导游为难。旅游团中也不可避免会出现无理取闹之人。面对这种情况,导游一定要记住自己的职责,遵循尊重游客的原则,对游客要礼让三分。游客可以挑剔,甚至有吵架和谩骂行为,但导游要保持冷静,始终有礼、有理、有节,不卑不亢。

在游客提出个人要求时,导游一要认真倾听,不要没有听完就指责游客的要求不合理或胡乱解释;二要微笑对待,切忌面带不悦、恶言相向;三要实事求是、耐心解释,不要以"办不到"一口拒绝。须强调的是,一定不要和游客发生正面冲突,以免影响整个旅游活动。

5. 维护尊严原则

导游在对待游客的个别要求时,要坚决维护祖国的尊严和导游的人格尊严。对于游客提出的有损国家利益和民族尊严的要求,断然拒绝、严正驳斥;对于游客提出的侮辱自身人格尊严或违反导游职业道德的不合理要求,有权拒绝。

在旅游线路安排中往往有自由活动时间,在集体活动时间内也有游客要求单独活动的要求,导游应根据不同情况,妥善处理。

(二)应劝阻游客自由活动的几种情况

①如旅游团计划去另一地游览,或旅游团即将离开本地时,导游要劝其随团活动,以免误机(车、船)。

②如在治安不理想、复杂、混乱的地方,导游要劝阻游客外出活动,更不要单独活动,但必

须实事求是地说明情况。

③不宜让游客单独骑自行车去人生地不熟、车水马龙的街头游玩。

④游河(湖)时,若游客提出划小船或在非游泳区游泳的要求,导游不能答应,不能置旅游团于不顾而陪少数人去划船、游泳。

⑤游客要求去不对外开放的地区、机构参观游览,导游不得答应。

(三)允许游客自由活动时导游应做的工作

1.要求全天或某一景点不随团活动

由于有些游客已来多次,或已游览过某一景点不想再游,因此不想随团活动,要求不游览某一景点或一天、数天离团自由活动。如果其要求不影响整个旅游团的活动,导游可以满足并提供必要的帮助。

①提前说明如果不随团活动,无论时间长短,所有费用不退,需增加的各项费用自理。

②告诉游客用餐的时间和地点,以便其归队时用餐。

③提醒其注意安全,保护好自己的财物。

④提醒游客带上饭店卡片(卡片上备注中英文饭店名称、地址、电话)备用。

⑤用中英文写张便条,便条上注明游客要去的地点的名称、地址及简短对话,以备不时之需。

⑥必要时将自己的手机号码告诉游客。

2.到游览点后要求自由活动

到某一游览点后,个别游客希望不按规定的线路游览而希望自由游览或摄影,若环境许可(游人较少、秩序不乱),导游可满足其要求。导游要提醒游客集合的时间和地点及旅游车的车牌号,必要时留一张字条,上面写集合时间、地点和车牌号及饭店名称和电话号码,以备不时之需。

3.自由活动时间或晚间要求单独行动

若个别游客在自由活动时间或晚间要求单独行动,导游应建议游客不要走得太远,不要携带贵重物品(可寄存在前台),不要去秩序混乱的场所,不要太晚回饭店等。

【在线测试】

游客要求自由活动的个别要求在线测试

二、游客要求转递物品的个别要求

出于种种原因,游客要求旅行社或导游帮其转递物品。一般情况下,导游应建议游客将物品或信件亲手交给或邮寄给收件部门或收件人,若确有困难,可予以协助。转递物品和信件,尤其是转递重要物品和信件,或向外国驻华使领馆转递物品和信件,手续要完备。

游客要求购买客房中物品,要求代为托运

①必须问清何物。若是应税物品,应促其纳税。若转交物品是食品应婉言拒绝,请游客自行处理。

②请游客写委托书,注明物品名称、数量并当面点清、签字,并留下详细通信地址及电话。

③将物品或信件交给收件人后,请收件人写收条并签字盖章。

④将委托书和收条一并交旅行社保管,以备后用。

⑤若是转递给外国驻华使领馆及其人员的物品或信件,原则上不能接收。在推脱不了的情况下,导游应详细了解情况并向旅行社领导请示,经请示,领导同意后将物品和信件交旅行社有关部门,由其转递。

【案例】

某旅游团离境前,一位老年游客找到全陪小李,要求他将一个密封的盒子转交一位朋友,并说:"盒子里是些贵重东西,本来想亲手交给他的,但他来不了饭店,我也去不了他家,现在只得请你将此盒转交给我的朋友了。"小李为了使游客高兴,接受了他的委托,并认真地亲自将盒子交给了游客的朋友。可是,半年后,老年游客写信给旅行社,询问为什么小李没有将盒子交给他的朋友。当旅行社调查此事时,小李说已经把盒子交给了老人的朋友,并详细地介绍了整个过程。旅行社领导严肃地批评了小李。请问:

(1)领导的批评对不对?为什么?

(2)怎样正确处理游客转交贵重物品的委托要求?

案例分析:

(1)领导批评得很对,小李处理此事有错,主要错在以下方面:

①违背了处理游客转交物品要求的一般原则。

②在不请示领导、不知盒中何物时就接受游客转交贵重物品的委托。

③既没有让老年游客写委托书,也没有让收件人写收条。

(2)对待游客转交贵重物品的要求,导游的正确做法:

①一般要婉言拒绝。

②让游客亲自将物品交给朋友或陪他去邮局邮寄。

③当游客确有困难又坚持请导游转交时,应请示领导经批准后方可接受游客的委托。

④导游要请游客打开盒子看清是什么物品,若是应税物品先让其纳税,若是食品应婉拒。

⑤让委托人写委托书(必须写明物品名称和数量,收件人姓名和详细地址),物品送交收件人后要让其写收条。

⑥导游要妥善保管委托书和收条(或交旅行社保管)。

(资料来源:百度文库,有修改)

三、游客要求亲友随团、中途退团类个别要求的处理

（一）要求探视亲友活动的处理

游客到达某地后，希望探望在当地的亲戚或朋友，这可能是其旅游目的之一。导游应设法予以满足，并根据以下情况进行处理：

①如果游客知道亲友的姓名、地址，导游应协助联系，并向游客讲明具体的乘车路线。

②如果游客只知道亲友姓名或某些线索，地址不详，导游可通过旅行社请公安户籍部门帮助寻找，找到后及时告诉游客并帮其联系；若旅游期间没找到，可请游客留下联系电话和通信地址，待找到其亲友后再通知他（她）。

③如果海外游客要会见中国同行洽谈业务、联系工作或进行其他活动，导游应向旅行社汇报，在领导指示下给予积极协助。

④如果导游发现个别游客之间以亲友身份作掩护进行不正常往来，或游客会见人员中有异常现象，应及时汇报。

⑤如果外国游客要求会见在华外国人或驻华使领馆人员，导游不应干预；如果游客要求协助，导游可给予帮助；若外国游客盛情邀请导游参加使领馆举办的活动，导游应先请示领导，经批准后方可前往。

（二）要求亲友随团活动的处理

游客到某地希望会见亲友，但时间有限又不舍得放弃旅游活动，因此向导游提出亲友随团的要求，导游要做到：

①首先要征得领队和旅游团其他成员的同意。

②与接待社有关部门联系，如无特殊情况可请随团活动的人员准备好有效身份证件到接待社填写表格、交纳费用，办完随团手续后方可随团活动。

③如因时间关系无法到旅行社办理相关手续，可利用电话与接待社有关部门联系，得到允许后代为查阅证件，收取费用，尽快将收据交给游客。

④若是外国驻华使领馆人员或外国记者要求随团活动，应请示接待社领导，按照我国政府的有关规定办理。

【案例】

北京的一个导游"五一"期间接待了一个来自安徽的旅游团，游客大部分是50多岁的老人。第一天游北海公园，导游考虑游客年纪偏大，后面游程较长，需要合理安排体力，就劝游客乘船过海。有一部分游客犹豫不决，导游和全陪兵分两路，水陆并行，使游客各得其所。谁知团里有游客当场打电话投诉，说导游强迫游客乘坐摆渡车，收受回扣。全陪告诉导游，团里有一位自称是安徽某报社记者的中年妇女，一路上，此人难题不断：先是要求把自己当作"记者"介绍给大家，接着又以打扑克方便为由坚持要换到下铺，遭到拒绝以后一直耿耿于怀。此事多

半是她所为。导游赶紧拿出船票向游客解释,那些老人果然莫名其妙,不知是怎么回事,并表示对乘船没有意见。第二天游长城和十三陵,那位记者又将自己在北京上大学的侄女叫来与旅游团同游。导游考虑再三,既然已经来了,就在一起游览吧。虽然汽车票免了,但是门票和餐费还是要收的,随即向她讲明了这些要求。但是,这位游客一路出入旅游景点装聋作哑,导游只好先替她解决。等到吃午饭时,这位游客依然我行我素,导游只好出面:"在此吃饭导游得签单",那位记者高声吵闹起来,团里众多游客看在眼里,此时,终于有人看不下去,和这位游客理论起来。导游和全陪劝阻团中游客不要生气,并说此人是一时忘记交费,并不是存心不交,保全了她的面子。后来,这位游客补齐了费用,也不像先前那样颐指气使了。

案例分析:

在本案例中,这位挑剔的游客在带着自己侄女随团时,导游没有提前让她交清费用,到最后引起麻烦。这也是导游在处理此类情况时要牢记的服务细节。

个别游客到达某处后,希望在当地的亲友能和自己一道随团旅游,甚至到外地共同游览。当游客提出这类要求时,导游应根据不同情况妥善处理。

(资料来源:百度文库,有修改)

(三)中途退团的处理

1.因特殊原因提前离开旅游团

游客因患病、家中出事,或因工作急需,抑或其他特殊原因,要求提前离开旅游团、中止旅游活动时,经接待方旅行社与组团社协商后可予以满足。至于未享受的综合服务费,按旅游协议书规定,或部分退还,或不予退还。

2.无特殊原因执意退团

游客无特殊原因,只是某个要求得不到满足而提出提前离团,导游要配合领队对游客做说服工作,劝游客继续随团旅游;若接待方旅行社确有责任,应设法弥补;若游客提出无理要求,要耐心解释;若劝说无效,游客仍执意退团,可满足其要求,但应告知游客未享受的综合服务费不予退还。

外国游客不管出于何种原因要求提前离开中国,导游都要在领导指示下协助游客重订航班、机座,办理分离签证及其他离团手续,所需费用游客自理。

【案例】

某旅行社导游小郭接待一个来自美国旧金山的旅游团,该团原计划9月27日飞抵D市。9月26日晚餐后回到房间不久,领队陪着一位女士找到小郭说:"玛丽小姐刚刚接到家里电话,她的母亲病故了,需要立即赶回旧金山处理丧事。"玛丽小姐非常悲痛,请小郭帮助。

请问:小郭得知此事后应该如何妥善处理?

案例分析:

(1)表示哀悼,安慰玛丽小姐。

(2)立即报告接待方旅行社,由其与国外组团社联系、协调后满足玛丽小姐的要求。

(3)协助玛丽小姐办理分离签证,重订航班、机座及其他离团手续,所需费用由其自理。

（4）玛丽小姐因提前离团未享受的综合服务费由中外旅行社结算，按旅游协议书规定或国际惯例退还。

（5）通知内勤有关变更事项。

（资料来源：武汉航海职业技术学院导游业务精品课程网站，有修改）

（四）延长旅游期限的处理

游客要求延长旅游期限一般以下有两种情况。

1. 出于某种原因中途退团，但本人继续在当地逗留需延长旅游期限

对无论出于何种原因中途退团并要求延长在当地旅游期限的游客，导游应帮游客办理一切相关手续。对因伤病住院，不得不退团并需延长在当地居留时间者，除了办理相关手续，导游还应前往医院探视，并帮助解决患者或其陪伴家属在生活上的困难。

2. 不随团离开或出境

旅游团的游览活动结束后，出于某种原因，游客不随团离开或出境，要求延长逗留期限，导游应酌情处理。若不需办理延长签证的，一般可满足其要求；游客无特殊原因要求延长签证，原则上应予婉拒；若确有特殊原因需要留下但需办理签证延期的，导游应请示旅行社领导，向其提供必要的帮助。

（1）办理延长签证手续的具体做法：首先到旅行社开证明，然后陪同游客持旅行社的证明、护照及集体签证到公安局出入境管理处办理分离签证手续和延长签证手续，所需费用自理。

（2）如果离团后继续留下的游客需要帮助，一般可帮游客做以下工作：协助游客重新订妥航班、机票或火车票、饭店等，并向游客讲明所需费用自理；如游客要求继续提供导游或其他服务，则应与接待社另签合同。

（3）离团后的一切费用均由游客自理。

【实训任务】

实训内容：游客个别要求的处理

一、实训准备

1. 某旅游团游客要求自由活动、转递物品、亲友随团情境材料。
2. 话筒、导游旗、收据等。

二、实训地点

导游模拟实训室。

三、实训内容与步骤

1. 给出具体任务，游客个别要求的处理。
2. 学生分组，扮演游客、地陪、全陪、领队、其他相关工作人员。

3.情境模拟游客提出的各种要求,并进行处理:

①游客要求自由活动的处理。

②游客要求转递物品的处理。

③游客要求亲友随团、中途退团的处理。

4.评价:学生自评、小组评价、教师点评。

5.评选出最佳导游。

【思考与练习】

1.什么是旅游事故?

2.什么是错接事故?怎样处理错接事故?如何避免错接事故的发生?

3.怎样预防误机(车、船)事故的发生?

4.比较丢失外国护照和中国护照的处理方法的不同。

5.怎样避免游客走失事故的发生?

项目 六

送站服务

【项目描述】

送站服务是导游接待工作的尾声,导游不仅要给游客留下良好的第一印象,还应该为游客留下良好的最后印象。为使游客安全、顺利、愉快地离开本站,导游应提前做好送站准备工作,对接待过程中曾发生的不愉快尽力弥补,处理好团队的遗留问题,使整个旅游行程在游客心中留下美好的印象。

【学习目标】

在送站服务这一项目的学习中,通过送站案例分析,学生能够结合导游工作流程,做好送站准备,熟悉送店服务的程序及注意事项,掌握欢送词的内容及撰写方法,能熟练进行送站服务,并正确处理游客遗留问题,做到送站服务规范、细致。

【思政延展】

通过分析送站服务程序,引导学生立足导游本职工作,按规范服务流程开展送站工作,在工作中刻苦钻研业务,不断进取,勇于实践,勇于创新,勇于实现自己的理想。通过对导游善后工作的讲述,培养学生在工作善始善终、认真负责、一丝不苟的工作作风,鼓励其在工作中充分发挥主观能动性、积极性和创造性。

任务一　送站服务

【任务引入】

导游工作要有始有终,在送站服务中,导游要坚持按规范服务流程提供服务,同时向游客传达出惜别之情,给游客留下美好的印象。因此,按照规范要求做好送站前的准备工作,坚持按送店服务程序办事,提供规范化和个性化相结合的服务至关重要。

【任务分析】

导游的送站服务,是巩固前一段旅游行程,给游客留下最终印象的最后时机,也是导游挽回给游客留下的不愉快记忆的最后时机。因此,导游要在送站前做好充分的准备,争取做到善始善终,甚至锦上添花,给游客留下良好的印象。

【理性认知】

一、送站服务程序

送站服务是旅游团接待工作的最后阶段。如果说迎接是导游树立良好形象的开端,接待是保持良好形象的关键,那么送站是游客对导游良好形象的加深。因此,导游必须善始善终,以饱满的工作热情和良好的精神状态做好最后阶段的工作,使游客顺利、安全地离开。

在这一阶段,导游要做的是送行前的准备、离店服务和送行服务三项工作。

二、送行前的准备

1.核实交通票据

旅游团离开本地的前一天,地陪应认真做好旅游团离开的交通票据核实工作,核对团名、代号、人数、全陪姓名、航班(车次、船次)和始发到达站、起飞(开车、启航)时间(时间要做到四核实,即计划时间、时刻表时间、票面时间、问询时间);弄清启程的机场(车站、码头)的位置等事项;如班次有变更,应问清内勤是否已通知下一站,以免漏接;提醒全陪向下一站交代有关情况。

若是乘飞机离境的旅游团,地陪除了要核实机票的上述内容,还应掌握该团机票的种类,并提醒领队和游客提前准备好海关申报单,以备海关查验。

2.确定出行李时间

①地陪应先了解旅行社行李员与饭店行李员交接行李的时间(或按旅行社规定的时间),然后与饭店礼宾部商定地陪、全陪、领队与饭店行李员四方交接行李的时间。

②在上述四方商定交接行李时间后,地陪再与领队、全陪商定游客出行李时间,商定后再通知游客,并向游客讲清有关行李托运的具体规定和注意事项(如不要将护照、贵重物品放在行李中)。

③普通旅游团不安排行李车,游客行李随车运送,地陪在通知游客出发时间时一并提醒游客带上行李即可。

3.商定集合出发时间

由于司机对路况比较熟悉,因此出发时间一般由地陪首先与司机商定,然而为了安排得更合理,地陪还应与领队、全陪商议,商定后应及时通知游客。

4.商定叫早和早餐时间

地陪应与领队、全陪商定叫早和早餐时间,并及时通知饭店有关部门和游客。如果该团是乘早班飞机或火车离开,需要改变用餐时间、地点和方式(如带盒饭),地陪要及时做好有关安排。

5.提醒结账

①旅游团离店前,地陪应提醒、督促游客尽早与饭店结清其有关账目,如洗衣费、长途电话费、食品饮料费等。若游客损坏了客房设备,地陪应协助饭店妥善处理赔偿事宜。

②地陪应将旅游团的离店时间及时通知饭店总台,提醒其及时与游客结清账目。

6.及时归还证件

一般情况下,地陪不应保管旅游团的证件,用完后应立即归还游客或领队。尽管如此,离店前一天,地陪还应检查自己的物品,看是否保留有游客的证件、票据等。若有,应立刻归还,并当面点清。

三、离店服务

1.集中交运行李

如旅游团配备行李车,集中旅游团行李后,地陪要按商定好的时间与领队、全陪和饭店行李员共同确认托运的行李件数,并检查行李箱、包是否上锁、捆扎是否牢固、是否破损等,然后交给饭店行李员填写行李交运卡。其间也需请游客核实自己的行李。

2.办理退房手续

旅游团离开饭店前,地陪可将游客的房卡(钥匙)收齐交到饭店总服务台(也可由游客自交),并及时办理退房手续(或通知有关人员办理)。在办理退房手续时,地陪要认真核对旅游团的用房数,确认无误后按规定结账、签字。地陪应注意饭店客房住宿结算时间的规定(根据《中国旅游饭店行业规范》规定:饭店应在前厅显著位置明示客房价格和住宿时间结算方法),避免出现未按时退房的情况。

3.集合登车

①出发前,地陪应询问游客是否结清了饭店的账目;提醒游客检查是否有物品遗留在饭店;请游客将房卡交到总服务台(房卡由游客自行交予饭店的情况下)。

②引领游客登车。游客上车后,地陪要协助他们放好随身行李,待游客入座后,地陪要仔细清点实到人数。游客到齐后,地陪要提醒游客再清点包括证件在内的随身携带的物品,若无遗漏则可开车离开饭店。

四、送行服务

1.致欢送词

在旅游车至机场(车站、码头)的途中,如有需要,地陪可酌情对沿途景物进行讲解。快到机场(车站、码头)时或到达机场(车站、码头)后,地陪要致欢送词,以加深与游客的感情。地陪致欢送词的语气应真挚,富有感染力。欢送词的内容主要包括以下方面:

①回顾语:对旅游团在本地的行程,包括食、住、行、游、购、娱等方面做一个概要性的回顾,目的是加深游客对这次旅游经历的体验。

②感谢语:对游客及领队、全陪、司机的合作表示感谢。

③惜别语:表达友谊和惜别之情。

④征求意见语:诚恳地征询意见和建议。

⑤致歉语:若旅游活动中有不尽如人意之处,可借此机会表示真诚的歉意。

⑥祝愿语:表达美好的祝愿,期待再次相逢。

致完欢送词,地陪可将"旅游服务质量评价意见表"分发给游客,请其现场填写,在游客填写完毕后如数收回,向其表示感谢并妥善保留。游客还可以通过在线平台评价旅游服务质量。

2.提前到达机场(车站、码头),照顾游客下车

地陪带团到达机场(车站、码头)必须留出充裕的时间。按照要求,乘出境航班提前 3 小时或按航空公司规定的时间;乘国内航班提前 2 小时;乘火车、轮船提前 1 小时。

旅游车到达机场(车站、码头)后,下车时,地陪要提醒游客带齐随身行李物品,并照顾游客下车,等游客全部下车后,要再检查一下车内有无游客遗留的物品。

【案例】

欢送词

虽然舍不得，但还是不得不说再见了，感谢大家几天来对我工作的配合，以及给予我的支持和帮助。在这次旅游过程中，还是有很多工作做得不到位，谢谢大家不但理解我还十分支持我的工作，这些点点滴滴的小事使我很感动。也许我不是最好的导游，但是大家却是我遇见的最好的客人，能和最好的游客一起度过这难忘的几天也是我导游生涯中最大的收获。我作为一个导游，虽然走的都是一些自己已经非常熟悉的景点，不过每次带不同的客人却能让我有不同的感受。在和大家初次见面时，我曾说，相识即是缘，我们能同车而行就是修来的缘分。而现在，我觉得不仅是所谓的缘了，而是一种幸运，能为最好的游客做导游是我的幸运。

我由衷地感谢大家对我的支持。其实能和大家达成默契真的不容易，大家出来旅游，收获的是开心和快乐；而我做导游带团，收获的则是友情和经历。我想这次我们都可以说收获颇丰吧。也许大家登上飞机后，我们以后很难有再见面的机会，不过，我希望大家回去以后和自己的亲朋好友回忆自己的哈尔滨之行，除了描述太阳岛如何如诗如画时，不要忘了加上一句，在哈尔滨有一个导游小 A，那是我的朋友！

最后，预祝大家旅途愉快，以后若有机会，再来哈尔滨会会您的朋友！

（资料来源：导游欢送词大全，第一范文网，有修改）

3. 办理离站手续

①目前大多数旅游团都是行李随旅行车同载，下车后游客取各自的行李，导游带领游客进入机场（车站、码头）的大厅等候。

②地陪如有提前取好的票据，应清点无误后交给全陪（无全陪的团交给领队），请其清点核实。如没有提前办理票据，地陪可协助游客持有效证件办理取票或登机手续。

③送国内航班（火车、轮船），地陪应协助游客办理离站手续。送出境旅游团，地陪应在核实行李后，将行李交给每位游客，由游客自己办理行李托运手续。必要时，地陪可协助游客办理购物退税手续，并向领队或游客介绍办理出境手续的程序，将旅游团送到安检区域。

④如旅游团有行李车运送行李，行李到达后地陪应迅速与旅行社行李员取得联系，将其交来的交通票据和行李托运单或行李卡逐一点清、核实后，交给全陪或领队，并请其当面清点核实。

⑤当游客进入安检区域时，地陪应热情地与他们告别，并祝一路平安。旅游团过安检口进入隔离区后，地陪方可离开。

4. 与司机结账

送走旅游团后，地陪应按旅行社的规定与司机办理结账手续，或在用车单据上签字，并妥善保留好单据。

【案例】

清晨 8 时，某旅行团全体成员已在汽车上就座，准备离开饭店前往车站。地陪 A 从饭店外匆匆赶来，上车后清点人数，又向全陪了解全团行李情况，（全陪告诉他全团行李一共 16 件，已与领队、饭店行李员交接过）随即讲了以下一段话：

"女士们、先生们,早上好!

我们全团15人都已经到齐。好,现在我们去火车站。今天早上,我们乘9点30分的××次火车去×市。两天来大家一定过得很愉快吧。我十分感谢大家对我工作的理解和支持。中国有句古话:相逢何必曾相识。短短两天,我们加深了了解,成了朋友。在即将分别的时候,我希望各位女士、先生今后有机会再来我市旅游。人们常说,世界变得越来越小。我们肯定会有重逢的机会。现在,我为大家唱一支歌,祝大家一路顺风,旅途愉快!(唱歌)

女士们、先生们! 火车站到了,现在请下车。"

案例分析:

根据导游工作规范,导游A的这一段工作存在如下不足之处:

(1)送团当天,地陪本应比平时更早到达饭店大厅,但他迟到了。

(2)由于迟到了,他没能在离开饭店前亲自与领队、全陪及行李员清点行李。

(3)没有提醒游客结账,交客房钥匙。

(4)没有提醒游客带齐各自的物品和旅行证件。

(5)欢送词中没有回顾游览活动内容,没有征求游客的意见和建议。

(6)下车前没有再次提醒游客不要遗忘随身携带的物品。

(7)游客下车后没有检查车上是否有游客遗留的物品。

(资料来源:武汉航海职业技术学院导游业务精品课程网站,有修改)

【在线任务】

送站服务在线测试

【实训任务】

实训内容一: 送站前的业务准备

一、实训准备

1.下发实训材料。

2.情境模拟准备:游客、地陪、全陪、领队、行李员等。

3.物质准备:话筒、导游旗、导游证等。

二、实训地点

导游模拟实训室。

三、实训内容与步骤

1.学生分组,分别扮演全陪、地陪、领队、司机、游客、饭店行李员,模拟送站前的业务准备。

①核实交通票据。

②同领队、全陪、司机商定出发时间。

③通知游客并讲明注意事项。

④通知饭店相关部门。

⑤协助饭店结清有关账目。

⑥征求游客的意见和建议,请游客填写导游服务质量卡。

2.评价:学生自评、小组互评、教师评价。

3.评选出优秀导游。

实训内容二: 离店服务

一、实训准备

1.下发实训材料。

2.情境模拟准备:游客、地陪、全陪、领队、行李员、酒店服务员等。

3.物质准备:话筒、导游旗、导游证、房卡等。

二、实训地点

酒店。

三、实训内容与步骤

1.学生分组,分别扮演导游、游客、酒店工作人员,模拟离店服务。

①集中交运行李。

②办理退房手续。

③集合登车。

2.评价:学生自评、小组互评、教师评价。

3.评选出优秀导游。

实训内容三: 送站途中的讲解服务

一、实训准备

1.下发实训材料。

2.情境模拟准备:游客、地陪、全陪、领队、行李员等。

3.物质准备:话筒、导游旗、导游证等。

二、实训地点

旅游车。

三、实训内容与步骤

1. 学生分组,分别扮演导游、游客,模拟送站途中的讲解服务。
2. 评价:学生自评、小组互评、教师或导游评价。
3. 评选出优秀导游。

实训内容四:送站服务

一、实训准备

1. 学生分组,认真按照接待计划做好送站准备。
2. 情境模拟准备:旅游车、司机、游客、地陪、全陪、领队、酒店接待员、行李员等。
3. 物质准备:话筒、导游旗、导游证、结算单、行李托运单、交通票据、房卡等。

二、实训地点

火车站或机场(码头)。

三、实训内容与步骤

1. 学生分组,分别扮演导游、游客,模拟办理离站手续。
①国内航班。
②火车、轮船。
2. 评价:学生自评、小组互评、教师或导游评价。
3. 评选出优秀导游。

任务二　善后工作

【任务引入】

在善后工作中,导游要坚持按照规章制度处理游客遗留问题,做好账务结算和工作总结,既给导游工作画上圆满的句号,又给游客留下规范、热情、细致的工作形象。所以按照规章制度处理游客遗留问题、做好账务结算和工作总结至关重要。

【任务分析】

送走旅游团后,导游还需要做好游客的善后服务及旅行社要求的陪团结束后的有关工作。做到导游工作有始有终,同时圆满完成旅行社交付的工作。

【理性认知】

当旅游团结束在本地的行程离开后,导游还应该做好总结、善后工作,认真处理好旅游团的遗留问题,及时到财务部门结清账目,认真做好陪团小结,实事求是地汇报接团情况。

善后工作

一、处理遗留问题

旅游团离开后,常常会有一些未尽事宜需要导游处理,一种是旅游团在本地旅行期间发生游客生病不能随团离去的情况,导游需配合旅行社有关部门妥善处理住院、就医等事宜;一种是旅游团离开后,游客委托导游帮助办理个别事务,导游应向旅行社有关部门汇报,并在其指导下按规定尽快办妥游客的委托事宜。

导游下团后,应认真、妥善地处理好旅游团的遗留问题,按有关规定办理游客托办的事宜,必要时请示领导后再办理。

二、结账

导游要按旅行社的具体要求在规定的时间内,填写清楚有关接待和财务结算表格,连同保留的单据、活动日程表等按规定上交有关人员,并到财务部门结清账目。

三、陪团小结

导游应该养成每次下团后总结本次出团工作的良好习惯,认真写好陪团小结,实事求是地汇报接团情况,尤其是旅游团在运行中出现质量问题时,更要认真总结。这样既利于自己业务水平的提高,又利于旅行社及时掌握情况、发现不足,以不断提升接待质量。

①出于自身原因导致接团出现问题的情况,要认真思考,积极调整,总结提高。

②涉及相关接待单位,如餐厅、饭店、车队等部门在接待方面出现的质量问题,应说明真实情况,由旅行社向有关单位转达游客的意见。

③涉及一些游客意见较大或比较严重问题时,应提交内容翔实的专门书面材料,尽可能地引用游客的原话,并注明游客身份,以便旅行社有关部门与相关单位进行交涉。

④若发生重大事故,应实事求是地写清事故报告,及时向接待社和组团社汇报。

四、提交物品

导游应提交导游日志及旅游服务质量评价表,同时应及时将所借物品归还旅行社,经检查无损后办清归还手续。

【案例】

美国 ABC 旅游团一行 18 人参观某地毯厂后乘车返回饭店,途中,旅游团成员格林先生对导游小王说:"我刚才看中一条地毯,但没拿定主意,现在与太太商量后决定购买。你能让司机送我们回去吗?"小王欣然应允,并立即让司机驱车回地毯厂,在地毯厂,格林夫妇以 1 000

美元买下地毯,但当店方为其包装时,格林夫妇发现地毯有瑕疵,于是决定不买。两天后,在该团离开 H 市之前,格林夫妇委托小王代为订购同样款式的地毯一条,并留下 1 500 美元作为购买和托运的费用。小王本着"宾客至上"的原则,当即允诺下来,格林夫人十分感激,并说:"朋友送我们一幅古画,但画轴太长,不便携带。你能替我们将画和地毯一起托运吗?"小王建议:"画放在地毯里托运容易弄脏和损坏,还是随身携带比较好。"格林夫人认为此话很有道理,称赞他考虑周到、服务热情,然后满意离去。送走旅游团后,小王立即与地毯厂联系并办理了购买和托运地毯事宜,并将发票,托运单和 350 美元、托运手续费收据寄给格林夫妇。

请指出小王处理此事的不妥之处,如果你是导游应该如何处理?

案例分析:

不妥之处:

(1)返回途中,小王要司机返回地毯厂,未征求领队和其他团员的意见。如果到饭店后有活动安排而时间较紧,就不应该叫车返回,而是应该先到饭店,然后与司机协商送格林先生前往,写下饭店的位置、电话及游客要购买的东西等中文便条给游客,有必要时自己一同前往。

(2)当游客提出委托购买和托运时,导游不应当即允诺,而是应该先请示旅行社,征得上级同意后,收足钱款。

(3)关于古画的建议不当。

应告知有关海关规定:古画属于文物,出境时要经过国务院文物行政部门签订并开具许可出口证明方可出境;未经鉴定的不可携带出境,建议并协助其办理有关鉴定手续。

(4)当购买托运后,应将余款交至旅行社退还格林先生,并且保存好发票、托运手续单的复印件并交至旅行社保管。

(资料来源:百度文库,有修改)

【相关链接】
旅游服务质量意见反馈表

尊敬的游客:

欢迎参加旅行社组成的团队出外旅游,希望此次旅程能为您留下难忘的印象。为不断提高我市旅游服务水平和质量,请您协助我们填写此表(在每栏其中一项里打"√"),留下宝贵的意见。谢谢您! 欢迎再次旅游!

组团社:	全陪导游姓名:
团号:	人数:
游览线路:	天数:
游客代表姓名:	联系电话:
单位:	填写时间:

项目	满意	较满意	一般	不满意	游客意见与建议
咨询服务					
线路设计					
日程安排					
活动内容					
价格质量相符					
安全保障					
全陪导游业务技能					
全陪导游服务态度					
地陪导游服务					
住宿					
餐饮					
交通					
娱乐					
履约程度					
整体服务质量评价					

（资料来源:武汉航海职业技术学院导游业务精品课程网站）

【在线测试】

善后工作在线测试

【实训任务】

实训内容：导游结账

一、实训准备

1. 提前一周下发接待计划。
2. 学生分组，认真按照接待计划做好准备。
3. 物质准备:相关票据（景点门票、过停票、餐饮票、住宿票等）、结算单、剪刀、胶水等。

二、实训地点

导游模拟实训室。

三、实训内容与步骤

1.学生分组,分别扮演导游、财务部工作人员、旅行社其他工作人员,进行善后工作模拟操作训练。

①整理好现金支出的原始单据。

②整理好签单挂账的联单。

③填写团队核算单。

④如有超出预算的额外支出,必须附带详细的书面说明。

⑤以上各项内容,经作业部门主管人员或其他主管人员审核、签字后向财务部门报销。

⑥总结工作。

2.评价:学生自评、小组互评、教师或导游评价。

【思考与练习】

1.编制一份导游服务质量卡。

2.根据不同旅游团的情况,准备2~3篇欢送词。

3.编制一份送团计划。

4.旅游团离开后,发现游客遗忘的某些物品,导游该怎么办?

5.如果你是地陪,在回收的旅游服务质量意见反馈表中发现该团队游客投诉你安排活动疏密不均且对待游客厚此薄彼,你将如何处理?

参考文献

［1］全国导游人员资格考试教材编写组.导游业务［M］.8 版.北京:旅游教育出版社,2023.

［2］湖北省旅游局人事教育处.导游业务［M］.武汉:华中师范大学出版社,2007.

［3］易伟新.导游实务［M］.2 版.北京:清华大学出版社,2021.

［4］张素梅,陶楠.导游实务［M］.北京:中国轻工业出版社,2022.

［5］郭艳芳,杜小锋,罗达丽.导游实务［M］.重庆:重庆大学出版社,2023.

［6］孙斐,葛益娟.导游实务［M］.2 版.大连:东北财经大学出版社,2021.

［7］李冉.导游实务［M］.北京:化学工业出版社,2022.

［8］王雁.导游实务［M］.2 版.北京:高等教育出版社,2022.

［9］刘玉婷,黄梅,郑玮.导游实务［M］.哈尔滨:哈尔滨工程大学出版社,2022.

［10］高媛,李韵.模拟导游［M］.北京:中国轻工业出版社,2023.

［11］王煜琴.模拟导游［M］.4 版.北京:旅游教育出版社,2021.

［12］窦志萍.导游技巧与模拟导游［M］.3 版.北京:清华大学出版社,2020.

［13］黄玉理,王玉琼.导游业务［M］.成都:西南交通大学出版社,2022.

［14］吴有进,连丽娟.导游业务［M］.北京:科学出版社,2021.